JN188262

道徳授業づくり ハンドブック

髙宮正貴・椋木香子・鈴木 宏 編著
Takamiya Masaki　Mukugi Kyoko　Suzuki Hiroshi

道徳科
「内容項目」を
問い直す！

Rethinking the Moral Education Curriculum: A Handbook

北大路書房

本書は，道徳授業を担当する先生のこんな悩みに応えます。

Q ：子どもからどんな考えが出たら，「深い学び」なの？

A ：内容項目に含まれている道徳的諸価値の意味を詳しく説明しています。
　　☞【PART I 理論編】「2 道徳的諸価値のとらえ」へ

Q ：そもそも道徳に答えってあるの？

A ：道徳に唯一の答えがあるわけではありませんが，内容項目に含まれている道徳的
　　諸価値には**倫理学的・思想的な背景**があります。本書は道徳的諸価値の倫理学
　　的・思想的な解釈を詳しく説明しています。先生が道徳的諸価値を深くとらえる
　　ことが子どもたちの「深い学び」につながります。
　　また，子どもたちが「答えがひとつではない道徳的な課題」に向き合うために，道
　　徳的諸価値について時に**対立**する**多様な見方**を示していますので，多様な価値観
　　をとらえることができ，子どもたちの「**個別最適な学び**」につながります。
　　☞【PART I 理論編】「2 道徳的諸価値のとらえ」へ

Q ：教材をどうやって読んだらいいの？

A ：教材のなかに含まれている**道徳的諸価値**をどのようにとらえ，どうやってそれを
　　授業づくりに活かせばよいのかを説明しています。
　　☞【PART II 実践編】へ

Q ：発問をどうやってつくったらいいの？

A ：**教材の読み方**をどのように**発問づくり**に活かせばよいのかを説明しています。
　　☞【PART II 実践編】へ

はじめに

1 なぜ道徳的諸価値をとらえる必要があるのか？

　子どもの主体的な学びが大切なのだから，道徳科の授業では，道徳的価値（親切など）について，児童生徒が自由に話し合えばよいのではないか？　令和の時代の教育では「個別最適な学び」が大切なのだから，当然道徳科でも子ども一人ひとりの答えは違うので，教師が道徳的価値の意味や意義をとらえておく必要などないのではないか？　もしかしたら，そんなふうに思われる先生もいらっしゃるかもしれません。

　しかし，本書は，道徳科の授業を行う教師が，教材に含まれる道徳的諸価値の意味や意義をとらえておくことは必要だと考えています。それには，次の3つの理由があります。

(1) 子どもの道徳的諸価値についての深い理解を可能にすること

　たとえば，「親切とはどういうことだろう？」という問いについて大人が2時間くらい対話すれば，親切についての深い理解がもたらされることもあるでしょう。しかし，学校の道徳科の授業は，小学校で45分，中学校で50分しかありません。授業をする以上，子どもの道徳的諸価値についての理解が授業前よりも授業後に深まっていなければ，授業をする意味がありません。道徳的諸価値についての深い理解を可能にするためには，教材に含まれている一定の道徳的諸価値を教師が深くとらえることで，子どもの道徳的諸価値についての深い理解を可能にする学習活動（発問など）を精選する必要があります。これは，特定の答えを言わせたり書かせたりすることではありません。

　特定の答えを児童生徒に言わせたり書かせたりするためではなく，むしろ子どもの多様な答えのなかで，（複数ある）より重要な答えを教師が受け止め，そこから子どもがさらに考えを深めていけるように指導を工夫するために，**教師が道徳的諸価値を多面的・多角的に（時に対立や衝突も含めて）とらえておく必要があります。**つまり，教師が道徳的諸価値を多面的・多角的にとらえておくことは，子どもが道徳的価値についての考えをより多面的・多角的なものにし

ていくことにつながるのです。

(2) 教師個人が好む価値観だけで授業をしないこと

もちろん，小・中学校の『学習指導要領解説　特別の教科道徳編』の「内容項目の概要」と「指導の要点」を読むことで，教師が自分の好む特定の価値観を押しつけることを防ぐことはできます。しかし，「内容項目の概要」と「指導の要点」にも書かれていない答えが子どもから出てくることもあります。しかも，その答えが間違っているわけではなく，むしろ重要な考え方である場合もありえます。その際に，**道徳的諸価値の背景にある西洋倫理学と東洋・日本思想の知見**があると，子どものどんな考えが重要なのかを見極めることができます。

(3) 子どもが将来の道徳的な不一致 (考え方の違い) に備えること

従来の多くの道徳授業では，善いことと悪いことが明確であり，子どもたちはその善さに気づき，その善さを実感するということがめざされてきたといえるのではないでしょうか。本書はそうした授業の意義を認めつつも，子どもたちが将来大人になるときのためにも，(内容項目によっては) **道徳的な不一致**(考え方の不一致) を経験しておくことが重要だと考えます。たとえば，「公正，公平，社会正義」という内容項目における「公正」や「正義」が何を意味するのかについては，大人の社会でも時に対立する多様な考え方があります。それにもかかわらず，小・中学校の道徳授業で「これが正義だよね」とただひとつの考え方のみを正しいとみなしてしまえば，子どもたちが大人になったときに，「昔，道徳の授業で学んだことは間違っていたのか！」と思うことになり，道徳授業で学んだことを疑うようになってしまうでしょう。

しかし，その一方で，「正義には答えがない」「人ぞれぞれの正義」「どんな考えも正義」いうわけでもありません。西洋倫理学や東洋・日本思想の知見をふまえると，正義には「答えがない」のではなく，「答えはひとつではないが，(先人から継承されてきた) 複数の答えがある」ことがわかります。「道徳には答えがない」とか「人それぞれ」ということが強調されてしまうと，子どもたちも「道徳にはどうせ答えがないのだから，考えても無駄だ」と思うことになりかねません。それゆえ，本書では，**道徳的諸価値に関する複数の考えを示すこと**によって，将来大人になる子どもたちが，「唯一の正解がある」と「なんでもあり」という両極の間で，自己の生き方を追求していけるような道徳授業づくり

を支援したいと思います。

　本書の「実践編」の授業が小学校高学年〜中学校のみを扱っているのは，より多くの道徳的な不一致が生じ，道徳的諸価値に関する見方がより多面的・多角的になる発達の段階を想定しているからです。

2　道徳的諸価値の相互の関連をとらえる

　本書の特徴は，内容項目に含まれている道徳的諸価値の相互の関連をとらえられるように工夫していることです。『学習指導要領』には「内容項目の相互の関連を捉え直」すことが大切だと書かれています。しかし，子どもが「内容項目の相互の関連をとらえ」るためには，まず教師が「内容項目の相互の関連を捉え」ておく必要があります。

　そこで重要になるのが西洋倫理学や東洋・日本思想の知見です。当然，教材によって，道徳的諸価値の関連の仕方は異なります。しかし，西洋倫理学や東洋・日本思想の知見をふまえると，道徳的諸価値の相互の本質的な関連をとらえることができるようになります。たとえば，内容項目に含まれている道徳的諸価値には，友愛，敬愛，人間愛（博愛），家族愛，愛校心，郷土愛，愛国心，自然愛など，「愛」という概念が含まれています。では，「愛」とは何でしょうか（詳しくはp.3を参照）。愛という概念の本質的な意味をとらえたうえで，友愛，敬愛，人間愛（博愛），家族愛，愛校心，郷土愛，愛国心，自然愛といった道徳的諸価値におけるそれぞれの固有の意味をとらえることが重要になります。本書を読めば，①それぞれの道徳的価値の**固有の意味**と，②道徳的諸価値の相互の**関連性**の両方をとらえられるようになるでしょう。

3　本書の構成

　本書の構成は以下の通りです。

　まず，「理論編」の最初の「道徳的諸価値の関連」では，**道徳的諸価値の関連**をどのようにとらえたらよいのかを西洋倫理学と東洋・日本思想の知見をもとに示します。

　次に，「理論編」の「道徳的諸価値のとらえ」では，西洋倫理学と東洋・日本思想の知見をもとに，内容項目に含まれている**道徳的価値の意味と意義**を詳

しく解説します。

　「実践編」では，理論編の内容と関連させながら，小・中学校の『学習指導要領解説　特別の教科道徳編』の「内容項目の概要」と「指導の要点」をもとにした**授業づくりの方法**を，小学校高学年と中学校の実践事例をもとに具体的に解説していきます。

　本書は，理論編，実践編ともに内容項目ごとに分かれていますので，最初から順番に通読する必要はありません。事典のように，授業で扱う内容項目について調べたり，興味のある内容項目の部分を読んだりしていただければ幸いです。

高宮正貴

目　次

PART II　実践編

理論編

道徳的諸価値の関連

内容項目に含まれている道徳的諸価値は一つひとつがバラバラに切れている
ものではない。「内容項目の相互の関連を捉え直」すことの必要性は，学習指導
要領にも書かれている。道徳的諸価値が相互にどのように関連しているのかを
とらえておくことの利点はふたつある。第一に，授業のなかで児童生徒が主題
としている道徳的価値以外の道徳的諸価値に言及したときにも，「それはこの授
業のねらいと関係ないんだよ」などと思わず，むしろ積極的に受け止めること
ができるようになること。第二に，複数の内容項目を連結させた複数回の単元
（ユニット）型の授業を構想できることである。では，内容項目に含まれている
道徳的諸価値の相互の関連をどのようにとらえたらよいのだろうか。ここでは，
西洋倫理学と東洋・日本思想のそれぞれの観点から，道徳的諸価値を統合的に
とらえてみたい。

西洋倫理学

愛と尊敬の二原理による統合

内容項目に含まれているさまざまな道徳的諸価値は，愛と尊敬というふたつ
の概念によって統合的にとらえることができる。

愛には，自分にとって価値のあるものをどこまでも追い求めていく「エロー
ス」，無償の愛を意味する「アガペー」，相互的な友愛を意味する「フィリア」な
どがある（山本 2022）。エロースには，たとえば真理を追求する真理愛がある。
フィリア（友愛）については，本書理論編の「友情，信頼」の項（☞ p.42）とコ
ラム 1「倫理学・政治哲学の諸理論」（☞ p.29）で説明する。

ここでは，カント倫理学に即して愛と尊敬の意味をみていこう。

カント（2024 b）にとって，愛とはたんなる好き嫌いの感情ではない。愛とは，
他者の目的を自分の目的とするという義務である。つまり，他者の幸せを願う
善意であり，他者に対する親切である。

	A　主として自分自身に関すること	B　主として人との関わりに関すること	C　主として集団や社会との関わりに関すること	D　主として生命や自然, 崇高なものとの関わりに関すること
愛		・親切, 思いやり, 感謝 ・友情, 信頼	・社会連帯, 奉仕 ・家族への敬愛 ・教師や学校の人々への敬愛 ・郷土愛 ・愛国心 ・人類愛	・生命愛 ・自然愛護 ・美しいもの ・人間愛
尊敬	・自律, 自由と責任 ・努力・克己	・親切, 思いやり, 感謝 ・礼儀 ・友情, 信頼 ・相互理解, 寛容：他者の考えや立場の尊重	・正義, 公正, 公平 ・家族への敬愛 ・教師や学校の人々への敬愛 ・先人や高齢者への尊敬 ・他国の尊重	・生命の尊さ ・自然の偉大さ・崇高さ ・崇高なもの ・畏敬の念 ・人間としての誇り, 気高さ

　尊敬とは，人間が自分の理性を用いて道徳法則を立法することができる主体であるために，人間がお互いに対して抱く感情である。この理性は，人間であれば誰もがもっているものなので，あらゆる人が尊敬の対象となる。それゆえ，他者を見下したり貶めたりしてはならない。

　カントはまた，愛をお互いを接近させる引力にたとえ，尊敬を互いの距離を保たせる斥力にたとえている。カントは，道徳においては，愛と尊敬のどちらも欠けてはならないと述べている。

　愛と尊敬というふたつの概念をもとにさまざまな道徳的諸価値を分類すると，表1・1のようになる。

　家族愛，愛校心，郷土愛，愛国心，人類愛などは，愛の対象と範囲の違いととらえることができる。また，愛と尊敬の対象は，人間だけでなく生命や自然にも広げることができる。

　同じ内容項目に愛と尊敬の両方が含まれていることもある。たとえば「生命の尊さ」では，「生命を愛おしむ」ことが愛に当たり，「かけがえのない生命を尊重する」ことが尊敬に当たる。「親切, 思いやり, 感謝」「友情, 信頼」には愛と尊敬の両方が含まれているのは，次の理由からである。困っている人に親切にすることは愛であるが，その場合にも相手が助けてほしいかどうかという

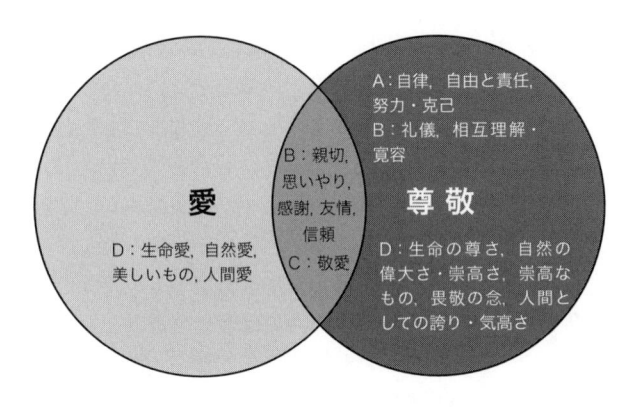

図1・1　愛と尊敬による道徳的諸価値の統合

本人の意志や，相手が親切を断る自由を尊重しなければならない。また，他人に親切にするからといって，その人をかわいそうな人とみなすことは，相手に対する尊敬が欠けている。友情についても，困っている友を助けるだけでなく，相手に対する尊敬がなければ，なれ合いになってしまうだろう。

東洋・日本思想

　『中学校解説』に，「自己を確立するための主徳」とされている道徳的価値がある。それは「誠実」であり，「私利私欲」のない「真心」の状態と定義される。さらに解説では「他の視点の多くの内容項目にも関わる価値」ともあることから，価値のつながりを考えるにあたって，この言葉に注目したい。

　「誠実」のなかの「誠」とは，中国古代の思想，とくに儒教でよく使われている文字であり，嘘偽りのない，心の純粋さを意味している。これが日本に入ってきて，もともと大和言葉として存在していた「まこと」という読みが付されながら一般に広まっていく。ただし中国と日本とでは，この純粋さについて違いがあるといわれる（相良 1989）。

誠

　まずは中国のとらえ方をみてみたい。儒教の古典である『中庸』において

「誠」は，「誠なる者は，天の道なり。これを誠にする者は，人の道なり」（金谷 1998: 202）という表現がある。誠こそが天の中心をなすものであり，それをこの世で実現するのが，人としてなすべきことという意味である。

儒教の「天」とは，たんに空のことではない。今の言葉でいえば，自然や宇宙全体ということになるだろうか。つまり，決まった法則のもと太陽や月が動き，それによって，あたたかな春を迎えて草木が芽生え，日の光と雨の恵みで成長し，やがて実る。それらを糧として動物が生き繁殖する。人はその動植物を利用することで命を授かる。こうした人の力ではどうすることもできない，偉大なはたらきの主体を，儒教では天とした（渡辺 2010）。

また天は人の道徳的行為をも定め，人はこの天の導きに沿うことで，人格者としての一生を送ることができる。ただし条件があり，それが「誠」である。私たちの心が誠の状態であれば，天の意思をそのままに反映した行動をとることができる。それはあたかも磨き上げられた鏡が，前に広がる美しい景色をそのままに映し出すようなものである。しかし，もしその鏡面が曇っていたり，埃がついていたりすれば，そうはならない。心においてこの曇りや埃に相当するのが，自分勝手な欲望である。私利私欲がない，きれいな心の状態を純粋＝「誠」としたのである。

まこと

次に日本のとらえ方であるが，江戸時代の国学者である本居宣長は，「まこと」の心＝「真心」とは，人が「生れつるままの心」（本居 1972: 147）と定義した。おぎゃあとこの世に生まれた赤ちゃんのときにすでにもっている，まだ何にも汚されていない心である。これは，世間に存在する善悪邪正によって識別されることのない，すべての感情や行為の根源的状態である。

もともと人の心は，うれしいときは素直に喜び，泣きたいときには涙を流し，怒りたいときは強く感情を露わにする。ときには妬み嫉みによって，人の不幸を願うこともあるが，それも人として普通のことである。儒教においてこうした感情は，天理に背く悪しき欲望として批判，排除される。

しかし宣長はこのとらえ方を，人が恣意的に定めた倫理観や正義感によって，本来あるべき姿が覆い隠されているものとした。私たちの心は，世間の常識や価値観によって縛られている。そうした縛りをすべて取り払って，解放された

状態こそが純粋＝「まこと」としたのである。

誠とまこと

　まとめると，世間の正しさや決まりに沿った客観的な行動をとれる心の状態が，中国の「誠」であり，自分の感情や考えに沿った主観的な行動をとれる心の状態が，日本の「まこと」という解釈ができる。

　どちらが正しいということではなく，今の日本語の「誠実」にはこの両面の意味が共存していると考えることが大切であろう。なぜなら「主徳」とされるように多くの道徳的価値には，このふたつの側面が常に存在しているからである。

　たとえば個人の自由を行使するには，何よりも自分の意志を尊重しながらも（まこと），社会での責任や義務も考えなければならない（誠）。また公共の精神では，多くの人と共有できる考えを大切にしながらも（誠），もし間違っていると感じるのならば，改善のために行動しなければならない（まこと）。

　私利私欲を交えずに，世の中の正しさに向き合うことと，既存の価値観に左右されずに，自分のなかの欲望に向き合うことは，常にせめぎ合いである。この葛藤をとおして，最終的に自分の真実（誠＝まこと）を見つけることが，私たちが到達する地点といえるだろう。

② 道徳的諸価値のとらえ

■内容項目Ａ：主として自分自身に関すること

| 内容項目Ａ：主として自分自身に関すること | 実践編☞p.111（小），p.118（小），p.124（中）

①本当の自由とは何か？

【小学校】
・善悪の判断，自律，自由と責任
・正直，誠実

【中学校】
・自主，自律，自由と責任

【小学校】

「善悪の判断，自律，自由と責任」

〔第１学年及び第２学年〕
　よいことと悪いこととの区別をし，よいと思うことを進んで行うこと。

〔第３学年及び第４学年〕
　正しいと判断したことは，自信をもって行うこと。

〔第５学年及び第６学年〕
　自由を大切にし，自律的に判断し，責任のある行動をすること。

「正直，誠実」

〔第１学年及び第２学年〕
　うそをついたりごまかしをしたりしないで，素直に伸び伸びと生活すること。

〔第３学年及び第４学年〕
　過ちは素直に改め，正直に明るい心で生活すること。

〔第５学年及び第６学年〕
　誠実に，明るい心で生活すること。

【中学校】

「自主，自律，自由と責任」

　自律の精神を重んじ，自主的に考え，判断し，誠実に実行してその結果に責任をもつこと。

本内容項目の概要

　この内容項目では，自由，自律，責任という道徳的価値が含まれているほか，正直や誠実という価値が扱われている。本項では，自由と自律の関係性や自律という概念が抱える問題点，さらに自由と責任とのつながりについて，自律の概念に自由の本質を見いだしたカントの倫理学をもとに述べる。

道徳的諸価値のとらえ

〈自由と自律〉

　私たちが物事を考え，判断し，行為する際には，他者の意見やまわりの空気のような外的な要因に左右されてしまい，自由にふるまうことができないことがある。そうした状態をカントは**他律**とよび，そこに人間の自主性や自由はないと考えた（カント 2000 b）。その一方で，私たちは，もっぱら外的な要因に縛られて，機械的に行為するわけでもない。自分自身で考え，時には外的な要因による拘束を脱して行為することができる。それが人間のもつ道徳的自由である。しかし，こうした形で定義される自由は，外的な要因に縛られていないという意味で，あくまでも消極的な自由にすぎないということもできる。また，自分で考えるという条件を満たしていたとしても，それが独りよがりな考えであったり，自分勝手なふるまいになってしまったりすることもある。カントによれば，そうした人間は，自らの感性的な欲望や欲求に縛られた状態にあり，真の意味で自由であるとはいえないという。

　そこでカントは，自由という言葉にさらに積極的な定義を与えている。それは，私たちが，自らの行為を自らで律するような法則に従って行為することができるというものである。この法則は，外的な権威や，すでにある法律によって決められているものではなく，あくまでも自ら考えて自らを規定する法則であることから，自己立法の法則ということもできる。こうした自己立法が実践でき，その法則に従って行為できることが**自律**としての自由なのである（カント 2000 b）。

　自己立法によって導かれる法則のことを，カントは**定言命法**とよび，その性質を満たすための条件を詳細に整理している。そのなかで最も重要なのが，自分自身が自らに課す法則が，普遍的な法則になりうるものなのかどうかを吟味

することである（カント 2024c）。そうすると，ただ自分自身だけを利して，他者のことを蔑ろにするような法則が，定言命法としての条件に合致しないことは明らかである。他者の立場になって考え，自分の考えが自分だけを特別扱いするようなものになっていないかをよく検討し，行動に移すことが肝要なのである。

〈自律の問題点〉

人間の自律した姿こそが本当の意味での自由であると説いたカントの立場は，その後の倫理学の展開のなかでも大きな影響をもち続けてきた。その一方で，「自分で考える」という自律の性格に焦点が当たることによって，さまざまな問題点も指摘されるようになった。すなわち，他者の立場を想像して自らの行為が普遍化できるかどうかを吟味するといっても，はたして私たちは，どのような視点に立って他者の立場を考えることができるのかという問題である（ホネット 2023）。こうした問題を提起した西洋倫理学の立場として，共同体主義とケアの倫理をあげることができる。

現代の共同体主義を代表する政治哲学者サンデルによれば，家族や地域社会，国家といった私たちの属する共同体は，私たちの人生に道徳的な独自性を与えてくれるものである。私たちは，ある具体的な共同体のなかで生きる「位置ある自己」であって，カントが自律した主体として想定するような抽象的な「負荷なき自己」ではない（サンデル 2011: 230）。私たちの道徳的な考えや判断には，多かれ少なかれ，私たち自身が属する共同体の価値観が影響を与えているのである。

また，ケアの倫理の立場によると，定言命法の条件である普遍化可能性の原理が成り立つためには，自己と他者との間に同一性があるということが前提になければならない（ノディングズ 1997）。しかしながら，実際の人間同士のかかわりは，親子関係をはじめ，不平等性のなかでつながり合うような，ケアし，ケアされるといった経験に支えられているところもある。そうした関係性を説明する原理として適切なのは，自律ではなく，むしろ**愛着**だということができる（ギリガン 2022）。

〈自由と責任〉

以上のように，主に西洋倫理学の領域では，自律に対する批判的な見解が示

されてきた。このことは，日本でもまた同様であり，明治時代以降，自律という用語が一般にも普及していくなかで，懐疑的に論じられることもあった。たとえば教育学者の吉田熊次は，自律という原理そのものは道徳的価値を表現するものとは言いがたいと述べている（吉田 1904）。なぜなら，自律的な行為そのものは善や悪を表すものではなく，場合によっては，自律的に悪い行為をすることもできてしまうからである。こうした吉田の批判をふまえるならば，わざわざ自律して考えずとも，カントが説いているような道徳の理論に他律的に従って行為するほうが，結果として，道徳的に善い行為を実践できるともいえるだろう（水野 2022）。

　それでは，自律を内容項目として扱うことの意義はどこにあるのだろうか。改めてカントによる自律の説明に着目すると，私たちが自由に行為し，その行為に責任を負うことができる前提にあるのは，**意志**が自律していることである（カント 2000 b）。私たちの意志は，理性によって導き出される定言命法を守って行為しようとするものであり，そうした意志は，無条件に善いものだとカントは考えている。定言命法は，自己立法によって導き出される法則であるため，それに従う意志は，たえず自律しているものなのである。

　それに対して，私たちは，自らが置かれた状況や人間関係によって，その判断や行為の選択を変化させることがある。そこで問題になるのは，意志ではなく，実際にどのように行為するかを選択する**選択意志**であるということができる（詳しくは「規則の尊重」「遵法精神，公徳心」を参照のこと）。私たちは，自律した意志によって，定言命法に従おうとすることはできるものの，外的な要因によっては，いついかなる場合でも定言命法に従った行為を実践できるわけではない。選択意志は，善も悪も選択できるものである。利己的な欲望や傾向性に左右され，選択意志が自律としての自由を失い，他律した状態になってしまえば，私たちは道徳的ではない行為を実践してしまうのである。

　カントが意志と選択意志とを厳密に区別し，特に意志の自律が重要であると考えた理由は，それによって，行為の主体に対してその行為の責任を帰することができるからである。たとえ私たちの行為が，選択意志が他律した状態で実践されたものであったとしても，その行為が他者に対する危害や損害を与える結果になってしまったとき，その責任を免除されるわけではないだろう（中島 2018）。そのようにみなすことができる根拠となるのが，「選択意志が他律した状態で行為しないこともできた」と考えられる自律した意志の存在である。私

たちは，そうした自律した意志をもって考えることができるからこそ，責任の主体となりうると同時に，それが人間の**尊厳**の由来でもあるとカントは述べている（カント 2024 c）。したがって，責任ある行為とは，自律した意志が従おうとする定言命法に向き合い，選択意志が自律して，定言命法に従った行為を誠実に実践できるようになることなのである。

　正直であるということは，嘘をついたりごまかしたりしないことである。しかし，私たちの言葉は，いついかなるときも正しいとは限らない。なぜなら，自分自身としては心から正しいと信じている内容であっても，それが客観的には誤りであることもありうるからである。しかし，自らの良心に基づいて「正しい」と信じることを言葉にすることは常に可能であり，その信念を自分自身で確認することもできる。

　カントは，このように自分が正しいと思うことを常に表明することを誠実さとよび，それが客観的な真実と必ずしも一致しない場合であっても，その態度こそが誠実さの本質であると述べている（カント 2002）。誠実さとは，自分自身の内なる信念と，外に現れる発言とが一致していることを示すのである。

·ᣕ· ポイント

①自由には，自ら考えて自らの行為を律するという自律の意味がある。
②自律的な思考や判断には，その主体が置かれた状況や人間関係が影響を与えることを考慮する必要がある。
③責任のある行為とは，自律した意志に正直に向き合い，誠実に行為を実践していくことである。

②節度を守るとはどういうことか？

【小学校】	【中学校】
・節度，節制	・節度，節制

【小学校】

「節度，節制」

〔第1学年及び第2学年〕
　健康や安全に気を付け，物や金銭を大切にし，身の回りを整え，わがままをしないで，規則正しい生活をすること。

〔第3学年及び第4学年〕
　自分でできることは自分でやり，安全に気を付け，よく考えて行動し，節度のある生活をすること。

〔第5学年及び第6学年〕
　安全に気を付けることや，生活習慣の大切さについて理解し，自分の生活を見直し，節度を守り節制に心掛けること。

【中学校】

「節度，節制」

　望ましい生活習慣を身に付け，心身の健康の増進を図り，節度を守り節制に心掛け，安全で調和のある生活をすること。

本内容項目の概要

　この内容項目は，節度を意識し節制を心がけることが，心身の健康と関連づけられているところに特徴がある。本項では，「節度」と「節制」との異同について整理したうえで，西洋倫理学における「節度」と「節制」の意味について明らかにしていく。

道徳的諸価値のとらえ

〈「節度」と「節制」の異同〉

節度とは，自分の欲望や衝動の赴くままに行動し，心身の健康を損ねることがないようにするための，**適切な程度**のことを意味する。節度を意識して，節度を守って生活を営むことによって，望ましい生活習慣を身につけることができるのである。

その一方で，節制とは，節度を超えないように**欲望や衝動を制御**することである。そのためには理性が必要であり，それによって，秩序ある生活習慣を獲得することができるようになる。

このように，節度と節制は，欲望や衝動の抑制を説いている点でほぼ同じ意味をもった関係にあるようにも思われる。しかしながら，節度が「適切な程度」を意味しているように，私たちはそれを知ることが重要であり，さらにその節度を守るように節制をすることも同時に求められていることから，厳密に両者を区別することができる。それでは，私たちはいかにして節度とされる程度を知り，それを守るように節制することができるのだろうか。

〈古代ギリシア哲学における「節制」〉

節制は，古代ギリシア哲学において，四元徳（知恵，勇気，節制，正義）のひとつとされてきた。プラトンによれば，節制とは，一種の秩序のことであり，さまざまな快楽や欲望を制御することを意味し，克己ともいわれるものだった（プラトン 1979a）。節制を実現するためには，欲望を制するための秩序を理性によって知ることが必要であり，理性が欲望を支配している人間のことを，プラトンは節度ある人とよんだ。

理性が欲望を制御することが節制であるというならば，いかなる欲望が抑制されるべきであり，また，どのような欲望が正当なものとして認められるのだろうか。四元徳のうち，知恵は国家の統治を担う政治家に，勇気は国家の防衛を担う軍人にこそ求められると主張したプラトンは，節制に関しては，あらゆる身分の人間が持ち合わせていなければならないものだと指摘している。節度という秩序の基準になるものは，少数の人間によって規定され，多数の人間がそれを遵守するといったものではなく，身分の違いにかかわらず，各人が自ら考えて，各人同士の合意によって形成されていくものなのである（プラトン

1979a)。

　さらに、『ニコマコス倫理学』を著したアリストテレスによれば、節制は倫理的な卓越性（徳）のひとつとして位置づけられ、肉体的な快楽に関する**中庸**を意味するものだった（アリストテレス 1971）。ここで肉体的な快楽として想定されているのは、食欲を満たした際に得られるような感覚的な快楽であり、こうした快楽は、度が過ぎた放埒になることを避け、適切な度合いで満足すべきだと考えられたのである。中庸を心がけることによって、心身の健康を保持することができ、安全な生活を送ることができるからである。

　それでは、快楽や欲望の追求についての適切な度合いを知るために、私たちはどうすればよいのだろうか。アリストテレスは、子どもが放埒な状態に陥らないための教育のあり方についても言及している。子どものわがままは、たえず放埒な状態へ至る危険性のあるものであり、その成長が著しいものであるから、懲戒的なしつけが必要になるというのである（アリストテレス 1971）。指導者が子どもに対してしつけをするためには、指導者自身もまた、欲望の満足についての「ことわり」を理解していなければならない。

　節度としての中庸は、なんらかの学習によってすぐさま習得できるものではなく、何が適切な度合いかを考え、行動することを習慣化するなかで身につけるものである。自分自身の健康や安全を害さない生活習慣とは何かを各人がたえず考え続けることが、「節度、節制」に求められることである。

◯- ポイント

> ①適切な度合いとして知るべきものが節度であり、節度を守り生活をすることが節制である。
>
> ②節度とは、誰かが決めるものではなく、自ら考えて遵守するものである。
>
> ③節度を理解し節制を心がけることで、望ましい生活習慣を身につけることができる。

③個性を伸ばそうとするのはなぜなのか？

【小学校】	【中学校】
・個性の伸長	・向上心，個性の伸長

【小学校】

「個性の伸長」

〔第1学年及び第2学年〕
　自分の特徴に気付くこと。

〔第3学年及び第4学年〕
　自分の特徴に気付き，長所を伸ばすこと。

〔第5学年及び第6学年〕
　自分の特徴を知って，短所を改め長所を伸ばすこと。

【中学校】

「向上心，個性の伸長」
　自己を見つめ，自己の向上を図るとともに，個性を伸ばして充実した生き方を追求すること。

本内容項目の概要

　この内容項目では，一人ひとりの人間がもつ固有性としての個性が取り上げられ，個性をよりよい方向へと伸ばすことが道徳的価値として扱われている。本項では，私たちがなすべき義務の体系を整理するなかで，才能や能力を伸ばすことを自分自身に対する義務として位置づけたカントの倫理学を参照しながら，本内容項目の意味について解説する。

道徳的諸価値のとらえ

〈本内容項目の語義の整理〉

　個性とは，その個人にしかない性格や性質のことであり，ある特定の部分ではなく，さまざまな特性によってとらえることができる。個性という語自体に

善悪の区別は含まれておらず，それが長所や短所といった形で把握されるようになるのは，私たちが他者とのかかわりのなかで生き，自らの特徴について理解するようになるからである。

　私たちは，自らの個性が何かを知ることによって，さらにその個性を磨き，よりよい状態になることをめざそうとする。それが向上心であり，個性を伸ばすことにつながっていく。よりよいものへと磨かれた個性は，他者とのかかわりのなかで発揮され，それを本内容項目では充実した生き方と表している。それでは，私たちが充実した生き方をするために，どうすれば向上心をもって個性の伸長を実践していくことができるのだろうか。

〈義務論からみた個性の伸長〉

　自分自身の個性を伸ばそうと自分自身の態度を規定して，行動を律することは，自分自身を義務づけることととらえることができる。その道徳哲学の特徴から，義務論の倫理学を展開したとされるカントは，義務には完全義務と不完全義務というふたつのカテゴリーがあると説明している。**完全義務**とは，自分の利益のために例外を設けるようなことが許されない義務であり，実践することが当然とされるような義務である。それに対して**不完全義務**は，場合によっては実践することが免除されるような義務であり，それをなすことが功績のように評価される義務である。カントはこの義務の体系のなかで，自分自身の才能や能力を向上させることを，自分自身に対する不完全義務の一例に数え上げている（カント 2024c）。

　そもそも，私たちにとって，ある行動を義務であるとみなすことができる根拠は，その行動が普遍的な法則のように成立するものであるかどうかで判断される。ここでは，他者に対する完全義務の例としてカントがあげている「嘘の禁止」で考えてみたい。嘘をつくことは，他者に対する誠実さを欠く行動である。もし，私たちの誰もが時と場合によって嘘をつくことを許容してしまえば，お互いの発言の真偽を確かめることができず，人間同士のコミュニケーションは成立せず，信頼関係も失われてしまう。したがって，嘘をつくという行動を普遍的な法則として認めることは論理的に不可能であり，嘘の禁止が義務として成立するというわけである。

　それでは，自分自身に対する不完全義務とされる個性の伸長についてはどうだろうか。この場合，義務に反した行動として考えられるのは，自分にはなん

らかの個性があると理解していながら，それを努めて伸ばそうとはせず，むしろ安楽な環境で気ままに過ごすことだろう。それは普遍的な法則として成立しないのだろうか。カントによれば，個性の伸長を実践しないということは，他者への直接的な危害や迷惑となったり，自分自身を傷つけたりするわけではないため，必ずしも普遍的な法則にならないわけではない。しかし同時に，それが普遍的な法則になることを私たちが意欲するだろうかと自分自身に問いかけてみるならば，誰もがそのように意欲することはないだろう（カント 2024c）。その意欲の根源にあるのは私たちの理性であり，理性的に熟慮することによって，私たちは誰もが，怠惰な生き方が決して普遍的に妥当するような行動指針にはなりえないということを理解することができるのである。

　それでも，私たちが普遍的な法則となることを意欲しないような行動指針に則って行動してしまうことがあるのは，義務を遂行するよりも，自分の利益や感覚的な欲望の満足を優先してしまい，普遍的な法則に対して例外を設けてしまうからである。だからこそ，理性的に考えたことに対して正直に向き合い，本心では意欲しているはずの個性の伸長に実直に取り組んでいくことが求められるのである。

〈自分自身の個性を知ること〉

　個性の伸長は不完全義務であり，それをなすことが功績のように評価されるものであることから，その義務を遵守することを他者が強制することはできない。個性を伸ばそうとすることを自ら意欲しなければ，それを実践することもむずかしい。

　では，どうすれば私たちが自ら個性の伸長を意欲できるかと問うならば，まずもって，何が自分自身の個性であるかを自ら知り，どうすればその個性を伸ばすことができるかを自ら決定するということである。カントも指摘するように，自分の才能や能力をどのように伸ばしていくかという具体的な行動については，当人の理性的な熟慮に委ねられているものだからである（カント 2024b）。自分自身がどのような能力を秘めていて，その能力をどのように伸ばしていくかは各人の生き方を選択することにもつながるため，具体的な行動の内容は，あくまでも自分自身が考え，実践していかなければならないのである。

①個性は他者とのかかわりのなかで明らかになっていくものであり，それをよりよいものへと磨いていこうとする向上心をもつことで，個性を伸ばしていくことができる。

②何が自分の個性であるかを自分自身で考えることが重要であり，それが個性の伸長という義務を自らなすべきこととして受け止めることにつながる。

④どうすれば強い意志をもって弱さを克服することができるのか？

【小学校】	【中学校】
・希望と勇気，努力と強い意志	・希望と勇気，克己と強い意志

【小学校】

「希望と勇気，努力と強い意志」

〔第1学年及び第2学年〕
　自分のやるべき勉強や仕事をしっかりと行うこと。

〔第3学年及び第4学年〕
　自分でやろうと決めた目標に向かって，強い意志をもち，粘り強くやり抜くこと。

〔第5学年及び第6学年〕
　より高い目標を立て，希望と勇気をもち，困難があってもくじけずに努力して物事をやり抜くこと。

【中学校】

「希望と勇気，克己と強い意志」

　より高い目標を設定し，その達成を目指し，希望と勇気をもち，困難や失敗を乗り越えて着実にやり遂げること。

本内容項目の概要

　この内容項目では，私たちがより高い目標をもって生きようとする希望や勇気と，それを実現するうえで直面する困難を乗り越えていく強い意志が道徳的価値として扱われている。本項では，勇気という徳の位置づけと，私たちの意志の弱さと強さについて，西洋倫理学の知見に基づいて述べる。

道徳的諸価値のとらえ

〈希望と勇気〉

　私たちは，日々の生活をただ漫然として生きるのではなく，自分自身のなかで設定したより高い目標を見据えて，それを成就させようと願う。それが希望

であり，希望の実現に向けて，なすべきことを成し遂げようとする気概が勇気である。

勇気という徳は，特に古代ギリシアの時代にあって，主として戦士に求められるものとして理解されてきた。たとえばプラトンは，戦場に立った戦士が，隊列にとどまって敵を防ぎ，決して逃げ出さないことを勇気とよんだ（プラトン1997）。一方，中庸の徳を説いたアリストテレスは，恐怖と平然との中庸として勇気を位置づけた。目的のために死の恐怖にも打ち克つことが勇気とされ，特に戦場において発揮されるものだと考えられていた（アリストテレス 1971）。

戦士の徳として求められる勇気が発揮されるのは戦場であり，言い換えれば，敵の存在が外的な対象としてはっきりとしている場合であった。しかし現代の状況では，勇気はもっと広い場面で求められるようになり，プラトンも認めるように，苦痛や恐怖に対して勇気をもったり，欲望や快楽に打ち克つために勇気を奮ったり，より一般的な徳として理解されている。勇気は，思慮のある忍耐強さとして表現され（プラトン 1997），外的な対象である敵に対してだけではなく，自らの内面にある弱さに対しても発揮されるべき徳として要請されるようになるのである。

〈人間の意志の弱さと克己〉

自らの欲望や，困難や失敗に打ち克つ（克己）ために勇気が求められるとすれば，私たちはどうすれば勇気をもち続けることができるだろうか。以下の考察では，人間の意志の弱さの分析をとおして克己のむずかしさについて明らかにしたカントの倫理学を手がかりにしたい。

カントは，人間が自らなすべきことを自覚していながらも，それに反するような行為を選んでしまうことの原因を，意志の弱さに見いだしている。人間が，自らなすべきだと考えるより高い目標を達成することが容易ではない背景には，**心情の弱さや怠惰さ**といった，人間が自然的に抱えている性癖が影響していて，それらは根絶することができないものである。人間のうちに根源的に根を張っているものであることから，カントはこれを**根源悪**とよんでいる。

カントがいうように，人間が根源的に悪へと引き込まれやすく，心情の弱さを抱えている存在だとすれば，それに打ち克つということは不可能なのだろうか。カントは，根源悪を，私たちが実際の行為を選択する際の選択意志の性癖だと説明しているが，この性癖を，人間の自由の余地がない（つまりその人間

に責任を問うことができない）自然的な素質とはみなしていない。悪への性癖は，最終的には自由な選択意志のうちに求められるものであって，行為の主体に責任を帰すことができるものだから，この性癖そのものが，道徳的に悪なのである。悪への性癖は根源的である以上，根絶することはできないものの，自由に行為する人間の内に存在するものである限り，打ち克つことは可能なはずである。そこでカントは，たとえ心情が悪へと傾いているにしても，依然として人間は善意志をもっているから，自ら背いた善に再び立ち戻る希望が残されているという（カント 2000c）。

意志の弱さの克服と希望の位置づけ

　それでは，私たちはどのようにして悪への性癖に打ち克つことができるのだろうか。カントは，法的によい人間になることと，道徳的によい人間になることとを厳密に区別したうえで，法的によい人間になるために必要なのは，道徳的な習慣を変化させることだけでよいと述べている（カント 2000c）。不摂生な人が健康のために摂生に立ち帰り，嘘つきが名誉のために真実に立ち帰り，不正な者が安心や自らの利益のために市民的な律義さに立ち帰ることは，道徳的な動機を持ち合わせていなくとも，幸福の追求のために実現できることだからである。その一方で，道徳的に善い人間には，義務そのもの以外の動機を必要としないようになることが求められるため，漸次的な改革によってではなく，抜本的な心情の変化がなされなければならないのである。

　以上の考察から，人間の道徳的な形成は，習慣の改善ではなく，考え方の転換や性格の確立からはじめなければならないという結論へと至る。しかしながら，それは継続的な教育が意味をなさないということではない。どんなに偏狭な人間であっても，義務に適った行為に対して敬意を抱くことはできるし，その行為に不純な動機が入り込んでいる痕跡があれば，たとえ子どもであっても，それを見つけ出すことができる。したがって，善いとされる人間の模範となる例を提示して，その格率（行動指針）に採用する動機について判別させることによって，子どもたちの善への素質は教化され，次第に性格としての考え方にも浸透していくことになる。その際に注意すべきなのは，道徳的であるとされる行為はあくまでも義務として行われるものであるから，それがどれほどの犠牲を払って行われたものであっても，その行為を賛美するような形で教えるべき

ではないということである。そのような賛美は，義務に従って行為することが何か非凡で賞賛に値することのように子どもたちの感情を動かしてしまうからである（カント 2000c）。

　道徳的な素質を鍛錬することによって，子どもたちの考え方の転換が生じたとしてもなお，悪への性癖は根絶されるものではない。たえず抵抗しつづけていかなくてはならず，悪いものからより善いものへと，一歩ずつ前進していく他はない。しかし，**強い意志**をもっていれば，自らの力で前進することができるという希望をもつことができるはずだとカントは指摘する（カント 2000c）。より高い目標を達成し，よりよい人間になろうとその素質を活用した場合には，自らの能力の及ばないところに対して，目標が実現されることへの希望が生じるのである。この希望の根源に何があるのかを人間は明確に知ることができないかもしれないが，むしろ，希望するものにふさわしくなるために自分自身が何をなさなくてはならないかを知ることが本質的なのである。

☀ ポイント

①私たちは，自ら設定したより高い目標の実現を希望し，そのためになすべきことをなそうとする気概として勇気を発揮する。

②目標を達成する過程には失敗がつきものであり，それに対して意志を強くもち続けることには困難をともなう。

③強い意志をもつためには，習慣の改善だけではなく，考え方や性格を転換させるような道徳的な素質の鍛錬が必要である。

⑤真理を探究するとはどういうことか？

【小学校】	【中学校】
・真理の探究	・真理の探究，創造

【小学校】

「真理の探究」

〔第5学年及び第6学年〕

　真理を大切にし，物事を探究しようとする心をもつこと。

【中学校】

「真理の探究，創造」

　真実を大切にし，真理を探究して新しいものを生み出そうと努めること。

本内容項目の概要

　この内容項目では，真実と真理が道徳的価値をもつものとして取り上げられ，真理を探究する姿勢をもち，新しいものを創造することが重んじられている。本項では，真実と真理との異同について整理したうえで，プラトンの思想を手がかりにして述べる。

道徳的諸価値のとらえ

〈真実と真理〉

　私たちは，自分自身がどのように生きるかを自由に考え，判断し，行動することができる。ここでいう自由とは，もちろん，何をしてもよいという自分勝手を意味するものではなく，自分が何をなすべきかを自律して考え，自己の向上を図り，それを実現するためには困難があっても強い意志をもってやり抜こうとすることである。そのためには，自分のなすべきことに対して，嘘や偽りのない姿勢で臨まなければならないし，たえず何が正しいのかを追い求めなけ

ればならない。それが，**真実**を大切にするということである。

　ただし，私たちがどれだけ真実を希求する態度をとっていても，自分ひとりだけの立場では，見方や考え方が一面的になることを免れず，どうしても偏見や先入観にとらわれて物事をとらえてしまうことがある。そこでさらに追求しなければならないのが，自分ひとりだけの立場を超えて，より普遍的に妥当するような客観的な**真理**を探究する姿勢なのである。とはいえ，真理を探究し続け，さらには真理へと到達するということは，決して容易なことではない。真理の探究という道徳的価値を理解し，それを実践するためには，何が必要なのだろうか。

〈プラトン『国家』にみる真理の探究〉

　本内容項目のうち，特に「真理の探究」の背景にある思想としてあげられるのが，プラトンの思想である。著書『国家』のなかでプラトンは，真の哲学者は，真実を観ることを愛する人であると述べている（プラトン 1979a）。そうした哲学者としての姿勢を身につけるための手がかりを，「洞窟の比喩」とよばれる寓話のなかに見いだすことができる。その概要を整理してみたい。

　地下にある洞窟に住んでいる人々を想像してみよう。彼らは，子どものころから手足も首も縛られていて十分に動くこともできず，ずっと洞窟の奥を見続けていて，振り返ることができない。入口のはるか上方では火が燃えていて，人々をうしろから照らしている。火と人々の間には道があり，道に沿って低い壁がつくられている。壁に沿って，いろいろな種類の道具，木や石などでつくられた人間や動物の像が，壁の上に差し上げられながら運ばれていく。縛られて壁に向き合った人々は，影だけを見て，それを実体だと思い込んでいる。

　彼らのうちのひとりが，あるとき，その縛りを解かれたとしよう。立ち上がり，光のほうを仰ぎ見るように強制されたとしても，それは彼にとって苦痛でしかなく，それまで影だけを見ていたものの実物を見ようとしても，目が眩んでしまい，よく見ることもできない。また，もし誰かが彼を地下の洞窟から太陽の光の下へ引き出したとしても，真実として語られるものをまったくみることができないだろう。地上の世界の事物を見ようとするには慣れが必要であり，順を追うことで，ようやく太陽の方向を見ることができるようになるのである（プラトン 1979b）。

　以上の寓話から読み取れるように，そもそも洞窟のなかにいた人々にとって，

影や像として見ていたものがまさに真実であった。しかし，あるきっかけでそれらが真実ではなく，事物の一側面を見ていたにすぎなかったことに気づくことで，さらに事物の客観的な真理へと近づくことができたことを表していると考えることができる。

　洞窟の比喩は，さらに次のような展開が続く。地上の世界の事物の真理に触れた人間は，もはや洞窟のなかで見ていた影や像に価値を見いだすことはなくなり，太陽こそが真理を与えてくれるものであることに気づき，地上の世界で生きていくことを望むようになる。しかしプラトンは，真の哲学者であるならば，そのまま地上の世界にとどまっていることは許されないと述べている。何が真理であるかを十分にみたあとには，再び洞窟へと戻らなければならない。そこで洞窟のなかにいる人々と共に暮らし，彼らもまた真理に触れることができるように，導かなければならないのである。だが実際のところ，地上の世界から洞窟へと戻ってきた人間が真理だと語る内容は，洞窟のなかにいる人々の失笑を買い，地上の世界へ上っていくことを試みるだけの値打ちさえもないとみなされてしまうのである（プラトン 1979b）。

　このように，真理は，たとえ自分がそこに到達したと思っても，それを他者にも認めてもらうということは容易ではない。もっといえば，誰しもがたやすく真理を真理として認めることができるというわけでもないだろう。真理の探究は，いわば終わることのない姿勢であって，たとえ周囲から嘲笑されようとも，探究を続けていくことが重要なのである。それでは，私たちはそこまでしてなぜ真理を探究するべきなのだろうか。

〈創造〉

　人類の歴史を紐解いていけば，たとえすぐさま万人には受け入れられないような知見であっても，あるいは，そうした知見へ到達するアプローチが一般的に非常識だとされるようなものであっても，それがのちに大きな歴史的発見として評価されるようになったという事例は，数多くあげることができるだろう。真理を探究する姿勢は，それが新たな価値の創造や発見に結びつくのである。しかしここで注意すべきなのは，新しいものの創造や発見をする目的のためだけに真理の探究をするのではないということである。

　ここで改めてプラトンの思想に着目し，真実を観ることを愛する哲学者が，自らの使命をどこに見いだしていたかを検討してみたい。彼の著書『ソクラテス

の弁明』は，プラトンの師であるソクラテスが，青年たちを扇動し，腐敗させたとして罪に問われ，裁判にかけられた際の弁明の様子が描かれた作品である。ソクラテスは，知恵の探究に努めるのをやめることを条件に，死刑を放免することを提案されたものの，自分は知恵を愛求することをやめないと語っている（プラトン 1964）。彼は，なんらかの利益を得たり，自らの説話によって人々から報酬を受け取ったりするために知恵を探究しているのではなく，知恵を探究したいがためにそうしているのである。

　ここでソクラテスが語るのは，あくまでも哲学者としての使命であり，洞窟から地上の世界に達した人間が，みな哲学者と同じような使命を自覚していなければならないわけではない。プラトンにとって，特別な能力をもった一部の限られた人間が真理の探究を実践できるというわけではなく，誰しもがそうした能力を備えているという前提がある。しかしその能力が発揮されない障壁となっているのが，洞窟のなかで囚われている人々に象徴されるように，偏見や先入観から自由になれない環境なのである。したがって，私たちは，ある限られた立場からしか物事を理解できていないのではないかとたえず自らを疑い，より開かれた立場で考え，物事の真理に到達できるように取り組み続けていく姿勢をもつことが求められるのである。

💡 ポイント

①自分のなすべきことに対して，嘘や偽りのない姿勢で臨み，何が正しいのかを追い求めることが，真実を大切にするということである。

②真実とされるものは立場の違いによって異なることがありうるため，普遍的に妥当する客観的な真理を探究することが求められる。

③真理を探究し続けることが，新たな発見や創造につながる。

コラム1　倫理学・政治哲学の諸理論
（義務論と功利主義，徳倫理学，ケアの倫理，自由主義と共同体主義）

1　義務論と功利主義

　行為の正しさを，その行為がもたらす結果とは独立に判断するのが**義務論**である。それに対して**帰結主義**は，行為の正しさを，その行為がもたらす結果によって判断する。功利主義は帰結主義の一種である。**功利主義**は，幸福という結果を最大化する行為を正しい行為とみなす。

　では，義務論は何によって行為の正しさを判断するのだろうか。代表的な義務論者であるカントは，ある行為が**普遍化可能**かどうかをテストすることによって行為の正しさを判断する。有名な定言命法はこのことを表している。すなわち，「あなたの格率（行動指針）が普遍的法則となることを，その格率をとおしてあなたが同時に意欲できるような，そうした格率によってのみ行為せよ」という命令である。定言命法に基づくならば，自殺の禁止（自殺すべきという格率を普遍化することはできない），嘘の約束の禁止（嘘の約束をすべきという格率を普遍化することはできない），自分の才能を開発する義務（怠惰でいることを普遍化することはできない），親切の義務（困っている人を助けないという格率を普遍化することはできない）といった義務が正当化される（カント 2024c）。

　こうした義務はあくまで個人が自分の理性を用いて推論することによって導き出すものであり，たんに社会的な規則として個人に課されるものではない。それゆえ，カントの義務論においては**自律**こそが最優先の道徳的価値となる。

　一方の功利主義は，関係者全員の幸福という結果を最大化すべきだと説く（ミル 2021）。カントの義務論が嘘を禁止するのに対して，功利主義は，嘘をつくことによって関係者全員の幸福が増大するならば，嘘を許容する。つまり，相手を幸せにするための嘘は許される。

　功利主義にはさまざまなタイプがあるが，特に行為功利主義と規則功利主義の区別が重要である。個々の行為によって幸福を最大化するのが**行為功利主義**（たとえば，赤信号でも渡ることは，誰にも迷惑をかけない限り，自分の幸福を最大化するので正当化されるなど，しばしば常識に反する行為が正当化されてしまう），一般的な規則を遵守することによって幸福を最大化するのが**規則功利主義**である。規則功利主義の発想は道徳的価値について考える際にも活用できる。たとえば，「規則は何のためにあるのか」と考えると，「人々の安全を守るため」や「人々の幸せを実現するため」という答えが想定される。また，「なぜ学校生活を充実すべきなのか」と考えると，子どもが学校生活を充実させ自己の資質・能力を高めることが，本人の将来の幸福につながるからだろう。

2 徳倫理学

西洋倫理学では，20世紀半ばまでは前述の義務論と功利主義が主流だったが，1980年代から徳倫理学が復興してきた。一般に，徳倫理学は①**反原理主義**，②**反厳密主義**，③**反普遍主義**を特徴とする。

反原理主義というのは，義務論が普遍化可能性，功利主義が最大幸福という行為の原理を主張するのに対して，徳倫理学が行為者の**性格**（日本の道徳教育でいわれる「生き方」）を重視するからである。多くの徳倫理学者が依拠するアリストテレスが徳の教育を習慣形成とみなしていることから，道徳科の授業で道徳的価値について思考するだけでなく，学校の教育活動全体で行う道徳教育によって習慣形成を促すことの重要性が示唆される。

反厳密主義というのは，行為の原理に基づくだけでは有徳な行為を行うことはできないということである。たとえば，勇気のある人とは，「しかるべきものを，しかるべき目的で，しかるべき仕方で，しかるべきときに耐えたり恐れたりする人，またそのようにして自信をもっている人」（アリストテレス 2015: 207）といわれる。アリストテレスはこの「しかるべき」あり方を**中庸**とよぶが，原理に基づいて行為するだけでは中庸は達成できず，個別の文脈や状況を見極める**思慮深さ**が必要である。

反普遍主義については，ヌスバウム（2016）のように普遍主義の立場に立つ徳倫理学者もいるが，多くの徳倫理学者は，道徳は特定の共同体を前提として生み出されると主張する。そのため，この場合の徳倫理学は，のちに4節でみる共同体主義と重なる。

3 ケアの倫理

個別の文脈を重視するという点では，徳倫理学とケアの倫理は重なる。ただし，行為者の性格を重視する徳倫理学とは異なり，ケアの倫理は他者のニーズに応答することを重視する。

ケアの倫理の提唱者とされるキャロル・ギリガン（2022）は，ローレンス・コールバーグの認知的発達理論が暗に隠しもっていた男性中心主義を告発した。コールバーグの認知的発達理論は，自己を他者から分離した自律的主体ととらえる人間観を前提にしており，その人間観をもとに道徳性の発達段階を6段階に区分していた。この発達段階に基づいて調査を行うと，アメリカ人の女性の多くは第3段階で止まっていると判定されるので，女性は男性よりも道徳性が劣っているとみなされてしまう。しかし，女性は，自律を至上の価値とする「正義の倫理」ではなく，他者の**ニーズ**に応答する**責任**や他者との**相互依存的な関係性**を重視する「ケアの倫理」に従って道徳的判断を行なっているというのである。ただし，のちにギリガンは，ケアの倫理が女性の倫理であるだけでなく，人間の倫理であることを強調している。

4 自由主義（リベラリズム）と共同体主義（コミュニタリアニズム）

1980年代以降に政治哲学の領域で行われた自由主義（リベラリズム）と共同体主義

（コミュニタリアニズム）の論争は，個人の人生と共同体（家族と家庭，学級と学校，郷土と地域社会，国，国際社会）の関係を考えるうえで重要である。

　自由主義は，個人は自分の人生の目的や目標，人生計画を自律的に選択する自由を保障されるべきだと考える。それゆえ，社会正義とは，何よりもこの自由を個々人に対して保障することを意味する。自由主義の代表的な哲学者ジョン・ロールズの「公正としての正義」は，①各人は，すべての人の同様な自由と両立する（言論の自由などの）**基本的諸自由への平等な権利**をもたなければならない，②社会的・経済的不平などは，公正な機会均等のもとですべての人に開かれた職務や地位にともなったものでなければならず，その社会的・経済的不平等は最も恵まれない人の利益とならなければならない，というふたつの原理を含む。なお，①は②に優先しなければならない（ロールズ 2010）。

　自由主義は個人が自分の人生計画を自律的に選択する自由を最優先するので，**自由**と**自律**を重視する。また，個々人の人生計画は多様であるため，個々人の多様な人生計画に対してお互いに**寛容**であることが求められる。

　それに対して，共同体主義は，個人が自分の目的や目標を選択する自由を最優先する自由主義の立場を批判する。（自らを共同体主義者とはよばないが）共同体主義者の代表的な哲学者とみなされるアレスデア・マッキンタイア（2021）は，以下でみる①**実践**，②**伝統**，③**人生の物語的統一性**という3つの概念に基づいて自由主義を批判している。

　第一に，マッキンタイアによれば，個々人が自分の目的や目標を自由に選択することが大切だといっても，個人はその目的の善さを知るためには，まずは**実践**に参加する必要がある。たとえば，ダンスを踊るという目標を選択するためには，まずはダンスの実践に参加しなければならない。

　第二に，諸々の実践は歴史のなかで継承されてきたものであり，伝統なしに実践の意味を理解することはできない。たとえば，ダンスという実践は特定の共同体の**伝統**を背負っている。もちろん，ダンス自体は世界中にあるだろうが，三味線の伴奏とともに踊る日本舞踊の様式は日本に固有のものである。日本舞踊の様式は日本という共同体のなかで共有されており，個人が好き勝手に変えられるものではない（とはいえ，共同体主義は伝統が変更される可能性を否定するわけではない）。それゆえ，個人が選択する目的や目標は，共同体の伝統のなかに埋め込まれているのである。

　しかし，実践に参加するといっても，実践には複数のものがあり，それぞれの実践が競合することもありうる。ダンス，勉強，児童会活動・生徒会活動はいずれも実践である。それゆえ，諸々の実践に含まれている目的を個人の人生のなかで両立させることが必要になる。それを可能にするのが**人生の物語的統一性**である。個人は人生という舞台の主人公である。主人公である個人は，ダンス，勉強，児童会活動・生徒会活動といった複数の実践を自分のなかで意味づけ，ひとつの物語として統合する。たとえば，ある生徒は，ダンスの部活動は受験の妨げになると思うかもしれないが，別の生徒は，部活動と受験を両立させることが「文武両道」という自分の人生の目標にとって重要なものだと思うかもしれない。

このように，①実践，②伝統，③人生の物語的統一性を重視する共同体主義からすると，個人は家族と家庭，学級と学校，郷土と地域社会，国といった共同体の実践に参加し，それらの共同体に**愛着**をもち，各共同体のなかで自らの**アイデンティティ**を形成することが求められる。それゆえ，友情，家族愛，愛校心，郷土愛，愛国心といった道徳的諸価値が重視される。

　共同体主義は，個人の自由を最優先する自由主義に対して，個々人がお互いの自由を尊重しようと考える際には，個々人が共同体のなかで共に生きていることが前提条件になるという。それゆえ，共同体主義にとっては，友情，家族愛，郷土愛，愛国心を含む**友愛**が個人の自由を保障する**社会正義**に優先するとともに，友愛は社会正義の条件となる。アリストテレス（2016）は，友愛の成立条件として，①相手に気づかれること，②お互いの好意，③お互いにとって愛する価値があり，信頼し合えること，④お互いに相手の善（幸せ）を願うこと，⑤共に生きることをあげている。この友愛の成立条件は，質や程度は異なるとしても，家族愛，愛校心，郷土愛，愛国心，国際貢献（国際親善）の成立条件でもあるという点が重要である。

■内容項目B：主として人との関わりに関すること

内容項目B：主として人との関わりに関すること　　　実践編☞p.183(小)，p.190(小)，p.196(中)

①本当の思いやりとは何か？

【小学校】	【中学校】
・親切，思いやり ・感謝	・思いやり，感謝

【小学校】

「親切，思いやり」

〔第1学年及び第2学年〕
　身近にいる人に温かい心で接し，親切にすること。

〔第3学年及び第4学年〕
　相手のことを思いやり，進んで親切にすること。

〔第5学年及び第6学年〕
　誰に対しても思いやりの心をもち，相手の立場に立って親切にすること。

「感謝」

〔第1学年及び第2学年〕
　家族など日頃世話になっている人々に感謝すること。

〔第3学年及び第4学年〕
　家族など生活を支えてくれている人々や現在の生活を築いてくれた高齢者に，尊敬と感謝の気持ちをもって接すること。

〔第5学年及び第6学年〕
　日々の生活が家族や過去からの多くの人々の支え合いや助け合いで成り立っていることに感謝し，それに応えること。

【中学校】

「思いやり，感謝」

　思いやりの心をもって人と接するとともに，家族などの支えや多くの人々の善意により日々の生活や現在の自分があることに感謝し，進んでそれに応え，人間愛の精神を深めること。

本内容項目の概要

　この内容項目には，思いやり，感謝，人間愛という道徳的価値が含まれている。本項では主に，親切と思いやりの違い，親切・思いやりと同情や共感の関係，親切・思いやりと自由の関係，親切・思いやりと尊敬の緊張関係，感謝と尊敬の関係について，主にカント倫理学をもとに述べる。

道徳的諸価値のとらえ

〈「不完全義務」としての思いやり〉

　親切と思いやりはどう違うのか。小学校5〜6年生の内容項目は，「誰に対しても思いやりの心をもち，相手の立場に立って親切にすること」となっている。つまり，思いやりとは「心」であり，親切とは思いやりが表れた行為であるといえる。

　では，なぜ親切や思いやりは必要なのか。人間には自己愛があるから，他人から愛されたいと願う。困っているときには人に助けてもらいたいと思う。自分が他人から親切にされたいなら，他人にも親切にすることは義務なのである（カント 2024 b）。

　ただし，ここでいう義務は「**不完全義務**」であることに注意したい（p.18も参照のこと）。「**不完全義務**」とは，第一に，それを行うと「**功績**」があるような徳である。つまり，親切を行うと褒められる。第二に，「**不完全義務**」とは，その徳を誰に対して，どの程度行うのかは個人の裁量に任されている徳である。それゆえ，誰に，いつ，どの程度親切にするのかを，個人が選択することができる。

　一方，「**完全義務**」とは，常に行わなければならない義務である。たとえば，「差別してはならない」ことは「完全義務」である。第一に，差別しないことは当然である。だから，差別しないからといって褒められることはない。第二に，誰に対しても，いかなるときも差別をしてはならないという意味で，差別してよいかどうかを決める裁量は個人にない。

　親切は不完全義務であるから，自分の幸福を犠牲にしてまで親切にすることは要求されていない。したがって，「自分の**能力**に**応じて**他の人に親切にすることは義務である」（カント 2024 b: 173，太字は筆者）とカントはいう。

〈親切・思いやりと同情，共感〉

同情は現在の内容項目には入っていない。しかし，親切・思いやりと同情は無関係ではない。では，親切・思いやりと同情はどのように関係するのか。

カントによれば，同情とは共に喜んだり，苦しんだりする感情である。しかし，誰かが貧困や病気で苦しんでいるとき，その人を助けるという親切は道徳的な行為ではあるが，その人と共に苦しむこと自体には価値がない。なぜなら，困っている人と私が共に苦しむことによって，苦しみはもともとの2倍になり，苦しみを増やすことが道徳的に善いことだとはいえないからである。

ただし，他人の苦しみに対する感受性をもつことが，他人を助けることに貢献することはありうる。その点では，同情という感情には間接的な価値がある。つまり，同情という感情そのものに価値はないが，その感情が親切を促進するための手段になるという点では，同情という感情は役に立つ。

他人の苦しみを取り除くことができないにもかかわらず，その人と共に苦しむことをカントは「**あわれみ**」とよび，あわれみは侮辱的な親切だという。「思いやりの心は，単なるあわれみと混同されるべきものではない」という『中学校解説』の記述は，カントの考えと合致している。

他人を助けることが大切なのであり，他人と共に苦しむことそれ自体にはなんの意味もないと考えたカントの考えには批判もある。ケアの倫理の提唱者の一人であるスロート（2021）は，痛みを感じる相手を気の毒に思う「同情（sympathy）」と，相手の痛みを感じる「**共感**（empathy）」を分けたうえで，共感にケアの倫理の基礎を見いだしている。スロートにとって，共に苦しむこと（情動感染）はケアを可能にする感情であるため，重視される。同じくケアの倫理の主唱者であるノディングズ（1997）も，倫理的ケアリングの基礎に，他人に対する「専心没頭」と「動機の転移」を置いている。専心没頭とは，相手をありのまま受け容れることである。動機の転移とは，ケアする者がケアされる者の目的や課題を自らに引き受けることである。

〈親切・思いやりと自由〉

小学校低学年くらいまでの小さい子どもは非常に親切であるが，しばしば「おせっかい」である。おせっかいとは，相手の立場に立っていない親切のことである。しかし，小学校5〜6年生の「親切，思いやり」の内容項目は，「誰に対しても思いやりの心をもち，相手に立場に立って親切にすること」となってい

る。では，なぜ相手の立場に立たなければならないのか。

　カントによれば，個々人が何に喜びを感じるか，どこに喜びを置くのかは個人の自由に基づいており，個人が決めることである。つまり，相手には自分にとって何が幸福であるかを選択する**自由**がある。それゆえ，相手に親切にするときは，私の幸福観に基づいて行うのではなく，相手の幸福観に基づいて行わなければならない（カント 2024 b）。相手の幸福観ではなく私の幸福観に基づいて親切を行うと「おせっかい」になってしまう。それゆえ，本当の親切・思いやりとは，相手の自由を尊重しながら，相手が望んでいることを行うことである。

〈親切・思いやりと尊敬の緊張関係〉

　とはいえ，相手の望んでいることを行う親切・思いやりであっても，それが常に善いことであるとは限らない。私と相手がお互いに親切にし合い，互恵的な関係にあるならばよいが，私がいつも相手に一方的に親切を行なっている場合，相手を卑下させ，相手に負担や屈辱を感じさせることになりうるからである。これは，相手を貶めるという意味で**尊敬**に反する。また，相手に対していつも私に依存しているという思いを抱かせるので，相手の自尊心をくじくことにもなる。つまり，親切・思いやりと尊敬は緊張関係にある。

　それゆえ，親切を行う際には，相手に負い目を感じさせないように努めるべきである。ましてや，親切にすることで相手に恩を売ろうとしてはならない。だとすると，相手に気づかれない親切こそが最も偉大だといえる。東洋思想でも「陰徳」（人知れず行う善行）を積むことが善いことだとされている。自分の親切が相手に伝わる場合には，相手が自分の親切を受け入れてくれたことでかえって自分に名誉が与えられたと表明すべきだとカントはいう（カント 2024 b）。『中学校解説』の「重荷にならないようにという配慮がなされた思いやりに気付くこと」という記述は，この相手に負い目を感じさせないように配慮された思いやりをふまえての記述だといえる。

〈感謝と尊敬〉

　感謝とは，親切・思いやりに対して示す感情と行為である。カントによれば，感謝は，能動的な感謝とたんなる情緒的な感謝に分けられる。前者は行為として表れる感謝であり，後者はたんなる感謝の感情である。

「感謝とは，私たちに示してくれた親切のゆえに，ある人格に敬意を払うことである」（カント 2024b: 176）。このように感謝は尊敬を含んでいる。

カントは感謝の義務（不完全義務）を「神聖な義務」（カント 2024b: 177）とよんでいる。というのは，親切を受けた人がその親切に対してどれほど報いようとしても，最初に親切にしてくれた人の功績をゼロにすることはできないからである。他人の親切にどれほど報いようとしても，完全に返済することはできない。親切を受けた側の負債は一生なくならならないのである。

しかし，親切を受けた側の人は，他人の親切が自分の自尊心を傷つけた（親切にされることによって，自分の立場が下になった）ととらえるのではなく，親切に対して感謝を感じ，この感情をむしろ自分の**人間愛（博愛）**を開発するための機会ととらえるべきだとカントはいう（カント 2024b）。ここで興味深いことはふたつある。第一に，親切を行う人が相手に負い目を感じさせないように配慮すべきであるのと同様に，親切を受ける側は，他人から受けた親切を重荷であると感じるのではなく，むしろ感謝の念をもつべきだということである。第二に，親切に対する感謝の念を人間愛（博愛）の開発に結びつけるべきだというのは，親切を施してくれた人に恩を返せない場合には，その分だけ，別の人に**奉仕**すべきだということである。このように，感謝することは，親切にしてくれた人本人に対する感謝にとどまらず，奉仕や社会連帯にもつながることは重要である。

💡 ポイント

①本当の思いやりは相手の「自由」と両立する必要がある。
②親切・思いやりは尊敬と緊張関係にある。
③感謝の念は他人や社会への奉仕の基礎となる。

②礼儀の本質とは？

【小学校】
・礼儀

【中学校】
・礼儀

【小学校】

「礼儀」

〔第1学年及び第2学年〕
　気持ちのよい挨拶，言葉遣い，動作などに心掛けて，明るく接すること。

〔第3学年及び第4学年〕
　礼儀の大切さを知り，誰に対しても真心をもって接すること。

〔第5学年及び第6学年〕
　時と場をわきまえて，礼儀正しく真心をもって接すること。

【中学校】

「礼儀」

　礼儀の意義を理解し，時と場に応じた適切な言動をとること。

本内容項目の概要

　本内容項目では，礼儀の意義を理解し，実践することが記されている。本項では主に，儒教の考えをもとに説明する。なぜなら礼という言葉や概念を，最初に考察して，体系化したのが儒教だからである。また日本の伝統的な真心にも焦点を当てる。

道徳的諸価値のとらえ

〈仁と礼〉

　中国古代の思想家，孔子によってはじめられた儒教は，今生きている社会をよりよくするために，人はどのように考え，行動すればよいのかを考えた学問である。そこで最も重視されたのが，人間関係である。私たちは，人の子とし

て生まれてから，さまざまな関係性のなかで生きていく。たとえば親子，夫婦，兄弟姉妹，友人，先輩後輩，上司部下などである。人とつながっている状態が私たちの基本であり，社会の根幹であると儒教は考える。したがって，世界をよりよくするとは，人間関係をよりよくすることに他ならない。一人ひとりが良好につながっていれば，それが大きな輪となり，結果として理想的な社会となる。

　それでは，その人間関係をよくするためには何が必要なのか。儒教の答えは，仁と礼である。仁は，儒教で追い求める理想の心であり，今の日本語では思いやりと言い換えることができる。人とよい関係を築くために，「相手の人格を尊重し，相手に対して敬愛する気持ち」（『小学校解説』）が，大切なことに異論はないだろう。

　ただし，重要なのはこの仁を心の内に秘めていただけでは相手に伝わらないことである。たとえば，友人への心からの感謝の気持ちをもっていたとしても，実際になんらかの言葉や態度に示さなければ，それが伝わることはない。そこで，礼が必要になる。仁を相手に伝えるための形が礼である。

　このように儒教の大きな特徴は，内面さえよければ形はどうでもよいとは，決して考えなかったことにある。相手を思いやる心を，適切に相手に伝えることで，はじめてよい関係を築くことができる。

〈虚礼を許す〉

　こうした考えのもと，儒教では，たとえ虚礼（心のこもらない形式的な礼儀）であったとしても，それを許容する（垣内 2015）。これには少し驚くかもしれない。心がこもっていない挨拶や感謝の言葉は，白々しく意味がないように思うからだ。『中学校解説』にも，「形だけで心が伴っていない」礼儀は批判されるとある。たしかに，心では悪いと思っていないのに，形だけ頭を下げても意味はないと，多くの人は思うだろう。それにもかかわらず，儒教では虚礼を認めるという。なぜだろうか。それは，礼に適っている限り，心がまったくこもっていないことはありえないからである。

　この意味は，礼の成り立ちを考えるとわかってくる。礼は，仁が形になったものであるが，自分ひとりの思いやりだけでは，礼にはならない。『中学校解説』に，礼儀とは「長い間に培われた慣習」とあるように，これまでに生きた人たちの試行錯誤がここにはある。自分の思いを，どうしたら相手に伝えることができるのか。このことについて，これまでにたくさんの人々が考えに考え

て，実践して，多くの失敗をし，長い年月をかけて取捨選択し，最終的に残ったのが，今の礼である。地域や社会，国や民族によって礼儀作法が異なるのは，これまで携わった人たちが違うからである。

　今の私たちが手にしている礼儀には，膨大な人たちの思いやりが，すでに込められている。したがって，たとえ自分の心がなくても，礼に沿った行動をとれば，少なくとも先人たちの心は，そこにある。そのため，たとえば小学校低学年の生徒が，礼の意味を理解できなかったとしても，ただ形に沿って実践してみることは，十分に意味があるだろう。

〈誠〉

　もちろん，最終的には「心と形が一体」（『中学校解説』）になることをめざすべきである。そのために儒教においては，心を「誠」の状態にすることが求められた。誠とは，嘘偽りのない，心の純粋さを意味している。

　この意味を理解するには，儒教の世界観を知る必要がある。儒教では，絶対的な存在として「天」が設定されている。この天はたんに空のことではなく，現代の日本語でいえば，自然や宇宙全体ということになるだろう。天は，太陽や月の法則だけではなく，人のあるべき姿や行動も定めている（渡辺 2010）。

　よって人はこの天の思いに沿うことで，正しい行いをすることができる。ただしそれは，私たちの心が純粋であることが条件になる。これは鏡を思い浮かべるとわかりやすい。磨き上げられた鏡ならば，目の前に広がる美しい景色をそのままに映し出すことができる。しかし，もしその鏡面に埃がついていたり，曇っていたりしたならば，そうはならない。同じように私たちは天を自分の心に映し出すために，心をきれいな状態に保つ必要がある。心において，鏡の埃や曇りに該当するのが自分勝手な欲望である。私利私欲がない，きれいな心の状態が，誠なのである。

　天の声は，古代中国に生きた聖人しか聴くことができない。聖人は，天の意思を広めるために，この声を一般の人が実践しやすいような形にした。それが礼である。よって礼とは，天の意思そのものである。そのために礼に沿った行動をとることが，絶対的な規範性を反映した行いになる。その条件が，埃ひとつない純粋な心であった。

〈真心〉

しかし場合によっては，これまで受け継がれてきた礼儀に対して，疑問を抱くこともあるだろう。そこで必要になるのが，「**真心**」である。日本の伝統的心情とされる真心は，純粋性を意味するが，誠とは少し異なる意味でとらえられることがある（相良 1989）。

たとえば江戸時代の国学者である本居宣長は，真心とは，人が「生れつるままの心」（本居 1972: 147）と定義した。おぎゃあとこの世に生まれた赤ちゃんのときにすでにもっている，まだ何にも汚されていない心である。

もともと人の心は，うれしいときは素直に喜び，泣きたいときには涙を流し，怒りたいときは強く感情を露わにする。時には妬み嫉みによって，人の不幸を願うこともあるが，それも人として普通のことである。儒教は，こうした負の感情を批判，排除したが，これを宣長は非難した。なぜならそれは人が恣意的に決めた倫理観や正義感によって，本来あるべき姿を覆い隠しているからである。私たちの心は，世間の常識や価値観によって縛られている。そうした縛りをすべて取り払って，解放された状態こそが真心なのである。

いったんこれまでの常識を棄て去り，真心に向き合う。それによってこれまで続いてきた礼儀では，本当の自分の思いを相手に伝えることができないと思い，他のやり方を模索する。これはすばらしいことである。なぜならそれは礼の本質だからである。礼は私たちが過去から受け継ぐだけではなく，未来に対して受け渡していくものでもある。いつの時代も変わらない普遍的な形もあれば，時代によって変わるべきものもある。各時代の人たちが，常によりよいものにするために試行錯誤をし，アップデートをして次の世代に引き渡す。これが私たちの責務である。こうすることで相手へのあたたかい思いが，時代を越えて，途切れることなく紡がれていく。

💡 **ポイント**

①礼儀とは，過去の人たちの思いやりが形になったものである。

②よって礼儀正しくふるまうことで，先人の思いに自分を重ねることができる。

③一方で，時にこれまでの作法を疑い，改善することも，礼儀の本質である。

③友だちという関係をつくるものは？

【小学校】
・友情，信頼

【中学校】
・友情，信頼

【小学校】

「友情，信頼」

〔第1学年及び第2学年〕
　友達と仲よくし，助け合うこと。
〔第3学年及び第4学年〕
　友達と互いに理解し，信頼し，助け合うこと。
〔第5学年及び第6学年〕
　友達と互いに信頼し，学び合って友情を深め，異性についても理解しながら，人間関係を築いていくこと。

【中学校】

「友情，信頼」

　友情の尊さを理解して心から信頼できる友達をもち，互いに励まし合い，高め合うとともに，異性についての理解を深め，悩みや葛藤も経験しながら人間関係を深めていくこと。

本内容項目の概要

　本内容項目について『小学校解説』および『中学校解説』では，「よりよい友達関係を築くには，互いを認め合い，学習活動や生活の様々な場面を通して理解し合い，協力し，助け合い，信頼感や友情を育んでいくことができるように指導することが大切である」（『小学校解説』: p.46），「真の友情は，相互に変わらない信頼があって成り立つものであり，相手に対する敬愛の念がその根底にある。それは，相手の人間的な成長と幸せを願い，互いに励まし合い，高め合い，協力を惜しまないという平等で対等な関係である」（『中学校解説』: p.40）と書かれている。本書「1 道徳的諸価値の関連」の第1節 （☞ p.3）に書かれていることを用いれば，本内容項目は愛と尊敬の双方を含んでいるといえるだろう。

以上をふまえてここでは，よりよい友だち関係とはどのようなもので，それを築くためには何が必要となるのかをみていきたい。

道徳的諸価値のとらえ

〈よりよい友だち関係〉

　よりよい友だち関係の内実をみていく際に手がかりとしたいのが，「「人と人とのつながり」ぐらいの緩い意味」（藤野 2018: 27）を含むものとして解釈することができる**フィリア**（**友愛**あるいは愛と訳されることが多い）という言葉を使い，友情を詳しく論じたアリストテレスである。アリストテレスは，「愛される性質のものとは，「善いもの」か，「快いもの」か，あるいは「有用なもの」であると思われる」（アリストテレス 2016: 192）と述べている。簡潔に言い換えるならば，その人の性格特性（徳）を尊敬しているから，その人と一緒にいると楽しいから（快楽），その人が自分にとってなんらかの利益（有用さ）をもたらしてくれるからという3つの理由から，友だち関係は成り立っているということができる。またアリストテレスは，「愛（フィリア）として完全なのは，善き人々のあいだ，つまり徳（アレテー）の点で類似の人々のあいだに成り立つ愛（フィリア）である」（アリストテレス 2016: 200）と述べ，「善いもの」である徳に基づく友情が最良であると主張している。

　先にみた『小学校解説』や『中学校解説』の記述と，アリストテレスの論とを関連づけて考えるならば，「友情，信頼」を扱う道徳科の授業では，友だち関係の多様なあり方に目を向けつつ（髙宮 2023d: 84–85），相手の性格特性である徳に惹かれ合う関係をめざすことになる（市川 2021）。また，信頼の根底にある相手への敬愛の念は，誠実さや正直さといった，その人の徳に向けられることになる。

　この際，友だちが**自己のあり方**を映し出しているという点に，注意を払う必要がある。アリストテレスのフィリア論の核心は，「外なる利他的行為にではなく内なる自己への関係，つまり 魂（プシューケー）のあり方に係る」（土橋 1990: 102）といわれている。これについて詳論することはできないが，道徳科の授業と関連させるならば，少なくともよりよい友だち関係を築くためには，自分がよりよい性格特性を備えた人間となることが必須であると考えることができる。そのため，現在の友だち関係をより平等で対等なものにするためには，自分がどのような

価値（観）を大切にし，どのような徳を備えた人間になりたいのかを，道徳科で扱うことが求められるだろう（アリストテレスの論では十分に扱われていない友情のあり方については，たとえば藤野（2018），市川（2021）を参照）。

〈快楽から徳への移行可能性〉

とはいえ，アリストテレス自身も認めているように，善いものとしての徳に基づく友情は得がたく，生まれるのにも時間がかかる（アリストテレス 2016: 202）。それゆえ，理想的な友情やそれを形づくる信頼を授業で理想として掲げると，児童生徒が自分には実現不可能だと感じてしまうかもしれない。

こうした思いをさせないようにするためには，快いもの（快楽）を起点にして，友情を考えることが重要となる（cf. 酒井 2022: 149–152）。道徳科の授業においても，一緒にいて楽しいという状態は，友だち関係の条件としてしばしばあげられるだろう。アリストテレスは，「若者の愛は快楽に基づくように思われる」（アリストテレス 2016: 199）と述べ，その関係の移り変わりやすさを指摘している。その一方で，善に基づくフィリア（フィリア）には，付帯的とされる有用さや快楽も備わっているという（アリストテレス 2016: 196–203）。アリストテレスのこうした論と本内容項目とを関連づけて考えるならば，一緒にいて楽しいという状態から議論を出発することは，その状態をつくり出している友だちの徳や自分のあり方に気づき，今までの関係を見直したり，その関係をよりよいものにするために自分の価値観を見つめ直したりすることの第一歩となるだろう。

〈友だち関係と恋人関係〉

詳細に書かれているわけではないものの，『小学校解説』および『中学校解説』では，性的な関心や恋愛との関連も「友情，信頼」を授業で扱う際に必要となる場合があるととらえられている。この際，「互いの人格の尊重」（『小学校解説』: p.47）が基盤となっていることや，「独立した一個の人格としてその尊厳を重んじ，人間としての成長と幸せを願う」（『中学校解説』: p.40）ことを，児童生徒が認識することが重要となる旨が指摘されている。

上にあげた点が友だち関係と恋人関係に共通する一方で，両者は**排他性**という点で異なっている。恋愛がただひとりの人だけと関係をもち，その他の人はその関係に入ることができないという点において強い排他性をもつ一方で，友情は誰でもよいというわけではないものの，複数の人間が関係のなかに入るこ

とができるものである（藤野 2018: 138）。藤野が指摘しているように，恋愛と友情の相違点として存在する排他性は程度の差であって（藤野 2018:138），両者がなんら共通点をもたないわけではない。また友情は，恋愛のような強い排他性をもたないものの，「博愛や人類愛と異なり，普遍性を志向しない」（藤野 2018: 96）という点において，選択的でありうる（藤野 2018: 96）。

　それゆえ，恋人と友だちは，まったく切り離された存在ではない。両者は，『小学校解説』や『中学校解説』に書かれているような，人格の尊重や相手の成長や幸せを願う心を共通に有しながらも，その関係に誰を入れることができるのかという基準や数において，異なっているのである。

　なお，『小学校解説』『中学校解説』とも，性的な関心の対象として異性のみに焦点が当てられているが，同性愛の存在をふまえるならば，授業において異性のみを取り上げて語るだけでは，不十分である。また，他人への恋愛感情をもたない人や他人への性的な欲求をもたない人の存在をふまえるならば，誰もが恋愛感情を抱いたり，性的関心をもったりするということ自体を，授業の際に前提にする必要もない。文部科学省が性的マイノリティへの学校における対応などに言及している現状（詳細は文部科学省のホームページを参照）や，性の多様性をふまえるのであれば，道徳科ではあくまでも，恋人との共通点や相違点をあげながら，友人との関係やその関係からみえる自分の生き方について児童生徒が考え，議論することを中心とすることが望ましいのではないだろうか。

❉ ポイント

①道徳科では，性格特性としての徳に基づく友だち関係をめざす。

②一緒にいて楽しいという状態から，よりよい友だち関係を考えることができる。

③排他性に着目しつつ，友だち関係と恋人関係の違いと共通点を論じることができる。

④いじめにも寛容であるべきなのか？

【小学校】
・相互理解，寛容

【中学校】
・相互理解，寛容

【小学校】

「相互理解，寛容」

〔第3学年及び第4学年〕
　自分の考えや意見を相手に伝えるとともに，相手のことを理解し，自分と異なる意見も大切にすること。

〔第5学年及び第6学年〕
　自分の考えや意見を相手に伝えるとともに，謙虚な心をもち，広い心で自分と異なる意見や立場を尊重すること。

【中学校】

「相互理解，寛容」

　自分の考えや意見を相手に伝えるとともに，それぞれの個性や立場を尊重し，いろいろなものの見方や考え方があることを理解し，寛容の心をもって謙虚に他に学び，自らを高めていくこと。

本内容項目の概要

　この内容項目には，相互理解と寛容という道徳的価値が含まれている。本項では主に，寛容を取り上げる。寛容とは，広い心で相手を受け入れる一方で，過ちや不正を許すことではない。この違いを考えることで，寛容の本質を把握する。

道徳的諸価値のとらえ

〈寛容の基準〉

　寛容とは，いろいろなものの見方や考え方があることを理解し，それらを受け入れる心のあり様や態度である。『中学校解説』には，「寛容の心をもてば，人を許し受け入れてとがめだてしない」とある。一人ひとりに個性があり，各々

が違う性格や考え方をもっている。そのなかには，自分が受け入れられない意見をもっている人もいるだろう。たとえそのような人であっても，許し受け入れることが寛容の心であるという。

　一方で，同じ解説に「寛容は，他人の過ちを大目に見たり，見て見ぬふりをしたりすることではない。他人の過ちを許すことは，他人の不正を許すことではない」ともある。たしかに，いじめを肯定する意見をもつ人を許すことが，寛容という美徳だとはとうてい思えない。

　ただし，そもそも寛容は，批判的・否定的に感じるものを受け入れるときに必要になるものである。最初から肯定的・好意的な印象をもつものに対しては必要がない。よって前提として，対象と自分の間には，深い溝が存在している。それでは，この溝に橋をかけるかどうかの基準は，どこにあるのだろうか。

〈異なる存在〉
　そこで寛容の本質について考えてみたい。相手を受け入れる場合には，実は一見相反するかのようなふたつの動機がある（ウォルツァー 2003）。

　①異なる存在として，受け入れる。
　②同じ存在として，受け入れる。

　それぞれ説明していきたい。まず①は，違う存在こそが，自分にとって利益になるとして受け入れることである。これはリスク分散のための多様化を考えるとわかりやすい。たとえば，もしある国でじゃがいもしか育てていなくて，じゃがいもが育たない異常気象に見舞われた場合は，飢饉に陥ってしまう。また食糧自給率が著しく低い国では，もし戦争などが起こり，外交全般がストップしてしまった場合も同様の状況に陥る。このように育てる食種や手に入れるルートが多様であればあるほど，安全であることは自明であろう。

　また近年，生態学者たちが，さまざまな視点から問題に取り組めるような脳をもつ動物は，変わりやすい環境下での生存において有利になることを明らかにした（ダン 2023）。たとえばヒトはもちろん，カラス，オウム，および数種の霊長類は，環境条件が変化しても，知能を用いてその衝撃を和らげることができるという。脳のなかに多種多様な要素があればあるほど，その種は存続し続けることができる。よって，これまでの常識を壊し，新たな刺激を与えてく

れる存在は，自分にとってとてもありがたい存在となるのである。

　世界がどのように変化し，進んでいくかを完璧に予想できる人などいない。人類が生き残るためには，さまざまな考えをもつ人や存在が必要である。したがって，異なると認識しながらも，その存在を受け入れて，共に生きていくことは，自分にとって有益なこととなる。

〈同じ要素〉

　ただしこの①は，ある種の危険性を孕んでいる。異なる存在を，自分や集団の維持・進歩のために受け入れることは，相手に好感をもったり，共感したりすることを意味しない。たとえば宗教では，それぞれが絶対的な真理を所有しているため，決して相手の教義を全面的に肯定することはないだろう。俗な表現を使えば，しぶしぶ認めるという姿勢である。こうした互いに目を合わせることがない共存は，いつ壊れてもおかしくない。何かの諍いが起こったときに，堰を切ったかのように，その黙認が相手への反発や憎悪につながり，強烈な攻撃になってしまう。

　こうしたことを防ぐためにも，②が必要になってくる。これは一見異なるようにみえる対象に対して，自分と共通する部分を見いだすことで受け入れることである。たとえば違う宗教を信じている相手であっても，信仰を大事にしているという点では共通している。皮膚や髪，目の色が違う相手であっても，目や鼻，手足をもっている生物であることに変わりはない。

　このとらえ方において，今最も大切にすべき視点は人権であろう。人権とは，すべての人間が，人が人でいられるための権利である。誰もが平等にもっているものであり，たとえばおぎゃあと生まれた赤ちゃんと100歳を超えた老人，また敬虔なイスラム教徒と無宗教者といった人たちにいっさいの違いはない。

　こうした考えが生み出すのは，他者への共感である。しかも，自分の経験と同じものをもとにする他者との共感（sympathy）ではなくて，見知らぬ他者の，自分ではしたことのない経験に思いを馳せる他者への共感（empathy）である（ミラー 2007）。自由に判断・行動し，幸せな生活を追求する存在として共感することができれば，世界中のほとんどの人を受け入れることができるであろう。

〈目的とは〉

　以上，ふたつの寛容をみてきた。ひとつは，他者とどのように違うかを認識

し，異なる存在と共存することが，自分に有益であるために受け入れるという姿勢である。もうひとつは，他者とどのように似ているかに目を向け，自分と共通する部分に共感をもって受け入れる姿勢である。

これらからみえてくるのは，寛容の先にある目的である。当然であるが，寛容になることは最終目的ではなく，寛容によって私たちが手にするものこそが重要となる。

それは，みんなで手を取り合い，幸せに暮らしていく社会の実現である。より直截的に表現すれば，自分が所属する集団の存続と発展のためということになる。私たちは決してひとりで生きていくことはできない。古代から人類は，食糧を得ることも，外敵から身を護ることも，人が集まり協力することで成し遂げてきた。そこでは集団の構成員として，思いを共有し，団結する必要があった。

一方で，さまざまな考えをもつ人がいて，各々の役割を担っていたからこそ，移りゆく過酷な環境でも，生き延びることができた。ただしその違いは，争いの火種でもある。ここにおいて，寛容が必要になった。目的は，集団が豊かに続いてくためであり，ひいてはそこに所属している個人が生き延びるためである。あらゆる集団は，慣習やマナー，法などを定めてきた。これらは，集団が存続していくための基準であり，言い換えれば，寛容の基準ともいえる。つまり，この決まり事を蔑ろにする者や行為に対しては，寛容である必要はない。それは集団の破壊を意味するからである。

寛容とは手段であるがゆえに，無条件に美徳として屹立するものではない。私たち全員の幸せという目的のもとで，常に揺れ動くものである。

○ ポイント

①寛容にはふたつあり，ひとつは異なる存在として受け入れることである。
②もうひとつは，同じ存在として受け入れることである。
③寛容は手段であり，集団の継続・繁栄という目的がある。

コラム2 内容項目の歴史的変遷

　道徳の内容項目をその数の変遷から整理すると，表2・1，表2・2の通りである。

　1958（昭和33）年は，小学校では次の4つの目標に基づく36項目が示された。①「主として「日常生活の基本的行動様式」に関する内容」，②「主として「道徳的心情，道徳的判断」に関する内容」，③「主として「個性の伸長，創造的な生活態度」に関する内容」，④「主として「国家・社会の成員としての道徳的態度と実践的意欲」に関する内容」である。中学校では次の3つの目標に基づく21項目が示された。①「日常生活の基本的な行動様式をよく理解し，これを習慣づけるとともに，時と所に応じて適切な言語，動作ができるようにしよう」，②「道徳的な判断力と心情を高め，それを対人関係の中に生かして，豊かな個性と創造的な生活態度を確立していこう」，③「民主的な社会および国家の成員として，必要な道徳性を発達させ，よりよい社会の建設に協力しよう」である。やや大雑把な言い方をすれば，この1958年に示された内容項目は，それ以降から現在に至るまでの内容項目がほぼすべて網羅された原型ともいうべきものである。

　1968（昭和43）年は，小学校で先の4つの目標が削除されて32項目が列挙された。また1969（昭和44）年の中学校でも先の3つの目標が削除されて13項目となり，各項目に小項目がふたつ示される合計26項目となった。

　1977（昭和52）年は，小学校で28項目が列挙され，1項目ごとに低・中・高学年それぞれに特に留意すべき事柄が補足として示された。中学校では16項目が列挙され，各項目に補足が示される形で一新された。

　1989（平成元）年は，いわゆる4つの視点が登場し，その視点ごとに項目が示された。①「主として自分自身に関すること」（小：15，中：5），②「主として他の人とのかかわりに関すること」（小：13，中：5），③「主として自然や崇高なものとのかかわりに関すること」（小：9，中：3），④「主として集団や社会とのかかわりに関すること」（小：17，中：9）である（小学校の低・中・高学年ごとの項目数は表2・1，2・2を参照。以下同じ）。

　1998（平成10）年は，小学校で④の低学年に「郷土の文化や生活に親しみ，愛着を持つ」が追加され，18項目となった（中・高学年には従前からあり）。また一部に加筆された項目もある（①の高学年，④の中学年）。中学校では④の「法の精神を理解し，自他の権利を重んじ義務を確実に履行するとともに，公徳心をもって社会の秩序と規律を高めていくように努める」が分化されて10項目となった。

　2008（平成20）年は，小学校で④の低学年に「働くことのよさを感じて，みんなのために働く」が追加され，19項目となった（中・高学年には従前からあり）。中学校では②に「多くの人々の善意や支えにより，日々の生活や現在の自分があることに感謝し，それにこたえる」が追加され6項目となった。また小中ともに，一部の項目で

表2・1　小学校道徳の内容項目数の変遷

年	1958	1968	1977	1989	1998	2008	2017
数	36	32	28	54	55	56	61
	4つの目標	並列表記	並列表記	4つの視点（登場）	4つの視点	4つの視点	4つの視点（修正）
細目	①：6	低・中・高で一部補足有	低・中・高で補足有	①：低4, 中5, 高6	①：低4, 中5, 高6	①：低4, 中5, 高6	A：低5, 中5, 高6
	②：11			②：低4, 中4, 高5	②：低4, 中4, 高5	②：低4, 中4, 高5	B：低4, 中5, 高5
	③：6			③：低3, 中3, 高3	③：低3, 中3, 高3	③：低3, 中3, 高3	C：低7, 中7, 高7
	④：13			④：低3, 中6, 高8	④：低4, 中6, 高8	④：低5, 中6, 高8	D：低3, 中3, 高4
	低・中・高で一部補足有			低：14 中：18 高：22	低：15 中：18 高：22	低：16 中：18 高：22	低：19 中：20 高：22

表2・2　中学校道徳の内容項目数の変遷

年	1958	1969	1977	1989	1998	2008	2017
数	21	26	16	22	23	24	22
	3つの目標	13項目×2	並列表記	4つの視点（登場）	4つの視点	4つの視点	4つの視点（修正）
細目	①：5	小項目表記	各項目に補足有	①：5	①：5	①：5	A：5
	②：10			②：5	②：5	②：6	B：4
	③：6			③：3	③：3	③：3	C：9
	各項目に補足有			④：9	④：10	④：10	D：4

文言の調整や加筆修正が行われるとともに，項目の順序の入れ替えが行われた。

　2017（平成29）年は，従前の4つの視点が修正され，ABCDで表記されるようになった。「A　主として自分自身に関すること」（小：16，中：5），「B　主として人との関わりに関すること」（小：14，中：4），「C　主として集団や社会との関わり関すること」（小：21，中：9），「D　主として生命や自然，崇高なものとの関わりに関すること」（小：10，中：4）である。小学校ではAの低学年「個性の伸長」，Bの中学年「相互理解，寛容」，Cの低学年および中学年「公正，公平，社会正義」，Cの低学年「国際理解，国際親善」，Dの高学年「よりよく生きる喜び」に新規の項目が追加された。中学校はBの「思いやり，感謝」「友情，信頼」，Cの「よりよい学校生活，集団生活」が統合され，Dの「自然愛護」と「感動，畏敬の念」が分化された。

　平成以降の動向からいえることは，新しい内容項目が加えられる（増える）ことはめずらしく，一方で既存の内容項目が消えてしまう（減る）ことはほぼないといってよい。小学校（低・中・高学年），中学校にそれぞれ内容項目は約20ほどあるが，これ

を多いとみるのか少ないとみるのかは文字通り見方による。次期学習指導要領では内容項目にどのような改訂が行われるのか。これまでのような調整や統合，分化などがあるのか，あるいは令和の新たな道徳教育の展開として抜本的な改変があるのか。いずれにせよ，1958年以降の歴史的変遷を十分にふまえたうえで改訂が行われることが重要である。そのためにも内容項目に焦点を当てた歴史的研究の登場を期待したい。

■内容項目C：主として集団や社会との関わりに関すること

①なぜ法やきまりを守らなくてはならないのか？

【小学校】
・規則の尊重

【中学校】
・遵法精神，公徳心

【小学校】

「規則の尊重」

〔第1学年及び第2学年〕
　約束やきまりを守り，みんなが使う物を大切にすること。

〔第3学年及び第4学年〕
　約束や社会のきまりの意義を理解し，それらを守ること。

〔第5学年及び第6学年〕
　法やきまりの意義を理解した上で進んでそれらを守り，自他の権利を大切にし，義務を果たすこと。

【中学校】

「遵法精神，公徳心」

　法やきまりの意義を理解し，それらを進んで守るとともに，そのよりよい在り方について考え，自他の権利を大切にし，義務を果たして，規律ある安定した社会の実現に努めること。

本内容項目の概要

　この内容項目では，権利や義務といった法哲学に関連する術語が扱われているほか，自由や公徳心といった道徳的価値が含まれている。本項では，法を遵守することの根拠について，自由の概念と関連づけながら論を展開したカントの倫理学を中心に明らかにする。

道徳的諸価値のとらえ

〈法の正当化原理〉

　法やきまりは，なんらかの強制力をもって個人の行動を制限するものである。個人にとってみれば，自分がしたいように行動する自由（**選択意志の自由**）が妨げられることになるから，法やきまりは，積極的に歓迎されるようなものではないように感じられ，それが法やきまりを守ることをむずかしくする要因だといえるだろう。個人の自由は，唯一の，根源的な，誰でも人間であるがゆえに帰属する権利であるから，法やきまりによって自由を制限するためには，それ相応の根拠がなければならない。

　そもそも，私たちが社会のなかで生きていく限り，多かれ少なかれ自由が制限されることになる理由としてあげられるのは，同じひとつの世界を共に生きているという事実である。その事実からもたらされる帰結として，ある人が求めるものと同じもの（たとえば財やサービス）を，他者も同じように求めるという事態が考えられる。そこには自ずから葛藤や衝突が生じるため，行為の無制限な自由は制限を受けざるをえないのである（ヘッフェ 2020）。地表は無限に広がっているわけではなく，閉じられた平面であるからこそ，生活空間を分け合えるような法やきまりが求められることになる。

　そこでカントは，**法の普遍的な原理**を以下のように表している。「どのような行為であれ，それが正しいといわれるのは，その行為あるいはその行為の格率によって，各人の選択意思の自由が万人の自由と普遍的法則に従って両立しうる場合である」（カント 2024a: 74-75）。ここでカントが用いている「正しい（recht）」というドイツ語には，一般的に「権利がある」と「法に適っている」というふたつの意味が込められている。したがって，法が正当なものであるかどうかを判断する根拠となるのは，ひとつには，個人の権利である**自由**を保障するためのものであるということであり，もうひとつは，自他の権利である自由が両立できるようにするための**相互的な強制**であるということである。

　個人の自由は法によって保障されるものではあるものの，自らの自由の権利の主張が他者の自由を妨害していないかどうかを，どのようにして確認することができるのだろうか。その手がかりとなるのが，カントが法の普遍的原理のなかに採り入れた普遍的法則による検証である。普遍的法則とは，カントの倫理学のなかで「あなたの意志の格率が，つねに同時に普遍的立法の原理として

通用することができるように行為しなさい」（カント 2000 b: 165）という定言命法として表現される。行為の相互的な強制という法の原理に照らし合わせてとらえ直してみると，自分がある行為を選択する場合に，他者が同様の行為をすることを想定し，それを普遍的に認めることができるかどうかを自問しなければならないということになる。したがって，「外的行為にさいしては，あなたの選択意思の自由な行使が万人の自由と普遍的法則に従って両立しうるように，そのように行為せよ」（カント 2024a: 75）という命法が，法の普遍的な法則となるとカントは述べている。

〈法やきまりを進んで守ること〉

　法やきまりを遵守することそれ自体は，あくまでも外的な行為にかかわる事柄であって，内面の動機が問われることはない。たとえ法やきまりに対する抵抗や嫌悪感があったとしても，結果的にそれらを遵守することさえできていれば，法的な問題になることはないだろう。しかしながら，本内容項目で求められているのは，法やきまりの意義を理解したうえで，進んでそれらを守ることである。

　それでは，なぜ法やきまりを進んで守ることが必要なのか。主な理由としてふたつあげることができる。ひとつは，法の正当化原理を理解しないまま，法を守ることだけを目的としてしまった場合，法は何がなんでも守らなくてはならないという頑なな規則厳守主義に陥ってしまうからである。もうひとつは，ひとたび法やきまりがつくられてしまえば，それが固定化され，社会集団の実情に合わなくなった場合でも，それを改善する必要性に気づけなくなってしまうからである（石川 1980）。

　カントと同様に，法の基本原理を自由のなかに見いだしたヘーゲルも，法や習慣は，共同体から個人に対して一方的に与えられるものではないと主張している。ヘーゲルにとって，法は共同体を抽象的・一般的に示すものであって，共同体の精神ともよべるものである（ヘーゲル 1998）。しかし，ただあるというだけの共同体の精神は限定つきの共同体の精神であり，個人の意識が共同体の世界にひとりの人間として位置づけられるのは，自分の内にある共同体の精神を自分のものとして意識して，その行為や生活が共同体の習慣に沿っていることが必要なのである。自ら主体的に共同体の精神に則って行動することで，共同体の精神のあり方を認識することができ，さらにその限界が突破されること

によってはじめて，共同体の精神の本質が意識されるようになるのである。

〈公徳心〉

公徳心とは，社会生活のなかで守るべき道徳を重んずる精神であり，他者の自由を侵害しないために，自分自身の自由を制限する覚悟として現れる。カントが示した普遍的法則による検証もまた，公衆生活のなかで自他の自由を両立させるために求められるのであった。

しかしながら，どのような自由が重要であるかや，どのような自由の制限が許容できないかは，各人によって，その判断基準が多少なりとも異なることがある。自分にとっては他者の自由と両立しうると考えて選択した行為であっても，実際のところ，他者がそれを自由の侵害だと感じることもありうるだろう。それゆえ，普遍的法則に従って自他の自由が両立できるかどうかを確認するためには，自らが主張するところの自由の権利の観点からではなく，その自由が**公共の福祉**に一致しているかどうかという観点から考える必要がある。

それでもなお，どのような状態が公共の福祉に一致しているといえるのかということもまた，その社会の構成員が変わることで変化することになる。公徳心からの自制が求められるのは，他者の自由を尊重することだけが目的なのではなく，自分の自由を生かすためでもあるから，社会の構成員として主体的に行為し，何が公共の福祉に一致するのかをたえず考えていくことも求められる。

☆ ポイント ─────────────────────

①法やきまりは，自他の自由を両立させるために存在している。

②法やきまりの意義を理解し，それらを進んで守る姿勢を身につけることで，よりよい法やきまりのあり方を考えることができるようになる。

③法やきまりは個人の自由の保障のためだけに存在するのではなく，社会の安定や公共の福祉のためにも存在している。

②公正，公平とはどういうことか？

【小学校】
・公正，公平，社会正義

【中学校】
・公正，公平，社会正義

【小学校】

「公正，公平，社会正義」

〔第1学年及び第2学年〕
　自分の好き嫌いにとらわれないで接すること。

〔第3学年及び第4学年〕
　誰に対しても分け隔てをせず，公正，公平な態度で接すること。

〔第5学年及び第6学年〕
　誰に対しても差別をすることや偏見をもつことなく，公正，公平な態度で接し，正義の実現に努めること。

【中学校】

「公正，公平，社会正義」

　正義と公正さを重んじ，誰に対しても公平に接し，差別や偏見のない社会の実現に努めること。

本内容項目の概要

　この内容項目には，公正，公平，正義という道徳的価値が含まれているほか，差別や偏見という否定的な価値も含まれている。本項では，公正，公平，正義とは何か，差別とは何か，差別といじめの関係について述べる。

道徳的諸価値のとらえ

〈公平の3つの基準〉

　「公正，公平，社会正義」というキーワードは，なぜ「正義」ではなく「社会正義」なのか。「正義は他者との関係を含む徳であり，社会的な徳であると考えられている」（中畑 2021：98）ので，「正義」をことさら「社会正義」とする必要

はなさそうにも思える。そこで参考になるのはアリストテレス（2015）の考えである。アリストテレスは、「正しいこと」を意味する**全体的正義**と、ある人をその人にふさわしい仕方で扱うという**部分的正義**を分けている。「全体的正義」については、「善悪の判断，自律，自由と責任」の内容項目に「正しいと判断したことは，自信をもって行うこと」（小3〜4）とあり、この「正しい」ことが全体的正義である。「正しい」こととは、たとえば規則を守ることや他の人に親切にすることなどである。それに対して、「部分的正義」が本内容項目で扱われる「公正，公平，社会正義」に当たる。

　では、次に、公正や公平とはどのような意味なのか。また、正義は公正や公平とどのように関連するのか。正義とは、ある人をその人にふさわしい仕方で扱うということである（品川 2020）。しかし、「ふさわしい仕方で扱う」とはどういうことか。「ふさわしい仕方」をどうやって決めればよいのか。そこで、その「ふさわしい仕方」を決めるのが、公正、公平という価値である。「公正」とは「公平で偏りがなく正しい状態」（川本 2006 a: 269）である。「公正」は英語の‘fairness’の訳とみなされる。一方、「公平」は‘impartiality’の訳語とみなされる。つまり、いずれの当事者（parties）にも肩入れせず、いずれの立場にも偏らずに中立の立場から判断することである（川本 2006 b）。

　このように「公正」には「公平」の意味が含まれている。そこで、ここでは「公平」を中心に考えていく。「ある人をその人にふさわしい仕方で扱う」とは、その人を「公平」に扱うことである。では、人をどのように扱うことが「公平」といえるのか。人を公平に扱うという場合、①**平等**，②**功績**，③**必要**，という3つの基準がある（品川 2020）。

　ただし、①平等，②功績，③必要は横並びの関係ではなく、平等が残りのふたつの前提にある。というのは、公平は、「等しい条件のもとでは、等しく扱う」という意味での平等を含んでいるからである（たとえば、すぐれた成績を収めた人に賞を与えるというのは②功績の原理である。しかし、この場合も、同等の成績を収めた人には同等の賞を与えるという意味での平等を含んでいる）。それは、公平の「平」が平等の「平」であることにも表れている。そこで、最初に平等からみていこう。

①平 等
　公平のひとつ目の基準は「平等」である。たとえば、4人にケーキを分配する

ときに，どの人にも同じサイズのケーキを配ることである。

　平等を考える場合，「**何の平等か？**」という問いが重要である（キムリッカ 2005）。すべての人が**対等な人格**として尊重されるべきだからこそ，不平等な扱いが正当化されることもある。たとえば，障害者に対して通常の試験時間よりも長い時間を与える場合，与えられる時間は不平等であるが，それは障害者が対等な人格として平等に尊重されるべきだとみなされるからである。

②功 績

　公平のふたつ目の基準は「功績」である。アリストテレス（2015）は，すでに述べた部分的正義には2種類あるという。ひとつは**分配的正義**であり，名誉，お金，地位などの価値をその人の功績に比例して分配することである。分配的正義は「幾何学的比例」に基づく。たとえば，2の功績に対して5の報酬を与えるとすれば，6の功績に対して15の報酬を与えることが正しい。つまり2：5＝6：15となる。ふたつ目の**矯正的正義**は，ある一定の罪に対して同等の罰を与えるため，「算術的比例」とよばれる。つまり2＝2である。たとえば，罪の重さに比例して損害賠償の金額を決めるということが矯正的正義の例である。

　前者の分配的正義，つまり功績に比例した分配という意味の公平は，現代の学校教育でも使われている。入学試験で高い成績を収めた生徒を合格させたり，徒競走で足の速い子どもを表彰したりすることなどである。

③必要（ニーズ）

　公平の3つ目の基準は「必要」である。この場合，公平とは，本当に必要としている人に分配することを意味する。ケーキを配る例では，4人に同じサイズを平等に配るのではなく，お腹が空いている人に大きなサイズを配り，お腹が空いていない人には少なく配るのである。

　公平な分配のあり方を決めるのがむずかしいのは，これら3つの基準が互いに衝突しうるからである。たとえば，お腹が空いている人に大きなケーキを配ることは，すべての人に平等に配ることと衝突する。また，必要に応じて配ることは功績原理と衝突しうる。たとえば，福祉国家は，必要原理に基づいて，すべての人が医療，介護，福祉，教育などの「基礎的ニーズ」を満たすサービスを受けられるようにセーフティ・ネットを用意する。しかし，努力して稼いでいる人は，働いていない人がそうしたサービスを無料で受けられるのは不当だ

と考えるかもしれない。とはいえ，国家によるこうしたサービスの提供は，必要原理だけでなく，支え合いや助け合い，すなわち「社会連帯」（「社会参画，公共の精神」）によっても根拠づけられる。つまり「困ったときはお互いさま」ということである。

〈合意に基づく正義〉

ある人を公平に扱うための3つの基準をみてきた。しかし，その基準が「正義＝正しい」といえるのは，その基準に人々が**合意**したからだという考えもある。つまり，人々が合意するという**手続き**に正義の基準を見いだすのである。ヒュームによれば，正義とは，社会の形成と維持を可能にするために人々が合意する規則である（ヒューム 2019）。なお，この合意は取り決めを意味し，明示的な約束とは限らない。そのうえで，合意した規則については，社会の人々に**平等**に適用されなければならないという点で公平でなければならない。たとえば，飢えている人の必要という点からすれば，裕福な人の家から盗んで食べてよいと考えられるかもしれないが，そうではない。なぜなら，所有権が正義だと人々が合意しているので，他人の家の物を勝手に盗んではならないからである。それゆえ，正義は，個別の状況や個々の人間の必要によって左右されてはならないという意味で「偏りがない」ことを要求している。

〈差別，いじめ，偏見〉

差別は平等の反対語である。しかし，不平等（区別）のすべてが差別であるわけではない。たとえば，他の人にはあげないプレゼントを友だちに渡すことや，トイレが性別で分かれていることは差別とはいえないだろう。ということは，正当な区別と不当な区別があるのであり，不当な区別を差別とよぶのである。差別を意味する'discrimination'は「識別」という意味であり，必ずしも「よくないこと」であるとは限らないが，現代の日本では一般に差別は「よくないこと」だと考えられている。

正当な区別と差別が分けられることは，人種差別，性差別，障害者差別はあるのに「子ども差別」という表現は存在しないことにも表れている。子ども料金が大人の半額であることを差別であるという人はいないだろう。では，差別とは何か。これにはさまざまな説明があるが，①対等な人格として尊重せず，軽視したり貶めたりすること，②多くの場合に集団的な属性に基づくこと，とい

う2点については一般に認められている（池田・堀田 2021）。

　①の点について，たしかに子どもは大人と対等な人格とはみなされないことが多いが，軽視されたり貶められたりしているわけではない。子どもを優遇することは不平等（区別）ではあるが，それは子どもを保護するためである。②の点については，子どもはいずれ大人になるので，「子ども」を大人とは異なる集団的な属性とみなすことはできない。それに対して，人種差別や性差別の場合，黒人，女性などは集団的な属性であり，その属性に基づいて軽視したり貶めたりすることを差別とよぶのである。

　「**アファーマティブ・アクション**（積極的差別是正措置）」については，それが公平なのか，それとも「逆差別」なのかが論争になりやすい。たとえば，アメリカのある大学で，白人の学生よりも点数が低くても黒人の学生を優先的に入学させる制度は公平だろうか。この制度は，黒人に対する過去の人種差別に対する「補償」や，大学内の人種的多様性の促進という理由によって正当化されるだろう。しかし，自分よりも低い点数の黒人の学生が入学することで不利益を被る白人学生にとっては，「逆差別」とみなされる可能性もある。

　この内容項目の授業でいじめの問題が扱われることがあるが，それには理由がある。いじめは，ある人を対等な人格として尊重せず，軽視したり貶めたりする点で差別と同じだからである。また，人種的ないし性的マイノリティがいじめられるというように，集団的な属性に基づく差別がいじめにつながることもある。

　偏見が差別を助長することもある。偏見とは，その人の一部の特徴を一般化して嫌悪感を抱く場合と，たんなる思い込みによるものがある。どちらにしても「確証バイアス」というメカニズムがあるとされている。たとえば，「女性は仕事ができない」と思い込んでいる人は，たまたま女性が仕事で失敗したときには「やっぱり」と思う一方で，男性が失敗しても「何かの事情があるだろう」と自分の思い込みを修正しないのである（池田・堀田 2021）。

·ৡ· ポイント

> ①公正，公平には，平等，功績，必要という3つの基準がある。
> ②正義かどうかを決めるのは人々の合意だという考えもある。
> ③差別については正当な区別と不当な区別を見極める。

③見知らぬ人と共に生きるためには何が必要か?

【小学校】　　　　　　　　　　　　　　　【中学校】
・勤労，公共の精神　　　　　　　　　　　・社会参画，公共の精神

【小学校】

「勤労，公共の精神」

〔第1学年及び第2学年〕
　働くことのよさを知り，みんなのために働くこと。

〔第3学年及び第4学年〕
　働くことの大切さを知り，進んでみんなのために働くこと。

〔第5学年及び第6学年〕
　働くことや社会に奉仕することの充実感を味わうとともに，その意義を理解し，公共のために役に立つことをすること。

【中学校】

「社会参画，公共の精神」

　社会参画の意識と社会連帯の自覚を高め，公共の精神をもってよりよい社会の実現に努めること。

本内容項目の概要

　本内容項目に関して，小学校段階では，勤労の意義の理解から公共の精神を育むことがめざされている（『小学校解説』）。また，中学校段階では，社会参画と社会連帯について多面的・多角的に考えることで，公共の精神を育んだり，公共の精神を扱うなかで，望ましい社会参画と社会連帯を考えたりすることが求められている（『中学校解説』）。こうした公共の精神の育成は，「よりよい社会の実現」（『中学校解説』: p.48）に不可欠なものとしてとらえられている。以上の関係を有する本内容項目であるが，勤労については本書の次の項目で扱うため，ここでは主として公共の精神について説明する。

道徳的諸価値のとらえ

〈公共性から考える公共の精神〉

『中学校解説』では，公共の精神は「社会全体の利益のために尽くす精神」（『中学校解説』: p.48）と定義されている。ここでは，公共性という概念を手がかりに，この定義をもう少し詳しく説明したい。

齋藤純一によれば，**公共性**は，「国家が法や政策などを通じて国民に対しておこなう活動」（齋藤 2000: viii），「共通の利益・財産，共通に妥当すべき規範，共通の関心事など」（齋藤 2000: ix），さらには「誰もがアクセスすることを拒まれない空間や情報など」（齋藤 2000: ix）という3つがそれぞれさす，official,common, openという意味を含む概念である。また齋藤は，公共性の理念は原理的には「排他性や等質性を拒み，他に対して開かれた，異質なものからなる社会（人々の関係性）を肯定する」（齋藤 2006a: 264-265）と指摘する。

齋藤の論に従えば，公共性は，国家や政府がその中身を一方的に決めるものではなく，かつそれらに無批判的に従うことを必然的に意味するわけでもない。自由に議論することができる空間で，議論から排除されている人や話題がないかどうかに注意を払いながら，共に生きるために求められる共通の関心事や価値観，利益などを，公開された情報を用いて人々が検討する。さらに，その検討をとおして国家や政府を時に批判し，それらの仕事を規定する。公共性は，上記の営みをとおして人々がつくり出すのである。社会全体の利益のために尽くす公共の精神は，この意味での公共性を前提としている。

コラム1（☞p.29）で書かれたさまざまな倫理学的，政治学的な立場によって，公共の精神がそれとして立ち現れるための基準は変わる。コラム1に書かれたことに従えば，たとえば義務論は他律的な命令とは異なる，自律を損なわない基準を，功利主義は関係する人々の幸福の最大化に適う基準を，公共の精神が成立する要件として求めるだろう。また，ケアの倫理であれば，人々の相互依存関係を前提とする，他者のニーズへの応答を要件とするだろう。

ただし，上で説明した公共性についての説明をふまえると，どのような立場に則るものであっても，多様な価値観を有する人々の存在を認めたうえで，さまざまな事柄が多様な人々の多様な利益や関心に耳を傾けようとすること（「相互理解，寛容」「国際理解，国際親善（貢献）」），暫定的に合意された利益や関心に従って，偏りなく判断，行動しようとすること（「規則の尊重」「公正，公

平，社会正義」)，さらには情報を隠したり嘘をついたりしないようにすること（「正直，誠実」）が，公共の精神には含まれることになる。公共の精神を扱う授業は，他の内容項目との密接な関連から展開されるのである。

〈政治と公共の精神〉

「社会全体の利益のために尽くす精神」は，社会参画の意識や社会連帯の自覚を構成要素としている。すなわち，実際に自分が計画段階からなんらかの事柄に参加しようとする意識や，人々と協力して安心できる社会をつくろうとする自覚が，公共の精神にとって不可欠となっている。

これを考えるために，よりよい社会の実現という目的について，政治との関連からみていきたい。友だちや家族といった親密な関係を結ぶ人たちだけではなく，**見知らぬ人**とも共に生きる社会には，法，制度，組織などが欠かせない。これらをつくり出す際に求められるのが，**政治**という営みである。政治を「さまざまな社会的現実に対して，公共性をもった権力関係として見たり関わったりする，社会に対する私たちの見方・関わり方」（川崎 2006: 17）ととらえてみよう。これに従えば，自分たちの社会にかかわって生じる多様な意見や利害のなかから，絶対的ではない「正解」をつくり出す（川崎 2006: 9-10）という観点から，さまざまな場のやりとりを分析したり，そのやりとりにかかわったりすることが，政治ということになる。

この意味での政治と関連させると，公共の精神の輪郭がより明確になる。「社会全体の利益のために尽くす精神」としての公共の精神は，自己利益を消すことも，力の強い人々の利益のみを優先させることも退ける。それは，見知らぬ人と共に生きる社会をつくるために，多様な意見や利害があるなかで，他ならぬ私たちにとって優先すべきもの，大切なものは何かを思考し，それらに従って行動しようとする精神なのである。

日常生活のためのマナーというよりは，社会をつくる政治という観点で公共の精神を考えるからこそ，社会参画の意識と社会連帯の自覚はそれに欠かせないものとなる。**参画**は，計画段階からの参加を意味する（『中学校解説』: p.48）。頭で考えるだけでは，公共の精神は身につかない。ある社会（ここには教室も入る）のなかで共通の課題とされる事柄の解決に参画し，集合的な意思決定に加わるなかで，人々は公共の精神を身につけたり，その重要性を改めて認識したりする。

また，公共の精神が社会全体の利益を志向するものである以上，そもそも人々が**連帯**の自覚に支えられながら社会を形成し，政治を営んでいるという事実に目を向けなければならない。連帯は「人と人とが緊密に結びつくこと」（桜井2008: 337）を意味する。この結びつきの証が税金や社会保険料などによって具体化されているという指摘（武川 2007: 50）からもわかるように，連帯はある共同体での支え合いを可能にするものとして存在している（cf. 武川 2007: 第1章）。見知らぬ他人のことをどうでもよい存在，自分とは関係のない存在だとした場合，たとえばさまざまな理由から弱い立場に置かれている見知らぬ人を助けるために，他の人々の資源を使うという発想が出づらくなり，人々が助け合って全体の利益を考えながら政治を営むことがむずかしくなる。このように，政治という営みを媒介させて考えると，社会参画の意識や社会連帯の自覚は，公共の精神を語る際にはずすことができないものとして浮かび上がる。

　社会参画と社会連帯との密接な関連のもとで公共の精神を道徳科で扱うには，取り組むべき課題も存在する。ジョン・デューイは『公衆とその諸問題』で，社会において人々に提示される課題がきわめて複雑となり，かつその課題を理解したり解決したりする際に求められる知識や技術が専門的になると，多様な集団が統合された状態にならず，ひとつのまとまった公衆を形成することがむずかしくなると指摘した（デューイ 2014: 171）。デューイの指摘をふまえると，道徳科の授業において，そもそも私たちが現在どのような参画をしているのか，またどのような形の連帯をつくり出しているのかを改めて考えるという作業が，公共の精神を授業で取り上げる際に求められるだろう。

☆ ポイント

①公共の精神には，社会全体の利益の実現に向けて尽力することに加えて，「相互理解，寛容」など他の内容項目の内容が含まれる。

②公共の精神は，政治という営みと密接に関連しながら，社会参画の意識や社会連帯の自覚を要求する。

④働くことは道徳的価値なのか？

【小学校】　　　　　　　　　　　　　　　　　【中学校】
・勤労，公共の精神　　　　　　　　　　　　　・勤労

【小学校】

「勤労，公共の精神」

〔第1学年及び第2学年〕
　働くことのよさを知り，みんなのために働くこと。

〔第3学年及び第4学年〕
　働くことの大切さを知り，進んでみんなのために働くこと。

〔第5学年及び第6学年〕
　働くことや社会に奉仕することの充実感を味わうとともに，その意義を理解し，公共のために役に立つことをすること。

【中学校】

「勤労」

　勤労の尊さや意義を理解し，将来の生き方について考えを深め，勤労を通じて社会に貢献すること。

本内容項目の概要

　この内容項目には，勤労という道徳的価値が記されている。本項では，朱子学の「天職」やキリスト教の「ベルーフ」などを取り上げることで，歴史的に，どのように労働がとらえられてきたかをもとに，勤労の本質を述べる。

道徳的諸価値のとらえ

〈働くことへの疑問〉

　多くの人は，なぜ働くのかと問われれば，生活をするお金を稼ぐためと答えるだろう。たとえば遥か昔に思いを馳せれば，狩りに出ることは，生きるうえでの食べ物を得るためであり，これこそが働くことの原点である。そして食べ

物とお金を交換する今でも通ずる本質といえる。

　このことは，もしお金が潤沢にあり，衣食住が保障されているのならば，働く必要がないことを意味する。必要がなければ働かない。そのことを責める道理もない。このように考えると，働くことは，道徳的価値なのかという疑問が生まれてくる。たとえば，正直や誠実，友情や寛容などは，誰もが身につけるべき道徳であろう。しかし，働くことが，ただお金を得るための行為であるならば，それは道徳といえるものなのだろうか。

　この問いに対して，「勤労」という言葉がヒントを与えてくれる。『中学校解説』では，「自分の務めとして心身を労して働くこと」と定義されている。重要なのは，「自分の務め」という部分である。「自分の務め」とは，個人を超えた集団（社会や国や世界など）を想定することで，はじめて生み出されるものといえる。

〈天職〉

　少し歴史を振り返ってみたい。中国の南宋時代（1127〜1279年）に，朱熹という人物がいた。彼は孔子に端を発す儒教を新たに解釈し，朱子学をつくり上げる。朱子学は，江戸時代に官学（幕府が認めた正当の学問）として採用され，日本にも大きな影響を与えることになった。

　朱熹は，職業について体の各器官にたとえて説いている。すなわち，目や耳，口や鼻が正常に機能してこそ私たちは動けるように，農業や商業，工業といった各職業の者が，それぞれの役割を果たすことで社会は成り立つ。ここで朱熹は，すべての仕事は，天から使命を与えられたものであるとし，これを「**天職**」（朱熹 2010: 239）と表現した。

　こうした職業観は，日本にも浸透していく。たとえば江戸時代前期の朱子学者，中村惕斎は，「栽成輔相の天職」（中村 1909: 150）という表現を使っている。「栽成輔相」とは，お互い助け合い成長していくことである。中村は，世に生まれたすべての人は，それぞれが補い合うことができる職業をもち，各々がその「天職」を誠実にこなすことで，ひとつのよい社会をつくり上げていけると考えた。

　同じ儒学者であり，本草学者（現代の薬学者）でもあった貝原益軒は，人は天地こそが，本当の親であり，生みの親以上に大いなる恩恵を受けている。そして，その恩に報いる方法は，学問に勤勉し，各々の職業に精を出すこととした。

つまり，働くことこそが，「天地に事ふる」（貝原 1911: 183）ことだったのである（平石 1991）。

　こうした考えは儒学者だけのものではなかった。たとえば独自の心学をつくり上げた石田梅岩は，「士農工商は天下の治る相となる」（石田 1935: 61）と表現している。武士，農民，職人，商人すべてが，社会を構成する重要な要素であり，どれひとつも欠けてはならない。各々がその役割を遂行することで，世の中は平穏に治まるとした（前田 2016）。

〈福澤諭吉の職業観〉

　明治時代に日本の近代化をリードした福澤諭吉は，江戸時代までの固定的な制度や思想を批判し，個人の自由と独立を説いた。職業についても，士農工商のような家業に縛られることなく，人は自由に仕事を選ぶべきであるとした。経済的視点から明らかなように，働くことこそが，個人が独立できる重要な要素だったのである。

　一方で，天への思いは引き継ぐ。たとえば，子どもとは天から授かったものだとし，親が子どもを一人前に育てることは，「天に対しての奉公」（福澤 1963: 51）だとしている。この一人前というのは，職業に精励し，家計的にも，精神的にも自立した存在を意味している。

　そして，天の存在を前提にしていることからも，たんに自分や一家が独立するだけでは，人の目的を達していないと，福澤は述べる。仕事とは，たんに自分や家族が生きていければいいものではない。なぜならこの世界は，これまでに生きた人たちが必死の思いでつくり上げたものだからである。私たちは先人たちの大きな恩恵を被っている。したがって，今を生きる人たちは，その思いや行為を厳粛に受け止め，この社会を維持し，後世に引き継ぐ義務がある。

　福澤は，職業に精を出すとは，「人間世界の為に益を為す」（福澤 1959: 179）ものであると説いている。つまり私たちは，生きるためのお金を得て，自分が自由と独立を手に入れるだけで満足してはならず，「天」や「人間世界」と表現される社会にかかわり，それをよりよいものにし，継続させていくために働くのである。

〈「勤労」の意味するところ〉

　こうした考えは，東洋や日本に限るものではない。16世紀前半，マルティ

ン・ルターによって行われた宗教改革は，キリスト教からプロテスタントを生み出した。ドイツの社会学者であるマックス・ヴェーバーは，ルターがここで，ドイツ語の「ベルーフ（Beruf）」（日本語で「職業」）という言葉を使っていることに着目し，プロテスタントの教えの中心は，日常的に行われる労働に最高の宗教的意義を見いだすことであるとした（ヴェーバー 1989）。ベルーフ（英語ではcalling）には，神から与えられた使命という意味が含まれている。日常で行う仕事は，たんに生活の糧を得る作業ではなく，神の思いに応える行為だったのである。

　このように洋の東西を問わず，働くことは，たんに個人にとどまることなく，天や神といった広い視点から語られてきた。なぜだろうか。それは，私たちは決してひとりでは生きてゆけず，常に誰かと助け合っているからである。家族や友人はもちろんのこと，実際に会うことがない人であっても，社会の一員として支え合っている。不便なく電気やガスが使えることも，舗装された道路を歩けることも，見知らぬ他者が自分の仕事をこなしてくれているからである。またこの助け合いにはすでに亡くなった人も含まれる。過去の人がいなければ今の自分はいない。さらに人類が存在できているのは，自然や地球といった世界が存在するためでもある。こう考えると，天や神といったものに託した先人たちの思いも，容易に理解できるであろう。

　私たちはこのことを自覚し，これからもこの社会がよりよく継続し発展していけるように，自分のやれることをやらなければならない。それが「自分の務め」であり，道徳的価値としての「勤労」が意味するところである。

·ᯅ· ポイント

①私たちは，社会の一員としての務めがある。
②天職やベルーフといった言葉は，自分のためだけではなく，みなのために労働があることを意味している。
③自分の務めを自覚し，私たちの社会がよりよくなるために働くことが「勤労」である。

⑤家族の多様化における家族愛とは？

【小学校】	【中学校】
・家族愛，家庭生活の充実	・家族愛，家庭生活の充実

【小学校】

「家族愛，家庭生活の充実」

〔第1学年及び第2学年〕
　父母，祖父母を敬愛し，進んで家の手伝いなどをして，家族の役に立つこと。

〔第3学年及び第4学年〕
　父母，祖父母を敬愛し，家族みんなで協力し合って楽しい家庭をつくること。

〔第5学年及び第6学年〕
　父母，祖父母を敬愛し，家族の幸せを求めて，進んで役に立つことをすること。

【中学校】

「家族愛，家庭生活の充実」

　父母，祖父母を敬愛し，家族の一員としての自覚をもって充実した家庭生活を築くこと。

本内容項目の概要

　この内容項目では，あたたかい信頼関係と愛情に基づいて家庭生活を営むことの重要性が述べられている。核家族化，一人親家庭の増加など，家族の多様化が進むなか，道徳科のなかで「家族愛」をどのようにとらえ，授業で扱うべきかは課題のひとつとなっている。本項では，「家族愛」の問題点と，「家族愛」に併記されている「家庭生活の充実」に着目し，その意味について考察する。

道徳的諸価値のとらえ

〈「家族愛」とは〉

　本内容項目の小中すべてに共通するのは，「父母，祖父母を敬愛し」という言葉である。この言葉から，「家族愛」では，子どもに父母，祖父母に対する

尊敬と愛情の念をもたせることが求められているような印象を受ける。しかし，『中学校解説』にも述べられているように，そのような敬愛の気持ちをもつことは，父母，祖父母の深い愛情によって子ども自身が育てられてきたことが前提となっている。つまり「家族愛」の内容項目は，たんに子どもに「家族への愛」をもたせることを目的としたものではなく，家族の人間関係のなかにみられる相互の愛情について学ぶことを目的としていると考えるべきであり，「家族愛」のはじまりは，子ども側ではなく，子ども以外の家族であると考えたほうが妥当であろう。したがって，本内容項目「家族愛」では，そのような父母，祖父母からの**無償の愛**を感じたり，それに気づいたりすることが，道徳科授業において最初のポイントとなる。

　また，すべての内容項目の説明で，「父母，祖父母を敬愛」することに加え，家族の一員として役に立つこととされており，「家庭生活の充実」とセットで提示されている。内容項目「家族愛」は，具体的に家庭内で何かの役に立つという実践的な態度につながる概念としてとらえられている。そのような実践的態度をもち，家族の一員としての役割を果たすことは，子どもたちが，自分がこれまで育ててもらったことへの感謝を示すことでもある。

〈「家族愛」の前提〉

　ここで問題となるのが，「家族愛」の前提となっている理想的な家族像・家庭像と現実の家族・家庭とのずれの問題である。さまざまな家庭の状況がある現状において，両親がそろった家庭や子どもへの愛情がある家庭が前提とされている「家族愛」は扱いにくく，配慮が必要な内容項目となっている。家庭生活を振り返ったとき，父母，祖父母の愛情に思い当たる場合は問題ないが，そうでない場合，この内容項目は子どもの心を傷つけることにもつながりかねない。

　『中学校解説』では，家庭は「安心できるよりどころとなる場所」であり，「社会の一員として正しく行動し得るための準備が行われる場所」でもあると述べられている。緊密な人間関係から生じうる家庭の問題や，家庭を取り巻く環境についての指摘もあるが，いずれにせよ，成員相互のあたたかい人間関係や愛情によって互いに絆で結ばれていることが家族として大切であると述べられている。つまり，どのような状況であれ，理想的な家庭や家族を形成することが必要であることが指摘されているのである。

　では，理想的な家庭や家族とはどのようなものだろうか。実は，近年の家族

研究が明らかにしているのは，近代における家族の多様性と複雑さである。「家族や家庭とは安定し調和しているものだ」とするのは家族についての虚構であり，家庭が「愛の共同体」であることも神話であることが社会学によって指摘されている。まずは「家族愛」の暗黙の前提となっている理想的な家庭や家族の典型はないことを再認識する必要がある。

〈「家族愛」を教える必要性〉

　ここで改めて，家族の定義について考えたい。『広辞苑』(2008)では，家族(family)とは「夫婦の配偶者関係や親子・兄弟などの血縁関係によって結ばれた親族関係を基盤にして成立する小集団。社会構成の基本単位」と説明されている。しかし，すぐにこの説明では十分でないことがわかるだろう。血縁関係でなくとも家族を形成する場合（養子縁組など）もあるし，事実婚の関係にある場合も互いを家族ととらえるかもしれない。形式的な条件が家族であることを規定しない以上，家族を「家族」たらしめるのは，おそらく，構成員が「家族である」と認識するかどうかによると考えられる。

　歴史的にみれば，「家族愛」はいわゆる「近代家族」が成立する過程で生じた概念であるといわれている。夫婦を中心とし，子どもを重視する核家族制が「近代家族」の特徴である。この時期，「家族愛」とともに教育の考え方に持ち込まれたのが「母性愛」である。子どもを慈しむ感情がヨーロッパの歴史のなかでみられるようになったのは17～18世紀以降といわれている。「近代家族」が成立する過程で，子どもをかわいがり慈しむことが一般的となるにつれ，家族間でのつながりや絆を重視する考え方が生じてきたと考えられている。

　血縁関係に基づく家族に対する愛情が普遍的なものでないことは，上記のような歴史的な視点からも明らかである。ではなぜ，あえて「家族愛」を教える必要があるのだろうか。

　家庭生活が社会生活の基盤であり，家庭から社会（地域・国家）へと拡大していくという同心円的な発展のイメージを前提とする場合，社会構成の土台となる家庭・家族が安定したものであり，子どもが安心して過ごせる場所である必要がある。なぜなら，子どもはケアされなければ生きていけない存在であり，それが最初に行われる場が家庭だからである。近年の倫理学や政治思想の分野では「ケアの倫理」が注目されており，私事的であると考えられてきた家庭での「**ケア**（気遣い・配慮・世話すること）」が，人間社会を存続させるために必

要不可欠であることが指摘されている。社会的弱者である子どもは家庭のなかでケアされ，愛されて育つことによって，次の社会を維持・形成する大人へと成長していくのであり，ケアを受けることは，子どもの健全な成長にとって絶対に必要なものである。したがって，「家族愛」はたんなる私的領域の事柄ではなく，子ども（や弱者）をケアし，大切に守り育てようとする人間の営みを支える価値観としてとらえる必要があるのである。

　「家族愛」は人間誰もがもつ普遍的な感情でないからこそ，言い換えれば，多様な家族・家庭の状況があるからこそ，公教育で意図的に教える必要がある。共に生活をする家族相互への配慮（ケア）に基づく愛情が「家族愛」であるともいえるだろう。

〈「家族愛」をどう教えるか：「家庭生活の充実」の意味〉

　共に生活をする家族相互への配慮（ケア）に基づく愛情が「家族愛」であるとすると，「家族愛」はどのように教えられるだろうか。ここで「家庭生活の充実」の観点が意味をもつと考えられる。

　「愛」という目に見えない情念は，「ケア」という視点を取り入れることで，具体的な行動・態度へ具現化可能な概念としてとらえることができる。つまり，家族の誰かに対する「ケア（気遣い・配慮・世話すること）」が，「家族愛」の現れととらえることができるということである。それは具体的には，家族の一員としての**役割**を果たそうとすることであると考えられる。そのような「家庭生活の充実」に向けた具体的行動への動機には，家族から受け取った「愛」に対する**感謝**があり，家族からの「愛」に応えるために自分ができることをしようとする意欲や態度につながっていく。したがって，家族からの愛情に気づくことや，家族のために何かをしようと考えることも，「家族愛」の学習のなかで子どもが学ぶ内容と位置づけることが可能である。

　このように，内容項目「家族愛」では，暗黙の前提となっている理想的な家族像・家庭像を教えることが目的なのではなく，家族形成の本質にあたる**密接な関係性**における相互への配慮の大切さや配慮のあり方について考えることが重要である。そのような視点から子ども自身が自分の家庭や家族についての考え・思いをとらえ直していくことが，本内容項目でめざすところではないだろうか。

⑥共同体としての学級，学校が共通に有するものとは？

【小学校】	【中学校】
・よりよい学校生活，集団生活の充実	・よりよい学校生活，集団生活の充実

【小学校】

「よりよい学校生活，集団生活の充実」

〔第1学年及び第2学年〕

　先生を敬愛し，学校の人々に親しんで，学級や学校の生活を楽しくすること。

〔第3学年及び第4学年〕

　先生や学校の人々を敬愛し，みんなで協力し合って楽しい学級や学校をつくること。

〔第5学年及び第6学年〕

　先生や学校の人々を敬愛し，みんなで協力し合ってよりよい学級や学校をつくるとともに，様々な集団の中での自分の役割を自覚して集団生活の充実に努めること。

【中学校】

「よりよい学校生活，集団生活の充実」

　教師や学校の人々を敬愛し，学級や学校の一員としての自覚をもち，協力し合ってよりよい校風をつくるとともに，様々な集団の意義や集団の中での自分の役割と責任を自覚して集団生活の充実に努めること。

本内容項目の概要

　『小学校解説』では，本内容項目に関して，「人は社会的な存在であり，家族や学校をはじめとする様々な集団や社会に属して生活を営んでいる。それらにおける集団と個の関係は，集団の中で一人一人が尊重して生かされながら，主体的な参加と協力の下に集団全体が成り立ち，その質的な向上が図られるものでなければならない。児童は，まず，教師に対する敬愛の念をもち，学級での生活における充実感を味わい，そのことを通して学校への愛着をもつようになる。そして，自分を支え励ましてくれる学校の様々な人々へ目を向け，感謝と敬愛の念を深めていく」（p.58）と書かれている。『中学校解説』では，「「教師や学校の人々を敬愛し」とあるのは，生徒が教師や先輩，級友，後輩との信頼

関係を築き愛情をもって接すること」(p.54) を意味すると書かれている。さらに，「公的な集団生活」(p.54) の場として学校が存在していること，さらには学校独自の校風を継承し，発展させる必要があることが指摘されている。また，『小学校解説』(p.58) および『中学校解説』(p.54) ともに，学級や学校での集団生活を扱うことをとおして，さまざまな集団での生活における自己の役割と責任の自覚を高めることが求められている。

このように，本内容項目は，学級や学校という場の意義やそれらにおける人々との関係の仕方について扱うものとなっている。以下では，この関係の仕方について説明する。

道徳的諸価値のとらえ

〈学級，学校という場所〉

本内容項目それ自体は，道徳的価値とはいいがたい。というのも，学級，学校，さらにはさまざまな集団での生活をよりよくし，充実させるために求められる価値は，他の内容項目で扱われていると考えられるからである。たとえば，敬愛や親しみに関する事柄には「正直，誠実」（小学校のみ。中学校では「自主，自律，自由と責任」）や「礼儀」「友情，信頼」で学んだことが，公的な場としての学校でのふるまいに関する事柄には「相互理解，寛容」や「規則の尊重」「公正，公平，社会正義」「勤労，公共の精神」などで学んだことが，密接に関連する。これをふまえると，学級や学校という具体的な場での生活において，他の内容項目で学んだ内容を児童生徒が用いて議論するための応用編の位置を，本内容項目は占めているということもできるだろう。

とはいえ，本内容項目を考えるうえで，おさえたほうがよい事柄も存在する。それは，学級や学校という場の性質である。島恒生は本内容項目について説明するなかで，以下のように述べている。

> 我が国と欧米などの学級や学校との違いは，欧米の学級や学校は勉強を学ぶためという「機能体」の要素の強い集団であるのに対して，**我が国の学級や学校は機能体としての要素とともに，同じ学級や学校という集団の絆で結ばれ，みんなで生活を共にし，成長するという「共同体」の要素をもった集団**であると言われています。(島 2020: 98)

島の指摘からも示唆されるように，学級や学校は，共同体の要素が薄かったとしても成立しうる。学級を例にとれば，近代公教育制度下で現在につながる学級制が導入されるのは，1891(明治24)年に「学級編制等ニ関スル規則」が出されて以降である(柳 2005: 142)。それ以前のクラスは等級制のもと，試験の成績によって分けられた集団にすぎず，飛び級も可能であったため，集団関係が成立しなかった(柳 2005: 140)。「学級編制等ニ関スル規則」は「「道徳教育及国民教育ノ基礎」を優位におき，等級制においてみられた知育中心，すなわち知識の伝達に重点を置いた教育から，道徳教育や国民教育という訓育的側面に重点を置くことになった」(柳 2005: 143)と，柳治男は指摘する。

　「個々のメンバーが共通性を共有する集団が社会的あるいは歴史的に制度化されている場合」(今村 2008: 50)に，ある集団は**共同体**とよばれる。上で紹介した歴史をもつ学級にしても，その学級が集まって成立している学校にしても，機能体として成立しうる場に共同体の要素を持ち込もうとするならば，自分の個性を生かしながら集団をつくるためにいったい何を共有するべきかを，道徳科では改めて見つめる必要がある。これについて児童生徒が考えたり議論したりすることは，さまざまな集団においてその集団を成立させているものを考え，そこでの自分の役割や責任を探究するための足がかりとなるだろう。

〈共通に有するべきもの〉

　学級や学校は，何を共通に有するべきか。これについては，コラム1(☞ p.29)の解説に出てくる倫理学的・政治学的な立場によって，さまざまに考えることができる。倫理学的な立場では，義務論であれば普遍的法則を，功利主義，とりわけ規則功利主義であれば学級や学校全体が幸福となるための規則を，徳倫理学であれば集団のなかで発揮されるべき徳を，ケアの倫理であれば相互依存性に基づく応答責任を，共通して有するべきものとするだろう。政治学的な立場では，自由主義であれば各人の自由を平等に保障する権利を，共同体主義であれば人生の物語的統一性と関連した伝統や，それに基づく実践への参加の重要性を，共通して有するべきものとするだろう。一見，共同体主義のみが共同体について考えるときに適切な道具であるような印象を抱くかもしれないが，さまざまな倫理学的・政治学的な立場から，集団が共同体となるために求められるものを考えることが可能である。

　上記について，目を向けておかなければならないことがふたつある。ひとつ

目は，本内容項目に密接に関連する**校風**である。『中学校解説』（p.54）におい
て，校風は先輩や保護者，地域の人々が築いてきたものであるとされている。校
風を学校，さらには学級にも影響を及ぼす伝統と解釈するならば，自分たちが
何を受け継いでいるのかを授業では必要に応じて教師が取り上げる必要がある。
伝統として校風を解釈するからといって，共同体主義に立脚して授業を展開し
なければならないわけではないが，伝統としての校風の存在は，授業によって
は議論の出発点として視野に入れることが求められる。

　ふたつ目は，共通性からの**排除**である。生澤繁樹は，「共同体が共通の目的や
信念，文化や規範の共有によって人々を育み結びつけるという厚い理解は，そ
の紐帯や結束が強まるほどに，共同体がみずからの外部や内部の他者を排除す
る原理として機能しうるという逆説や矛盾にも直面することになるだろう」（生
澤 2017: 223）と指摘する。生澤の指摘に基づくならば，集団生活の充実という
名のもとに誰かを排除しないようにするためには，何を共通のものとしなかっ
たのか，またそれはなぜかについても，授業では目を向けることが求められる
場合があるだろう。

💡 **ポイント**

①本内容項目は，他の内容項目で学んだことを応用して考える必要があ
る。
②何を共通に有することで集団を共同体としているのかについて，考え
る必要がある。

⑦なぜ郷土を尊重する必要があるのか？

【小学校】	【中学校】
・伝統と文化の尊重，国や郷土を愛する態度	・郷土の伝統と文化の尊重，郷土を愛する態度

【小学校】

「伝統と文化の尊重，国や郷土を愛する態度」

〔第1学年及び第2学年〕
　我が国や郷土の文化と生活に親しみ，愛着をもつこと。

〔第3学年及び第4学年〕
　我が国や郷土の伝統と文化を大切にし，国や郷土を愛する心をもつこと。

〔第5学年及び第6学年〕
　我が国や郷土の伝統と文化を大切にし，先人の努力を知り，国や郷土を愛する心をもつこと。

【中学校】

「郷土の伝統と文化の尊重，郷土を愛する態度」

　郷土の伝統と文化を大切にし，社会に尽くした先人や高齢者に尊敬の念を深め，地域社会の一員としての自覚をもって郷土を愛し，進んで郷土の発展に努めること。

本内容項目の概要

　この内容項目には，郷土の伝統と文化を尊重し，郷土を愛する態度という道徳的価値が含まれている。本項では主に，郷土の伝統と文化を大切にする意味を，近代国家と比較することで述べる。

道徳的諸価値のとらえ

〈郷土喪失〉

　この項目では，自分が生まれ育った郷土を愛し，大切にすることが説かれている。ここには，「郷土に対する愛着や郷土意識が希薄になっている」(『中学

校解説』）との現状認識がある。しかしこの問題は今にはじまったことではない。たとえば文芸評論家の小林秀雄は，戦前の1933（昭和8）年に「故郷を失った文学」と題した文章を発表し，「故郷といふ意味がわからぬ」（小林 1934: 53）と記した。また同時期に，歴史家の羽仁五郎も「今や，人口の十分の九は既に完全に郷土から放逐せられ，いずこにも郷土を有せない」（羽仁 1967: 298）と指摘している。

　すでに昭和の初めごろには，多くの日本人が自分には故郷がないと感じていたということだが，実はこれは必然であったともいえる。なぜなら明治維新以降，日本が追い求めてきた近代国家とは，そもそも郷土を喪失することで形成されたものだからである。

〈部 族〉

　この意味を知るために，近代国家の形成過程を少し広い視野で確認してみたい。人類が誕生して以来，人は必ず集団を形成してきた。なぜなら人間は決してひとりや一家族だけで生きていくことはできないからである。食べ物を得るにも，外敵から身を護るためにも，ある程度の人数が集まって協力することで，はじめて可能となる。こうして各個人や各家族が集まって，ひとつの集団をつくる。この国家以前の集団を，ここでは便宜的に**部族**と称する（ハゾニー 2021）。

　人は自主的に部族の一員となる。そこに強制力はなく，基本的にはその部族に所属しなければならないという理由はない。よってその集団の目的と自分の目的とに齟齬があったり，個人的な不満が出たりした場合は，そこを離脱し，他の部族に移ることは自由である。

　ただし多くの人が離れてしまうと，部族は維持できなくなり，いつかは滅んでしまう。それを防ぐためにリーダーは，人々に集団への特別な思いをもつようにはたらきかける。そこでよく使われるものが，部族が受け継いできた伝統と文化である。他の集団にはない固有の伝統と文化を教え，みんなで共有することで，部族全体のことを，あたかも自分のこととして感じられるようになっていく。集団の存在が，自分が自分であるための核になる。自分らしくあるためには，その部族の一員でなければならない。全員がこのように考えれば，その集団はとても強固なものになるだろう。

〈近代国家〉

　固有の伝統と文化は，集団を維持・発展していくために，固有の正しさを生み出し，人々はそれに従って日々行動する。ただし問題は，この正しさが，理性的・科学的観点から正しいのかどうかは，往々にして不問に付されることである。

　たとえば，今となっては根拠がわからない習慣が，伝統というだけで神聖視され強制される。それに不満をもつ人が異議を唱えたとしても，理由が明白ではないため，言い争いに決着がつくことはない。また他の部族の正しさも巻き込んで，世界的に正しいかどうかも検討されることはない。それは，自分たちの伝統や文化を守るために必要だと感じれば，他の部族を滅ぼすことにためらいがないことも意味する。

　こうして部族内や部族間の争いが勃発，弱体化したところから**近代国家**は生まれた（ハゾニー 2021）。伝統や文化という不確かなものではなく，どの集団にも通用する普遍的で合理的な規則のもと運営されるのが近代国家である。具体的には，世界的妥当性をもつ法体系・税制度・人権などを共有する。何かが根拠もなく特別視されたり，不当に貶められたりはしない。すべてがあらゆる人に通ずる，理性的で合理的な理由によって定められている。

　現代の私たちは部族ではなく，この近代国家に生きている。それは因習といった不合理な正しさによって行動が規定されないことを意味する。私たちに推奨されることは，近代国家の国民ならば，どの人たちにも共感・共有される普遍的なものである。それは同時に，個別的地域性に限定される郷土は喪失しなければならないことも意味する。

〈具体的な愛情〉

　それでは，郷土を尊重し愛することは，近代国家では否定されることなのだろうか。そうではない。たとえば次のような意見を聞いた場合，あなたはどのように感じるだろうか。

・家族や近所の人を悲しませてしまうので，犯罪に手を染めない。
・キリスト教徒なので，犯罪に手を染めない。

　実は，すでに説明した近代国家の理念に純粋に従うならば，これらは認めら

れないことになってしまう。なぜなら，家族や宗教といったものは部族の因習と同じで，限定的関係性に委ねられており，誰にも通ずる理性的・科学的な判断ではないからである（ミラー 2007）。

　しかしほとんどの人は，家族や親しい人間関係が正しさの根拠にならないという主張には納得がいかないだろう。私たちがなんらかの犯罪行為に手を染めないのは，「人の物を盗んではいけない」「人を傷つけてはいけない」といった言葉や理念によるものではない。多くの場合，こうした**普遍・理性的な文言**ではなく，**個別・具体的な愛情**を重視して，私たちは判断し行動する。つまり，親や子ども，きょうだいや友人が悲しんだり，苦しんだりする顔を見たくないから，自分を律するのである。

　したがって私たちは，世界的理念によって形づくられている近代国家に住んでいるからこそ，個別・具体的な人間関係が存在する郷土に思いを馳せるべきである。人は決してひとりや家族だけで生きていくことはできない。幼いころから実際に顔を合わせて話をし，手を差し伸べてくれたたくさんのまわりの人々がいてくれたからこそ，今の自分がいる。さらにこうした人々が生きているのは，その郷土をつくり上げた，かつての先人たちのおかげである。

　これは決して普遍的理念を蔑ろにすることではない。むしろ「人を傷つけてはいけない」といったことを，たんなる抽象的な文言に終わらせないために，個別・具体的な関係が必要となる。自分が生まれ育った実際の場所や時間に思いを馳せ，そこでの経験を思い出し，その限りない愛情を実感したところから，私たちの理念的な正しさが確かな形となって立ち現れるのである。

ポイント

①個別・具体的な郷土と，普遍・理念的近代国家は，相反するものである。
②よって近代国家に住む私たちは，郷土を喪失する可能性が高い。
③しかし個別・具体的な愛情こそが，普遍・理念的な正しさを実行するために必要である。

⑧「偏狭で排他的な自国賛美」とは異なる国を愛する態度とは？：伝統から考える

【小学校】	【中学校】
・伝統と文化の尊重，国や郷土を愛する態度	・郷土の伝統と文化の尊重，郷土を愛する態度 ・我が国の伝統と文化の尊重，国を愛する態度

【小学校】

「伝統と文化の尊重，国や郷土を愛する態度」

〔第1学年及び第2学年〕

　我が国や郷土の文化と生活に親しみ，愛着をもつこと。

〔第3学年及び第4学年〕

　我が国や郷土の伝統と文化を大切にし，国や郷土を愛する心をもつこと。

〔第5学年及び第6学年〕

　我が国や郷土の伝統と文化を大切にし，先人の努力を知り，国や郷土を愛する心をもつこと。

【中学校】

「郷土の伝統と文化の尊重，郷土を愛する態度」

　郷土の伝統と文化を大切にし，社会に尽くした先人や高齢者に尊敬の念を深め，地域社会の一員としての自覚をもって郷土を愛し，進んで郷土の発展に努めること。

「我が国の伝統と文化の尊重，国を愛する態度」

　優れた伝統の継承と新しい文化の創造に貢献するとともに，日本人としての自覚をもって国を愛し，国家及び社会の形成者として，その発展に努めること。

本内容項目の概要

　2006年に教育基本法が改正される際に，愛国心をめぐって大きな議論が巻き起こった。ここではその議論を振り返ることはせず，あくまでも道徳科における内容項目に関連した説明を行いたい。国や郷土への愛を扱う教育は，為政者の言うことに従うようにすることや，自分の国や郷土を無批判的に持ち上げ，自分と異なるものを排除することを目的に行われるものではない。『小学校解説』

（p.61），『中学校解説』（p.59）において書かれているように，国とは政府や内閣などの統治機構ではなく，歴史的，文化的な共同体をさしている。さらに，国を愛することが「偏狭で排他的な自国賛美」を意味しないこと，「国際理解，国際親善」「国際理解，国際貢献」との関連のもとで，本内容項目がとらえられるべきであることも明記されている（『小学校解説』: p.61，『中学校解説』: p.59）。このように，道徳科においては，排他性をともなわず，「国際理解，国際親善」「国際理解，国際貢献」と両立する形での，国や郷土を愛する態度が求められている。

　郷土について述べられたpp.79–82の内容をふまえつつ，以下では，同じ場所で共に生きるための道徳と接続した，排他的ではない愛国心（市川 2014: 117–118）としての国を愛する態度について，主として伝統に着目して説明する。なお，統治機構と関連する事柄については「公共の精神」（☞p.62）に，文化のとらえ方および日本人としての自覚については「国際理解，国際親善」「国際理解，国際貢献」（☞p.87）に書かれているので，それらを参照されたい。

道徳的諸価値のとらえ

〈伝統とパトリオティズム〉

　『中学校解説』において，伝統は「長い歴史を通じて培い，伝えてきた信仰・風習・制度・思想・学問・芸術などのことであるとともに，特にそれらの中心をなす精神的な在り方のこと」（p.56）と定義されている。この意味での伝統に親しみ，それを理解し，尊重しようとする際に大切になる価値観を検討することが，本内容項目に関して道徳科で求められるもののひとつであるといえる。

　とはいえ，伝統（と文化）は，国を愛する態度にとっての唯一の構成物ではない。これについて，**パトリオティズム**という概念を手がかりにみていこう。中国を起源とする漢語表現における愛国は，君主が自分の国を愛するという意味であった（将基面 2022: 22）。この意味ではない愛国が，明治期にパトリオティズムの翻訳語として使われるようになった（将基面 2022: 22–23）。このパトリオティズムという語の一部をなすパトリアとは，「究極の忠誠の対象」（将基面 2022: 213）をさしており，その対象はいわゆる国家や民族，国土に限定されない。「個人や部分的な集団が追求する善（価値）ではなく，政治社会全体にとっての公共的な善（価値）」（齋藤 2006 b: 187）を意味する共通善や，憲法や環境

もまた，忠誠の対象である（将基面 2022）。

　これをふまえると，本内容項目が「偏狭で排他的な自国賛美」とならないようにするためには，自国の伝統（と文化）の理解や尊重のみが国を愛することにつながるわけではない，ということを教師の側で留意することが求められる（cf. 市川 2014: 116–117）。将基面貴巳は，現行の道徳教育における「国を愛する心」が，愛の対象を生まれ故郷としての自国に限定している点や，理性的な側面ではなく情緒的な側面が強調された愛着の対象として「伝統と文化」のみが選ばれており，市民的祖国としての**共通善**に目を向けていない点を批判している（将基面 2022: 206）。将基面の批判を可能な限り摂取して考えるのであれば，伝統（と文化）が否定され，不要となるわけではないものの，自国を誇る際にはさまざまなものがあるのだということを教師が認識しつつ授業をすることが，児童生徒が国を愛する態度を多面的，多角的に検討するためにまずは必要になるだろう。

〈説明可能なものとしての伝統〉

　加えて，将基面による批判を摂取して本内容項目が「偏狭で排他的な自国賛美」とならないためにさらに求められることとして取り上げたいのは，パトリアとしたものを理性的に説明しようとすることである。以下では，伝統のみに着目してこれについて説明する。

　社会学者のアンソニー・ギデンズによれば，伝統は現在に対して影響を及ぼすように過去を構成し，未来の時間を秩序づける方法として規制の習わしを用いている（ギデンズ 1997: 118）。すなわち伝統は，人々の現在の生き方を過去から規定すると同時に，過去を用いた現在から未来の生き方を想像することを可能にするという点で，人々の過去—現在—未来にかかわっているのである。ただし，こうした伝統は不変ではなく，その守護者たちが内実を常に再構成していたとギデンズは指摘する（ギデンズ 1997: 144）。

　伝統は，かつてそれがもっていた力を現在でも有しているとは限らない。たとえば伝統だからといって，特定の人々を排除することを正しいとする考え方や，現在の法律に抵触する行為や行政手続きを無視する行為が正当化されるわけではない。これが示すように，伝統は社会の諸秩序を全面的に決定することができるわけではない。また，誰かが決めたものを，それが伝統だからという理由のみで，思考や行為の根拠として扱うことも，きわめてむずかしい。

それゆえ現代において，「《伝統は，理路整然とした言説による正統づけをおこなうことができる限りにおいてのみ》，また，たんに他の伝統だけでなく，代替可能な行動様式との開かれた対話をはじめる用意ができている限りにおいてのみ，《存続しうる》のである」（ギデンズ 1997: 196–197）とギデンズは指摘する。ギデンズの指摘をふまえると，現代において伝統を人々が尊重し続けるためには，それを共有していない人々が理解することができるようにその意義を**理性的に説明**する必要がある。本内容項目では，伝達されてきた伝統や文化を無批判的かつ全面的に受容することが望まれているわけではない。時にはそれらを発展させるための役割を担うようになることも，児童生徒には求められている。

　こうした発展可能性を視野に入れつつ，ギデンズのいう理路整然とした言説による伝統の正統づけを道徳科で行うためには，「正直，誠実」「相互理解，寛容」や「公正，公平，社会正義」，さらには「国際理解，国際親善」「国際理解，国際貢献」などで学んだ事柄と関連させながら，自国の伝統においてどのような価値観が大切にされてきたのか，私たちは先人たちの思想から何を受け継ぐべきかを理性的に理解し，他の人々に説明可能な形にすることが何よりも求められる（cf. 市川 2014: 110–118）。このような形で伝統を理解可能な形にしようとすることは，偏狭で排他的な自国賛美に陥ることなく，国を愛する態度を形成することにつながるだろう。

💡 **ポイント** ───────────────

①国や郷土への愛を，排他的なものとしてとらえる必要はない。

②伝統を説明可能な形にすることは，国を愛する態度を偏狭で排他的な自国賛美にしないために必要である。

⑨世界の平和と人類の発展につながる国際理解，国際親善，国際貢献とは？

【小学校】	【中学校】
・国際理解，国際親善	・国際理解，国際貢献

【小学校】

「国際理解，国際親善」

〔第1学年及び第2学年〕
　他国の人々や文化に親しむこと。

〔第3学年及び第4学年〕
　他国の人々や文化に親しみ，関心をもつこと。

〔第5学年及び第6学年〕
　他国の人々や文化について理解し，日本人としての自覚をもって国際親善に努めること。

【中学校】

「国際理解，国際貢献」

　世界の中の日本人としての自覚をもち，他国を尊重し，国際的視野に立って，世界の平和と人類の発展に寄与すること。

本内容項目の概要

　本内容項目は，日本の伝統や文化の理解と関連させたうえで，国際理解，国際親善，国際貢献について考えることをとおして，「グローバルな相互依存関係」（『中学校解説』: p.61）にある「世界の平和と人類の発展」（『中学校解説』: p.60）に資する人間を育成するという構造になっている。すなわち，「他国の人々や多様な文化を理解」（『小学校解説』: p.62）するよう児童生徒に促し，その理解を土台として，世界の平和と人類の発展につながる国際親善，国際貢献を積極的に行おうとする態度を有した日本人を育成することが，本内容項目ではめざされていると考えられる。

　本内容項目はどれも行為であり，それら自体がなんらかの価値を含んでいるわけではない。それゆえ本内容項目は，他の内容項目との密接な関連のもとで

成立していると考えられる。たとえば「相互理解，寛容」「公正，公平，社会正義」「伝統と文化の尊重，国や郷土を愛する態度」「郷土の伝統と文化の尊重，郷土を愛する態度」「我が国の伝統と文化の尊重，国を愛する態度」などは，本内容項目の必須構成要素であるといってよい。とはいえ，この内容項目で授業をするために，心にとどめておくとよいこともある。以下ではそれを説明する。

道徳的諸価値のとらえ

〈文 化〉

　本内容項目では，理解したり，よさを感じたり，親しみを抱いたりする対象として，文化が据えられている。『中学校解説』の「郷土の伝統と文化の尊重，郷土を愛する態度」において，文化は「人間が自然に手を加えて形成してきた物心両面の成果を指し，衣食住をはじめ技術・学問・芸術・道徳・宗教・政治など生活形成の様式と内容を含んでいる」（p.56）と書かれている。

　この文言について，もう少し説明を補足しよう。「イギリスのウェールズ出身の文化研究者」（高山 2010: 1）であるレイモンド・ウィリアムズは，日本語で文化を意味するcultureの初期の用法が基本的には作物や家畜の世話であったと述べたうえで（ウィリアムズ 2002: 84），現在の用法として，①「知的・精神的・美学的発達の全体的な過程」（ウィリアムズ 2002: 87），②「ある国民，ある時代，ある集団，あるいは人間全体の，特定の生活様式」（ウィリアムズ 2002: 87），③「知的，とくに芸術的な活動の実践やそこで生み出される作品」（ウィリアムズ 2002: 87）という3つをあげる。またウィリアムズは，人間の自己形成や社会形成のための実践であると同時に，社会秩序のあり方によってその内実などが規定されるという性質を，文化は有していると考える（高山 2010: 356）。

　ウィリアムズの見解を本内容項目に関連づけると，国際理解は，知的・芸術的生産物に触れたり，料理を食べたり，人々の話を聴いたりすることなどをとおして，具体的な知識を身につけることだけにとどまらない。これに加えて，生産物などを生み出す社会のあり方や，その社会に生きる人々の生活様式，さらにはその生活様式とそれらの変化にみられる人間の知性や精神の発達過程も，国際理解には含まれる必要がある。すなわち，異なる国や地域などの文化に親しみを抱いたりよさを感じたり理解したりすることは，生産物そのものに加えて，そこに含まれる人々の**生活**や**社会**を形成する**知恵**や**精神**も含んで行われる

必要があるのである。なお，多様な文化的背景を有した人々が日本国内にもいることをふまえるならば，上記の意味での国際理解は，国内の多様性も意識して行われるべきであろう。

〈日本人としての自覚〉

　国際理解は，日本人としての自覚をもつことと関連づけられている。これが示すのは，日本人としての自覚の形成にとって，先に述べた意味での文化を対象とする国際理解は不可欠だということである。

　『マルチカルチュラリズム』という書籍のなかで，チャールズ・テイラー（共同体主義に分類されるカナダの哲学者）は，「私自身のアイデンティティは，私と他者との対話的な関係に決定的に依存しているのである」（テイラー 1996: 50）と述べる。この対話の際に使用される言語とは，芸術や身振りなども含む，さまざまな表現形態をさす（テイラー 1996: 47）。この意味での言語を学び，それを用いて他者とやりとりしたり，自己反省をしたりすることをとおして，人間は自らのアイデンティティを形成する。

　こうしたテイラーの見方と本内容項目とを関連づけると，国際理解とは，世界のなかの日本人としての自覚の形成に不可欠な**対話**の一部であると解釈することができる。他の国や地域の生産物や社会のあり方，価値観に触れることは，他の国や地域の文化との共通点や相違点を考えることに，人々を誘う。その誘いのなかで，人々は私たちが他の人々と何を共通性として有しているのか，何が異なっているのかを考え，自らが何者であるのかを明らかにしようとする。道徳科で扱う日本人としての自覚は，他の国や地域の文化と断絶された状態で形成されるものではない。それは，異なる文化との対話的な関係を保つなかで，他との共通性を有しつつも異なったものとして立ち上がる自覚なのである。

〈国際親善，国際貢献の条件〉

　国際理解を土台とする国際親善と国際貢献において着目したいのは，相手を受け容れたり，自分が相手に受け容れてもらったりするための条件である。国際社会のなかで生き，「世界の平和と人類の発展」に資するために親善や貢献を行う際には，相手にどこまで関係してよいのか，あるいは関係してもらいたいのかを考えることが求められる。

　この受け容れの条件を考えるためのひとつの手がかりを，イマヌエル・カン

トが提供してくれている。『永遠平和のために』でカントは，ある国家とその国家に属さない外国人との関係を定めるものとして世界市民法を提示する（金 2016: 38）。カントによれば「世界市民法は，普遍的な友好をもたらす諸条件に制限されなければならない」（カント 1985: 47）。この枠組みにおいて外国人が有するのは，訪問の権利，すなわち「地球の表面を共同に所有する権利に基づいて，たがいに交際を申し出ることができるといった，すべての人間に属している権利」（カント 1985: 47）であって，客人の権利，すなわち一定期間家族として扱うための権利ではない。その一方，迎える側は訪問の権利を尊重し，外国人を敵対的に扱うことはしてはならない。ただしこの権利が保障されるのは，**外国人が訪問先で平和にふるまう限り**であり，それに反する場合，死を招く結果にならなければ，迎える側は退去を促すことができる（カント 1985: 47）。

　国際親善や国際貢献では，自分が大切だと思ったことを何でもしてよいというわけではない。さまざまな価値観をもった人々が存在するなかで，一定の枠組みのもとで活動を行なってこそ，「世界の平和と人類の発展」と国際親善や国際貢献との間につながりが生まれる。このつながりをつくり出すにあたって，人々が互いに互いを受け容れ，そのなかで何を大切にしながら異なる国や地域の人々とかかわっていくべきなのかについて，法や権利の観点から考えるためのヒントを，カントの論は提供してくれているのである。

☀ ポイント

> ①文化という語がもつ３つの意味をおさえて，国際理解をとらえる。
> ②アイデンティティが対話的に構成されているととらえると，国際理解と日本人の自覚とは密接に関係していると考えることができる。
> ③国際親善と国際貢献のためには，相手を受け容れたり，相手に受け容れてもらったりするための条件を考える必要がある。

■内容項目D：主として生命や自然，崇高なものとの関わりに関すること

内容項目D：主として生命や自然，崇高なものとの関わりに関すること　実践編☞p.349(小), p.355(中)

①なぜ命は尊重されなければならないのか？

【小学校】	【中学校】
・生命の尊さ	・生命の尊さ

【小学校】

「生命の尊さ」

〔第1学年及び第2学年〕
　生きることのすばらしさを知り，生命を大切にすること。

〔第3学年及び第4学年〕
　生命の尊さを知り，生命あるものを大切にすること。

〔第5学年及び第6学年〕
　生命が多くの生命のつながりの中にあるかけがえのないものであることを理解し，生命を尊重すること。

【中学校】

「生命の尊さ」

　生命の尊さについて，その連続性や有限性なども含めて理解し，かけがえのない生命を尊重すること。

本内容項目の概要

　この内容項目には，生命を理解し，尊重することが記されている。本項では主に，なぜ生命は尊重されなければならないのかという問いに対して，「生命」という言葉の原典のひとつである儒教の世界観をもとに応える。

道徳的諸価値のとらえ

〈殺してはいけない理由〉

「なぜ人を殺してはいけないのか」「なぜ自殺をしてはいけないのか」といった問いに応えることは，思っている以上にむずかしい。たとえば，自分が殺されたくないから他人を殺してはならないとする。この場合，自分の生命に価値を感じていない人ならば，人を殺してもいいことになってしまう。またまわりの人が悲しむからという理由もあるだろう。けれどもこれでは，社会にかかわりをもたず，家族や友人などがまったくいない人は死んでもいいことになる。殺人は，法律によって罰せられるという回答はどうだろうか。しかし日本には死刑制度があり，これは国が合法的に人を殺していると解釈することは可能である。そもそも戦争状態に陥った場合，兵士が相手国の兵士を殺したとしても，国際法を逸脱しない範囲において罪に問われることはない。またほとんどの国において自殺は刑罰の対象ではないし，安楽死法を制定している国もある。

これらが示しているのは，生命が尊重されていない状況が，思っている以上に多いという事実である。こうした事例がある限り，冒頭の問いに応えることは容易ではなく，ただ「生命は大事だから，大事なのだ」というトートロジー（同語反復）に陥る他なくなってしまう。

〈命の語源〉

ここではこの問題を，「生命」という言葉に注目して考えてみたい。漢文学者である白川静によると，「命」は，令と口とが合わさってできた言葉であるという（白川 1996）。令は，人が神に跪いて啓示を受けている姿であり，口は，祝詞（人が神に対して捧げる言葉）を納める器を表している。つまり，神に祈ることで与えられたものが命ということになる。

この「生命」は，『論語』（儒教の創始者・孔子の言行録）において使われている。孔子の弟子である司馬牛が，自分の兄が罰せられて死ぬことを憂いて，兄弟子である子夏に相談する。子夏が回答として伝えた孔子の言葉が，「死生命あり，富貴天に在り」（金谷 1963: 228）というものである。人の生死は，すべて天の命によるものであり，人がくよくよと思い悩んでも仕方がないという意図が，ここにある。

この「死生命あり」という表現は，その後日本にも入ってくる。たとえば『太平記』に「死生命あり，老幼定まらず」（長谷川 1994: 198）という一文がある。

生死は天の命ずるところであるから，幼いものが老いたものよりも先に死んでしまうこともありうるという意味である。また江戸時代に書かれた『雨月物語』には，「死生命あり。何の病か人に伝ふべき」（中村・中村・高田 1995: 292）とある。これは伝染病の患者に近づいてはいけないという忠告に対して，自分が死ぬという天命がなければ，病が移ることはないだろうという意味の言葉である。

〈儒教の世界観〉

このように人の生死は，天の命令によるものという意味が，「生命」という言葉に込められている。そこで「天」について，もう少し詳しくみてみたい（渡辺 2010）。儒教において天は，とても重要な存在である。もちろんたんに空のことではなく，今の言葉でいえば，自然や宇宙全体ということになるだろうか。決まった法則のもと太陽や月が動き，それによって，あたたかな春を迎えて草木が芽生え，日の光と雨の恵みで成長し，やがて実る。それらを糧として動物が繁殖する。人はその動植物を利用することで，命を授かる。

こうしたすべてのはたらきの主体を，儒教では天に置いた。なぜならこれらは決して人の力で生み出すことも，動かすこともできないからである。私たちは天という主催者のもとで，すべての存在がつながることで生きている。

こうした世界の認識から，儒教はつながりを軸とした教えになった。自然を土台に，人は誰かの子・孫・ひ孫として生まれ，誰かの親・祖父母・曾祖父母となって死んでいく。これは過去から未来という時間的なつながりである。また必ず誰かの夫や妻，友人や同僚，上司や部下となる。これは，現代の空間的なつながりである。

西洋哲学では，個人を世界の基盤に据えることが多いが，儒教は，つながりから断絶された個人が先にあるとは考えない。人は孤立した抽象的存在などではなく，常に誰かとつながっている具体的な存在である。ただしこのことは個人や個性を尊重しないことではない。むしろ人は，異なる他者と結びつくことではじめて，自分の特徴を認識することができる。

こうしたことから儒教は，日常生活において，違う存在としての他者といかによい関係を築くことができるかを徹底的に追求した。たとえば儒教の古典である『孟子』には，「父子親有り，君臣義あり，夫婦別有り，長幼序有り，朋友信有らしむ」（小林 1968: 211）という一文がある。父子・君臣・夫婦・長幼・朋友は，この世における5つの主要な人間関係を，親・義・別・序・信は，その理想的な結びつきを意味している。つまり親子は親愛，上司と部下は正しさ，

夫婦は異なる役割への尊重，年長者と年少者は尊敬，友人は信頼によってつながるように，私たちは日々努めるべきとしたのである。

〈つながり〉

この5つの主要な人間関係から，時間的・空間的に無数のものがつながり，ひとつとなり，その全体を天と呼称した。そしてこの天の命令を受けて授けられたのが，私たちの命である。

無数の紐が複雑怪奇に絡まり，バスケットボールほどの大きさの球になったものを想像してみよう。ここからひとつの紐をぷつんと切り，切り口をつまみ，球から引き出したとしたら，はたしてどれぐらいの長さの紐が出てくるのか。想像以上に長い紐が，ずるずると目の前に現れることだろう。

ひとりの人が死ぬということは，こういうことである。つまりそこまで膨大な時をかけてつながっていたものが断ち切られることであり，併せててこれから生まれたかもしれない命の可能性も失うことになる。

それは実際に自分が産み育てることだけではなく，人に影響を与えることでのつながりも意味している。人は生きているだけで，まわりに大きな影響を与える。それを自分が認識しているか，していないかは関係がない。自分が誰かに向けて届けた思いやりは，それが届けられた相手はもちろん，時にそれをまわりで見ていた人にも伝わる。さらに実際にその場にいなかったとしても，そのエピソードを聞いた人ともつながる。明治時代に書かれた文章が，現代のブラジル人を勇気づけ，生きる意欲を思い起こさせるといったようなことは，常にこの世界中で無数になされている。

時を越えて，場所を越えて，膨大なつながりの結果として，私たちは今この場所に生きている。そして今，この命が不当に絶たれたならば，ここから生まれるはずだった数えきれないつながりが消失する。こう考えると，いったい誰が，生命を尊重しないということがありうるのだろうか。

☀ ポイント

①「命」という言葉には，天から与えられたものという意味がある。
②儒教では，人がつながることで存在するものととらえられている。
③無数の時間的・空間的なつながりによって生命は成り立っている。

②人間は自然にいかにかかわるのか？

【小学校】	【中学校】
・自然愛護	・自然愛護

【小学校】

「自然愛護」

〔第1学年及び第2学年〕

　身近な自然に親しみ，動植物に優しい心で接すること。

〔第3学年及び第4学年〕

　自然のすばらしさや不思議さを感じ取り，自然や動植物を大切にすること。

〔第5学年及び第6学年〕

　白然の偉大さを知り，自然環境を大切にすること。

【中学校】

「自然愛護」

　自然の崇高さを知り，自然環境を大切にすることの意義を理解し，進んで自然の愛護に努めること。

本内容項目の概要

　本内容項目で扱うのは，自然のもつ美しさや偉大さを感じ取ったり，人間が自然のなかで生かされてきたという事実や人間の有限性を自覚したりするなかで，児童生徒が進んで自然の愛護に努めることができるようになるために求められる価値観である。こうした価値観はまた，自然破壊を食い止め，持続可能な社会をつくり出すためにも必要なものとされている。

　人間などの命の大切さは「生命の尊さ」において，また自然の美しさやすばらしさ，さらには人間の有限性にかかわる事柄は，崇高さとの関連で次の内容項目以降で詳細な説明を行う。ここでは，自然環境を大切にすることを中心に，その内実について説明する。

道徳的諸価値のとらえ

〈自然環境を大切にすること〉

『小学校解説』および『中学校解説』では，「環境保全」（『小学校解説』: p.67），「環境の保全」（『中学校解説』: p.65）という言葉が登場する。また，『中学校解説』では，「自然をむやみに破壊せず，可能な限り維持，保全しようとする意識」（p.64）という言葉も登場する。佐久間淳子によれば，自然保護の活動は，「開発のような人為的改変を食い止める protection（広く「**保護**」を指す）」（佐久間 2020: 88，太字は筆者），「現状のまま何も手を加えない preservation（「**保存**」と訳される）」（佐久間 2020: 88，太字は筆者），「本来のその土地の生態系の望ましい姿を維持するために人が適宜手を加える conservation（「**保全**」と訳される）」（佐久間 2020: 88，太字は筆者）の3つに区別することができるとされる。この区別を用いると，『小学校解説』『中学校解説』において保全や維持という言葉で語られる，自然環境を大切にすることの内実を，より詳しく解釈することができるようになる。

　上記の3つの活動をなぜ行わなければならないのかについては，教材が示す内容および児童生徒が示す倫理学的な立場（義務論，功利主義，徳倫理学，ケアの倫理など）によって，さまざまな意見が出されることになるだろう。どのような立場でどのような主張を展開するにしても，「保護」「保存」「保全」という区別は，授業内で自然環境を大切にするという営みそれ自体の多様さや，それらを支える価値観の多様さに児童生徒が着目し，人間と自然との望ましい関係をより詳細に考えるための手がかりとなる。たとえば，佐久間が protection（「保護」）として詳細に取り上げた自然の権利訴訟（佐久間 2020）について教室内で議論したり，教科書に書かれている取り組みを「保護」「保存」「保全」の観点から分析し，それらを進める人の動機や，大切にされている価値観の内実について意見を出し合ったりすることで，自然環境を大切にするということ自体の意味や，そのために求められる考え方を児童生徒が多面的・多角的に検討することが，授業において可能となるだろう。

〈「生命の尊さ」との関係〉

『小学校解説』および『中学校解説』において，自然は人間の力が及ばない存在であるとされている。また，不思議さや偉大さという言葉が出てくることか

らもわかるように，自然を人間のコントロール下に置くことは不可能であるととらえられている。そのため，「有限な人間の力を超えたものを謙虚に受け止める心を育てること」（『中学校解説』: p.65）が重要となる。

　これまで述べたことをふまえて着目したいのは，内容項目としての「生命の尊さ」と「自然愛護」との関連である。加藤尚武は**自然の生存権**という言葉を用いて，生きる権利が人間だけに優先的に保障されるべきだという考え方が，環境倫理学では議論の対象となっていると指摘する（加藤 2020: 1–3）。「生命の尊さ」は，「生命ある全てのものをかけがえのないものとして尊重し，大切にすることに関する内容項目である」（『小学校解説』: p.64）。自然の生存権は，「生命の尊さ」の理解を深めるきっかけとなるが，人間が自然環境を大切にしようとするからこそ，それが奪われる場合もある。また，人間の生命を犠牲にしてもその他の生物の生命を尊重すべきかについても，議論が存在する（cf. 加藤 2020: 第2章）。

　加藤は，人間個体の生存と生物種の存続が〈あれか，これか〉の関係にならないように配慮すべきだと指摘する（加藤 2020: 24）。「生命の尊さ」と「自然愛護」との間でなんらかの決断を下さなければならないことを十分に理解したうえで，どのような価値観に基づいて自然環境とかかわるべきかを授業内で問うことは，自らの理解や力の及ばない自然のなかで人間が生きるためには，どのような考え方を大切にするべきかを児童生徒が考えることを可能にする。それはまた，過去に人間が行なってきた自然環境破壊や，生命を奪うことを含んだ行為をせざるをえなくなった状況において，どのような価値観が優先され，どのような価値観が忘れられていたのかを反省するきっかけともなるだろう。

〈未来とのつながり〉

　「自然愛護」は，現在のみにかかわるものではない。『小学校解説』および『中学校解説』で持続可能性について触れられていることからもわかる通り，本内容項目は過去や現在の人間の思考や行動のみではなく，未来のそれらについても扱うことになる。すなわち自然環境を大切にするという営みは，今の世代だけではなく，未来の世代が自然と共に生きる状態まで視野に入れる必要がある。

　加藤は，「資源と環境に関して，いかなる世代も未来世代の生存可能性を一方的に制約する権限を持たない」（加藤 2020: 31）と指摘する。未来の世代の生活様式を，現在の私たちが正確に言い当てることはできない。その一方，環境と

資源の問題は，現在世代の選択次第では，未来世代の選択の幅を狭めてしまう可能性をもつ（加藤 2020: 32）。今後地球で生きる人々になんらかの影響を与えうるという点において，環境問題は未来にかかわる倫理的な態度を決めるよう，私たちに促す（cf. 加藤 2020: 第10章）。すなわち，自然が提供してくれる資源をすべて使い果たしたり，自然環境をみだりに破壊したりせずに，次世代がさまざまな選択をすることができる状態を整えることが，今を生きる私たちに求められるのである。

　こうした状態を整えるために求められる倫理は，**世代間倫理**とよばれる。この世代間倫理を構築するにあたって，寺本剛は，現在世代をある程度利他的であるとみなしたうえで，多様な価値観をもった人々をその価値観に合わせて動機づける形での正当化を図るべきだと述べる（寺本 2018: 328）。寺本の指摘を応用するならば，多様な価値観をもつ児童生徒がその多様な価値観に合わせた形で，次世代との関係から求められる「自然愛護」を考えることが，道徳科の授業では求められるといえよう。世代間倫理は，ひとつの倫理学的な立場によってのみ構築されるわけではない。義務論的な考え方をする児童生徒は義務論的な世代間倫理を，功利主義的な考え方をする児童生徒は功利主義的な世代間倫理を，徳倫理学的な考え方をする児童生徒は徳倫理学的な世代間倫理をつくればよい。この際には，各児童生徒は自己の倫理学的な立場を可能な限り明確にしながら，未来の人々や地球のために自然環境を大切にすることの意義や理由をめぐって，議論を展開することになるだろう。

ポイント

①自然を大切にするという行為を，細分化して考えることができる。
②「生命の尊重」と「自然愛護」が対立する場合がある。
③世代間倫理の観点から，持続可能な社会を考えることができる。

③美しいものと気高いもの，畏敬の念とは何か？

【小学校】
・感動，畏敬の念

【中学校】
・感動，畏敬の念

【小学校】

「感動，畏敬の念」

〔第1学年及び第2学年〕
　美しいものに触れ，すがすがしい心をもつこと。

〔第3学年及び第4学年〕
　美しいものや気高いものに感動する心をもつこと。

〔第5学年及び第6学年〕
　美しいものや気高いものに感動する心や人間の力を超えたものに対する畏敬の念をもつこと。

【中学校】

「感動，畏敬の念」

　美しいものや気高いものに感動する心をもち，人間の力を超えたものに対する畏敬の念を深めること。

本内容項目の概要

　この内容項目には，美と気高さ（崇高）という美的価値が含まれており，人間の力を超えたものに対する畏敬の念も含まれている。本項では主に，美と気高さ（崇高）とは何か，畏敬の念とは何かについて，主にカントの美学をもとに述べる。

道徳的諸価値のとらえ

〈観照の対象としての美と気高さ〉

　この内容項目には「気高いもの」が含まれているが，次の「よりよく生きる喜び」にも「気高さ」（小5～6），「気高く生きようとする心」（中学校）が含まれている。では，この内容項目で扱う気高さと，「よりよく生きる喜び」で扱う気

高さの違いをどのようにとらえたらよいのだろうか。本内容項目で扱う気高さは，美的価値，つまり**観照**（眺めること）の対象である。それに対して，「よりよく生きる喜び」で扱う気高さは，自らの弱さや醜さを克服する生き方や性格（品格）の気高さである。

　このように，本内容項目で扱う美しいものと気高いものは美的価値である。美的価値であるとは，快適さ，有用さ，善さとは区別されるということである。たしかに，『中学校解説』で「品格のある気高い人間の生き方に触れることを通して」感受性が育まれると指摘されているように，人間の道徳的にすぐれた気高い生き方や道徳的な品格に感動することはあるが，その場合，美は善に従属している。カントにとって，道徳的な生き方に感じる美は「付随的な美」であり，純粋な美ではない。

　では，純粋な美とは何か。カントによれば，純粋な美とは，花や線描や模様のような**形式**（形）ゆえの美である。花や線描や模様の美しさは，道徳的に善い目的に役立つことはないが，だからこそ純粋な美なのである。

〈崇 高〉

　次に，気高さとは何か。ここまでは気高さとよんできたが，ここからは，カントの用語に従って，気高さを「崇高」と言い換えることにする。

　崇高とは何かをみていく前に，美と崇高の違いについて確認しておこう。美とは**調和**であるが，崇高とは**抗争**（戦い）や不調和を含む。

　カントによれば，崇高には「数学的崇高」と「力学的崇高」がある。数学的に崇高なものとは「端的に大きなもの」である。「端的に大きなもの」とは比較を絶するという意味であり，たとえばピラミッドや氷に覆われたアルプスである。

　もう一方の力学的崇高とは何か。ある力が別の力の抵抗に勝るときに「威力」とよばれるが，その威力が私たち人間に実際になんら威力を及ぼさないとき，その力は力学的に崇高である。どういうことか。

　「絶壁をなして張りでている，いわば威嚇するような岸壁，天空に聳えたつ雷雲が，閃光と雷鳴とともに近づいてくるさま，破壊的な威力のかぎりをつくす火山，荒廃をのこして吹きすさぶ暴風，怒涛さかまく，果てしない大洋，勢いのよい流れにかかる高い落流……これらの眺めは，それが恐るべきものであればあるほど，かえってそれだけ〔こころを〕引きつけるものとなるけれども，それも私たちが安全な状態に置かれていればこそのことなのだ」（カント 2015：

205)。こうした自然の力が，もし私たちに実際に「威力」を及ぼすと考えられるならば，それは「災厄」であり，恐怖の対象となる。しかし，その力が崇高と感じられるためには，その力は「恐るべきもの」であったとしても，恐怖の対象であってはならない。

　では，なぜ「安全な状態」で自然を眺める必要があるのだろうか。落雷や暴風が実際に襲ってくるとき，それは恐怖の対象であり，崇高の感情に含まれる尊敬の念を覚えることはできない。それに対して，「安全な状態」に置かれていれば，「自然が私たちの力（この力は自然ではない）をじぶんのうちに喚びおこす」（カント 2015: 206）。その力とは**理性**である。「この能力が私たちに勇気を与え，自然の見かけ上の全能と肩をならべうるようにさせるのである」（カント 2015: 206）。このように，人間が安全な状態にあって自然を「恐るべきもの」と感じるとき，自然は人間の心のなかの理性を呼び起こし，人間に「じぶんの使命に固有の崇高さ」を感じさせ，人間を「鼓舞」する（カント 2015: 207）。しかし，自然が実際に恐怖の対象となるとき，理性が呼び起こされることはない。

　重要なことは，カントにとって，自然という対象そのものが崇高なのではないことである。崇高の感情とは，理性という認識能力の使命に対する尊敬を，自然に対する尊敬と「**取り違える**」ことなのである。

　『中学校解説』の「自然愛護」では，「「自然の崇高さを知」るとは，自然の美しさや神秘さを感性で受けとめるとともに，自然が人間の力が及ばない存在であり，時として我々に「恐れ」や「緊張」をもたらすものであるということを理性でも認識することである」と記載されている。この「理性でも認識する」の記述は上述のカントの崇高観に由来するものであるといえる。

〈畏敬の念〉

　畏敬の念は崇高の感情の一部である（藤井・中村 2014）。しかし，崇高の感情のすべてが畏敬の念であるわけではない。というのは，カントによれば，私たち人間は戦争にすら崇高さを感じることがあるからである（カント 2015）。

　このように崇高な感情は「恐怖＋尊敬」であるが，ボルノーに従えば，畏敬の念は「恐怖（≒畏怖）＋敬愛」である。人は，畏敬する対象に対して引き寄せられるように敬愛を覚えるが，同時に恐怖によって独特の距離を感じる。畏敬の念とは，「気持ちを傾ける敬愛と尻込みする恐怖との共同作用」（ボルノー 2011: 60）によって生じるのである。

では，人は何に畏敬の念を覚えるのだろうか。畏敬の念は人間の力を超えた**無限なもの**に対する感情であるといえる。そして，無限なものとはとりわけ生命と宇宙だろう。

　畏敬の念の対象が生命であることについては，学習指導要領総則における道徳教育の目標に「生命に対する畏敬の念」が記載されていることにも表れている。「生命に対する畏敬の念」が学習指導要領に位置づけられるようになったのは，1966年の中央教育審議会答申別記「期待される人間像」で「生命の根源に対して畏敬の念をもつこと」が記されたことに由来するといわれている。そこでは，「われわれはみずから自己の生命をうんだのではない」と記されている。たしかに，私たち人間は生命をいつどこで生むかといったことについては選択できるが，生命そのものをつくり出すことはできない。それゆえに生命とは「贈り物」（岩井 2018: 173）であり，神秘である。

　また，本書理論編の「生命の尊さ」（☞ p.91）の項でも書かれている通り，私たち人間は，生命の時間的・空間的なつながり（連続性）のなかで生きている。人類が生み出してきた歴史の流れも，そのような生命の連続性の上に成り立っている。

　畏敬の念のもうひとつの対象である宇宙は，そのような生命を含むあらゆる存在者を包含する無限の空間である。

　このように，生命と宇宙という無限なものに対する「恐怖（≒畏怖）＋敬愛」の感情が畏敬の念であるといえる。『中学校解説』の「人間は有限なものであるという自覚」は，無限なものに対する畏敬の念を前提にするといえよう。

💡 ポイント

①美しいものと気高い（崇高な）ものは観照（眺めること）の対象である。
②崇高の感情とは，「端的に大きなもの」を感じることと，安全な状態のうちで威力の大きさを感じることである。
③畏敬の念とは，無限なものに対する感情である。

④よりよく生きるとはどういうことか？

【小学校】
・よりよく生きる喜び

【中学校】
・よりよく生きる喜び

【小学校】

「よりよく生きる喜び」

〔第5学年及び第6学年〕
　よりよく生きようとする人間の強さや気高さを理解し，人間として生きる喜びを感じること。

【中学校】

「よりよく生きる喜び」

　人間には自らの弱さや醜さを克服する強さや気高く生きようとする心があることを理解し，人間として生きることに喜びを見いだすこと。

本内容項目の概要

　この内容項目では，人間の道徳性に関する強さと弱さが扱われており，よりよく生きることや気高く生きることが道徳的価値として扱われている。本項では，道徳的に生きようとする意志の強さに徳を見いだしたカントの倫理学に基づいて述べる。

道徳的諸価値のとらえ

〈人間の弱さと醜さ〉

　人間には，道徳的に生きようとする善い意志がある一方で，たえずその善い意志に従って行動できるわけではない弱さがある。道徳的な動機を自分自身の行動指針として採用するかどうかにかかわる選択意志は，その時々の状況によって，道徳的な動機とは異なる動機を採用してしまうことがある。時には欲望に左右されて自分のなすべきことを見失ってしまったり，自分の利益を最優先し

て他者を顧みなかったりしてしまう。それが人間の弱さであり欠点であり，私たちは決して完全な存在になれるわけではない。

　私たちの意志が道徳的な動機を蔑ろにしてしまうことを，カントは悪い心情とよび，そのあり方には次のような3つの異なった段階があるという（カント2000c）。

　第一に，人間の**心情の弱**さや，人間の本性が抱えている脆さである。人間は，道徳的に善い動機を自らの行動指針として採用することはできるものの，この行動指針を実際に遵守しようとする際には，利己的な動機に強い影響を受けてしまい，道徳的な動機は後景に退いてしまう。そのため，行為者が起こす行動は，傾向性（何よりも自分の感覚的な欲望を満足させようとする気持ち）によって左右され，自らがなすべき義務とは反したものとなることがあるのである。

　第二の悪は，人間の**心情の不純**さである。本来，道徳的に善い行動を実践しようとする場合に必要なのは，道徳的な法則に従うことだけを動機として選択することのはずである。しかし実際には，選択する意志を規定して，義務としてなすべき行為を実践しようとするとき，道徳的な動機の他になお別の動機を持ち出してしまうことがある。つまり，義務に適った行為が必ずしも純粋に義務からなされるわけではないような事態が生じてしまうのである。

　そして第三の悪とされるのが，道徳的な悪のうち，人間にとって最も根本的な性癖とされる**心情の邪悪**さである。それは，本来最上位に優先されるはずの道徳法則を下位に，下位に位置づけられるはずの傾向性を最上位に位置づけることであり，動機の道徳的秩序を逆転させてしまうことである。この場合，行為者は確信犯的に道徳法則を蔑ろにしてしまう。また，内心では自覚しているのにもかかわらず，それを知らないかのように思い込もうとする自己欺瞞も含まれる。そうした人間は，それが自身にとって得だと思えば道徳法則に反して行動するし，反対に，そのほうが自身にとって利益があると考えれば，今度は義務に適った行動をとるようになる。

　人間がもつ悪い心情のうち，第一と第二の心情については，人間が不完全な存在であるがゆえに生じるものである。意志が選択した動機の存在が守られて，道徳法則に対する尊敬が傾向性に基づく利己的な動機に優先して，その条件となっている限り，人間は不完全な存在であってもなお，道徳的に善い存在であるということができる。一言で「**悪**」といっても，それは人間の不完全さや能力的な限界をさす「自然的な悪」と，薄々感じているというものも含めて，自

覚的に道徳的秩序を逆転させることを意味する「道徳的な悪」がある。悪への性癖として数えられる弱さや不純さは，人間本性に由来する自然的な悪に分類されるのである（保呂 2010）。

　人間は本来的に不完全な存在であるという点で，弱さを抱えている。こうした弱さは，生きていくうえで遭遇するさまざまな困難や失敗でくじけたり，それから目を背けてしまったりするような心情の弱さとは異なるものである（心情の弱さについては「希望と勇気，克己と強い意志」（☞p.21）を参照のこと）。具体的な課題や問題に向き合う態度のなかにみられる弱さではなく，人間誰しもがその存在として抱えている弱さなのである。

〈人間の強さと気高さ〉

　人間がもつ弱さがその不完全さに基づく自然的な悪であったとしても，それが人間の自由な選択意志のはたらきに由来するものである以上，その責任は人間自身に帰せられる（選択意志については「規則の尊重」「遵法精神，公徳心」（☞p.53）を参照のこと）。また，その責任は自由に行動できる存在である人間に見いだされるからこそ，その弱さに打ち克つこともできなくてはならないと考えられる。

　カントは，人間が自らの義務を遵守するにあたっての意志の強さを，端的に「徳」とよんでいる（カント 2024b）。人間の徳は，自らの傾向性によってつくり出される障害の大きさによって判定することができる。悪徳との戦いによって，勇気として発揮されるのが道徳的強さである。このような強さをもつことではじめて人間は自由に行為することができ，気高く生きようとすることもできるのである。

　それでは，どうすれば人間は道徳的強さとしての徳を得ることができるのか。何より重要なのは，徳は生得的なものではないということである。徳は，実践的な理性が傾向性を支配することによって生じるものであるから，それを教えることができる。しかし，どのように行動すべきかといったたんなる教説によってではなく，傾向性という人間の内なる敵との戦いをとおして開発され，訓練されなくてはならないのである（カント 2024b）。

〈人間として生きる喜び〉

　カントは，人間の道徳的主体としての不完全さを，道徳的完成へと向かう「伸

びしろ」として，また，多様な行為の可能性という意味での「ゆとり」として肯定的にとらえている（八木 2018）。仮に，その意志がたえず道徳法則と一致した動機を選択できる完全な存在を想定したとしても，たんに法則以外のいかなる他のものにも向かうことのないその意志は，自由とも不自由とも名づけることはできないだろう（カント 2024b）。それに対して，たえず道徳的悪へと傾く可能性を孕んだ弱さを抱えながらも，同時に，理性によってその弱さを克服しうる強さをもった人間は，傾向性の誘惑に抗って，自らの義務に従うことができるという強さを発揮しうるがゆえに，自由なのである。

　人間の弱さは本性的なものであり，それを根絶することはできない。しかし，だからこそ，よりよく生きようとすることができる強さがある。よりよく生きようとする自由があるところに，人間として生きることの喜びを見いだすことができるのである。

> ⚬ **ポイント** ━━━━━━━━━━━━━━━
>
> ①人間は不完全な存在であるがゆえに，本性的に弱さを抱えている。
> ②自らの弱さを自覚しながらも，それを克服しようとすることができるところに，人間の強さがある。
> ③道徳的に生きようとする自由があることが，人間として生きることの喜びである。

 **コラム3** 　道徳科のこれから：「内容項目」研究の展望と課題

　本書では，これまで内容項目の「見出し」として取り上げられている道徳的価値についてかなり詳しく論じてきたが，そもそも私たちが道徳的価値について学ぶとはどういうことなのだろうか。言葉を変えれば，どのように道徳的価値について学ぶことが教育的に望ましいといえるのだろうか。

　古典的な研究になるが，岩佐は今から100年も前にハーツホーンとメイ（Hartshorne, H & May, M. A）が道徳的価値を教えることと行為の関係について，次のような見解を述べていたことを記している（岩佐2000）。すなわち，正直な行いの必要性についての教師の訴えや，正直の行為規範や理想についての話し合いにおいて，一般的な理想がどれほど「心情的に強調」されても，子どもの行動には影響を及ぼさないということ，ならびに当時盛んに行われていた理想を教え込むやり方はあまり有益ではなく，むしろ害をもたらすかもしれないということである。この研究は，たんに道徳的価値を「いいものである」と大人側から提供したところで，その大切さや重要さを子どもが理解して，そのようにふるまうわけではないということを示している。道徳的価値を教え込む「徳目主義」が従前より否定されるのは，このような教育的効果の低さからみても妥当であるといえよう。

　ところが，徳目主義的に道徳的価値を大人側が教えることなく，道徳的価値を子どもたちが理解する方法（さらにいえば，道徳的価値に基づいた行為がなされる方法）となると，話は一気にややこしくなる。人間という複雑な生き物を前にしてまだそのメカニズムの全貌は明らかになっていないが，「よりよく生きる」という人間の道徳性に至ってもそれは同様であろう。しかし，ここに道徳の内容項目研究の今後の方向性（課題）が見いだされるのではないだろうか。

　第一に，今後ますますコンピテンシーベースの教育へと舵が切られることが予想されるが，そうなってくると教育内容（内容項目）とコンピテンシーとの関係を明確にとらえていく必要が出てくる。それは同時に，道徳のコンピテンシーとは何かということ，道徳教育で養うことができる能力（行為を含めたもの）とは何かということを改めて明確化することを要請する。日本の道徳教育は道徳性を涵養することが道徳教育，道徳科の目標となっているが，道徳的価値を知ることが道徳性とどのように結びつくのか，さらには道徳性を涵養することによって「何ができるようになるのか」ということについて明示されているわけではない。道徳性とコンピテンシー，そして内容項目との関係性や連関をとらえ直していくことが今後の方向性のひとつとしてあげられる。

　第二の方向性として，教育内容（内容項目）の精選がますます必要となってくることが考えられるだろう。たとえば，中学校の内容項目は22取り上げられているが，実際のところ，A-(1)の「自律の精神を重んじ，自主的に考え，判断し，誠実に実行し

てその結果に責任をもつこと」には複数の道徳的価値が含まれており，それがひとつの内容項目として示されている。このような観点から内容項目をとらえ直すと，現状でも40以上の道徳的価値が学習指導要領には見いだされる。一般的に学習指導要領のカリキュラム・オーバーロード問題（e.g. 奈須 2020）が取り上げられているが，これは道徳科にも同様に該当する問題であるといえよう。

　しかしながら，いざ道徳の内容を精選するとなった場合，何を基準にして精選するのか考えておく必要がある。その際のひとつのアイデアとして示すことができるのが，エリクソンが提示した「知識の構造」である（エリクソン・ラニング・フレンチ 2020）。この知識の構造では，多くの「事実」の上に事実の枠組みとしての「トピック」があり，さらにその上にトピックから引き出された「思考の構築物」としての「概念」が置かれている。ここでいう概念とは時代や場所を越えて存在する普遍的で抽象的なものであり，概念は複数の事実やトピックに該当するために「転移」が生じるとされている。教科教育においては，多くの事実を知ったからといって，それを別の場面で応用できるわけではないということ，知識の転移は容易にはなされないことが明らかにされている。そこで概念の学びが重要視されるわけであるが，道徳の内容を精選するにあたっても，時代や場所を越えてとらえることができる道徳的価値を上位の価値（コア・バリュー）として設定し，まずはそれらを中心に授業で扱っていくといった方法が考えられる。

　精選と同時に考えなければならないのが，現状の内容項目が現代に生きる私たちの生活や社会をよりよくしていく内容として事足りているのかという視点である。つまり，ますますグローバル化するなかで，真に扱うべき道徳的価値とは何かについて考察するというのが第三に考えられる方向性であろう。たとえば，平和（現状でも「世界の平和」は取り上げられているが，このような国際紛争を避ける視点だけではなく日常の構造的暴力を避けるといったより広範な平和概念），幸福（ウェルビーイング），人権，多様性といった道徳的価値はこれからを生きてく私たちにとって必要不可欠な価値と考えられるが，現在の道徳科では十分に取り上げられていない。

　これらの点をより深く考慮していくことで，日本の道徳教育は新たなフェーズに入っていくといえるだろう。

PART II

実践編

■内容項目Ａ：主として自分自身に関すること

指導案①	小学校 A-(1)	善悪の判断，自律，自由と責任

理論編との関連

「本当の自由」については，ふたつの自由の意味を区別しておくことが重要です。ひとつは，「自律」としての自由であり，もうひとつは，個々人の「選択意志の自由」が他者の「選択意志の自由」と両立する限りでの自由です。

ひとつ目の自律とは，自らの感性的な欲望や欲求に縛られずに，自ら立法した道徳法則に従って行為することです（☞p.10）。牢屋に入れられたジェラール王子は，欲望に縛られて他律的な行為をしたことを後悔したのでしょう。「自由がなくなったあとに自由を求めるのでなく，「これでいいのかな？」と確かめて行動したい」（☞p.117）という児童の考えは，王子が自律的に行為できなかったことを後悔し反省していることを表しています。

もうひとつの，個々人の「選択意志の自由」が他者の「選択意志の自由」と両立する限りでの自由とは，内容項目Ｃの「規則の尊重」で扱われる内容です。ある人の選択意志の自由が，他の誰の自由とも普遍的法則（きまり）のもとで両立できるならば，その行為は正しいというのが「法の普遍的な原理」です（☞p.54）。「選択意志の自由」とはしたいことを自由に行う自由です。「選択意志の自由」は，他の人の「選択意志の自由」と両立しなければならず，そのためのきまり（規則）が必要になるのです。それゆえ，ジェラール王子が国のきまりを破るという「選択意志の自由」は，他の人々の「選択意志の自由」と両立しないため正しくないのです。ただし，王子がきまりを破る行為が正しくないのは，たんにきまりを破ったからではありません。「ジェラール王子ひとりだけ」がきまりを破るという自由は，同じ国に住む他の人々の自由と両立しないのであり（自分勝手），その自由は認められないから正しくないのです。もしジェラール王子がきまりを破って森で狩りをするのなら，王子は他の人々が狩りをする自由を同時に認めるべきでした。そのためには，きまりそのものを廃止したり変えたりする必要があったのです。

内容項目の把握

〈内容項目の学年段階とキーワード〉

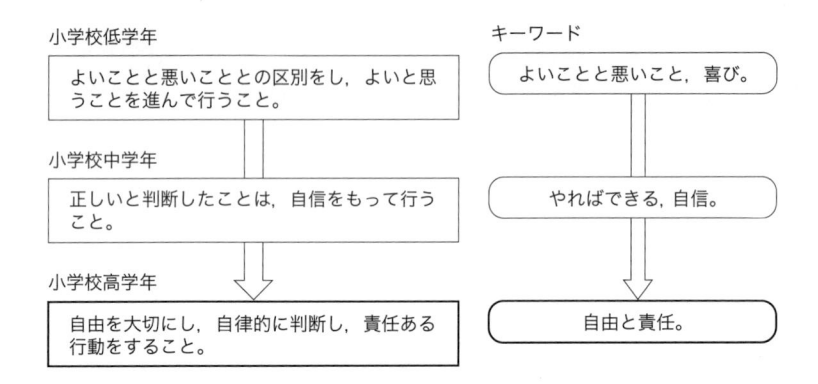

小学校低学年

> よいことと悪いこととの区別をし，よいと思うことを進んで行うこと。

小学校中学年

> 正しいと判断したことは，自信をもって行うこと。

小学校高学年

> 自由を大切にし，自律的に判断し，責任ある行動をすること。

キーワード

> よいことと悪いこと，喜び。

> やればできる，自信。

> 自由と責任。

〈内容項目のポイント解説〉

　「自由を大切にし，責任のある行動をすること」とあるように，「自由」と「責任」は切り離して考えることはできません。自分ひとりの判断で行動するということは，どのような結果になろうと自分でその責任を背負うことになります。特に高学年の児童は，これまで親や先生，友だちなどに依存して決断してきた他律的な判断基準から抜け出し，自分で決めたいという思いが強くなる時期です。そのようななかで，「自由」とは自分の思い通りに何でも好きなようにやれることだと考える児童は少なくありません。「自由と自分勝手の違い」に焦点を当て，行動したあとの影響や自己責任の大きさも念頭に置いて判断することの大切さについて考えていきます。その過程で，「ルールを守って，まわりに迷惑をかけないことが大切だ」という内容項目Cの視点の考えが出ることも想定されます。Cの視点への関連を認めたうえで，Cの視点ばかりに偏らずに自分自身と向き合う内容項目Aの視点にも焦点を当てるように促していきます。ここでは「わがまま勝手な心に縛られている状態は自由といえるのか」と問い，やりたいことに振り回されずに考えることのよさや大切さについて考えていきます。

子どもの実態

低学年

> よいことと悪いことの区別はつくが、「先生に褒められるから」「お母さんに怒られないために」と他律的な理由が多い。わかっていても、「やってみたかった」「楽しそう」と興味やそのときの感情を優先した判断をしてしまうことがある。

中学年

> 正しいことをしようとする心と、それを阻害する弱い心が共存している。弱い心に打ち克つことができたとき、「自分にもできた」と自分自身で自覚することができはじめる。

高学年

> 自分で考え行動しようとする自主的な意識が強まる傾向がある。その思いがいきすぎてしまうと、他からの意見やアドバイスを聞き入れず自分の考えを優先して行動してしまったり、相手やまわりのことを考えずに自分本位なわがまま勝手なふるまいをしてしまったりすることもある。

内容項目に基づいた学習内容例（下線は本時）

低学年	①してよいこと、してはいけないことを判断するのはどうして大切なのかについて考える。
↓	②自分の考えをもち、正しいと思うことを行動に移すことの大切さについて、多面的・多角的に考える。
中学年	
↓	③正しいと思うことを行動に移すときには、何を大切にしていけばよいかを考える。
高学年	④<u>自由にふるまうことと自分勝手にふるまうことの違いに目を向け、責任ある行動について考える。</u>

教材名

うばわれた自由（文部科学省『私たちの道徳 小学校5・6年』）〔小5〕

教材の概要・あらすじ

　森の番人ガリューが、国のきまりを破ったわがまま者のジェラール王子を取り締まろうとする場面からはじまります。ガリューは勝手なふるまいを慎むように王子に提言しますが、王子に逆らったとして牢屋に入れられてしまいます。

その後王位を受け継いだジェラール王子でしたが，裏切りに遭い囚われの身となり，牢屋でガリューと再会します。そこでジェラール王は「本当の自由を大切にして，生きてまいりましょう」とガリューに声をかけられます。

教材と内容項目のつながり

　この教材のキーワードとなるのが，森の番人ガリューが二度にわたってジェラール王子に語りかける「本当の自由」という言葉です。自分のしたいことをしたいようにすることが自由であると思っている勝手気ままなジェラール王子が，自分も囚われの身になることで，「本当の自由」について立ち止まって考え直すという場面でお話が終わります。ジェラール王子がどのように「自由」をとらえ直したのかという記載はないため，教材を読んだ児童が「本当の自由とは何か」を考えてみたくなる動機づけがされています。

　関連する内容項目として，わがままを自分で律することができるのかという内容項目Aの「節度，節制」や，秩序ある社会をめざしまわりに迷惑をかけずにきまりを守ったうえでの自由なのかという内容項目Cの「規則の尊重」や，王子という身分だから許される自由というものはあるのかというCの「公正，公平，社会正義」など，自由について考える切り口は多岐にわたります。

　また，これまでの系統性をふまえると，第3・4学年では自分の心の弱さと向き合うという視点で自由について学んだことも，考えるうえでの土台となります。高学年の児童においては，自主的に考え，行動しようとする傾向が強まる時期ですが，自分が正しいと信じることに従って判断し行動していくだけでなく，自分の弱さや人の考えに流されたり左右されたりすることなく責任ある行動がとれる自律性が求められていきます。ジェラール王子が立ち止まって考えた場面をきっかけに，高学年児童にとっての「自由とは何か？」を考えていきます。

主題名

　本当の自由とは

ねらい

　ガリューの言った「本当の自由」の意味を考える活動をとおして，自由を大切にし，自律的に判断し，責任ある行動をしようとする道徳的判断力を養う。

学習指導過程

	主な学習活動	主な発問（○）と 予想される児童生徒の反応（・）	指導上の留意点
導入	1. 「自由」について，今の自分を振り返る。	○「自由にしていいよ」と言われたら，どんなことをしますか？ ・今すぐ帰ってゲームをする。 ・好きな給食だけ食べる。 ○自由とは何ですか？ ・好きなことだけやれる。	・「自由」についての考えを交流させることで言葉のイメージを想起させ，ねらいとする道徳的価値に対する方向づけを図る。
展開	2. 教材「うばわれた自由」を読んで話し合う。	○ジェラール王子と森の番人ガリューの考える自由とはどんな自由だろう？ ジェラール王子 ・したいようにできる自由なくらし。 ・まわりのことを考えずルール無視。 ・自分のやりたいことだけ。 ガリュー ・自分だけいいのはだめ。 ・わがまま勝手はだめ。 ・本当の自由。 ○ガリューの言った本当の自由とはどんな自由だろう？ ・まわりを考えること。 ・責任ある行動をとれる。 ・これでいいのか？　と確かめられる。	・ジェラール王子とガリューの「自由」の違いについて話し合い考えることをとおして，価値理解，人間理解を深める。 ・導入で取り上げた「自由」の概念と比較することで，好き勝手することが「本当の自由」ではないかもしれないと気づかせる。 ◇「自由」の意味について，多面的・多角的に考えようとしている。
	3. 本時の学びを自分とのかかわりで考える。	○これまでの自分の「自由」な行動を思い返してみると？ ・ボールを使うとき，遊び方は自由だけど決められた時間や場所でやっている。 ・人に迷惑をかけなくても，自分のやりたいことを優先して事故にあった。	・これまでの話し合いのなかで「本当の自由」についての自分なりの考えがもてるようにし，これからの自分自身の生き方につなげていく。

終末	4. 本時の学びとこれからしていきたいことを記述する。	○「自由」について考えたことを書きましょう。 ・本当の自由とは，自分にもまわりにも迷惑をかけないこと。 ・自由は好き勝手にすることではない。 ・責任ある行動が大切。	・これからの自分の生き方とつなげて考えられるように，本時で学んだこととこれからしていきたいことを記述する時間を確保する。

板書

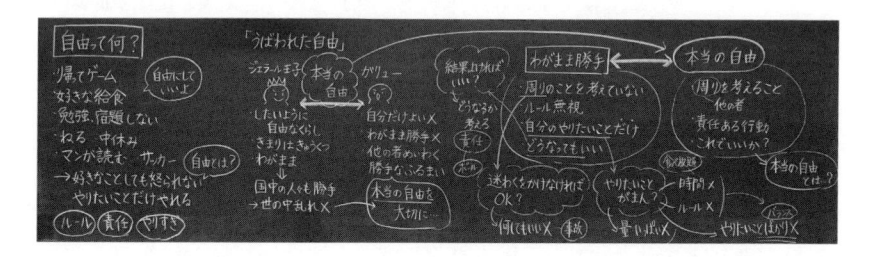

子どもの姿

　導入で「自由って何？」と問いかけたところ，「ルール」「責任」「やりすぎ」というキーワードが出ました。「自由にしていいよ」と言われたら，時間や場所などを気にせずに「自分がやりたいと思ったことだけをやる」ことが自由だと考えながらも，自由とは何かがつかみきれていない様子がみえました。

　そこで教材を読み，ジェラール王子の「わがまま勝手な自由」とガリューの考える「本当の自由」を比べながら自由を分析していきました。「わがまま勝手な自由」は日常生活の場面にも置き換えて考えることができるようで，「休み時間にボールを蹴るエリアじゃないところでも，友だちと遊びたくて自由にボールを蹴ってしまった」など，これまでの自分のふるまいと重ねて「わがまま勝手な自由」の理解を深めていました。一方で，やりすぎはいけないけれど「やりたいことをがまんする」ことも，「やりたいことばかりをする」ことも，はたして自由といえるのかということが話題になりました。「これでいいのか？」と自分自身が悩んでしまうような行きすぎた行動も，本当の自由といえないのではないかという問いが残り，対話が終わりました。

振り返りでは、「自由に動けなくなってはじめて，本当の自由とは何かを考えるようになったんだなと思った。自由がなくなったあとに自由を求めるのでなく，「これでいいのかな？」と確かめて行動したい」「ガリューの言っていた「本当の自由」は，心の強さをもてというメッセージなのかもしれない」「自由は好きなことをすることだと思っていたけど，まわりのことも自分のことも考えたうえで行動することが大切だと思った」など，自分のこれからの生き方や，自由の意味について考え，新たな学びについてまとめていました。

指導案 ②	小学校 A-(2)	正直，誠実

理論編との関連

　この授業は高学年の授業なので，「自分に対して，正直でいること」が大切であり，主題名も「自分に対する誠実さ」となっています。学習内容の系統性をふまえると，これは妥当な主題だといえます。ただし，他者に対する誠実か，自己に対する誠実かというように，二項対立でとらえるのではなく，むしろ，他者に対する誠実の前提には自己に対する誠実があるととらえることが重要です。「他人に対して誠実であるためには，自己自身に対して忠実であらねばらない。自己自身に対して忠実であってこそ，他人に対して誠実であることができ」（村上 1983: 52）るということです。というのは，自己に対して誠実で，つまり自分の気持ちに正直であっても，他者に対して不誠実であったり，他者の信頼を損ねたりすることがありうるからです。世間の正しさやきまりに沿った客観的な行動をとれる心の状態である中国の「誠」と，自分の感情や考えに沿った主観的な行動をとれる心の状態である日本の「まこと」の間に葛藤がありうることについては，pp.5–7をご参照ください。それゆえ，「誠・誠実の倫理は，これまで日本人の伝統的な倫理観の中核をなしてきたが，他文化・異文化との交流に生きねばならない今日においては，主観的な純粋性のみを先立たせるオプティミズムの問題が指摘されている」（竹内 2006: 506）という留保は重要な意味をもちます。

　江戸時代初期の儒者である山鹿素行は，「人の内面からやむにやまれず湧き上がってくるものを誠とし，その内的必然性に純一に生きることを説いた」のですが，その誠とは，同時に「天地人倫の全体性の要請に応答する心情の純粋さ」でもあるのです（豊澤 2001: 501）。人倫とは，「人の人としてあるべきありかた」（高橋 2001: 290）なので，たんに自分の気持ちに正直であればよいというわけではありません。

　それゆえ，「どうして男の子との約束を守ることに決めたのだろうか」という発問に対して，「自分の男の子を笑顔にしたいという思いを大切にしたい」という答えが想定されていることが重要です。つまり，手品師は，男の子を裏切りたくない，男の子に対して誠実でありたいという自分の思いに対して忠実であったのです。

内容項目の把握

〈内容項目の学年段階とキーワード〉

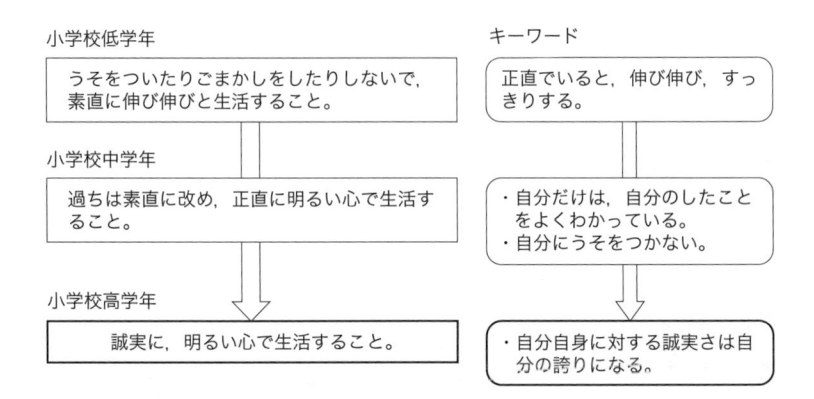

小学校低学年	キーワード
うそをついたりごまかしをしたりしないで，素直に伸び伸びと生活すること。	正直でいると，伸び伸び，すっきりする。

小学校中学年	
過ちは素直に改め，正直に明るい心で生活すること。	・自分だけは，自分のしたことをよくわかっている。 ・自分にうそをつかない。

小学校高学年	
誠実に，明るい心で生活すること。	・自分自身に対する誠実さは自分の誇りになる。

〈内容項目のポイント解説〉

　小学校生活においては，「正直，誠実」を他律的にとらえやすい傾向にあります。そのため，授業のはじめには「正直でいると褒められるけど，嘘つきだと怒られる」「正直でいるのは，怒られないためだ」というような意見がよく出てきます。しかし，道徳の教材には，「誰にも見られてはいないのに……」というような場面などが多く描かれており，「自分の中での葛藤」に迫っていけるようになっています。このように，「正直，誠実」は，内容項目のＡの視点「自分自身に関すること」であることを，授業者が忘れずにいることが大切です。

　小学校では，高学年に向けて「正直，誠実」の意味や意義について，「自分に対して，正直でいること」や「誠実でいることが，自分自身を誇らしく思える生き方へとつながること」について考えていけるようにしましょう。

子どもの実態

中学年
生活のなかで,「正直でいたいと思う自分」と「ごまかしたいと思う自分」の葛藤を経験してきている。自分のために正直でありたいと考える子どもと,他者との関係のために正直でありたいと考える子どもが教室のなかにいる。

高学年
自分の判断に自信がもてず,他者からの見え方が気になる様子がみられる。しかし,内心では自分に誠実でありたいと考える子どもが多く,中学校に向けて自分のあり方を考えることができる段階である。

　他教科の学び,学校生活全体においても,自らの生き方につながる学習が増えてくるのが高学年です。道徳教育のなかで培った「誠実」に対する考え方をもとに,自己の生き方についての考えを深める時間を道徳科でもつことが大切になります。

内容項目に基づいた学習内容例（下線は本時）

低学年	「嘘をついたり,ごまかしたりすると心がモヤモヤ,チクチクするのだ」「素直にいると,心が晴れてのびのびと生活することができるのだ」というように,行動の結果について考える。
↓	
中学年	「悪いことだとわかっている自分の心に素直になる」「正直になりたいけど,なかなか言い出せない自分との戦い。そしてそれを乗り越えるときの自分の考え方」というように,正直であろうとするときの動機について考える。
↓	
高学年	「誠実でいる自分を誇らしく思う」「正直にいることが自分の生き方をよりよいものにしていくのだ」というように,正直や誠実さが自分の生き方を誇らしくしたり,自信をもつことにつながったりすることについて考える。

教材名

　手品師（東京書籍『新訂 新しい道徳6』）〔小6〕

教材の概要・あらすじ

　あるところに,腕はいいが,あまり売れていない手品師がいました。その手

品師には，いつか大劇場で手品を披露するという夢がありました。ある日，手品師は，街を歩いているときに元気のない小さな男の子に出会います。そして，元気づけようと手品を披露し，翌日も来ることを約束します。しかし，その夜に，友人から電話があり，大劇場に立てるチャンスがあることを知らされます。友人からの誘いに迷いをみせる手品師でしたが，男の子との約束を優先し，誘いを断ります。そして，約束通り，ひとりのお客さんを前にすばらしい手品を披露するのでした。

教材と内容項目のつながり

　この教材の特徴は，主人公の手品師の決断が子どもたちにとってなんともすっきりしない点にあります。手品師が，一見その夢を叶えるチャンスを自ら逃したようにうつることで「どうして？」と自然と考えるきっかけを生み出してくれます。子どもたちからは，「先に約束したから優先した」「男の子がかわいそうだから，こっちの約束を選んだ」というように，生活経験から想像しやすい意見が出てくることが予想されます。しかし，本教材は子どもたちが「自分なら……」と考えるだけではなく，「手品師は……」と手品師の考える「誠実さ」を俯瞰することで，「誠実とは何か？」「どうして誠実さは大切なのか？」という誠実さの意義や意味に迫っていくことが大切だと考えます。

　手品師の考える「誠実さ」に触れることで，子どもたちが自らの生活経験と関連づけて，これまでの自分の「誠実さ」や，これから大切にしたい「誠実さ」を見つけ，自己の生き方についての考えを深めていくことができるのではないでしょうか。

主題名

　自分に対する誠実さ

ねらい

　手品師が男の子との約束を守ることに決めたときの心情について考えることをとおして，自分に正直でいることが誇らしい生き方につながるということに

気づき，誠実であろうとする道徳的判断力を育む。

学習指導過程

	主な学習活動	主な発問（○）と予想される児童生徒の反応（・）	指導上の留意点
導入	1.「誠実」について調べてきたことを共有し，その大切さについての考えを交流する。	○「誠実」でいることはどうして大切なのでしょうか。 ・みんなから信頼されるから。 ・毎日を気持ちよく過ごすことができるから。	・本時で考えることの方向づけと現段階での個々の価値のとらえ方に気づけるようにする。
展開	2. 読み物教材を読み，手品師の心情に迫っていく。	○手品師は，どんなことを考えて悩んでいるのだろうか。 ・男の子を元気づけてあげたい。 ・男の子との約束を先にしたから守らないといけない。 ・大劇場に行ったら，夢が叶う。だからそっちにも行きたい。 ・大劇場に行っても納得して手品ができるだろうか。	・手品師の考えに迫るため，ハートメーターを活用し，心の葛藤を可視化する。また，心情は，グラデーションであることに気づけるように他の児童との交流を行う。
	3. 手品師の心情をとおして，「誠実さ」についての考えを交流していく。 4. ねらいとする道徳的価値についての考えを深めていく。	○どうして男の子との約束を守ることに決めたのだろうか。 ・その男の子は自分にしか，笑顔にさせられないと思ったから。 ・ここで大劇場に行っても気持ちよく手品をすることができないと思ったから。 ・自分の男の子を笑顔にしたいという思いを大切にしたい。 ・自分に誠実でいる自分でいたいと思ったから。	・葛藤があるなかで，「なぜ男の子との約束を守ることにしたのか」を考えることで手品師の誠実さに迫っていけるようにする。 ・必要に応じて，「男の子のためにそう決めたのかな？」「手品師はどうして納得して手品ができないのだろう？」などと揺さぶる。
	5. 本時の学びを自分とのかかわりで考える。	○「誠実」でいることはどうして大切なのだと思いましたか。 ・誠実でいることで，自分の生き方を誇らしいものにできる。 ・自分の思いを大切にすることは，自分に自信をもつことにつながっていくのだ。	・手品師の誠実さについて考えたことをもとに，誠実さの意義について考えを深められるようにする。
終末	6.「これから」「これまで」の自分をつなげて，振り返りを記述する。	○今日考えたことをもとに振り返りに書きましょう。 ・自分のために誠実でありたいと思った。 ・正直や誠実は，自分の生き方とつながっているのだ。	・本時で考えたことをもとに，「これから」と「これまで」の自分とをつなげて考えられるように声かけを行う。

板書

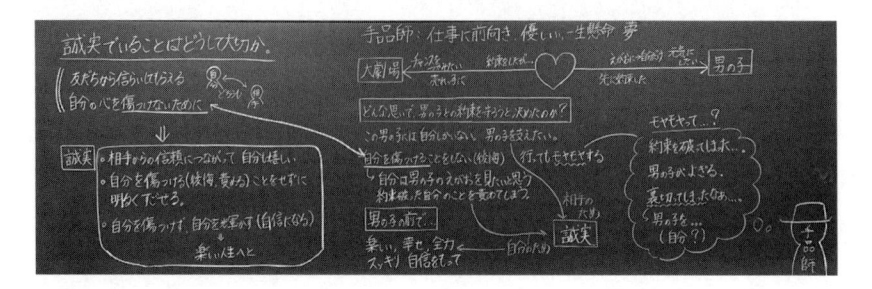

子どもの姿

　子どもたちの姿からは，手品師の揺れ動く心情について「ハートメーター」を使って考えを深める様子がみられました。一人ひとり「ハートメーター」の表現の違いをもとに，手品師の葛藤の様子について考えを深めることができました。葛藤の内容については，「先に約束したから」「男の子がかわいそうだから」という意見と，「夢の劇場」「チャンスだから」という意見が多くみられました。しかし，そのなかには，「自分を傷つけないため」「今行くと自分がモヤモヤするから」という他者ではなく，自分という視点から考えを深めようとする様子も見受けられました。そこで，「自分を傷つけるってどういうこと？」と問い返しを行い，子どもたちと共に考えました。子どもたちからは，「自分は男の子の笑顔を見たいと思う」「約束を破ってしまったということを自分が責めてしまうから」という意見が出てきました。もちろん「男の子のため」という意見もあるものの，「自分」という視点から考えを深める子どもたちの様子がみられ，最後には，誠実でいると，「後悔をずっと心に残さず，明るくすごせる」「自分を傷つけず，自分を輝かす」「自信をもてるようになる」「楽しい人生を過ごせる」というような意見がみられ，誠実でいることの意義について考えを深めている様子がみられました。

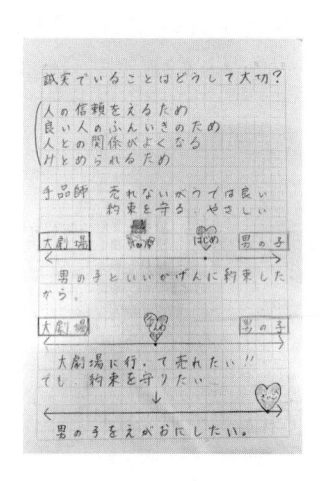

指導案③	中学校 A-(1)	自主，自律，自由と責任

理論編との関連

　後述のように，誠実とは良心の声に忠実であることでしょう。しかし，良心の声が常に正しいといえるでしょうか。『中学校解説』では誠実は「自己を確立するための主徳」といわれ，他のすべての道徳的諸価値を支える道徳的価値ですが，だからこそ誠実であるだけでは独りよがりになりうるという問題もあります。誠実であることで独りよがりに陥らないためには，次の３つのことを考慮しておく必要があります。

　まず，カントは，①「じぶんで考えること（偏見から自由な思考様式）」，②「他のあらゆるひとの立場で考えること（拡張された思考様式）」，③「つねにじぶん自身と一致して考えること（一貫した思考様式）」が大切だと述べています（カント 2015: 257）。③の「つねにじぶん自身と一致して考えること」が自分自身に忠実であることを意味します。しかし，それだけでは独りよがりに陥る危険性があるので，②の「他のあらゆるひとの立場で考えること」が必要になるのです。

　次に，誠実には，自分自身に対する忠実とともに他者に対する誠実も含まれることです。ただし，他者に対して誠実であること自体も，自己の判断基準であることはいうまでもありません。他者に対する誠実を強調しているのが倫理学者の和辻哲郎です。和辻は，「まこと」とは「心構えにおける統一性，無偽性，自己への忠実性，すなわち心構えが一貫して変わらざること」すなわち「個人の人格の一貫性」であることを認めつつも（和辻 2007a: 34），同時に，「誠実が行為において起こるのは常に信頼を含んだ人間関係においてなのである」（和辻 2007a: 33）と述べています。つまり，他者との関係性を無視して誠実を語ることはできないということです。

　最後に，行為の動機だけでなく結果についても考慮する必要性です。これは，コラム１（☞p.29）でいわれている功利主義の発想です。p.126 で「良心に忠実であったかという誠実の本質だけにとどまらず，その選択が自分や他者にもたらす結果をも考慮して行為できるような視点も，あわせて意識しておく必要があるでしょう」といわれているのはこのことです。

内容項目の把握

〈内容項目の学年段階とキーワード〉

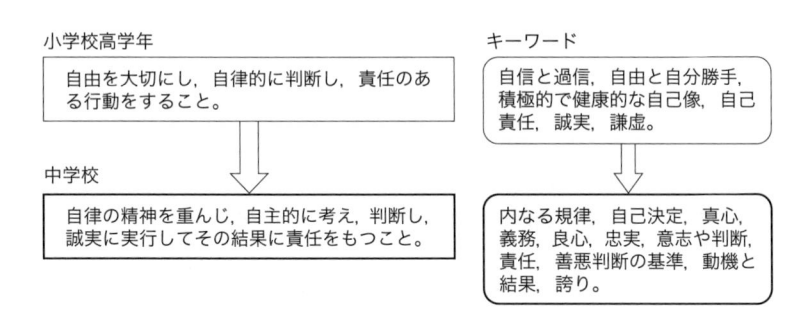

小学校高学年

> 自由を大切にし，自律的に判断し，責任のある行動をすること。

キーワード

> 自信と過信，自由と自分勝手，積極的で健康的な自己像，自己責任，誠実，謙虚。

中学校

> 自律の精神を重んじ，自主的に考え，判断し，誠実に実行してその結果に責任をもつこと。

> 内なる規律，自己決定，真心，義務，良心，忠実，意志や判断，責任，善悪判断の基準，動機と結果，誇り。

〈内容項目のポイント解説〉

　小学校高学年では，自信と過信，自由と自分勝手，などの相違点について考えられるようになります。たとえば，自信は，継続的な一定の努力をとおして徐々に醸成されるものであり，自らを信じるに値する根拠・理由を見いだすことができる状態です。こうした似て非なる両者を比較対照することで，対象としている道徳的価値の輪郭が明瞭に浮かび上がります。

　さらに，誠実については，外面的にそれが誠実な行為かどうかを判断しづらいという点で，他の道徳的価値とは決定的に異なります。一見誠実な行為にみえても，内面の自己の判断基準に適合しない選択をしたのであれば不誠実ということになり，一見不誠実な行為にみえても，内面では良心の声に忠実な決定を下していたのであれば誠実ということになるからです。

　こうしたことをふまえて，中学校段階で自主性・自律性を考える際は，自己の内面に善悪の判断基準を設け，それに基づく良心の声に忠実であり，自己の信じる正しさに裏打ちされているという基礎条件を意識する必要があります。さらに，思索を深めて，正しいことについては自分ひとりでも実践し，正しくないことについては自分ひとりになっても実践しない，という厳しさと隣り合わせであることをも追究したいものです。反対に，他者の言動に影響を受け，惑わされ，引きずられていては他律の域を出ることはできず，すなわちそれは，自主性・自律性の埋没であり，自由の放棄であり，自己喪失そのものでしょう。

子どもの実態

　中学校の段階では，学年の上昇とともに，「自我に目覚め，自主的に考え，行動する」傾向が高まり，他律から社会律，そして自律への道を歩みはじめます。そして，この自律を促すのが内なる声としての良心です。しかし，ややもすると「自由」の真の意味を履き違えて自由を追い求めることもあり，たんなる勝手気ままな欲求を超えた「自己の真実の面目を貫く」という意味での心のまじめさが要請されます。したがって，良心に忠実であったかという誠実の本質だけにとどまらず，その選択が自分や他者にもたらす結果をも考慮して行為できるような視点も，あわせて意識しておく必要があるでしょう。

内容項目に基づいた学習内容例

　「良心」のギリシャ語は「シュネイデーシス」で，シュンは「共に」，エイデーシスは「知る」を意味します。この「知る」に関しては，「天知る，地知る，我知る，人知る」の四知からも察せられるように，私たちの行為は，世間と共に知る水準から，自己の良心と共に知る水準へと向かいます。人が見ていなくても，耳を塞いでも遮ることのできない心の声に恥じない行為だと，自分自身が判断し認めたときに，心の安寧が訪れます。その意味では，良心は「共知者」だといえるでしょう。また，用いる道徳教材によっては，「警告者」「告発者」「審判者」「共苦者」といった良心作用が前面に現れることもあります。
　いずれにしても，誠実の中核に位置づく良心について考える学習が志向されなければなりませんし，それには，教材の登場人物が自己の姿・内面を心の鏡に反射させて省みる「反省」や「熟慮」の様相を探究する必要があるでしょう。

教材名

　ネット将棋（文部科学省『中学校道徳 読み物資料集』）〔中2〜3〕

教材の概要・あらすじ

　将棋の勝ち負けにこだわる「僕」は，弱い相手と対戦したり，負けそうにな

ると時間稼ぎをして指さなかったり，いきなりログアウトしたりする不誠実さが一因で上達しません。しかし，敏和は，終局時の「負けました」「ありがとうございました」という言葉や対局後の感想戦を大切にして将棋が上達していきます。そのことに深く感心する明子に対し，敏和はツッコミを入れて笑いでかわそうとしますが，「僕」には笑うことができなかったのです。

教材と内容項目のつながり

　本教材では，起承転結の「結」がないことを逆手にとって，教材に描かれていないその後の展開を考えさせることができます。「負けました」と潔く認めるよさをふまえつつ，その後の「僕」の行為として，どのような選択肢があるのかを考えさせるのです。そして，その推測した場面のなかに自己投影した姿を見いだすことで，自分自身の生き方を見つめ直すのです。

　すなわち，誠実な行為かどうかは心の声に従ったかという内面で判断できるのであって，外面的現象では判断できませんから，逆にいえば，外面的にはまったく異なる選択肢であっても，その選択肢の背景に潜む良心の声に耳を傾けることで，生徒の個々に思い描く誠実さの共通性が浮き彫りにされるはずです。

主題名

　誠実な一手

ねらい

　良心の声を強くするための促進条件を熟慮し，自己の真実の面目を貫くための道徳的判断力を培う。

学習指導過程

	主な学習活動	主な発問（○）と 予想される児童生徒の反応（・）	指導上の留意点
導入	1. 将棋の終局場面	○コンピュータ将棋に敗れた屋敷九段が深々と頭を下げた話をする。	・負けを宣言するまでの数十秒間の心境を想像する。
展開	2. 範読 3. 負けを認める葛藤	○敏和のツッコミに笑えなかった「僕」は何を考えたか。 ・まじめに対局に臨む態度。 ・対戦相手への思いやりや感謝。 ・自分勝手な行動への猛省。 ・素直に受け入れられない。 ・自分で自分の醜さを知る。	○追究発問：心から負けを認めることで手に入るものは何か。
	4. 負けを認めるよさ	○「負けました」と明確に言うことのよさは何か。 [意味] ・お礼，賞讃，素直さ，など。 [意義] ・冷静に分析し自己成長する。 ・円滑であたたかい人間関係。	・生徒発言を［意味］と［意義］に分けて板書する。
	5. 自分らしい行為	○このあとの「僕」がとりうる行為をあげ，それは何を大事にした行為かを考えよう。 [縦軸] 謝って改める，黙って改める，距離を取る，など。 [横軸] 反省，後悔，相手の立場，責任をとる・負うこと，など。	・縦軸に行為の種類を，横軸に根拠・基準をとり，その関連度について挙手した生徒数を面積に変換して示す。
	6. 誠実の必要条件	○良心の声に従うためには，何が必要か。 ・相手の立場への理解。 ・信頼関係。 ・冷静な判断と勇気と覚悟。 ・生きることへの誇りと情熱。	○追究発問：良心の声に従うために，それが必要だと思う経験があれば発表しよう。
終末	7. 担任の講話	○悔しさや悲しみを引き受ける先に広がる自己成長の道について，大学時代のソフトボール部の体験を交えて話す。	・誠実であることは時に苦しいことだが，それにともなう多様な感情に思いを馳せる。

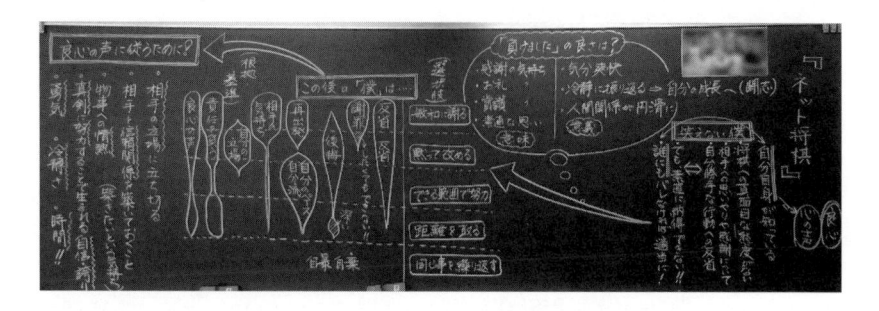

　黒板中央部には「面積図」がありますが，これは生徒の考えをもとにして，縦軸に行為の種類を，横軸に行為の根拠・基準を示したものです。そして，その両者の関連度について，挙手した生徒数を面積に変換して表現したものです。

　この場面の議論として印象的だったのは，「後悔」の度合いが深刻なほどに深ければ「距離をとる」以外に道はない，との意見に一定の賛同が得られたことです。

　もともと，「後悔」を示す面積図は，下のほうが先細りしていました。ところが，「後悔している人は距離をとる」と考えた生徒のひとりに理由をたずねると，「合わせる顔がない」と答えます。すると，周囲の生徒からも「たしかに恥ずかしいな」という声が漏れ聞こえ，改めて挙手させてみたところ，板書写真のような膨らみが生まれたというわけです。

子どもの姿

　板書の記述内容を補足すると，たとえば，前頁の活動3をとおして，黒板右下で「笑えない僕」が葛藤している心の姿を読み解いています。主人公の「僕」は，何が正しいのかをすでに認識してはいるものの，一方で，自分の弱さや醜さと対峙するむずかしさも感じています。これらの屹立する思いを双方向の矢印で対比しています。

　続けて活動4において，「負けました」の言葉のよさについて考えました。このとき，「負けました」の意味と意義に関する発言があったため，区別して板書しました。生徒への評価語については，たとえば「感謝の気持ちを伝えて，互

いに気分爽快になれる」に対して，「今の発言は，「負けました」に込められた気持ちと，その結果どんな効果が生まれるのか，という2点に触れていましたね」と伝えるなど，それ以降に生徒が発言する際のひな型をさし示すことができました。

さらに活動5で，生徒個々のワークシートを見て回っていると，ある生徒の「責任を負う」を示す面積図は，「黙って改める」の部分が大きく，「敏和に謝る」と「距離を取る」でやや小さく，「できる範囲で努力」はかなり小さい，というものでした。その理由は，「黒板の面積図は，「敏和に謝る」の部分が大きくなっていますが，私の考えはちょっと違います。私もどこかのタイミングで謝りたいけど，私はこの出来事を大変深刻に受け止めるので，もう少し時間をかけて，自分を見つめてからでないとできません。でも，「距離を取る」の面積が大きいことは，納得できます」というもので，これは，さらに活動6の「冷静に自分を見つめる時間を大切にしたい」との発言につながりました。

その活動6は，「良心の声を大きくし，それに従って誠実に行動していくうえで，今の自分にとって最も必要なことは何か」と問い，自己の将来に向かっての展望を具体的に描かせようとしたものでした。本実践で実現しませんでしたが，時間的な余裕があれば，たとえば「相手との信頼関係を築いておく」との発言を受けて，「信頼関係を築くためには，何が必要か」と追究し，さらに具体的な中身や体験・経験談も交えた語り合いを組織できれば，よりよい授業となったでしょう。

以上，「面積図」を中心に論じましたが，この授業場面は，誠実という道徳的価値の認識と自己の将来展望とをつなぐ自我関与を深める役割がありました。学級全体の傾向を姿見にし，人間としての自己の生き方を再構築するための手がかりとして活用することで，自己の考え方・とらえ方を直視していくことができるのです。

指導案 ④	小学校 A-(3)	節度，節制

理論編との関連

　理論編では，「節度とは，自分の欲望や衝動の赴くままに行動し，心身の健康を損ねることがないようにするための，適切な程度のこと」であり，その程度を「知る」ことの重要性が述べられていました（☞p.15）。ただし，「節度としての中庸は，なんらかの学習によってすぐさま習得できるものではなく，何が適切な度合いかを考え，行動することを習慣化するなかで身につけられるもの」ともされ，「適切な程度」について自ら考える必要性についても述べられていました。

　一方，「節制とは，節度を超えないように欲望や衝動を制御すること」なので，後述のように，「自分の気持ちや欲求をコントロールすること」です。

　このようにとらえると，節度については，携帯電話で夜中までやりとりして夜ふかしすることによって生活リズムを崩したり健康を害したりするという結果や効用（メリットとデメリット）まで含めて思慮深く考えることで，「適切な程度」とはどの程度なのかを考えることが大切になります。

　一方の節制については，「なかなかやめられない」という欲求をコントロールすることのむずかしさについて考えるとともに，友だちが気を悪くするのではないかというように，人間関係のなかで自分の意志を貫くことのむずかしさについても共感的に理解することが大切になるでしょう。

　なお，小５〜６の本内容項目では，「自分の生活を見直し」という内容もあることから，「この教材での学習をとおして，自分の生活を振り返ること」（☞p.134）が望まれます。実際，この授業の振り返りでは，「僕も友だちとメッセージのやりとりが夜遅くまで続いたことがあるので気をつけたいと考えた。携帯はまだ早いと思った」という考えが出てきており，「自分の生活を見直し」ている児童の姿がみられました。

内容項目の把握

〈内容項目の学年段階とキーワード〉

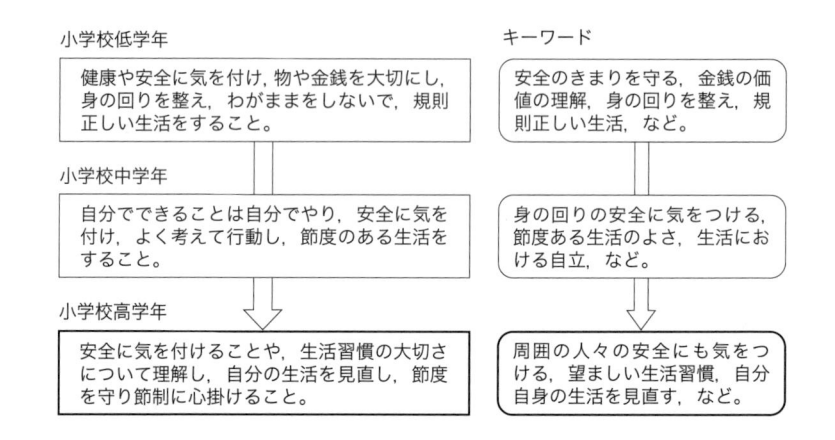

小学校低学年

健康や安全に気を付け，物や金銭を大切にし，身の回りを整え，わがままをしないで，規則正しい生活をすること。

キーワード

安全のきまりを守る，金銭の価値の理解，身の回りを整え，規則正しい生活，など。

小学校中学年

自分でできることは自分でやり，安全に気を付け，よく考えて行動し，節度のある生活をすること。

身の回りの安全に気をつける，節度ある生活のよさ，生活における自立，など。

小学校高学年

安全に気を付けることや，生活習慣の大切さについて理解し，自分の生活を見直し，節度を守り節制に心掛けること。

周囲の人々の安全にも気をつける，望ましい生活習慣，自分自身の生活を見直す，など。

〈内容項目のポイント解説〉

　『小学校解説』によると，内容項目「節度，節制」には，基本的な生活習慣に関することと，進んで自分の生活を見直し，自分の置かれた状況について思慮深く考えながら自らを節制し，ほどよい生活をしていくことのふたつの要点を含むとしています。

　基本的生活習慣に関することには，規則正しい生活だけでなく，心身の健康にかかわることや物や金銭を大切にすること，時間を尊重すること，犯罪や事故などの危険から身を守ろうとすることなど多くの内容が含まれています。身を守ることは，携帯電話の適切な使用や個人情報の管埋なども含んでいます。

　自らを節制するということは，自己の生活を振り返ることで，自分を客観的にみて，自分の気持ちや欲求をコントロールすることを含みます。加えて，自分の規則正しい生活を守ることが，他の人の生活を守ることにもつながることを自覚させることも必要です。

子どもの実態

中学年
> 時間を守ることや身の回りの整理整頓に気をつけることがむずかしい児童もいる。
> 友だちとの活動範囲も広がり，危機意識よりも好奇心が高まる場面もある。

高学年
> 基本的な生活習慣の意義を理解し，おおむね身につけているが，不規則な生活に
> よって体調を崩したり，集中力を欠いたりする児童も少なくない

内容項目に基づいた学習内容例（下線は本時）

　自分のやりたいことに夢中になり規則正しい生活ができなくなってしまうことや，安全に気をつけることができなくなってしまうという教材が多くみられます。授業においては，規則正しい生活や安全に配慮することの大切さだけでなく，日々の生活のなかで犯罪や事故に巻き込まれる危険性についても気づかせる必要があります。また，自分の生活と重ね合わせて考えることで，自分を抑制することのむずかしさを実感させ，望ましい生活習慣を身につけることの重要性を自覚できるようにすることが大切です。

　具体的には以下のような学習内容が考えられます。

- ・規則正しい生活をすることの大切さ。
- ・時間を守ることの大切さや，身の回りを整えることの気持ちよさ。
- ・物を大切にすることや金銭の無駄づかいをしないようにすること。
- ・自分の行動を振り返り，わがままをして迷惑をかけないようにすること。
- ・事故や災害，犯罪などから自分の身を守る行動をとることの大切さ。
- ・自分の安全だけでなく，周囲の人の安全に気をつけること。

教材名

　カスミと携帯電話（日本文教出版『小学道徳 生きる力6』）〔小6〕

教材の概要・あらすじ

　本教材の主人公のカスミは，友だちとメッセージのやりとりをしたいため，母から「ちゃんと使う」という約束で携帯電話を借りました。しかし，友だちとのやりとりに夢中になったカスミは，毎日夜遅くまでメッセージのやりとりをくり返すようになりました。夜遅くまでやりとりをすることが楽しく夢中になっていたカスミでしたが，しだいに体のだるさを感じるようになりました。ある日，やりとりをしている友だちが睡眠不足で倒れてしまいました。このことをきっかけに，カスミは母に携帯電話を返したのでした。

教材と内容項目のつながり

　本教材の主人公は，携帯電話をもつことで，規則正しい生活ができなくなってしまいます。主人公自身は，携帯電話をもったとしても，規則正しい生活を続けることができると考えていました。しかし，実際に使ってみると友だちとのやりとりに夢中になってしまい，生活リズムが崩れてしまいます。このように，自分では節度を守ることができると考えていても，実際にはむずかしいことに気づかせる教材です。

　また，夜遅くまでやりとりに夢中になっている場面で，カスミはやめたほうがいいのではないかと考えますが，友だちが気を悪くするのではないかと思い，自分からメッセージをやめることができませんでした。その結果，自分ではなく友だちが体調を崩してしまうことになりました。つまり，携帯電話でのやりとりは，自分だけの問題ではなく，相手がいることでやめられないこともあるということです。逆にいえば，自分が節度ある行動をすることで，相手の健康を守ることにもつながります。

　小学校高学年から携帯電話を利用する児童が増えてきている現在，この教材の主人公のような経験をしている児童も多いと考えられます。この教材での学習をとおして，自分の生活を振り返ることで，自分の状況を客観的に見つめることができます。また，自分の行動が自分だけでなく，周囲の人の生活を守ることにもつながることに気づくことができます。

主題名

たいせつな生活リズム

ねらい

　携帯電話の使いすぎにより，生活リズムが乱れてしまうカスミやレイナに気づき，生活習慣の大切さについて理解し，節度を守った使い方をしようとする態度を養う。

学習指導過程

	主な学習活動	主な発問（○）と 予想される児童生徒の反応（・）	指導上の留意点
導入	1. 夜ふかしをしてしまうことについて考える。	○ついつい夜遅くまでしてしまうことはないか。 ・ゲーム，YouTube など。	・主題に対して問題意識をもつ。
展開	2. 教材の前半部を読み，カスミの気持ちについて話し合う。	○レイナと遅くまでやりとりをしているときの気持ち。 ・楽しい，終わらないといけない，など。 ○レイナの姿を見て，心のなかで考えたことは何か。 ・私のせいだ，やめようと言えばよかった，など。	・なかなかやりとりをやめられないことに共感できるようにする。 ・夜ふかしの危険性を理解し，節度を守ることの大切さに気づかせる。
	3. 教材の後半部を読んで，話し合う。	◎カスミが携帯電話を返したのはなぜか。 ・自分にはまだうまく使えない，同じようなことをしてしまう，生活リズムが崩れる，など。	・携帯電話を返したカスミについて考えることで，主題について改めて考えることができるようにする。
終末	4. 本時の学習を振り返る。	○物語をとおして，考えたことや気づいたこと。 ・使う時間を決めないといけない，生活リズムを崩さないように使わなければいけない，など。	・本時の学習を振り返ることで，主題に対する考えを深められるようにする。

板書

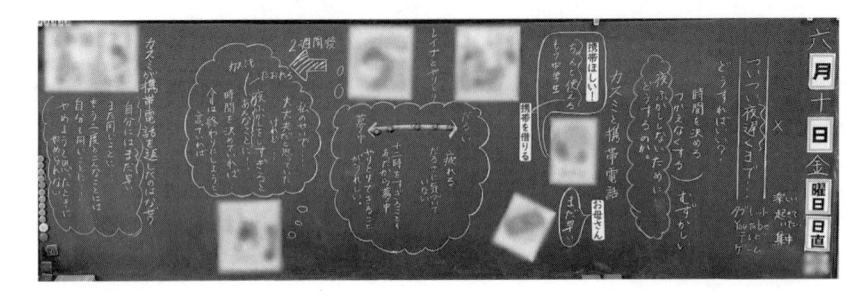

子どもの姿

　導入では，ついつい夜遅くまでしてしまうことはないかと問い，自分たちの生活を想起させたうえで，時間を守ることのむずかしさを確認し，夜ふかしをしないためにどうするのかという疑問をテーマとして教材に入りました。

　展開では，携帯電話をちゃんと使えるという主人公のカスミと，まだ早いというお母さんの考えの違いをおさえたのち，携帯電話をもったあとの様子やカスミの気持ちについて児童と話し合いました。遅くまで友だちとやりとりをしているカスミの気持ちを考えさせると，やりとりは楽しいが身体が疲れているというような，やめなければいけないと考えていても，やりとりをやめられない気持ちに気づくことができました。その後，友だちのレイナが倒れ，早退する場面を考えさせると，「私のせいで」「時間を決めていれば」という意見が出てきました。最後に，「カスミがお母さんに携帯電話を返したのはなぜか」を考えさせると，「自分にはまだ早い」「また同じことになる」などと答えていました。「まだ早いってどういうこと？」と全体に問い返すと，「やめようと思ってもやめられない」「心のブレーキができていない」などの発言がみられました。

　最後に，授業全体の振り返りでは，「毎日，夜遅くまでやりとりをしていたら，体がだるくなったりすることがわかったので使う時間を決めたらいいと思った」「僕も友だちとメッセージのやりとりが夜遅くまで続いたことがあるので気をつけたいと考えた。携帯はまだ早いと思った」「夜ふかしはいけない，本当に相手のことを考えるのであれば，ちゃんと制限をつけたり「終わろう」と自分から言わなければいけないと思った」などの記述がありました。

指導案 ⑤	中学校 A-(2)	節度，節制

理論編との関連

　中学校の本内容項目には，たんなる「健康」（小１〜２）ではなく，「心身の健康の増進を図り」という内容が含まれています。それゆえ，身体の健康だけでなく心の健康についても考えることが大切になります。

　心と身体の健康について考えるとき，理論編で説明された中庸という視点が重要になります（☞p.16）。中庸とは，「超過」と「不足」の「中間」を意味します。ただし，中間とは「ほどほど」ではなく，むしろ弓矢で的の中心を射貫くように，どのような状態がふさわしく適切な状態なのかを知性を用いて思慮深く判断する必要があります。

　アリストテレスは，節制の不足を「放埒（ほうらつ）」，節制の超過を「名前のない」状態とよんでいます（アリストテレス 2015: 235）。というのは，人間には欲望があるので，節制しすぎるということはないからです。この中庸を心身の健康に当てはめるならば，身体については食べすぎを防ぎ，夜ふかしを防ぐこと，心については，教材にも書かれている通り，過度の怒りを防ぐことや過度の悩みや心配ごとを減らすといったことが考えられるでしょう。

　そのような知的な理解を前提にしたうえで，節制については，「自己を統御する」（『中学校解説』）ことのむずかしさとそのむずかしさを克服するための心構えについても考えたいものです。本授業の問い返しポイントとして，「わかっていてもできないのはどうしてなのかな」という問いがあるように，節度という「適切な程度」を理解したとしても，自らに欲望や衝動を抑えることは容易ではないからです。

　また，教材の内容を理解するだけでなく，教材をとおして考えたことを生徒が自分の生活に活かしていくことが重要です。「心と体について，自分なりの養生訓がつくれたら，どんな自分になると思うかな？」という終末の発問は，そのことがめざされているといえます。

　欲望を抑えるという否定的になりがちな内容項目だからこそ，「将来の目的を実現するためにどんな生活を送りたいか？」を未来志向で考えさせたいものです。

内容項目の把握

〈内容項目の学年段階とキーワード〉

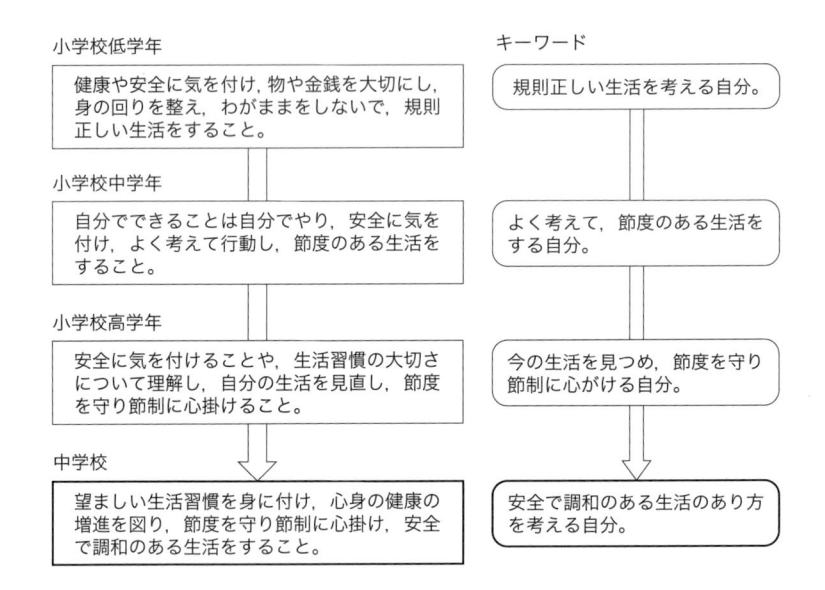

小学校低学年

健康や安全に気を付け，物や金銭を大切にし，身の回りを整え，わがままをしないで，規則正しい生活をすること。

小学校中学年

自分でできることは自分でやり，安全に気を付け，よく考えて行動し，節度のある生活をすること。

小学校高学年

安全に気を付けることや，生活習慣の大切さについて理解し，自分の生活を見直し，節度を守り節制に心掛けること。

中学校

望ましい生活習慣を身に付け，心身の健康の増進を図り，節度を守り節制に心掛け，安全で調和のある生活をすること。

キーワード

規則正しい生活を考える自分。

よく考えて，節度のある生活をする自分。

今の生活を見つめ，節度を守り節制に心がける自分。

安全で調和のある生活のあり方を考える自分。

〈内容項目のポイント解説〉

「望ましい生活習慣」「節度」「節制」に込められている意味をおさえましょう。「望ましい生活習慣」とは心身の健康の増進を図ることができる行為であり，日常の生活において日々くり返すことによって，無意識に行うことができるものです。また，「節度」とは，心身の健康を損ねてしまう状況に至らない「適度な程度」であり，「節制」とは，節度を超えないように欲望などを抑え，自己を統御する心のあり方をいいます。安全で調和のある生活の実現に努めるには，自分の生活を見つめ，心身共に豊かにしていくにはどうしたらよいのかを考えていくことが大切です。そのため，このような事柄にかかわる心が育まれるような授業を心がけましょう。

子どもの実態

高学年
基本的な生活習慣は心身の健康を維持増進し，活力のある生活を支えるものであることと理解を深めてきた。また，自分の生活を振り返り，改善すべき点などについて進んで見直しながら，望ましい生活習慣を積極的に築くことの必要性を考えたり，自ら節度を守り節制に心がけていくことの大切さを考えたりしてきた。

中学生
入学した時期は，望ましい生活習慣を築いていこうとする気持ちはあるが，しなければならないことが増えて，ついついおろそかになってしまう姿がみられた。学年が上がるにつれ，心身共に著しい発達を見せ，活力にあふれ意欲的に活動する姿がみられるようになる。しかし，心と体の発達が必ずしも均衡しているわけではないため，軽はずみな行動によって健康を損なってしまったり，時間や物の価値を軽視して活用を誤ったりするなど，衝動にかられた行動に陥ってしまうこともある。

内容項目に基づいた学習内容例（下線は本時）

中1
①小学生のときに学び考えた節度，節制の大切さを再度考える。
②生活全般にわたり安全に配慮して，心身の調和のある生活を送ることの意義を考える。

↓
③心身の健康の増進，<u>生涯にわたって学ぼうとする意欲や習慣，時間や物を大切にすること，常に安全に配慮して生活すること，望ましい生活習慣を身につけることなどが，どうして充実した人生を送るうえで欠くことのできないものなのか</u>を考える。

中2
④基本的な生活習慣や防災訓練，交通安全などの安全にかかわる活動の意義を考える。

↓
⑤きまりのある生活をとおして，自らの生き方を正し，節度を守り節制に心がけ，安全で調和のある生活の実現に努めることが，どうして自分自身の将来を豊かにすることにつながるのかを考える。

中3

教材名

養生訓（光村図書『中学道徳1 きみがいちばんひかるとき』）〔中1〕

教材の概要・あらすじ

　教材は漫画で構成されている。主人公である中学生の友香は，夜ふかしや寝坊とで自分の心と体をまったくコントロールできずに好き放題の生活をしている。そこに突然，江戸時代に学者として活躍した貝原益軒が登場し友香に語り

かける。「読書とおぬしの体，どちらが大事だ？」。この問いから友香は自分を見つめだす。心と体の結びつきやそれらを粗末に扱うことで起こるさまざまな出来事などを見つめることで，今後の自分のあり方を考えはじめる。節度，節制や望ましい生活習慣のあり方について，中学生の普段の様相から考えることができる内容である。

教材と内容項目のつながり

　本教材は小学生のときに学び考えた節度，節制の大切さを再度見つめながら，生活全般にわたり安全に配慮して，心身の調和のある生活を送ることの意義を考えることに適した内容です。

　教材のなかにはいくつもの問いが含まれています。たとえば，「自分の好きなことを好きなようにすることと，自分の身体はどちらが大切なのか」や，「好きなことを好きなだけした結果として，万が一命を失ったならばどうなのか」「身体のことだけでなく，心のことも考えないといけないのではないか」などがあげられます。このような問いは，本内容項目における，小学校生のときの既習内容をふまえた，生活全般における節度，節制のあり方や，安全への配慮，健康の増進などに密接なかかわりがあると考えることができます。また，教材の最後には，心と体の結びつきについて考える場面も描かれています。身体を大切にすると心が健康になり，心が健康になると身体も健康になるということを，自分自身の体験をふまえながら語り合ってほしいと思います。なお，本時では，展開場面において，「今の自分の生活を見つめると，どんなときに養生訓が役立ちそうかな」と問い，教材の中心となっている貝原益軒が書いた『養生訓』をもとに自分自身の望ましい生活習慣のあり方を，級友と共に多様な視点から考えていきます。心身ともに著しく発達していく今の時期だからこそ，じっくりと考え，自分の生き方を見つめていくことを大切にしてほしいものです。

主題名

　心と体の関係

ねらい

　自分の生活を振り返り，望ましい生活習慣のあり方を考え，今後の自分につなげて実践していこうとする意欲を育む。

学習指導過程

	主な学習活動	主な発問（○）と 予想される児童生徒の反応（・）	指導上の留意点
導入	1. 小学生のときに学んできた心と体のつながりを振り返る。	○心と体にはどんなつながりがあると学んできたかな？ ・心が元気だったら体が疲れていてもまだまだがんばれる！という気持ちになる。 ・体が元気でもストレスが溜まるとしだいに疲れやすくなる。	・小学生のときの学びが想起しやすくなるように，道徳科での学びに限定せず，体育科や家庭科，また，家での学びなどと，多方面から振り返るように促す。 ・自分事として考えようとする意識を高めていくために，生徒の発言をふまえ，学びのテーマ（例：心と体）を設定する。
展開	2. 教材を黙読する。その後，養生訓に込められる意義を探る。	○貝原益軒が書いた『養生訓』とはどんな本なのかな？ ・健康だけでなく人としての生き方やあり方が書かれている。 ・心と体のつながりがいろいろな視点から書かれていて，多くの人の役に立っている。	・教材内容への関心を高めるために，設定したテーマにつなげて貝原益軒を紹介する。その後，範読し，感想交換の場面を設ける。 ・養生訓の意味や貝原益軒の思いなどを探るために，ICTを活用して調べ学習の場面を設ける。必要に応じて協働的な場も設ける。
	3. 養生訓が必要になりそうな場面や出来事を考える。	○今の自分の生活を見つめると，どんなときに養生訓が役立ちそうかな？ ・教材の友香と同じで好きなことだけに没頭しているときだと思う。 ・ずっとゲームしていたり，インターネットを見ていたり，SNSをしていたりしているときだと思う。	・望ましい生活習慣のあり方を多様な視点から考えられるようにするために，以下のポイントに留意して問い返す。 【深い学びにつながる問い返しポイント】 ☆どうしてそう思うのかな？ ☆自分の好きなことに没頭できるということはよいことではないのか？ ☆わかっていてもできないのはどうしてなのかな？ ☆周囲に「これは養生訓かな？」と思うものはあるかな？

終末	4. これからの自分または人間としての生き方を考える。	○心と体について，自分なりの養生訓がつくれたら，どんな自分になると思うかな？ ・心と体を元気にするために自分なりのルールのようなものができ，今よりももっと元気な自分になると思う。 ・自分のことをしっかりと見つめたり，振り返ったりできる自分になれると思う。	・本時の学びをさらに深める一助として，『私たちの道徳』（p.10）掲載教材を範読する。その後，左記の発問を投げかけ，本時の学びの振り返りにつなげる。 ・学びが今後の生活につながるように，次週の道徳科の時間までに自分なりの養生訓を考えてくるように促す。

板 書

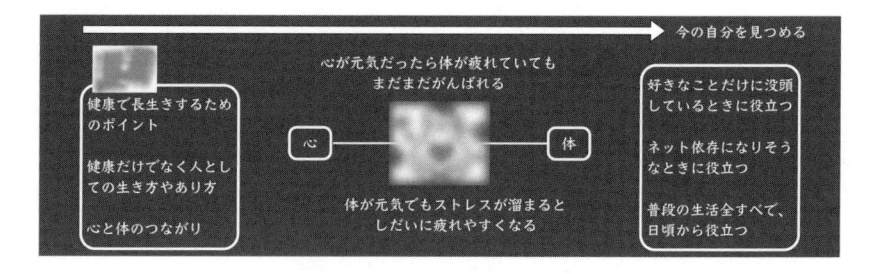

子どもの姿

　子どもたちは，最初の問いに対して，「心が元気だったら体も元気になる」や，反対に「体が元気なときは心も元気」というように，なんらかのつながりがあるということは学んできているようでした。しかし，つながりにおける具体的なものや，自分自身にどんなかかわりがあるのかについての学びは乏しいように感じました。そこで，まずは教材を範読したあとに，ICTを活用して，貝原益軒が書いた『養生訓』がどんな本で，どのような意味が込められているのかなどを検索する場面を設けました。子どもは，『養生訓』という書物

出典：『私たちの道徳 中学校』：p.10

の存在を初めて知ったようで，意欲的に検索をしており，新たな学びを自分の生活につなげて考えようとしていました。

　授業の終末では，前頁の図にある『私たちの道徳 中学校』（p.10）掲載教材を紹介し，今の自分のあり方をさらに深めていく機会を設けました。子どもは自分の心と体のつながりについて，小学生のときの学びをふまえながら，さらに具体的に考えていました。

| 指導案⑥ | 小学校 A-(4) | 個性の伸長 |

理論編との関連

　理論編でいわれた通り，「個性という語自体に善悪の区別は含まれて」いません（☞pp.17−18）。ですので，小学校全学年の内容項目に含まれている「自分の特徴」というものは，善悪には関係のない価値中立的なものです。低学年では，まず「自分の特徴に気付くこと」，そのうえで，中学年では，「長所を伸ばすこと」が望まれています。「自分の特徴」が「長所」や「短所」と善悪の観点から理解されるのは，その特徴が自分の幸福や他者の幸福に貢献するものであるとか，理想的な高い自己像（「なりたい自分」）にとって不可欠な構成要素だととらえられるからです。

　理論編では，自分の個性を伸ばすことは「自分自身に対する不完全義務」であると説明されており，自分で自分の個性を伸ばすことの大切さが指摘されていました（☞p.19）。この授業は，そのことを前提にしつつも，自分の個性を伸ばすうえでは他者からの支援が重要であることをとらえたものとなっています。つまり，①自分の特徴が「長所」とみなされるためには，他者が自分の特徴を肯定的に評価し認めてくれる経験が必要であること，そのうえで，②自分の個性を伸ばすために，他者からの励ましが力になることです。

　高学年の内容項目には，新たに「短所を改め」という内容が入ってくるので，自分の長所だけでなく短所も自分の特徴としてとらえる必要があります。

　なお，短所については，「短所を改め」るだけでなく，短所を長所ととらえ直す（リフレーミング）ということも考えられます。たとえば，「手塚治虫の長所と短所は何でしょう」という発問に対して，「夢中になりすぎること。でも逆にこれが長所になっているかも」とあるように，夢中になりすぎることは短所でもあるかもしれませんが，見方を変えれば長所にもなりうるのです。

内容項目の把握

〈内容項目の学年段階とキーワード〉

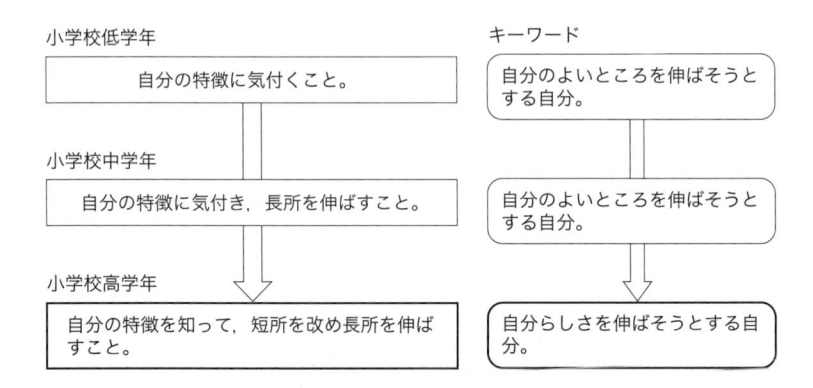

小学校低学年
| 自分の特徴に気付くこと。 |

キーワード
| 自分のよいところを伸ばそうと
する自分。 |

小学校中学年
| 自分の特徴に気付き，長所を伸ばすこと。 |

| 自分のよいところを伸ばそうと
する自分。 |

小学校高学年
| 自分の特徴を知って，短所を改め長所を伸ばすこと。 |

| 自分らしさを伸ばそうとする自分。 |

〈内容項目のポイント解説〉

　子どもが自分自身の長所について気づき，その長所を伸ばすことはむずかしいことです。小学校低学年の児童は発達の段階から，客観的に自分自身を見つめ自分の長所や短所について十分に知ることができるとはいえません。また，自分のことを知ることができたとしても一面的であることがほとんどです。

　そこで，発達の段階を問わず，友だちなどの他者との交流場面を授業に位置づけ，互いの長所に目を向けることができるようにしましょう。子どもたちは，友だちと長所を伝え合う場のなかで，他者から認められる経験をすることにより，長所同様に短所についても気づいていくことができます。さらに高学年になると自分の生き方を見つめ，自分の特徴を多面的・多角的にとらえることが必要となってきます。自分のなりたい姿になるために，自分の長所は伸ばし，自分の短所については自分らしさの特徴であることをふまえ，短所を努力によって克服しようとする姿勢も欠かせません。個性の伸長の学習は子どもたちの自尊感情や自己有能感にもつながる重要な内容項目であることから，具体的な実践をとおして育んでいきましょう。

子どもの実態

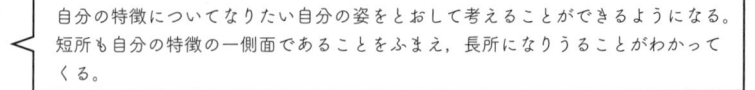

中学年　自分の特徴に気づくことができるようになってくるのだが，長所だけではなく短所についても気づくことができるようになっている。

高学年　自分の特徴についてなりたい自分の姿をとおして考えることができるようになる。短所も自分の特徴の一側面であることをふまえ，長所になりうることがわかってくる。

内容項目に基づいた学習内容例（下線は本時）

中学年	①自分の特徴である長所だけでなく短所についても考える。 ②クラスメイトや教師などとの交流や，人々の多様な個性や生き方に触れ，自分の長所を生かすためにはどうすればよいのかを考える。
↓	
高学年	③自己の生き方を見つめ，自分の特徴を多面的・多角的にとらえる大切さを考える。 ④自分の短所も特徴のひとつであることを認めつつ，課題として改善を図ることで，なりたい自分につながることを考える。
↓	
中1	⑤短所も自分の特徴の一側面であることを理解し，かけがえのない自己を肯定的にとらえさせるとともに，自己のすぐれている面などを考える。 ⑥すぐれた古典や先人の生き方との感動的な出会いを広げるなかで，自己と対話を深めつつ，自分自身のよさを伸ばす方向で考える。

教材名

「自分らしさ」を見つけよう（光村図書『道徳6 きみがいらばんひかるとき』）〔小5〕

教材の概要・あらすじ

　考えることや話し合いといった具体的な活動が中心となる教材です。自分の多面性に気づくことができるよう，友だちから見えるまど（いいところ）について考える活動が設定されています。この友だちから見えるまどのなかで具体的な視点としてあげられている人との接し方やその人らしさなどから，自分らし

さに気づくことができるようにします。教材後半には手塚治虫が見つけた「自分の道」という資料もつけられています。「まんがの神様」とよばれた手塚治虫が自分の好きなことをとことんやり抜くことができた背景に，先生やまわりの友だちの姿が描かれており，他者からの評価が自分らしさを伸ばすうえで重要であることが伝わってきます。

教材と内容項目のつながり

この教材は前半に自分らしさのまどを完成させる活動，後半に自分らしさの大切さについて考える資料がある教材です。資料メインとなる他の教材と比べると，活動に重きがあることがうかがえます。これは個性の伸長という内容項目が自分自身を客観的に見つめ，自分の内面に目を向けることが重視されているからです。第5学年の子どもは自分の長所を自分で語ることに多少の抵抗があるため，同学年の友だちからの気づきは，自尊感情や自己有能感を高めるだけではなく多面的な気づきも促します。活動のなかでは，最初に「友だちのいいところ」を書く際に具体的な視点も示されていることから，まずは長所についての具体的な気づきを得ることが重要です。そのうえで，自分で自分の長所や短所についての分析を行うことで，自分の長所や短所についての深い気づきにつなげることができます。

教材後半では，手塚治虫の生き方をとおして「自分らしさ」を見つめる大切さを考えることができるようになっています。手塚治虫にとっての自分らしさとは何かを話し合うことにより，自分の長所をさらに伸ばすことや短所だと思っていることを見つめ直すことができるようにします。手塚治虫が好きな漫画は高学年の子どもも共感することができるでしょう。一見，長所なのだろうかと思えるようなことであっても，自分らしさの一側面として気づきを表出させていくことで自分の見方の変容を促します。さらに手塚治虫だけではなく，子ども自身の長所と短所に再び目を向ける問い返しを行うことで自分の特徴を多面的・多角的にとらえることができるようにします。

主題名

自分らしさを知る

ねらい

　自分らしさを考える活動をとおして，自分の長所や短所についての気づきの質を高め，なりたい自分の姿になりたいという思いを高める。

学習指導過程

	主な学習活動	主な発問（○）と 予想される児童生徒の反応（・）	指導上の留意点
導入	1. なりたい自分について考える。	○今なりたい自分はどんな自分ですか。 ・勉強もスポーツもできる自分。 ・信頼される自分。	・なりたい自分について考えることにより，今の自分を見つめ直す必要があることに気づかせる。
展開	2. グループになって「「自分らしさ」のまど」を完成させる。	○次の順に「「自分らしさ」のまど」を完成させましょう。 ・自分の長所を自分で書くのは抵抗があったけど，友だちに言われるとうれしいな。 ・自分の短所は自分でわかるかもしれない。	・「友だちのいいところ」を例示したうえで具体的に書かせることで，自分の特徴に気づくことができるようにする。 ・「「自分らしさ」のまど」を見て気づいたことを発表させ，全体で気づきを共有する。
	3. 「手塚治虫」の資料を読み，長所と短所について話し合う。	○手塚治虫の長所と短所は何でしょう。 ・まんがを続けたこと。 ・夢中になりすぎること。でも逆にこれが長所になっているかも。	・手塚治虫の長所と短所について考えることで，短所は見つめ直すと自分の特徴を深く知ることができるようにする。
終末	4. なりたい自分に近づくための「これから」を考える。	○これから自分のどこを磨きたいですか。 ・勉強とのバランス。	・なりたい自分に近づくための具体的な行為について考えさせる。

板書

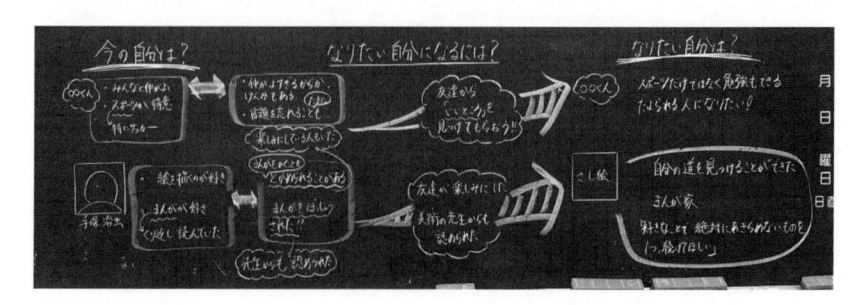

子どもの姿

　子どもたちに自分の特徴について知ることが大切だと語りかけても「なぜ」大切なのかに納得できない子どもの姿がみられます。そこで，自己実現した自分の姿を「なりたい自分」として記述させると，自ずとこれまでの自分の姿を見つめ直し自分の長所や短所について考えることができます。特に高学年の子どもたちは自分の発達の段階から長所をみんなに知らせることに抵抗を示すこともあります。自分を見つめ直すことに重きを置き，無理やり自己開示させることがないように注意しましょう。

　授業において，グループ内でお互いのいいところを伝え合うときにはグルーピングにも配慮しておくとよいでしょう。低学年のときよりも複雑になりやすい高学年の人間関係なので，お互いに長所を伝え合うことができるよう，具体的な視点を示し，時間的にもじっくり思考する時間をとります。すると，「○○さんは委員会のとき……」「○○君は，自分のことだけではなく学級のことを考えて……している」といったいいところが表出し，あたたかい雰囲気となります。

　手塚治虫の短所については，「短所といえるのかな？」という考えについて全体で共有し，短所も治虫の特徴のひとつといえることに気づくことができるよう話し合えるようにしましょう。

　評価の視点としては，「「自分らしさ」のまど」を考える活動後，手塚治虫の生き方をとおして短所をじっくり見つめ直すことで，導入で記述したなりたい自分が終末ではどのように変化したのかがポイントとなってくるでしょう。たとえば，「頼られる人になりたい」と考える児童が，自分では気づかなかった長所に気づき，その長所をなりたい自分の姿に加え「スポーツだけではなく勉強もできる，頼られる人になりたい」と記述するなどが考えられます。一方で，記述として表現することが苦手な児童については，「「自分らしさ」のまど」を完成させたあとの気づきも評価することができます。

| 指導案⑦ | 中学校 A-(3) | 向上心，個性の伸長 |

理論編との関連

　小学校高学年の内容項目は「短所を改め長所を伸ばす」という内容でしたが，中学校の段階で重要になるのは，「かけがえのない自己を肯定的に捉え（自己受容）させる」（『中学校解説』）ことです。そのように考えると，本内容項目を，次の３つのレベルに分けることができます。

　①自分の特徴を知ること。
　②長所を伸ばし，短所を改めること。
　③かけがえのない自己を肯定的に受容すること。

　この教材では，「おもしろいやつ」を演じる「おまえ」と，もう一方で，自分は本当は「暗いやつ」なのだと思う「オレ」というふたりの自分が対立し葛藤しながら，自己内対話をくり広げています。「おまえ」は他者から認められ，評価される長所である一方で，本当は「暗いやつ」である「オレ」も肯定的に受容することの大切さが描かれているととらえることができるでしょう。つまり，上記の②と③の両面について，その対立や葛藤も含めて考えることができる教材です。
　この授業は，自分のなかのそうした対立や葛藤を通じて「自己を見つめ」「充実した生き方」とはどんな生き方なのかを考えるものとなっています。
　なお，理論編ではカントの倫理学をもとに個性の伸長が説明されていましたが，個性を伸ばすことの意義については，他の仕方でとらえることもできます。

　①J. S. ミル（2020）によれば，個性の自由な発達は，幸福の主要な要素のひとつです。個性を伸ばすことは自己実現につながります。
　②デューイ（2002）によれば，個人を犠牲にするのではなく，個人が自分の個性を発達させることと社会全体の幸福が調和することが理想です。個人を犠牲にしないということは，個人が社会全体の幸福を常に意図的な目的とする必要はないということでもあります。

内容項目の把握

〈内容項目の学年段階とキーワード〉

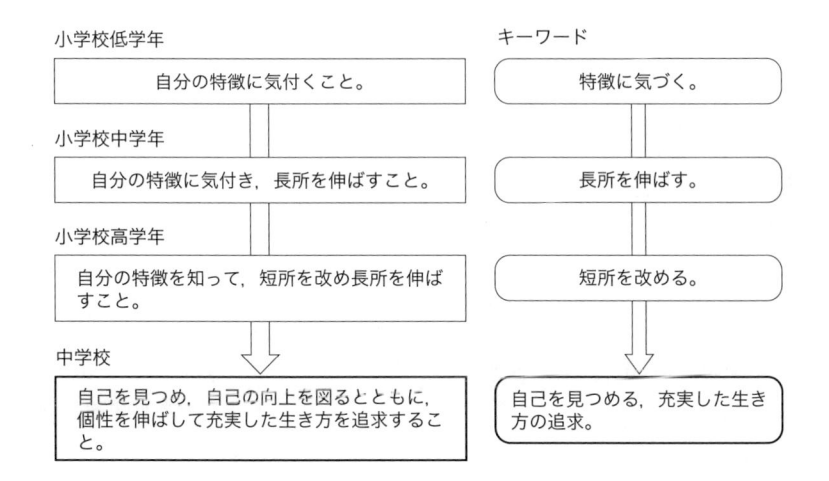

小学校低学年

自分の特徴に気付くこと。

小学校中学年

自分の特徴に気付き，長所を伸ばすこと。

小学校高学年

自分の特徴を知って，短所を改め長所を伸ばすこと。

中学校

自己を見つめ，自己の向上を図るとともに，個性を伸ばして充実した生き方を追求すること。

キーワード

特徴に気づく。

長所を伸ばす。

短所を改める。

自己を見つめる，充実した生き方の追求。

〈内容項目のポイント解説〉

「自己を見つめる」とは，自分自身について深く省みることをさします。これまでや現在の自分，そして将来こうありたいという自分を静かに見つめ直すことが，向上心へとつながっていきます。このとき思い描く自己像は，自他の行為における関係のなかで意識されるものであり，これから努力して徐々につくり上げていくものであるといえます。

「個性」とは，一人ひとりの人間がもつ独自性であり，その人の一部分ではなく，人格の総体であるといえます。また，個性は，能力・適性，興味・関心，性格といったさまざまなとらえ方ができます。その人の持ち味ともよべるものであり，長所を伸ばしたり，短所を改めたり，短所の見方を変えてとらえ直したり（リフレーミング）するなど，個性を伸ばしていくことは人生の課題といえるかもしれません。

「充実した生き方」とは，他者とのかかわりのなかで，個性を伸ばし発揮している生き方であり，自分自身が納得できる深い喜びをともなった有意義な生き方であることを意識して授業をつくることが大切です。

子どもの実態

高学年

自分のよさに気づいて長所を伸ばしたり，自分の欠点に気づいて短所を改めたりすることを，学んできた。

中学生

短所を不足している部分ととらえて，改善しなくてはいけないと考えている場合が多い。短所と思っている部分も含めての自分（個性）ととらえ直すことが必要である。

（入学時）

リフレーミングなどをとおして，欠点ではなく個性ととらえられることもできてくる。一方で，テストなど結果が求められる（と思い込んでいる）もので，「できない自分」というレッテルを貼ってしまう場合もある。他者と比べることで「劣等感」を強く感じてしまう場合もある。

その生徒の経験だけでは，「劣等感」を強化してしまう場合もあります。自己受容や自己理解ができるようにしたり，欠点も個性としてとらえて話し合えるクラスの関係性をつくったりすることも大切です。

内容項目に基づいた学習内容例（下線は本時）

中1　①自分の欠点を受け入れている考え方や生き方のよさについて話し合い，どうすれば欠点を個性としてとらえられるかについて考える。

↓

中2　②自分を取り繕ってしまう場面について話し合い，欠点を受け入れることのむずかしさについて考える。

↓

中3　③理想の自分を演じることと素の自分であることの違いから，自分自身が納得できる生き方につなげることの大切さについて考える。

教材名

がんばれ，おまえ（光村図書『中学道徳3 きみがいちばんひかるとき』）〔中3〕

教材の概要・あらすじ

　この教材の主人公は，ある町に住んでいる高校生の少年です。少年は，いじめを受けていた過去があり，自分を変えようと決心をして高校デビューを果たします。「オレ」は，「いじめられている暗いやつ」であり「おもしろいやつ」でもある「おまえ」を演じることで，心の安定を図っていました。そんななか，同級生である少女を好きになります。少女は「おもしろいやつ」である自分のことを好きだと聞いたので，「おもしろいやつ」である「おまえ」ではなく，「いじめられている暗いやつ」であった過去をもつ「オレ」のことを知っても好きになってくれるか悩みます。最終的に「オレ」と「おまえ」が入りまじり，「がんばれ，オレたち」と自分を受け入れることになりました。

教材と内容項目のつながり

　この教材では，「自己を見つめる」という部分が深く描かれています。いじめを受けた経験から，「暗いやつ」というように自信をもてずにいたのが，「おもしろいやつ」を演じることによって自分を保つことができていました。しかし，「おもしろいやつ」は自分ではないという感覚をもっていたため，好きな子に好かれたいと思ったときに，自分自身を見つめることになりました。いじめを受けていた「過去の自分」，おもしろいやつを演じている「現在の自分」，そしてどんな自分でありたいのかという「未来の自分」を見つめ直しているわけです。それまでは，「おまえ」だけを肯定的にとらえていたのが，これまでの自分自身も肯定的にとらえていこうとしています。未来の自分はこうありたいというA-(4)「希望と勇気，克己と強い意志」や，過去・現在の弱い自分と向き合おうとするD-(22)「よりよく生きる喜び」とも関連する部分です。関連する内容項目に広げつつ，自己を見つめた結果，未来の自分に変わろうとした心の動きについて考えさせたいところです。

　個性の伸長は「自己実現」の要素もあり，「社会全体の幸福」につながる要素もあります。「オレ」が「オレたち」に変わるのは「自己実現」ではありますが，そういう自分でも大丈夫と言える人が増えるのは「社会全体の幸福」につながります。「社会全体の幸福」のために個性を伸長しなくてはいけないのではなく，結果としてつながっていくという視点に気づくことも大切かもしれません。

主題名

納得できる生き方に

ねらい

理想の自分と素の自分を見つめ直すことをとおして，こうありたいという自分に気づき，納得のできる生き方を追求しようとする思いを高める。

学習指導過程

	主な学習活動	主な発問（○）と予想される児童生徒の反応（・）	指導上の留意点
導入	1. 道徳的価値について考えをもつ。	○「自分を見つめる」ってどういうことだと思いますか。	・教材を事前に読んでおく。
展開	2. 「オレ」と重ねて考える。	○「おまえ」についてどう思っていますか。 ・おかげで助かってる。 ・いないと困る。 ○どうして素の自分を出そうとするのですか。 ・自分がわからなくなるから。 ・自分を出せないのは苦しい。 ・本当の自分をさらけ出したい。	・ポイントをおさえて確認していく。 ・「おまえ」のおかげで過去のマイナスな自分から，今のプラスな自分がいることをおさえる。 ・「おまえ」を出したままだとダメなのか，などの視点から問い返す。
	3. 「自分を見つめる」ことについて考える。 ※ロールプレイ「オレ」と「おまえ」で対話してみる。	○「オレたち」ってどういうことですか。 ・ダメだと思っていた時期の自分も受け入れること。 ・いいところだけ見るんじゃなくて，ありのままでいたい。	・ロールプレイを見ていた側にどうだったかを聞いてから，問いを投げかける。
終末	4. 学習を振り返る。	○「自己を見つめる」ってどういうことだと思いますか。	・クラスメイトの振り返りを匿名で見られるようにする。

板 書

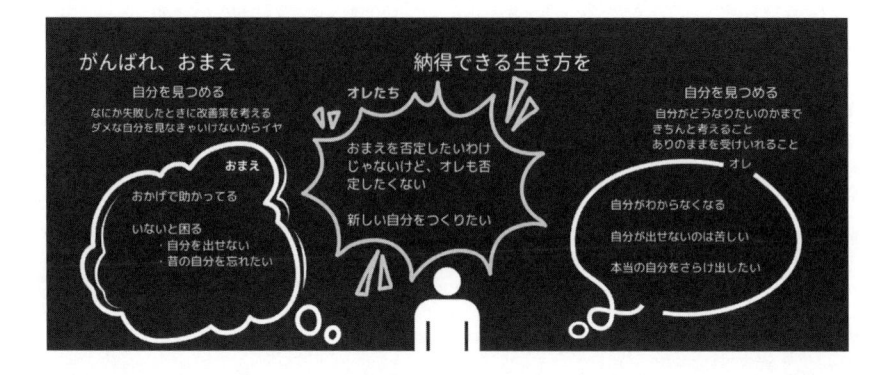

子どもの姿

　「自分を見つめる」ことについて問われたときに，なかなかイメージをもてない生徒もいました。「自分を見つめた経験があるか」など，イメージをもちやすい言葉に置き換えながら補助発問をしていくなかで，少しずつ自分を見つめることについてイメージするようになりました。「うまくいかないときにすること」「改善するときにする」「試合とかを振り返ること」などが出されました。

　展開では「オレ」になったつもりで，「おまえ」についてどう思うか想像して答えてもらいました。「いじめにあってたから，そういう自分をつくり出すことで助かってた」など肯定的な考えを引き出してから，「どうして素の自分を出そうとするのか」を聞きました。「自分が出せないのは苦しい」などと言うので，「「おまえ」が出てうまくいっているならそれでいいのでは」と問い返すと，「そのときはいいかもしれないけど，ひとりになったときに悩みそう」などと考えていました。

　「オレ」に自我関与をした生徒に，「オレ」と「おまえ」が鏡合わせに対話をする役割演技に取り組みました。「あの子は「おまえ」のことを好きみたいだ」「でも「オレ」のことも見てほしいんだろ」「そうだけど見せられる自信がない」「「オレ」自身も「オレ」のこと見てないんじゃないの」，その後言葉につまったので，見ている側の生徒に意見を求めると，「イヤな自分を見ないようにしている」といった考えが出てきました。ふたりに「「オレたち」になるってどういう

こと」かを聞いて，さらにどうしてそう考えられるようになったのかについて考えを深めました。授業の最後に，冒頭と同じ質問をすると，「自分がどうなりたいのかまできちんと考えること」という意見も出されて，考えの深まりがみえました。

| 指導案⑧ | 小学校 A-(5) | 希望と勇気，努力と強い意志 |

理論編との関連

　本内容項目には，「希望」と「目標」，「努力」と「強い意志」など，さまざまな道徳的価値が含まれています。これらの道徳的諸価値を目的と手段に分けるととらえやすいでしょう。「自分のやるべき勉強や仕事」（小１〜２），「自分でやろうと決めた目標」（小３〜４），「より高い目標」（小５〜６，中学校）や「希望」が目的です。それに対して，「勇気」「努力」「強い意志」は目的や目標を実現するための手段です。手段としての徳は，倫理学では「実行の徳」とよばれています（オニール 2024）。

　「勇気」「努力」「強い意志」を発揮できるためには，適度の自信をもっている必要があります。適度の自信をもつには（自信過剰や過信であってはいけませんが），ある目標に挑戦して達成するという経験が必要であり，その経験にともなう自信が次の挑戦を可能にします。それゆえ，「目標の設定→達成→自信→次の目標の設定」というサイクルをとらえておくことが大切です。『中学校解説』では，「日常生活の中の小さな目標であっても，それが達成されたときには満足感を覚え，自信と次に向けて挑戦しようとする勇気が起こるものである。このような達成感は，自己の可能性を伸ばし，人生を切り拓いていく原動力となり，次のより高い目標に向かって努力する意欲を引き出すことにもつながる」というように，このサイクルが描かれています。そのサイクルに入るためには，小学校低学年では，やるべきことを「やり遂げたときの喜びや充実感を味わい，努力した自分に気付くこと」（『小学校解説』）が重要になります（髙宮 2023a）。

　また，理論編でいわれている通り，本内容項目では，勇気や努力を発揮できない心情の弱さや怠惰さという人間の弱さをとらえておく必要があります（☞p.22）。それゆえ，「内村選手は，途中でやめたいと思わなかったのでしょうか」という発問によって，内村選手のなかにもある葛藤や弱さを見つめる工夫がなされています。先人や偉人，著名人のような成功者であっても，児童と同じ弱さを抱えていることを共感的にとらえることによって，児童が教材の登場人物に自我関与することが可能になるでしょう。

内容項目の把握

〈内容項目の学年段階とキーワード〉

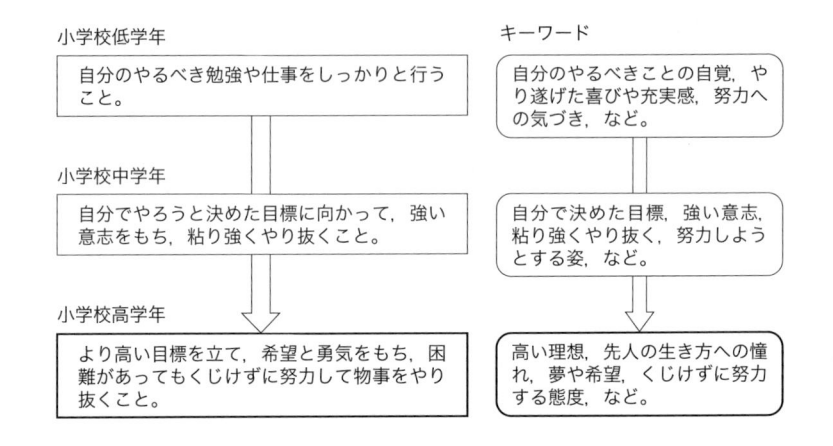

小学校低学年
> 自分のやるべき勉強や仕事をしっかりと行うこと。

キーワード
> 自分のやるべきことの自覚，やり遂げた喜びや充実感，努力への気づき，など。

小学校中学年
> 自分でやろうと決めた目標に向かって，強い意志をもち，粘り強くやり抜くこと。

> 自分で決めた目標，強い意志，粘り強くやり抜く，努力しようとする姿，など。

小学校高学年
> より高い目標を立て，希望と勇気をもち，困難があってもくじけずに努力して物事をやり抜くこと。

> 高い理想，先人の生き方への憧れ，夢や希望，くじけずに努力する態度，など。

　小学校では，低学年段階において，自分のやるべきこと，やらなければならないことの自覚と，やり遂げたときの喜びや充実感，努力できている自分への気づきを大切にしています。

　それを受け，中学年段階では，自分でやろうと決めた目標に対して，強い意志をもって粘り強くやり遂げることの大切さや，自分自身の努力を支えるまわりの人の励ましや賞賛に気づき，粘り強く努力することを大切にしています。

　そして，高学年段階においては，より高い理想に向かって自己実現を果たすため，先人や著名人などの生き方や業績に触れるなかでの憧れも大切にしつつ，将来の自分への夢や希望をもちながら，困難があってもくじけずに努力しようとする強い意志と実行力を育てることを大切にしています。

〈内容項目のポイント解説〉

　よりよい自己を実現するためには，より高い目標を立て，努力を続けることが大切です。では，よりよい自己とはどのようなものなのでしょう。その中身は，児童の発達の段階や，先人や著名人の生き方や業績に触れてきた経験によりさまざまです。そのため，児童の発達の段階において，自分のやるべきことや，やらなければならないことに対する勤勉な取り組み，または，自分で決め

た目標に向かって努力を惜しまない姿，困難に立ち向かう姿など，それぞれの発達の段階に応じた価値を見いだし，児童が主体的に取り組めるようにしていくことが大切です。

　また，目標設定が高ければ高いほど，その実現の過程において出合うであろう困難についても触れ，あきらめそうになる自分と対峙し，それを乗り越えた自分をイメージし，夢や希望をもって取り組んでいくことの大切さやくじけずに努力することの美しさについて考える経験も大切にしたいものです。

子どもの実態

中学年
勉強や運動だけでないさまざまことに興味・関心が広がる。自分の好きなことに対して，自分で目標を立て，継続した取り組みができるようになり，計画的に努力する構えも身についてくる。

高学年
高い理想を追い求める時期になる。先人や著名人の生き方に触れ，憧れを抱き，夢や希望を膨らませる。一方，自信がもてなかったり，結果が出なかったりして，夢と現実との違いを意識することもある。

内容項目に基づいた学習内容例（下線は本時）

　先人や著名人を例にした教材が多くみられます。その生き方や業績，目標を達成するまでの葛藤などに触れるなかで，授業においては，教材の主人公の生き方から学ぶことだけでなく，これまでの自分や未来の自分と重ね合わせて考えることも大切です。

　また，以下のようなことに焦点を当てて考えることで，児童のなかにより積極的で前向きな自己像が形成されるようにしていくことも大切です。

・<u>苦しくてもくじけずに努力して物事をやり抜く大切さ。</u>
・失敗を重ねながら夢を実現した人に触れ，希望をもつことの大切さ。
・希望をもつがゆえに直面する困難を乗り越える人間の強さ。

教材名

世界に羽ばたく「航平ノート」（学研『みんなの道徳』）〔小5〕

教材の概要・あらすじ

本教材は，体操競技でオリンピック4大会に出場し，個人総合2連覇を含む7つのメダルを獲得した内村航平選手の小学校時代を取り上げた内容となっています。第一場面では，小学校1年生のときに出場した大会でなかなかよい結果が出せなかった内村少年が，母から励まされるたびにがんばろうという思いを膨らませる様子が描かれています。第二場面では，高学年になった内村少年が，ノートに自分のイメージした高度な技を描きため，なりたい自分を明確にもちはじめる様子が描かれています。第三場面では，父が改築した体育館に設置されたトランポリンを使って，ノートに描いた技に挑戦し続ける姿が描かれています。何年もかけ，あきらめずに努力を続けた内村選手の小学校時代が将来の活躍につながったことが描かれた教材です。

教材と内容項目のつながり

本教材は，著名人の幼少期の実話をもとにした内容であり，児童にとって身近な存在として考えられるのではないでしょうか。また，場面ごとに焦点化された内村少年の心情や行動に目を向けることで，より深くねらいと向き合うことができるのではないでしょうか。

たとえば，第一場面での内村少年は，大会でなかなかよい結果が出せないことが続きます。ここでは，あきらめてしまいそうな自分と苦しくてもくじけずに努力を続けようとする自分の両方について深く考えることができます。

第二・三場面では，第一場面での葛藤を受け，それでも夢に向かって努力を続けようとする内村少年のすばらしさに気づかせることで，より高い目標をもつことや希望をもつことなどの大切さについて深く考えることができます。

また，自分の夢をかなえるまでの過程において，母の励ましや父の援助があったことにも触れることで，自分自身の努力だけでなく，まわりの人の励ましや賞賛が自分を支えていることに気づくこともできます。

それぞれの場面での内村少年の心情について考えていくことも大切にしたいのですが，努力を続けることのできた理由を考えさせるような分析的な発問を取り入れ，くじけずに努力して物事をやり抜く大切さにも気づくことができるよう配慮したい教材です。

主題名

くじけず努力する大切さ

ねらい

内村選手が世界に注目される選手になるまでの努力の過程を分析的に考えていくことで，夢や希望をもつことの大切さに気づき，くじけずに努力を続けていこうとする心情を育てる。

学習指導過程

	主な学習活動	主な発問（○）と 予想される児童生徒の反応（・）	指導上の留意点
導入	1. 内村選手の演技を見て，教材に対する問題意識をもつ。	○内村選手は，昔から世界に注目される選手だったのでしょうか。	※内村選手の動画 ・動画を見ている児童が自然と発する言葉を板書していく。
		【学習テーマ】 内村選手は，どうしてこんなに世界に注目される人になれたのだろうか。	
展開	2. 内村選手が，世界に注目される人になった理由を考える。	○教材のなかにヒントがあるかもしれません。読んでみましょう。 ○何かありましたか。	※範読 ・全文を読んだあと，テーマに対する児童の答えを挿絵とともに板書していく。
	3. 内村選手の葛藤について考える。	○内村選手は，途中でやめたいと思わなかったのでしょうか。	・スケールチャートに内村選手の思いを表すようにさせることで，葛藤に共感できるようにする。
	4. 内村選手の努力について考える。	○なぜ，こんなにもがんばり続けられたのだろう。 ・今の努力は将来の自分に返ってくるから。	
終末	5. 内村選手に学ぶことをまとめる。	・努力は実る。 ・あきらめないこと。	・努力していることを紹介し合う。

板書

子どもの姿

　まず，YouTubeにある内村選手の動画を視聴しました。競技の様子を見ながら驚きと称賛の声がたくさん聞こえてきたので，その声をできるだけ板書しました。そして，「どうしてこんなに世界に注目される人になれたのだろうか」という問いを中心のテーマとしました。

　教材を読む前に，テーマの答えを探すように伝えておき，範読のあとに，子どもたちが見つけた答えを教材の時系列に沿って紹介し合いました。児童からは，「母の励ましのおかげ」「悔し涙が力になったから」「悔し涙のおかげで努力しようと思えたから」「自分から技の研究をしたから」などの意見が出されました。

　範読の前から，「才能があったから」「努力したから」という意見もあったため，「内村選手は，途中でやめたいという気持ちをもたなかったのか」と問い，その度合いをスケールチャート上に表すようにさせ，内村選手が努力の過程で抱いた葛藤についても考えられるようにしました。その話し合いにおいては，「今まで続けてきたから，逃げたくはなかったのではないか」「努力を積み重ねて，自信が出てきた」などの意見が出され，希望をもつことの大切さや困難を乗り越える強さに気づいていく様子がみられました。

　授業の終わりに，内村選手から学ぶことを道徳ノートにまとめ，発表し合う際には，「あきらめずに努力を続ければ，未来の自分に返ってくる」「努力は無駄にならない」などの意見が出され，苦しくてもくじけずに努力して物事をやり抜く大切さを感じているようでした。それをふまえ，自分が今努力していることを紹介し合い，努力を続けていこうとする思いを共有しました。

指導案 ⑨	中学校 A-(4)	希望と勇気，克己と強い意志

理論編との関連

　この教材では，主人公の高津カンナさんが壁にぶつかり，行きづまり，絶望したときにお父さんの短くなった鉛筆を見て自分を奮い立たせます。そこにあるのは，困難や失敗に負けない「忍耐」，自分の弱さに打ち勝つ「克己」，挑戦し続ける心などでしょう。

　努力，克己，強い意識といった徳を発揮できない心情の弱さや怠惰さを見つめる必要があります（☞p.22）。『中学校解説』でも，「自己の内面にある気まぐれや無計画，怠け心などの弱さ」に言及されています。本内容項目の授業では，より高い目標を実現するうえでの「阻害条件」（村上 1973: 119–121）をとらえておく必要があります。

　その一方で，より高い目標を実現するためには「計画的に努力する」（『小学校解説』）ことや「計画的に実行」（『中学校解説』）することも大切です。「自分の資質や能力を客観的に理解することや，それらを乗り越えるための見通しをもつことが大切であり，無謀な対応とならないようにすること」（赤堀 2021: 111–112）も必要でしょう。ここで，アリストテレスが，勇気を臆病と向こう見ず（無謀）の中間（中庸）ととらえていることを思い出しましょう。つまり，努力や勇気を発揮すればすべてがうまくいくわけではありません。目標が達成されなかったときや失敗したときには，「その原因は何であったか，自分の弱点は何であったか，時間は有効に活用されたか，目標は高すぎてはいなかったか，といった問題を分析する必要があ」（行安 2009: 17）ります。このように，より高い目標を実現するためには，熱い情熱と強い意志だけでなく冷徹な知性も必要です（髙宮 2023a）。

内容項目の把握

〈内容項目の学年段階とキーワード〉

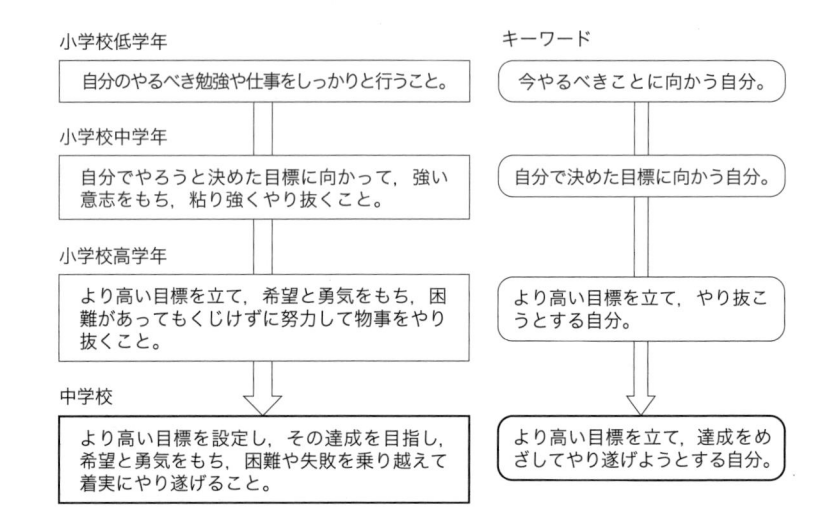

小学校低学年

> 自分のやるべき勉強や仕事をしっかりと行うこと。

キーワード

> 今やるべきことに向かう自分。

小学校中学年

> 自分でやろうと決めた目標に向かって，強い意志をもち，粘り強くやり抜くこと。

> 自分で決めた目標に向かう自分。

小学校高学年

> より高い目標を立て，希望と勇気をもち，困難があってもくじけずに努力して物事をやり抜くこと。

> より高い目標を立て，やり抜こうとする自分。

中学校

> より高い目標を設定し，その達成を目指し，希望と勇気をもち，困難や失敗を乗り越えて着実にやり遂げること。

> より高い目標を立て，達成をめざしてやり遂げようとする自分。

〈内容項目のポイント解説〉

「希望」「勇気」「克己」「強い意志」に込められている意味をおさえましょう。

「希望」とは自分で思い描いたあるべき姿，よりよい状態の実現を願う気持ちであり，「勇気」とは，不安や恐れを抱いて躊躇する気持ちに屈せずに，自分が正しいと思うことをやり遂げようとする積極的な気力をいいます。

また，「克己」とは，自らの欲望や快楽に打ち勝つことをいい，「強い意志」とは，困難や失敗があっても，それを乗り越えようとする思いをいいます。

このような姿や力，思いが育まれるような授業を心がけましょう。

子どもの実態

高学年

> 自分が目標をもったことに対して，苦しくてもくじけずに努力することで大きな成果や充実感を得られることに気づいたり，より高い目標を立て，希望と勇気をもち，どんな困難があってもくじけずに努力して物事をやり抜こうとすることのよさを考えたりしてきた。

中学生

> 入学した時期は，学習や部活動に大きな期待や夢を抱き，今の自分を高めようとする姿がさまざまな場面でみられた。しかし，定期テストの結果や他者との比較，親の過度な期待などに心が押しつぶされ，安易な選択をしてしまうことが多くなる。また，上級生になると，少しずつ課せられる事柄がむずかしくなり，希望を抱いたり，勇気をもって行動したりすることに対して不安や困難が大きくなる。

内容項目に基づいた学習内容例（下線は本時）

中１ ①生活のなかでの具体的な目標や体験を振り返り，目標の達成にはどんなことが必要なのかを考える。

↓ ②自らの歩みを自己評価することの大切さを考える。

③達成できたときの成就感や満足感の味わいをふまえ，希望をもつがゆえに直面する困難や失敗の体験に対して，勇気をもって受け止め振り返ることの大切さを考える。

中２ ④目標の実現には困難や失敗を乗り越えることが必要であることの実感をふまえ，乗り越えるための自分なりの方法について考える。

↓ ⑤さまざまな人の生き方に学びながら，生涯をかけての理想や目標をもち，困難や失敗

中３ を乗り越えて挑戦し続けることが，日々の生活のどんなところにつながるのかを考える。

教材名

木箱の中の鉛筆たち（あかつき教育図書『自分を見つめる１』）〔中１〕

教材の概要・あらすじ

夢を描き，意気揚々ともの書きとしての自分の才能を発揮しようとする娘（主人公）。ただ，何をしてもうまくいかず挫折しそうになり落ち込む。娘は作曲家である父親に相談を持ちかける。父は娘の悩みを察しながらも，冷静に話をする。そのなかで，父の今を支えてきた木箱のなかの鉛筆を見せられる。そして，「才能がないと気づいたら，こうやって才能をつくりなさい」の言葉をもらい，新たな力を得たような気になる。

教材と内容項目のつながり

本教材は父親の娘に対する思いと，娘自身が自己を見つめながら葛藤する思

いを照らし合わせ，希望をもつことや努力することのあり方を考えることに適した内容です。

　希望をもって自分の道を進もうとするけれど，苦悩や葛藤，不安や恐れを抱いてしまうことは誰しも一度は体験したことがあると思います。本教材に描かれている父親と娘はまさに同様の体験をしています。父親はずっと昔に，そして娘は体験している最中です。そんな娘が再度希望をもてるように，また，そのなかで勇気を抱けるようにと父親ははたらきかけています。「才能がないと気づいたら，こうやって才能をつくりなさい」の言葉からどんなことを連想するでしょうか。たとえば，才能とは生まれもったものではなく，自らつくることができるものでもあるのだという新たな考え，自分のなかにある才能とはいったいどのようなものがあるのだろうかという期待，また，自分にどんな才能があるのかはわからないけれど，前を向いてもう一度希望をもって歩もうとする勇気などを連想することができるかもしれません。

　そのため，本時の終末では父の言葉を手がかりに問いを投げかけ，ひとりでじっくりと考える時間を設けます。中学生となり，少しずつ現実が見えてきて，もっていた希望，抱いていた勇気が少しずつ薄れてきた時期だからこそ，改めて今の自分を見つめ，信じていくことの大切さや，困難や失敗を受け入れ，それを乗り越えていくなかにある成長などを，自分のこととして考えを広げたり深めたりしてほしいものです。

主題名

　夢を追い求める心

ねらい

　自分自身の今を見つめながら，困難に屈しないで粘り強く着実にやり抜こうとする実践意欲を育む。

学習指導過程

	主な学習活動	主な発問（○）と 予想される児童生徒の反応（・）	指導上の留意点
導入	1.「才能」について考える。	○自分のことを才能がないと思っている人が，前を向いて生きていくためにはどうしたらいいと思うかな？ ・とにかくがんばるしかないと思って日々を生きる。 ・いったんあきらめる。そして，また仕切り直す。	・才能に対するイメージを高めるために，各分野で活躍している人を才能のある人として紹介する。 ・ICTを活用して全員の考えを共有する。その後，本時のテーマ「才能」を伝える。
展開	2. 教材を黙読する。その後，父親の思いを考える。	○父親はどんな思いで木箱の鉛筆を見せたのかな？ ・がんばるとか努力するっていうのは，これだけのことをすることなんだということを伝えたいと思った。 ・今の娘なら鉛筆に込められた意味がわかるのではないかと思った。 ・お父さんも同じ道を歩み踏ん張ってきたから今があるんだよと気づいてほしかった。	・教材内容の把握度を高めるために，読みの視点「父親の思い」を伝える。 【問い返しポイント】 ☆どうしてそう思うのかな？ ☆娘のぼんやりした状況からどんなことに気づいたのかな？ ☆「そう……」とうなずいた娘が考えていることってどんなことなのかな？ ☆どうして父親はちびた鉛筆を残しているのかな？
	3. 自己のあり方を振り返る。	○娘の心は父親の言葉で前進しているね。では，今の自分の心はどんな事柄があったら前進していくと思うかな？ ・今自分が掲げている目標に対して少しでも近づくように努力することだと思う。	・希望や勇気を抱きながら歩んでいく生き方を多様な視点から考えられるようにするために，以下のポイントに留意して問い返す。 【深い学びにつながる問い返しポイント】 ☆どうしてそう思うのかな？ ☆今の努力って，本当に努力といえるものなのかな？ ☆「もうできない」と思ってしまうときにはどうしたらいいのかな？
終末	4. これからの自分の生き方を考える。	○父親がプレゼントした「才能がないと気づいたら，こうやって才能をつくりなさい」の言葉や仲間の考えからどんなことを感じたかな？ ・才能の有無ではなくて，自分でつくっていくことが大切なんだと気づいた。 ・失敗ばかりで挫折しかけていたけど，自分はできるって信じ，できるまでチャレンジしていこうと思った。	・本時の学びをさらに深める一助として，『私たちの道徳』（p.8）掲載教材を紹介する。その後，左記の発問を投げかけ，本時の学びの振り返りにつなげる。 ・多様な考えに触れ合わせ，視野が広がるようにするために，必要に応じて発表の場面を設ける。

板書

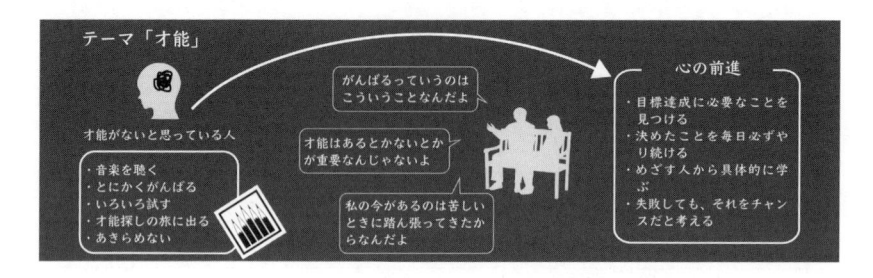

子どもの姿

子どもたちは，最初の問いに対して，ICT を活用しながらそれぞれの考えを共有し，多様な学びをしていました。そのなかで，「才能」というものに対して，あるからがんばる，なかったらがんばることがむずかしいとい

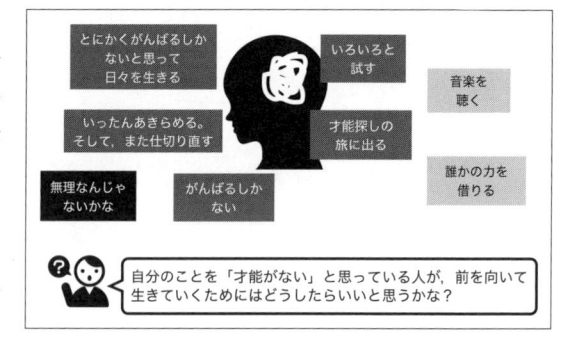

う思いをもっている子どもが多いように感じました。そこで，まずは教材を範読する前に，教材内で登場する右写真にあるようなちびた鉛筆を実際に見せ，「こんなに鉛筆が短くなるまでには，どれくらいの文字を書けばいいと思うかな？」という問いを投げかけました。すると，

子どもたちは指折り数えだし，文字数の多さを表現していました。その後，教材を範読すると，娘の悩みや葛藤以上に父の伝えたいことについて鉛筆をとおして考えようとしていました。終末では，自分のなかにある才能を自分のこととして見つめている様子でした。

<table>
<tr><td>指導案
⑩</td><td>小学校
A-(6)</td><td>真理の探究</td></tr>
</table>

理論編との関連

　本内容項目では，偉人教材が扱われることが多いことから，ひとつ前の内容項目である「希望と勇気，努力と強い意志」に当たる考えが児童から出されがちです。もちろん，内容項目相互の関連をとらえることは重要ですが（☞p.3），それと同時に，本内容項目がある以上は，この内容項目に固有の内容をとらえておく必要があります。そのように考えるとき，真理の探究の目的と方法，促進条件と阻害条件を分けて考えることが重要になります。

　真理の探究の目的は，①「真理を愛する心」（『小学校解説』），すなわち真理愛と，②「生活を改善」（『小学校解説』）することや「よりよい社会を創」（『中学校解説』）ることでしょう。たとえば，多くの考古学者にとっては，社会の進歩や発展をめざすことよりも，真理を発見したいという①の真理愛が探究の目的であるように，①と②が必ず合致するとは限りませんので，ふたつを区別しておくことが重要です。

　真理の探究の方法は，『小学校解説』にある通り，わからないことをわからないままにしないことや，「自分の生活を少しでもよりよくしていくために工夫」することです。そのための促進条件（心構え）としては，「物事を多面的・多角的に見ようとする開かれた心」「好奇心」や「疑問やわからないことへの興味，関心」が必要でしょう。理論編では，「私たちは，ある限られた立場からしか物事を理解できていないのではないかとたえず自らを疑い，より開かれた立場で考え，物事の真理に到達できるように取り組み続けていく姿勢をもつことが求められる」（☞p.28）とされていました。

　理論編では，真理の探究の阻害条件として，「自分ひとりだけの立場では，見方や考え方が一面的になることを免れず，どうしても偏見や先入観にとらわれて物事をとらえてしまうこと」があげられていました（☞p.26）。つまり，ひとりだけでは偏見や先入観にとらわれていることに気づけないこともあるので，仲間と協働して探究することも時に重要かもしれません。それはちょうど，プラトンの洞窟の比喩で，洞窟のなかにいる人々が哲学者という教師を必要としていたことと似ているかもしれません。

内容項目の把握

〈内容項目の学年段階とキーワード〉

第5学年及び第6学年	キーワード
真理を大切にし，物事を探究しようとする心をもつこと。	真理，物事の本質，探究，開かれた心，工夫，疑問，多面的・多角的にみる。

〈内容項目のポイント解説〉

　この内容項目は，小学校では「真理の探究」，中学校では「真理の探究，創造」です。「真理」とは，すべての人が認める普遍的で妥当性のある法則や事実，正しいあり方などのことです。真理を深く考え，筋道をたどり明らかにするとともに，新しいものを求め，工夫していこうとする心を育むのがこの内容です。

　現行の学習指導要領では，小学校（第5学年および第6学年）から示されています。道徳科の内容は，道徳的価値を認識できる能力や社会認識の広がり，生活技術の習熟度および発達の段階などを考慮し，精選されています。小学校第3学年から設定される総合的な学習の時間の学習活動などの経験をふまえ，第5および6学年からこの内容を認識すると考えられているのだと想像できます。

　髙宮（2023b）は，真理の探究を目的と方法に分けて説明しています。

　真理の探究の目的は，真理を愛する心とよりよい社会をつくりたいという思いにあります。つまり，純粋に真理を求める自分に従い，問題解決・探究していきたいという目的と，積極的に新しいものを求め，生活を工夫していくことで社会をよりよくしていきたいという目的です。

　方法としては，想像力をはたらかせること，従来の思考の筋道から離れる柔軟性をもつこと，疑問やわからないことにこだわり続けることなどが大事です。また，真理の探究を促進する条件としては，好奇心，広い視野に立って多面的・多角的にみようとする開かれた心や，結論を鵜呑みにせずに論理的・批判的に考える姿勢，粘り強く考え続け，必ずやり遂げるための「努力」と「強い意志」があげられます（『中学校解説』）。

子どもの実態

〈小学校高学年〉

小学校中学年からはじまる「社会科」「理科」「総合的な学習の時間」などの授業において、問題解決したり、探究的な学習に取り組んだりする経験をしています。探究的な学習のよさを理解し、主体的に問題解決する態度や課題の解決に必要な知識および技能など、問題解決や探究にかかわる資質・能力を身につければ、自ずと真理を大切にし、物事を探究しようとする心も育まれているはずです。

しかし、一方で、教師主導の枠にはまった授業をくり返したり、授業が「やらされる」問題解決・探究に終始してしまったりしていれば、問題解決や探究にかかわる資質・能力も道徳性も育まれていない可能性は否定できません。

高学年の児童は自己のよりよい成長をめざそうとする反面、しだいに易きに流れて現状に甘える傾向もみせるようになります。

そのような状況を乗り越えて物事の真の姿を見極めようとする意欲を高め、児童の考え方や感じ方をより創造的で可能性に富むものにしていきたいです。

成長をめざす

現状に甘える

内容項目に基づいた学習内容例（下線は本時）

高学年	・「探究心を呼び起こすには？」 　自分の疑問を大事にし、物事を探究しようとする心をもって生きていこうとする。 ・「<u>真理を求めていくとは？</u>」 　<u>真理を大切にし、進んで新しいものを求め、工夫して生涯をよりよくしようとする</u>。 ・「真理を探究するためには？」 　物事を多面的・多角的にみようとする開かれた心をもって、疑問を探究し続け、物事の本質を見極めようとする。

教材名

天からの手紙（文部科学省『私たちの道徳 小学校5・6年』）〔小5〕

教材の概要・あらすじ

　本教材は，雪や雷などの研究において先駆的な存在だった中谷宇吉郎の人工雪誕生の研究にまつわる話である。

　日ごろから雪害を防止したいと思っていた宇吉郎は，ある日，手にした写真集の雪の結晶の美しさに感動し，雪の研究に着手する。実験装置づくりや，雪の核になるものを求めて失敗をくり返しながらも工夫を続け，ついに，うさぎの毛を利用して雪の結晶づくりに成功する。ある夜，空を見上げ，降ってくる雪を見た宇吉郎は，上空の状態を教えてくれる雪を「天からの手紙」だと思う。

教材と内容項目のつながり

　真理を愛する心とよりよい社会をつくりたいという真理を探究する目的をもち，新しい考えを取り入れ，次々に工夫していく宇吉郎の姿が描かれています。「天からの手紙」という題名や，最後に書かれている研究が成功し，空を降ってくる雪を見上げるエピソードは印象的で，子どもの心に残ると考えられます。

　そこで，中心的な発問として「宇吉郎は「天からの手紙」を，どう受け取ったのか？」とし，雪を研究する宇吉郎の思いや工夫，努力を考えていきます。子どもの思考や話し合いの展開に沿って，「宇吉郎の研究は，自分のためだったのか？　それとも，みんなのためだったのか？」と追発問し，宇吉郎が真理を探究した目的をさらに考えていきます。

　「真理」や「探究」といった言葉は，総合的な学習の時間や他の教科などの授業で意図的に使われていなければ，子どもたちがその言葉に触れる経験は少なく，意識して生活をした経験も少ないことが予想されます。「真理の探究」の内容項目を扱う道徳授業では，子どもが「真理」や「探究」という言葉を知らないから，なじみがないから使わないのではなく，意図的に出会わせる場とすることを大事にするという考え方もあると思います。

　今回は，「真理」とは，「確実な根拠によって本当だと認められたこと」という辞書的な意味を伝えることを導入としました。

主題名

真理を求めるとは？

ねらい

宇吉郎が受け取った「天からの手紙」について話し合い，真理を求める意味を考えることをとおして，真理を大切にしようとする態度を養う。

学習指導過程

	主な学習活動	主な発問（○）と 予想される児童生徒の反応（・）	指導上の留意点
導 入	1.「真理」という言葉を知り，イメージをもつ。	○「真理」という言葉を知っていますか？ ・知らない。	・真理の辞書的な意味を伝える。
	真理を求めるとは，どういうこと？		
展 開	2. 教材を読んで，心に残ったことや疑問を話し合う。	○心に残ったことや疑問は何ですか。 ・無理と言われても考え続けた。あきらめない。 ・好奇心。研究は大事。	・児童の教材の感想から，思考に沿って，授業を構成する。
	3. 宇吉郎の雪の研究の目的，工夫，努力，思いなどを話し合う。	○宇吉郎は，どうやって「天からの手紙」を受け取ったと思いますか。 ・ずっと考えて，きっかけを見つけた。 ・疑問をくり返し考え，積み重ねる。	・「天からの手紙」をキーワードに考えることで，宇吉郎の目的，工夫，努力，思いなどを多面的に考える。
	4. 宇吉郎の目的を考える。	○宇吉郎の研究は自分のため，みんなのため，どちらでしょうか。 ・楽しくて研究する。 ・社会を変えるため。 ・自分のしたいことだからのめり込む。結果，人のためになる。	・宇吉郎の研究の目的を考えることで，自分の興味や好奇心に従うよさや創意・工夫が社会をよりよくしていくことを考える。

	5.「真理を求めるとは，どういうこと?」というテーマについて考える。	○テーマについて考えたことを書きましょう。 ・自分で確かめること。僕もしている。 ・本気で取り組んだものは，いつかみんなのためにもなる。 ・やりたいことあったら，どんどんやる。	・自分に結びつけて価値を認識したり，自分のことを認識したりできるような発問をする。 ・一人ひとりが納得解をもてるように，テーマに対して書く活動を設定する。
終末			

板 書

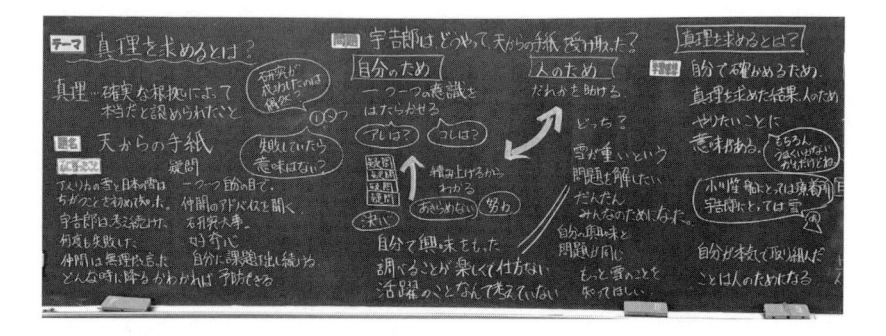

子どもの姿

　導入で真理という言葉を提示し，知らないからこそ，問題意識につながると考え，辞書的な意味を伝えました。そして，テーマ「真理を求めるとは?」を提示しました。

　教材を読むと，宇吉郎の考え続ける姿や研究を成功させることに至る過程を心に残す子どもが多かったです。そこで，「うさぎの毛を発見し，研究が成功したのは偶然ではないか?　失敗したら意味がないのではないか?」と揺さぶりました。

　中心的な発問「宇吉郎は，どうやって「天からの手紙」を受け取ったの?」では，「宇吉郎は，自分に課題を出している」や「「疑問と考える」のくり返し。疑問が積み重なっている」など，探究のサイクルをイメージするような発言がみられました。

　宇吉郎の研究の目的は，「自分のため」なのか，「みんなのため」なのか，ど

ちらかという話題になりました。そこで，挙手によって選択させ，考えること
を促し，さらに話し合いました。「世の中の問題を解決したい」などの「みんな
のため」という考え，「研究すると決めたから」「ここであきらめるわけにはい
かない」など「自分のため」という考え，「人のためとか自分のためとかじゃな
くて，趣味とか，楽しんでやっている。好きでやっている」「研究を続けた結果，
みんなのためになった」など「どちらでもない」という考えが出されました。

　終末では，テーマに戻り，考えを書くことで納得解をもてるようにしました。
「真理の探究」と自分との接点を考えながら，意欲を高めていました。

　児童のノートには，「自分が不思議に思ったことを楽しんだ結果，人のために
もなった。自分のやりたいこと，本気ですることに意味がある」や「自分が知
りたいし，みんなのことを救いたいという思いが重なったんだと思う。誰かに
求められたら，自分に何かできるかもしれないと考える。楽しくなってくるか
も。やってみることが大事だと思った」「自分にどんどん課題を出していく。自
分の生きる道はコレしかない！　自分で突き止めたいものを見つける。やりた
いことがあったら，どんどんやっちゃえばいい」などの記述がありました。

指導案⑪	中学校 A-(5)	真理の探究，創造

理論編との関連

　「新しいものの創造や発見をする目的のためだけに真理の探究をするのではな・・・い」（☞p.27）という点が重要です。つまり，普遍的で妥当性のある法則や事実を探究する「真理の探究」と新しいものを生み出す「創造」は異なる事柄ですので，授業の際にも，「真理の探究」と「創造」のどちらを主題とした授業なのかを明確にしておく必要があるでしょう。

　とはいえ，上述のように，「真理の探究」と「創造」の目的は異なるとしても，その方法や促進条件（心構え）としては重なる点が多いこともたしかです。それは，たとえば「好奇心」「物事の真の姿を探り見極めようと格闘し続ける探究」「これまでにないものを思い浮かべる能力である想像力」「開放的で，従来の思考の筋道から離れる柔軟性をもつこと」「広い視野に立って多面的・多角的に見ようとする開かれた心」（『中学校解説』）などでしょう。この授業では，「固定概念にとらわれずに柔軟に考える心」が，左手だけで演奏する音楽家として生きていく館野さんの生き方に重ね合わされています。また，生徒の答えとして予想されている「発想の転換」は，「真理の探究」と「創造」の両方に必要な心構えだといえそうです。

　また，中学校では，「真実を大切にし」という内容が，小学校では扱われていかなかった内容として新たに加わっています。理論編でいわれている通り，真実と真理を区別しておくことが大切です。『中学校解説』では，「うそや偽りのない本当の姿」で，「真実は，人間としての生き方について考えるときにも用いられる」のに対して，真理は「全ての人が認める普遍的で妥当性のある法則や事実，正しい在り方などのこと」とされています。つまり真実とは，個々人が見いだす自分の本当の姿や真の生き方といった個人的で主観的な真実をも含む広い意味であるのに対して，真理とは，「自分ひとりだけの立場を超えて，より普遍的に妥当するような客観的な真理」（☞p.26）であるといえます。その点では，本教材で描かれているのは真理ではなくて真実であるということができるでしょう。

内容項目の把握

〈内容項目の学年段階とキーワード〉

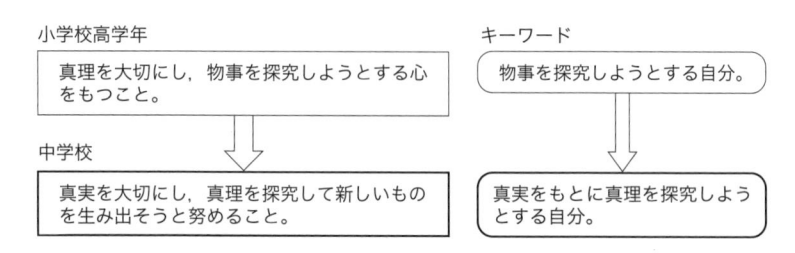

小学校高学年

> 真理を大切にし，物事を探究しようとする心をもつこと。

キーワード

> 物事を探究しようとする自分。

中学校

> 真実を大切にし，真理を探究して新しいものを生み出そうと努めること。

> 真実をもとに真理を探究しようとする自分。

※真理の探究，創造は高学年から新たに学習する内容項目です。

〈内容項目のポイント解説〉

「真実」とは，うそや偽りのない本当の姿のことで，人間としての生き方について考えるときにも用いられます。「真理」とは，すべての人が認める普遍的で妥当性のある法則や事実，正しいあり方などのことです。

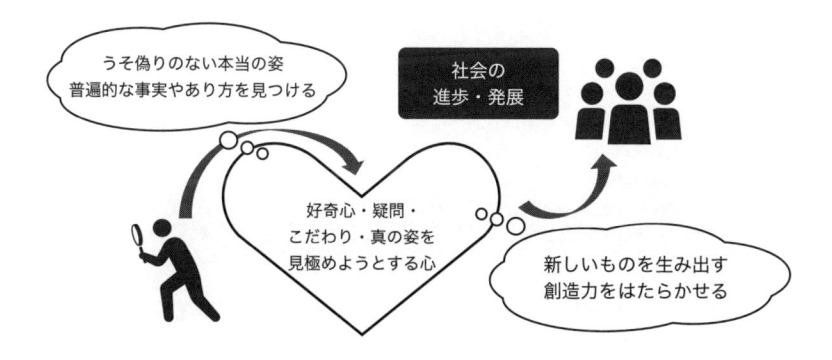

「創造」とは，新しいものを生み出そうとすることです。独自の考えに基づいて物事をつくり出すためには，粘り強く考えるというA-(4)「克己と強い意志」の視点も大きくかかわります。A-(4)の心をもち続けた結果として，この内容項目で学ぶ「真理を大切にし」「探究」する心が少しずつ育まれ，「新しいものを生み出」す姿が表れるという構造になっています。

新しいものを生み出すことは容易ではありませんが，子どもたちがもってい

る探究の芽を育てることで，自分の未来をつくるだけではなく，よりよい社会をつくる原動力を育てることにもつながります。

子どもの実態

高学年

真理を求める態度を大切にし，知的な活動をとおして興味・関心を刺激し，探究する意欲を喚起させる指導が行われています。

中学生

（入学時）

新たな分野を学びはじめることで，新しい知識や技能を獲得することへの好奇心や興味・関心が高まっています。

中学生

学年が上がると，成果が上がらないことで努力をあきらめてしまったり，他の見方や他者の意見を受け容れられず一面的な見方になってしまったり，真実を見極めずに偏った情報を信じてしまったりすることがあります。一方で，人間としての生き方や社会の仕組みなどについて関心が高まり，うそや偽りを憎み，真実を求め，真理を探究しようとする思いが強くなります。

内容項目に基づいた学習内容例（下線は本時）

中1	①わからないことを謙虚に受け止めて探究し続けることの大切さについて考える。 ②真理や真実を求めつつ，好奇心をもって新しいものを創造しようとすることの大切さについて考える。 ③<u>広い視野に立って多面的・多角的にみようとする開かれた心や，論理的・批判的に考える姿勢が，新たな見方や考え方の発見や創造につながることを理解する。</u>
↓ 中2	④真実や真理を探究して，社会の発展や学問，科学技術に貢献した人々の生き方について考える。
↓	⑤葛藤や論争のある問題を道徳的視点で取り上げ，創意工夫して新しい見方や考え方を生み出す体験をし，その大切さについて考える。
中3	⑥社会的な責任を果たすためにどのような行動をとることが大切かを自分事として考える。 ⑦現代的な課題なども取り上げ，どのように社会に参画し，連帯することが大切かを多面的・多角的に考える。

教材名

左手でつかんだ音楽（東京書籍『新訂 新しい道徳2』）〔中2〕

教材の概要・あらすじ

　世界的に有名なピアニストである舘野泉さんの話です。突然の病気によりピアニストの命ともいえる右腕の自由を失った舘野さんは，両手で演奏することを試みるもののなかなかうまくいきません。努力しても努力してもうまくいかず，あきらめかけて1年余りたったある日，息子さんから左手だけで弾くための楽譜を手渡されます。これをきっかけに舘野さんは自分だけが表現できる演奏を求めて練習を重ね，左手だけで演奏する音楽家として生きていく道を見いだしていきます。

教材と内容項目のつながり

　「創造」は，自分の生き方によって積み重ねてきたものや物事の真埋をもとに，よりよいものを生み出そうとする行為や心のあり様です。しかし，生活のなかで，新しいものを生み出すことは簡単なことではありません。さまざまな情報に左右されたり経験からくる偏見や先入観にとらわれたりして，既存のものに甘んじてしまったり，真の姿を見失ったりするからです。一方で，そのような自分を乗り越え，よりよいものを求めて生活しようという心も人間にはあります。このよりよいものを求めて生活しようとする心が基盤となり，柔軟に考える心，新たなものを創造しようとする心，課題意識をもって先人や他者の生き方に学ぼうとする心が生まれます。これらを育んでいくためには，生活のなかで生き方を振り返り，物事の真の姿を求めて生活する意欲を高めていくことが大切です。

　ピアノは右手で旋律を，左手で和音を演奏するのが一般的で，左手だけの演奏は常識を覆す重大な決断です。右手が動かなくなったら，多くの人はピアニストとしての道をあきらめるでしょう。しかし舘野さんは左手だけの演奏という新たな道を生きることを決断します。その決断を支えたのは左手だけでも音楽の本質に迫る演奏ができるという発想の転換です。この考えの根底には，音楽に対する熱い心だけではなく，固定概念にとらわれずに柔軟に考える心や，今までの経験をもとに新たな生き方を創造しようとする心があります。この教材をとおして，このような心の存在に気づき，子ども自身が自らの道を切り拓いていきたいという思いをもてるようにしたいものです。

主題名

未来を切り拓く心

ねらい

未来を切り拓くためには，視野を広げて物事を見つめ直すことのできる広い視野をもって，よりよいものをつくり出そうとする思いが必要であることがわかり，自己の人生を切り拓いていこうとする意欲を高める。

学習指導過程

	主な学習活動	主な発問（○）と 予想される児童生徒の反応（・）	指導上の留意点
導入	1. 未来を切り拓くために必要なものを考える。	○未来を切り拓くためには何が必要でしょうか。 ・努力　・学力　・時間 ・気持ち，やる気　・人間関係 ・お金	・価値の方向づけをしながらより深く考えられるように，それらがすべて揃えば本当に未来が切り拓けるか問い返す。
展開	2. 左手で演奏したCDを聴き教材を読む。 3. 主人公が音楽をやめなかった理由を考える。	○舘野さんは，なぜ音楽をやめなかったのでしょうか。 ・音楽が好きだからかな。 ・片手でできる音楽に出会った。 ・音楽のよさは，テクニックだけではないはずだからだと思うな。 ・自分の生き方は，音楽なしでは考えられないと思ったのだと思う。 ○舘野さんが未来を切り拓くことができたのは，なぜでしょうか。 ・左手用の楽譜に出会ったから。 ・新たな希望を見つけられたから。 ・新しい世界が拓けることを知ったから。	・教材への興味を喚起させ，ねらいに迫れるように，左手で演奏していることは伏せて演奏を流す。 ・舘野さんの人物像をとらえられるように，舘野さんの音楽に対する見方を考えるよう促す。 ・舘野さんの生き方に迫れるように，「もし両手だけでずっと弾こうと試みたら，舘野さんはどんな人生を歩んでいたかな」などと問いかける。
	4. 本時の学びを自分とのかかわりで考える。	○あなたのまわりに舘野さんのように未来を切り拓いた人はいますか。 ・大谷翔平選手かな。二刀流でがんばっているのは本当にすごい。	・学んだことを生き方と重ねながら考えられるように自分のまわりの人に目を向ける問いかけをする。

終末	5. 本時の学びとこれからしていきたいことを記述する。	○未来を切り拓くために，必要なものをもう一度考えてみましょう。 ・発想の転換が必要だと思う。ひとつのやり方にこだわりすぎずに，いろいろな見方をしていきたいな。	・学んだことを自分の生活や生き方とつなげて考えられるように学んだこととやっていきたいことを記述する時間を確保する。

板 書

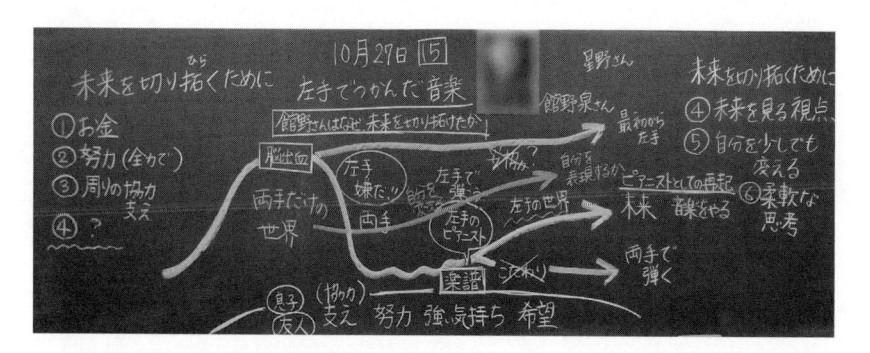

子どもの姿

導入で，「未来を切り拓くために必要なものは何だろう」と問いかけたところ，①お金（物質的な目に見える条件），②努力，③周囲の協力や支え（目に見えない精神的な条件）の３点が出てきました。本当にこれだけか問うと，「まだありそうだけど，わからない」というつぶやきが聞こえました。

最初に「このお話の主人公はピアニストなんだけど，その方が弾いた曲があるので聴いてみよう」と曲を聴きました。子どもたちは「うまいなー」と言いながら聴いていましたが，左手だけで弾いていたこと，今日の話の主人公であることを伝えると「えっ！」と驚きの声を上げました。教材を読んだあと，「舘野さんは未来を切り拓けたといえるかな」と問いかけ，これを主発問として考えました。

おもしろかったのは「もし両手だけでずっと弾こうと試みたら舘野さんは今よりすごい演奏ができていたのかな」と問い返したときの反応です。子どもた

ちからは「両手で弾くというこだわりをなくして弾いたからこそ，舘野さんらしい演奏ができるようになった」「努力したらできるようになったかもしれないけれど，今までの自分を超えられず舘野さんは満足しなかったと思う」など，固定概念をなくして考えたことで，自分らしい生き方ができたという意見があがりました。板書では主人公が歩んだ人生を矢印で示し，人生の岐路での判断がその人の生き方を反映すること，やわらかく考え選択することが新たな人生を切り拓くことに気づけるようにしました。

　終末に再度，未来を切り拓くために必要なものを問いかけたところ，「未来をみる視点」「柔軟な思考」など，最初は出てこなかった意見が出てきました。

■内容項目Ｂ：主として人との関わりに関すること

| 指導案① | 小学校 B-(7) | 親切，思いやり |

理論編との関連

　この授業の魅力は，小学校高学年の本内容項目に含まれている「相手の立場に立つ」という思いやりの成立条件が，教材の登場人物の３つの立場のそれぞれに応じてとらえられていることです。バスのなかで泣きだした赤ちゃんのお母さんは，他の乗客が望んでいることを推し量り，自分の本来の目的地よりも手前の停留所で降りようとしました。お母さんのその思いを感じ取った運転手は，お母さんが本当に望んでいることを推し量って「目的地はどこですか」とたずねるとともに，乗客にアナウンスをしました。他の乗客は，そのような運転手の願いを推し量って拍手するとともに，その拍手によってお母さんを励ましました。

　「相手の立場に立つ」ことは，カントのように，自分の幸福観ではなく相手の幸福観に基づいて親切を行うことだという解釈もできますし，ノディングズのケアの倫理のように相手の動機が転移することだととらえることもできます。

　本授業は小５の実践なので，上述のように「相手の立場に立つ」ことの大切さをとらえることが重要です。しかし，同じ教材を用いた中学校の授業であれば，発達の段階や生徒の実態に応じて異なったとらえもできるでしょう。たとえば，運転手がアナウンスをして乗客によびかけたことは，お母さんには「重荷」にならないか。これは，理論編で親切・思いやりと尊敬は緊張関係にあると述べたことと対応します。あるいは，お母さんは降りたいと言っているのだから，降りることはお母さんの「自由」ではないのか。また，運転手のアナウンスは他の乗客にとっては押しつけになっていないか。これは，相手には自分にとって何が幸福であるかを選択する自由があると述べたことと対応します。もちろん，こうした批判的な読みは教材を貶めるためではなく，教材に含まれた親切，思いやりに関する多面的・多角的な価値理解をとらえておくためです。生徒を無理に批判的な読みに誘導する必要はありません。

内容項目の把握

〈内容項目の学年段階とキーワード〉

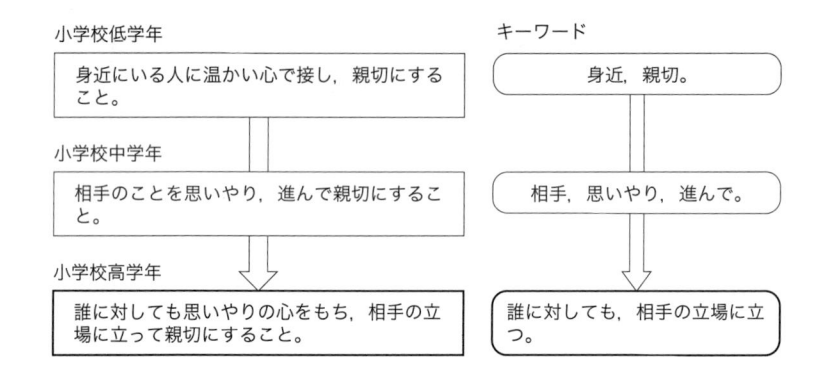

小学校低学年

> 身近にいる人に温かい心で接し，親切にすること。

小学校中学年

> 相手のことを思いやり，進んで親切にすること。

小学校高学年

> 誰に対しても思いやりの心をもち，相手の立場に立って親切にすること。

キーワード

> 身近，親切。

> 相手，思いやり，進んで。

> 誰に対しても，相手の立場に立つ。

〈内容項目のポイント解説〉

　相手に対する「思いやりの心」はよりよい人間関係を築くうえで求められる基本的姿勢です。しかし，自分のことばかりを考えたり，自分の想いだけを主張したりしていてはよりよい人間関係を構築することはできません。お互いが相手に対して思いやりの心をもって接するためには以下のことが必要です。

①相手の気持ちや立場を自分のことに置き換えて推し量ること。
②相手の存在を受け入れ，相手のよさを見いだそうとすること。
③相手に対してよかれと思う気持ちを相手に向けること。
④たんに手を差し伸べるだけでなく，時には相手のことを考えてあたたかく見守ること。

　上記のようなことを念頭に置き，学校の人々や友だちなどさまざまな人と直接的に多様なかかわり合いをもてるようにするうえで，相手の立場を考えたり，相手の気持ちを思いやったりすることをとおして，思いやりや親切な行為の意義を実感できる機会をつくっていく必要があるでしょう。

子どもの実態

中学年

人間関係が広がるなかで，相手の気持ちを察したり，相手の気持ちをより深く理解することができたりするようになる。
一方で，自分の考え方が他の人の考え方と同様であると思い込んでしまうことがある。

高学年

自他を客観的にみられるようになってくる。そのため相手の置かれている状況を自分自身に置き換えて想像できるようになる。
また，地域社会における公共の場など，より多様な人と接する機会が多くなってくる。

内容項目に基づいた学習内容例（下線は本時）

低学年	①身近にいる人にあたたかい心で接し，親切にすることの大切さについて考える。
	②身近にいる人との触れ合いのなかで，相手のことを考え，やさしく接することについて考える。
↓	③学校での人間関係で，相手の気持ちを察し，気持ちをより深く理解することで親切にすることの大切さについて考える。
中学年	④さまざまな人のなかで，相手の置かれている状況を自分のことと想像することで親切な行為を自ら進んで行うことの大切さを考える。
↓	⑤特に相手の立場に立つことを強調し，自分自身が相手に対してどのよう接し，対処することが相手のためになるのかを考える。
高学年	⑥人間関係の深さの違いや意見の相違を乗り越え，思いやりの心とそれがともなった親切な行為を広げていくことの大切さを考える。

教材名

バスと赤ちゃん（日本文教出版『中学道徳 あすを生きる1』）〔小5〕

教材の概要・あらすじ

　バスのなかで泣きだした赤ちゃんを抱いたお母さんが，バスを降りようとします。降りようとするお母さんに運転手が「目的地はここですか？」と声をかけ，さらにバスのアナウンスで乗客に「どうか皆さん，お母さんを一緒に乗せていって下さい」と訴えかけます。するとひとりの拍手につられ，バスの乗客

全員の拍手が生まれたのです。バスに乗車していた筆者は，この場面が16年たった今でも心に残っているという内容です。

教材と内容項目のつながり

　この教材は，主人公が道徳的に変化するのではなく，運転手のアナウンスにより，「場」の雰囲気が道徳的に変化する教材です。

　「場」の雰囲気の変化をとらえるためには，特定の人物に焦点を当てるのではなく，バスに乗っているすべての人についてとらえる必要があります。

　考えを深めるきっかけとなるのは，自分の子どもの泣き声が他の乗客の迷惑になると気づかうお母さん，お母さんを気づかい，声をかけ，さらに乗客に対してアナウンスをする運転手。そして，その運転手の訴えに対して，拍手で応えた乗客のひとり。それぞれについて考えることをとおして，相手の置かれている状況，困っていること，大変な思いをしていること，なんとかして助けてあげたいという想いなどを自分のこととして考えることをとおして，お母さん，運転手，乗客，それぞれの想いを考えていきます。

　考えを深める場面として，バスの乗客全員の拍手が起きた場面を取り上げます。この拍手は誰の何に対する拍手であるのかを考えることで，拍手の意味を多面的・多角的に考えることができます。たとえば，拍手の対象が「お母さん」の場合は，お母さんに対して，「心配しなくていいよ」や「一緒に行こう」という励ましの意味となるでしょう。また，拍手の対象が「運転手」の場合は，運転手に対して「お母さんのことをよく気づいてくれた」や「運転手の言っていることに賛成」といった意味になるでしょう。このように，お母さんの「気づかい」が運転手の「気づかい」や「思いやり」につながり，そしてその「思いやり」が乗客に伝わり，乗客のお母さんや運転手に対する「思いやり」となり，「思いやり」の連鎖がその場をあたたかい「場」としたことを考えることができます。

主題名

　親切・思いやり

ねらい

　お母さんの気づかいや，運転手の思いやり，乗客の拍手をとおして，お互いが相手の気持ちや立場を推し量り，相手に対してよかれと思う気持ちを相手に向けるという思いやりの心情を養っていく。

学習指導過程

	主な学習活動	主な発問（○）と 予想される児童生徒の反応（・）	指導上の留意点
導入	1. 教材を範読する。 2. 心に残ったところを発表する。	○心に残ったところはありますか？ ・乗客の拍手に感動した。 ・乗客も運転手さんもやさしい。	・道徳的諸価値の前理解を確認する。
展開	3. 乗客を気づかうお母さんの気持ちを考える。	○なぜお母さんはバスを降りようとしたのか。 ・赤ちゃんの泣き声が迷惑になるから。 ・乗客の人に気をつかわせないように。	
	4. 運転手さんの気づかいについて考える。	○なぜ「目的地はここですか」と聞いたのか。 ・お母さんが気をつかっているから。 ・昔はみんな赤ちゃんだから大丈夫。	・思いやりが連鎖し，それがあたたかい場へと変わっていくことを考えさせる。
	5. 乗客の拍手の意味を考える。	○拍手にはどんな思いがあるのか。 ・運転手のお母さんに対しての気づかいに。	【補助発問】 ○なぜ思いやりはつながっていくのか？
	6. 私にとって何が心にしみる思い出なのかを考える。	○私にとって何が心にしみる思い出なのだろう？ ・運転手とお母さんの気づかいや気づき。 ・みんながあたたかい気持ちで母と赤ちゃんを見守ろうとすることに対する拍手。 ・自分も相手もいい気持ちになるから。	
終末	7. 自己の生き方についての考えを深める。 8. 感想を書く。	○みなさんは今日の勉強をとおして，何を大切にしたい？ ・思いやりがつながることで，みんながあたたかい気持ちになる。	

板 書

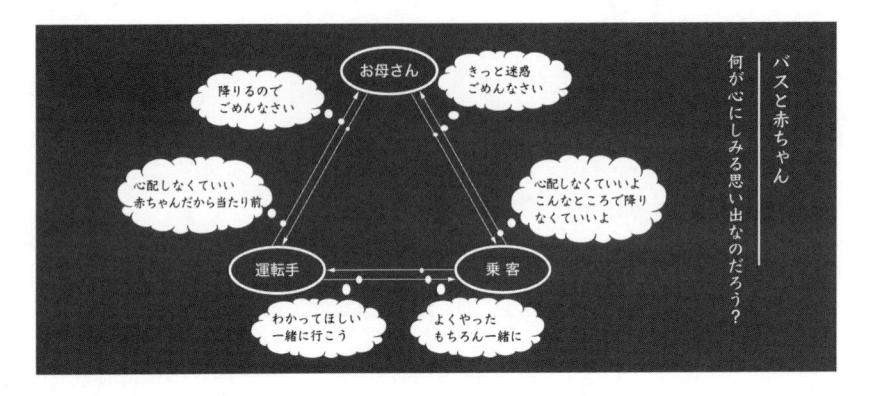

子どもの姿

　「思いやりの連鎖」から生まれるあたたかい場について子どもたちと一緒に考えていきたいと思い，まず「心に残ったところはどこか？」という問いからはじめました。子どもたちは「お母さんの気づかい」「運転手の思いやり」「乗客の思いやり」の３つのそれぞれの思いやりや気づかいについて感じ取ることができていました。

　子どもたちの発達段階を考慮して，３つの個々の思いやりからそれらがつながり，関連していくことについて考えることができるようにお母さん，運転手，乗客の順で発問をしました。

　事前学習のなかで「なぜ乗客はしんどいはずなのに拍手をしたのかな？」という「おたずね」がありました。この「おたずね」を取り上げることで乗客についての思いやりが多面的，多角的に考えることができました。また，運転手についても「このアナウンスはお母さんにとってはいいかもしれないけれど他の乗客にとっては迷惑なのでは？」とあえて批判的な問い返しをすることで運転手の思いやりについても同じように多面的，多角的に考えることができました。

　それぞれの思いやりがつながり，あたたかい「場」になったことについて視覚的にもわかるように板書を構成しました。その板書を見ながら最後に「私にとって何が心にしみる思い出なのかな？」と問うことで，「みんなが思いやりをもっている」や「みんなが思いやりをもてば，みんながうれしくなる」といっ

た意見が出ました。このように考えることで，気持ちのよい社会をつくるには思いやりや配慮が必要であることに気づくことができました。

指導案 ②	小学校 B-(8)	感　謝

理論編との関連

　この授業では，親切，思いやりと感謝との関連が扱われています。理論編でいわれている通り，感謝とは「神聖な義務」であり，他者から親切を受けた恩を完全に返済することはできません。この教材では，ロベーヌの養成所の月謝代を送ってくれていたジョルジュ爺さんが亡くなってしまうので，本人に直接恩返しすることはできません。したがって，ロベーヌはその恩を別の人に返すしかありません。ジョルジュ爺さんを看取ったあとのロベーヌの決意の内容は本文には書かれていないのですが，ジョルジュ爺さんから受けた恩に応えて，自分も他者のために尽くせる人間になろうとか，偉大な俳優になることを通じて社会に貢献しようといった思いが想定されるでしょう。

　また，お金を送ってくれる相手がジョルジュ爺さんであることに最初ロベーヌは気づいておらず，あとからそのことに気づくという物語の設定は，小5〜6の本内容項目に書かれている「日々の生活が家族や過去からの多くの人々の支え合いや助け合いで成り立っていること」に気づいたうえで，そのことに「感謝し，応える」ということを象徴的に描いているといえるかもしれません。私たちは，家族や友人によって自分が支えられていることに気づくこともむずかしいですが，それ以上に，直接会うことのない社会の多くの人々や過去の先人たちの善意，さらには自然の恵みを受けて暮らしていることに気づくことは容易ではありません。そのような目に見えづらい恩恵に感謝することはむずかしいのです。それは，ちょうどロベーヌがジョルジュ爺さんによる送金を，「ありがたい」ことではなく「当たり前」と思ってしまったことに似ています。「どうして相手を恨む気持ちになってしまったのでしょう」「ジョルジュ爺さんがロベーヌを応援する気持ちに変化はあったのでしょうか」という一連の発問は，本来「ありがたい」ことであるはずのことが「当たり前」と思えてしまったロベーヌの弱さに気づかせてくれます。

　この教材をとおして，感謝の対象には直接目に見える親切だけでなく，社会の多くの人々の支え合いや助け合い（社会連帯），生命の連続性や自然などによる目に見えづらい恩恵も含まれるということに思いを致すことができるでしょう。

内容項目の把握

〈内容項目の学年段階とキーワード〉

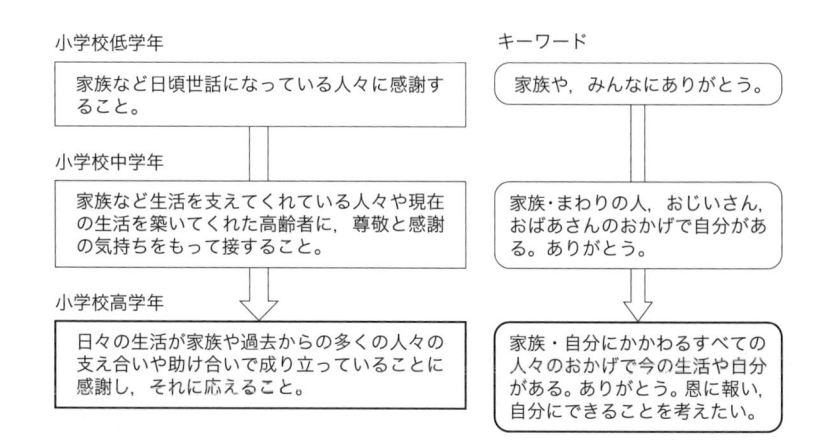

小学校低学年

家族など日頃世話になっている人々に感謝すること。

キーワード

家族や，みんなにありがとう。

小学校中学年

家族など生活を支えてくれている人々や現在の生活を築いてくれた高齢者に，尊敬と感謝の気持ちをもって接すること。

家族・まわりの人，おじいさん，おばあさんのおかげで自分がある。ありがとう。

小学校高学年

日々の生活が家族や過去からの多くの人々の支え合いや助け合いで成り立っていることに感謝し，それに応えること。

家族・自分にかかわるすべての人々のおかげで今の生活や自分がある。ありがとう。恩に報い，自分にできることを考えたい。

〈内容項目のポイント解説〉

　よい人間関係を構築し，互いを認め合う根底には，相手への尊敬と感謝の念が必要です。しかし，家族や学校の人々，身近な人たちからの思いやりや愛情は，近すぎて見えにくく，「日々の生活が家族や過去からの多くの人々の支え合いや助け合いで成り立っている」ことをつい忘れがちになってしまいます。人は決してひとりで生きているのではありません。そのことに子どもたちが気づき，自分事ととらえ，振り返ることができるような授業をめざしましょう。

　感謝の念は，他人や社会への奉仕の基礎ともなる大切な心です。子どもたちが進んで，相手や社会に対して，自分にできることを考えたくなるような時間としたいものです。

子どもの実態

低学年

いつもお世話をしてくれる人の気持ちに気づき，ありがとうの気持ちをもち，伝えることの大切さを学んできた。

中学年

> 自分の生活を支えてくれる人はたくさんいて，大切なものを守り育て，心を尽くしてくださっていることに気づいてきた。

高学年

> 思春期に入り，反抗的になったり，してもらっていることに慣れたりして，人々の善意に甘え，当たり前だと思いがちになる傾向も。

　人は決してひとりで生きているのではありませんが，そのことに日常で気づくことはむずかしく，当たり前になりがちです。それが人の弱さかもしれません。見える見えないにかかわらず，多くの人々の善意に支えられて自分があることを知る時間としたいものです。

内容項目に基づいた学習内容例（下線は本時）

低学年	①入学してからどんなことがあったかを思い出し，ひとりで大きくなったのではないことに気づく。
↓	②どんなときに「ありがとう」と思えるのか，考える。
中学年	③生活を支えてくれる人にはどんな人がいて，その人たちにどのような思いを伝えたいか考える。
↓	④どのようなことにも，その先には人の営みがあることに気づく。
	⑤見えないところで支えてくれている人の存在に気づく。
高学年	⑥自分のなかにある感謝の気持ちを見つめ，応えるにはどう生きるべきかを考える。

教材名

　最後のおくり物（光村図書『道徳6 きみがいちばんひかるとき』）〔小6〕

教材の概要・あらすじ

　主人公ロベーヌの夢は俳優になることでした。しかし養成所に通う余裕がないため，窓の外に聞こえてくる練習の様子を盗み聞きしながら自分で練習を続けていました。守衛のジョルジュ爺さんはそんなロベーヌをやさしく見守ってくれていました。ある日，ロベーヌのもとに「おくり物（養成所の月謝）」が届くようになります。養成所に通いはじめたロベーヌはまわりからも実力を認め

られるようになりましたが，突然「おくり物」が届かなくなり，通うことがで
きなくなってしまいます。

　そんなとき，家の前で倒れている人を発見します。それはジョルジュ爺さん
でした。近くには見慣れた紙の包みがありました。ジョルジュ爺さんの最期を
看取ったロベーヌは，何かを決意したように遠くに視線を移します。

教材と内容項目のつながり

　ロベーヌがやがて当然のように受け取るようになってしまった「おくり物」
には，ジョルジュ爺さんの計り知れない思いやりや愛がありました。もちろん
ジョルジュ自身の「俳優になりたかった」夢をロベーヌに託したい思いもそこに
は込められていたことでしょう。

　「おくり物」が届かなくなって，恨む気持ちになるロベーヌに共感する児童も
少なくありません。なぜなら，その贈り主さえわからないロベーヌを責められな
いと考えるからです。しかしここで，変わらず支え続けようとしたジョルジュ
爺さんの心とそのロベーヌの心を対比し考えさせます。そうすることで，児童
は自分のことしか考えられなくなる人間としての弱さや愚かさを思い知ったり，
当たり前になって気づくことができなくなる自分の身近にあるやさしさに思い
を馳せたりします。そして，変わらぬ無償の愛や善意に支えられ生きることへ
の「感謝」の気持ちが湧き上がってくるのです。

　ジョルジュ爺さんを看取ったあと，遠くに視線を移しながらロベーヌが何を
決意したのか，ここはロベーヌに自身を重ね合わせる指導の工夫として，役割
演技を取り入れると効果的です。普段当然のように受け取っているものにも他
者の思いが込められていたことに気づき，その決意を自分事ととらえ，表情や
台詞に代えて表現しようとするからです。教材のもつ力はもちろん，展開の工
夫で，児童の受けた思いやりに感謝し進んでそれに応え生きていく心情を追求
します。

主題名

　受け取ってきたものの尊さを考える

ねらい

　自分が普段当然のように受け取っているものやことには他者の思いが込められていることに気づき，感謝の気持ちをもつことをとおして，自己の生き方について考える。

学習指導過程

	主な学習活動	主な発問（○）と 予想される児童生徒の反応（・）	指導上の留意点
導入	1. 本時で扱う価値に触れる。	○今までもらったもの，してもらったことでうれしかったものやことはありますか。 ・褒められたこと，助けられたこと。 ・プレゼントをもらったこと。	・してもらったものやことはたくさんあることに気づかせる。
	2. 目当ての確認をする。	自分が受け取ってきたものの尊さについて考えよう。	・尊いという言葉の意味についておさえる。
展開	3. 資料を読んで考え話し合う。	○ロベーヌがジョルジュ爺さんから受け取ったものとは何でしょう。 ○どうして相手を恨む気持ちになってしまったのでしょう。 ○ジョルジュ爺さんがロベーヌを応援する気持ちに変化はあったのでしょうか。 ○遠くを見つめながら今ロベーヌは何を思っているのでしょう。 ○最後のおくりものとは何でしょう。	・具体的な行動や物をまず確認する。 ・目に見えないものにも考えが及ぶよう促す。[一般化] ・すべて自分本位だったと気づかせる。 ・人が「大切な人を心から応援する思いは変わらない」ことをおさえる。
	4. 価値について考え合う。	改めて，自分が受け取ってきたものの尊さについて考えましょう。	
終末	5. これからの自分に活かす。	○今日の授業で考えたことをクラスに広げ，自身の生き方につなげましょう。	・振り返りを共有し深める。

板 書

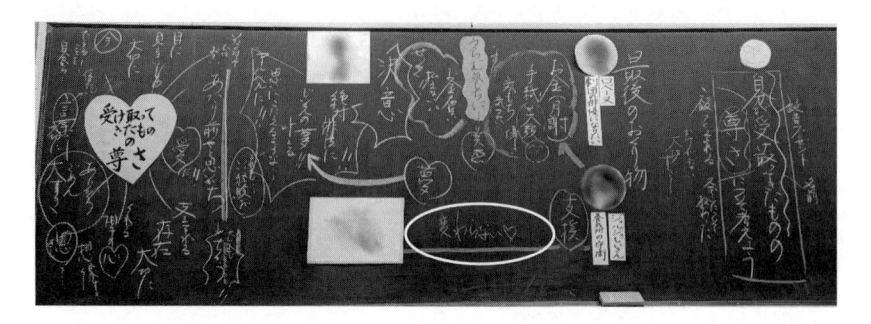

　ジョルジュ爺さんの思いは変わらなかったことを←と表した板書ですが，他クラスで実践したときには「いや，爺さんの思いは↖であり，より，ロベーヌに近づいて思いが強まってると思う」と発言した児童もいました。これは授業者の想定を超える子どもの思考のすばらしさでした。

子どもの姿

　授業を行なった次の日の朝の黒板に記したクラス全員の感想です。「当たり前は当たり前でない」「尊いものはすごく近くにある」「受け取ってきたものには全部意味がある」「支えてくれる人こそ尊い存在，大切にしたい」とありがたさを見失いがちになることに気づく思いが多数でした。なかには「受け取らせる側にもなりたい」と「恩送り」へと動く思いを綴ったり，「感謝を行動に」と考えたり，「生きていることそのものが恩返し」だという考えもみられたりしました。

指導案 ③	中学校 B-(6)	思いやり，感謝

理論編との関連

　小学校の「親切，思いやり」と中学校の「思いやり，感謝」については，低学年では，たとえおせっかいであってもまわりの人に「温かい心で接」すること，中学年と高学年では「相手のことを思いやり」「相手の立場に立」つこと，そして，中学校では「相手の立場に立」つだけでなく，「重荷にならないようにという配慮がなされた思いやりに気付くこと」，そのうえで自分も他者に対して「重荷にならないようにという配慮」ができるようになることが求められています。この教材では，後述のように「少女が「申し訳ない」という気持ちを抱かないように，黙ってあたたかく見守るという夫婦の表に現れない思いやり」が描かれているため，中学校段階での思いやりのあり方を考えるのにふさわしい教材だといえます。「果物屋のおじさんもおばさんも，少女に声をかけなかったのはどうしてだろう」という発問によって，果物屋の夫婦の「重荷にならないようにという配慮がなされた思いやり」について考えることができます。また，教材では，果物屋のおばさんが，おじさんが明かりをつけていた意図を少女に話す場面も描かれているので，「おじさんは，おばさんが少女に伝えたことを知ったら，どう思うだろうか」と問うこともできるでしょう。

　感謝については，「家族など日頃世話になっている人々」（小1〜2），「家族など生活を支えてくれている人々や現在の生活を築いてくれた高齢者」（小3〜4），「家族や過去からの多くの人々の支え合いや助け合い」（小5〜6）というように感謝の対象が広がっていきます。中学校では，内容項目そのものは「多くの人々の善意」であり，小学校高学年と変わりませんが，『中学校解説』の指導の要点では「自然の恵み」に言及されており，感謝の対象の広がりをふまえて指導することが求められます。

　果物屋の夫婦の「重荷にならないようにという配慮がなされた思いやり」に気づくことをとおして，生徒自身も自分が知らないところで多くの人々によって支えられていることに気づき，感謝の念を抱くことができるでしょう。「「もっと，もっと，たくさん買いたいんだけれども」という少女の言葉にはどんな思いが込められていたのだろう」という発問が，そのための手立てになっています。

内容項目の把握

〈内容項目の学年段階とキーワード〉

小学校高学年

【親切，思いやり】
誰に対しても思いやりの心をもち，相手の立場に立って親切にすること。

中学校

思いやりの心をもって人と接するとともに，家族などの支えや多くの人々の善意により日々の生活や現在の自分があることに感謝し，進んでそれに応え，人間愛の精神を深めること。

キーワード

相手の立場に立つ，自分がどう行動することが相手のためになるか，人間関係の深さに左右されない。

根底にある「自他共にかけがえのない存在」，思いやりに何をもって応答できるか，重荷にならない思いやり，感謝の対象の広がり。

　小学校段階では「親切，思いやり」と「感謝」のふたつの内容項目に分けられていたものが，中学校では統合されています。『中学校解説』には「「感謝」の心は，主として他者から受けた思いやりに対する人間としての心の在り方」とありますから，相手からの思いやりに自分はどう応えることができるか，「思いやり」「感謝」というふたつの道徳的価値の関連を，より強く授業者が意識して指導する必要性を説いているともいえるでしょう。

〈内容項目のポイント解説〉

　「思いやり」「感謝」の対象が何であるかによって，内容項目相互の関連に広がりがある道徳的価値だといえるでしょう。対象が友だちであれば「友情」，家族であれば「家族愛」，その気持ちを形に表すなら「礼儀」でしょう。『中学校解説』では，思いやりの根底にある人間尊重の精神についても触れており，「本当の「思いやり」を実現するには，「相互理解」が必要」と髙宮（2020）は指摘しています。髙宮は「毎時間の授業の中で「この内容とあの内容は関連する」という意識を持って自覚的に指導する必要がある」とも述べており，『中学校解説』でも「Cの視点やDの視点との関連を図りつつ指導する必要がある」とされています。他の内容項目との関連性を意識しながら指導したいものです。「「礼儀」について考えるつもりが，生徒のふり返りを分析すると「思いやり」の授業になってしまった」と授業自評される先生がおられましたが，偶発的ではあるも

のの，内容項目相互の関連をとらえさせる授業だったともいえるでしょう。

子どもの実態

高学年
【思いやり】相手の立場に立ち，人間関係の深さ・意見の相違を乗り越えてすべての人に思いやりをもつ。
【感謝】見えないところで支えてくれる人々まで視野を広げ，その善意に気づき，尊重できる。

中学生
（入学時）
かけがえのない自他を尊重した関係の大切さが理解できる。一方で，利己的，自己中心的になりやすい。

中学生
（上級学年）
自分を支えてくれる多くの人の善意や支えに気づく一方で，感謝の念は抱きつつも，その思いを素直に伝えることがむずかしい。

内容項目に基づいた学習内容例（下線は本時）

　この内容項目の『中学校解説』に次のような文があります。「（感謝の心には）申し訳ないという気持ちも含まれている場合がある」「重荷にならないようにという配慮がなされた思いやりに気付く」。この二文こそ，小学校にはない，中学校段階の授業構想で重視したい点です。

①自他が共にかけがえのない存在であることを自覚する。「相互理解，寛容」の項目と関連させて指導する。
②相手から自分に向けられた「思いやり」に対して，それに自分がどう応えることができるのかを考える。「伝えたいありがとう」について考える。
③生徒の，あたたかな体験のエピソードを生かし，重荷にならないようにという配慮がなされた思いやりに気づく。
　（例）先輩や家族など，身近な人からの思いやりある一言，地域の方々との触れ合い，登下校時に受けた挨拶，校外学習で席を譲った体験，など。
④感謝の対象が，周囲の人々→自分を支えてくれる多くの人々→自然の恵みへ

と広がることを，ＣやＤの視点と関連を図り，副教材を活用しながら気づく。
（例）まどみちを「朝がくると」，さだまさし「MOTTAINAI」，など。
⑤思いやりを行動としてうまく表現できない状況を乗り越え，あたたかい人間愛の精神を具現化しようとする実践意欲と態度を育む。

教材名

夜の果物屋（教育出版『中学道徳2 とびだそう未来へ』）〔中2〕

教材の概要・あらすじ

　合唱部の練習後，暗い夜道をひとりで下校する主人公の不安を取り除こうと，少女が通り過ぎるまで店頭の明かりをつけてくれていた果物屋のご夫婦の，あたたかな心づかいを知った少女の感動が印象的な教材です。果物屋のおばさんが歌う合唱曲をとおして，店の明かりが自分のためであったことに少女は気づき，驚きとともに感謝の気持ちを抱き，夫婦の思いやりに応えようとする少女の姿が描かれています。

教材と内容項目のつながり

　「重荷にならないようにと配慮された思いやりに気付く」ことが，この内容項目の中学校における重要なポイントと考えます。そこで，暗い夜道を帰宅する少女を案じながらも，果物屋の夫婦が少女に声をかけなかった理由を話し合うことを展開のなかに設けることが肝要だと考えます。少女が「申し訳ない」という気持ちを抱かないように，黙ってあたたかく見守るという夫婦の表に出さない思いやりに気づくことができるようにしたいものです。

　顔も知らない果物屋の夫婦が少女を案じていた姿から，自分が多くの人々によって支えられていることを生徒自身が再確認できるでしょう。

　「お礼に」と父親と果物屋でりんごを買う，友人への見舞いの品を果物屋で買い求めようと決めた，「もっともっとたくさん買いたいんだけれども」という言葉など，少女の言動をとおして，この内容項目がねらう「今自分が相手に対して何をもって応答することができるか」を考えることができます。

道徳教材として書き下ろされた文章ではないのですが，中学校ならではの「思いやり，感謝」のエッセンスが凝縮された，非常にすぐれた読み物教材だといえるでしょう。

主題名

　思いがけない心づかいに，どう応える？

ねらい

　少女の気づきに共感し，今の自分を支えている表に現れない他者からの善意に目を向け，自分が相手に対してどんな生き方で応えることができるのか，実践意欲と態度を育てる。

学習指導過程

		主な学習活動	主な発問（○）と 予想される児童生徒の反応（・）	指導上の留意点
事前		・事前アンケートの実施。	○登下校時に，地域の人から声をかけられた経験はありますか。	・ある場合は，具体的にその内容を記述してもらう。
導入	1.	登下校時の経験について，事前に実施したアンケート結果を共有する。	○登下校時，地域の人からどんな声をかけられますか。 ・「いってらっしゃい」「おかえり」。 ・「部活動大変だね」「お疲れさま」。 ・「毎日，暑いねぇ」。	・端末で，自身のアンケート内容を確認しながら，友人と体験を共有する。自分が，地域の人から支えられていることを再確認する。
展開	2.	範読を聞く。	○範読を聞く前に，暗がりのなかにひとつだけ明かりがともっている店の写真を見て，感じたことを交流する。	・夜道をひとり帰るときに，ひとつだけ明かりがついている店を見たらどんな思いになるか思いをめぐらせ，主人公と自分を重ねて考えることができるようにする。 ・重荷にならないように配慮された思いやりに気づくことができるようにする。

	3. 果物屋夫婦の思いを考える。	○果物屋のおじさんもおばさんも,少女に声をかけなかったのはどうしてだろう。少女が心配なら,声をかければいいのに……。	
		・少女が「申し訳ない」と思わないように。	
展開		・少女に,お礼を言ってほしいわけじゃないから。	
(続き)		・恩着せがましくなってしまう。	
	4. 少女の思いを考える。	○「もっと,もっと,たくさん買いたいんだけれども」という少女の言葉にはどんな思いが込められていたのだろう。	・果物屋の夫婦の思いやりに,なんとかして応えたいという少女の思いや,感謝の気持ちを素直に表そうとする少女の姿に目を向けることができるようにする。
		・果物屋の夫婦への感謝。	
		・自分にできることをしたい。	
		・明かりだけではなく,自分を心配してくれたふたりの気持ちがありがたくて。	
終末	5.「伝えたい」ありがとう。	○「伝えたいありがとう」はありますか。誰にどんなありがとうを伝えたい?	・感謝の対象の広がりに気づくとともに,それを素直に表現しようとする意欲を高める。
		・スポーツの対戦相手:相手のおかげで試合ができる。	
		・好きな小説を書いてくれる作家:そのおかげで心が豊かになれる。	

〈評価〉

　相手にとって重荷にならない思いやりもあることに改めて気づき,その思いやりにどうやって応えていくか,素直に表現しようとする意欲を高めていたか。

板 書

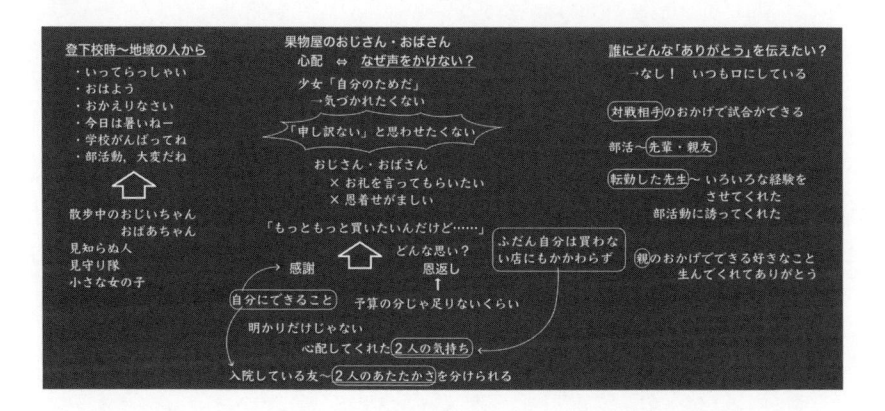

子どもの姿

　果物屋の夫婦が少女に声をかけてしまったら，少女が申し訳なく思ったりすること，お礼を言ってもらいたくてしているわけではないから，といった意見から，相手の重荷にならない配慮がなされた，表に出さない思いやりに気づくことができたようです。終末では，感謝の対象の広がりのなかで，思春期にはなかなか表現がはばかられる，親への感謝の言葉も素直に表出されていました。一方で，感謝の対象が自分にとっての身近な存在に限定されてしまっていました。終末に，説話の代わりとしてまどみちをさんの詩「朝がくると」を読んだり，さだまさしさんの曲「MOTTAINAI」を聴いたりすることで，感謝の対象をさらに広げることができると思われます。

　この授業から半年後，「復旧ではなく，復興を：後藤新平」（教育出版「とびだそう未来へ２」）の教材を活用し「社会参画，公共の精神」の内容項目で授業を実施しました。「自分は，社会全体をよりよくするために役立つことをしたことがあると思いますか。お網を選んだ人は，どんなことで役に立っていると思いますか」というアンケートを，授業に先立って行いました。「朝，登校する時に，自分が挨拶するだけで，地域が明るくなる」と記述した生徒がいました。授業者として，「夜の果物屋」での学びが活きていると感じました。地域の人々の「思いやり」に応えようとする生徒の姿に気づくとともに，「思いやり」の精神が「社会参画，公共の精神」を支えていることに，生徒の記述から教えられました。前述の後藤新平の授業の導入で，この記述を紹介し，全員でこの考えを共有しました。

理論編との関連

この内容項目では，①「礼儀の大切さ」（小3〜4）と「礼儀の意義」（中学校），②礼儀に込められた「真心」（小3〜4，小5〜6），③「時と場をわきまえて」（小5〜6），「時と場に応じた適切な言動」（中学校），つまり「時処位（時所位）」（中江2017）に応じた礼儀作法，のいずれを考えるのかを明確にすることが重要です。

また，「心と形が一体」（『小学校解説』）となることが真の礼儀の成立条件であることをとらえておく必要があります。本授業の「礼儀の「もと」は，何か？」というテーマは，礼儀の成立条件を考える問いとなっています。

心と形の関係をめぐっては，次の3点をおさえておくとよいでしょう。

第一に，礼儀に込められた心（尊敬や感謝）は普遍的なものですが，具体的な礼儀作法の形は文化によって多様であることです。『中学校解説』によれば，礼儀は「社会生活の秩序を保つために守るべき行動様式であり，長い間培われた慣習を表すものである。これは，人間関係や社会生活を円滑にするために創り出された優れた文化」です。この教材で描かれている剣道の引き上げや礼というのは日本の文化であり，他の文化で通用するものではありません。

第二に，「心と形が一体」となることが礼儀の理想ですが，現実には心と形の間には緊張関係があることです。たとえば，「心が込められていれば，形は問題ではない」とか，反対に，「心が込められていなくても，まずは形が大事だ」といった意見が子どもたちから出る可能性もあります。

理論編では，「礼に適っている限り，心がまったくこもっていないことはありえない」として，「虚礼」も許されるといわれていました。カントも，礼儀作法とは徳に似た美しい「仮象」（カント 2024b: 215），つまり見せかけだと説いています。しかし，カントは，礼儀作法が見せかけであっても，それが心を準備するものだとし，形から入ることの重要性を説いています。

第三に，礼儀作法の形は時と場，状況，相手によって変わるだけでなく，現在正しいとされている礼儀作法の形が将来には変わりうることです。この授業で予想される児童の反応として，「相手によってはハイタッチもよい礼儀では？」と予想されているのはこのことを表しています。

内容項目の把握

〈内容項目の学年段階とキーワード〉

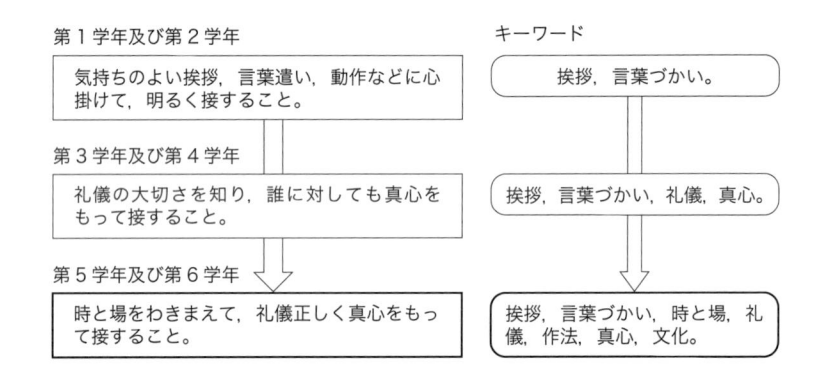

第 1 学年及び第 2 学年

> 気持ちのよい挨拶，言葉遣い，動作などに心掛けて，明るく接すること。

第 3 学年及び第 4 学年

> 礼儀の大切さを知り，誰に対しても真心をもって接すること。

第 5 学年及び第 6 学年

> 時と場をわきまえて，礼儀正しく真心をもって接すること。

キーワード

> 挨拶，言葉づかい。

> 挨拶，言葉づかい，礼儀，真心。

> 挨拶，言葉づかい，時と場，礼儀，作法，真心，文化。

〈内容項目のポイント解説〉

　髙宮 (2023a) は，「礼」を「法」と比較して説明しています。挨拶をしなくても，世間からの評価を下げることはあっても，罰せられるものではありません。

　礼儀は，相手の人格を尊重し，相手に対して敬愛する気持ちを具体的に示すことです。心が挨拶や言葉づかい，所作や動作など作法として礼の形になって表れます。

　礼儀の「形」とは，行動様式や慣習であり文化です。そのため，時代や社会によって多様な礼儀作法があります。礼儀の「形」は，日本と外国でも違いますし，過去と現在でも変わっています。さらに，友だちと同僚，上司といった相手との関係性によっても違いますし，ビジネスシーン，食事など場によっても変わります。

　礼儀のむずかしさは，「時」「場」「状況」「相手」などに応じて，適切な言動を「形」として，心を表していく必要があることです。

　しかし，「形」は変わっても，「心」は時代や社会を越えて普遍的です。「真心」とは相手のことを親身に思いやる心であり，形となって表されることにより，誠意のある行為につな

がります。

　礼儀の意味や意義を考え，真心のこもった態度，時と場をわきまえた態度をとるスキルを高めることで，自律的に道徳的な行為ができるようにしていきたいです。

子どもの実態

〈小学校高学年〉

　挨拶や礼儀正しさなどについて，家庭や学校でくり返し指導されてきており，その重要性は十分に理解しているはずです。小学校の代表として，さまざまな行事に参加したり，日常生活において下学年のお手本として行動したりと，適切な礼儀をしなければならないことも多いです。小学校高学年の段階では，礼儀のよさや意義を理解し，時と場に応じて，自ら挨拶をしてからお辞儀をするなど，適切な言動ができることが求められます。しかし，知識としては理解していたり，相手への心はあったりするものの，恥ずかしさなどが邪魔をして，心のこもった挨拶や言葉づかいが行為として表れなかったり，大人に言われるがまま，心のこもらない形だけの挨拶をいやいや行なっていたりすることもあります。

　自分の行為に真心を込めることや，時と場をわきまえた言動をすることについて考えを深めていたり，礼儀や挨拶をスキルとして身につけていたりする必要があります。そのため，挨拶の意味や意義などを考えるだけでなく，モラルスキルトレーニングを取り入れた学習を行うことで，礼儀や挨拶など道徳的な行為が現れるように道徳性を育んでいくことも考えられます。

真心・時と場をわきまえた言動

恥ずかしさ

内容項目に基づいた学習内容例（下線は本時）

高学年	・「心をどんな形で伝えていけばよいのだろう？」 　挨拶や言葉づかいなど，相手の立場や気持ちを考えて，時と場をわきまえた，真心のこもった接し方について考える。 ・「どんな挨拶をすればよいかな？」（モラルスキルトレーニング） 　ロールプレイングをとおして，時と場を考えた挨拶ができる。 ・「礼儀の「もと」は，何か？」 　礼儀を大事にする理由（文化，真心）や適用場面・適用の仕方（時と場，作法）を考える。

教材名

「人間をつくる道：剣道」（文部科学省『私たちの道徳 小学校5・6年』）〔小5〕

教材の概要・あらすじ

　主人公の「僕」は，3年間剣道を続けている。礼の仕方を厳しく指導されることに疑問を抱いていた。初めての試合で，僕は負ける。剣道の試合の礼である引き上げをふてくされた態度でし，先生に厳しく注意される。その後，僕は，大人の試合で礼の美しさに気づく。数日後，先生から礼の大切さについての話を聞く。

教材と内容項目のつながり

　この教材を読むと，剣道などを経験したことのない子どもたちにとって，「なぜ，そこまでして引き上げや礼を大事にしなければならないのだろう？　先生が厳しすぎる」という思いをもつと思います。また，「これは剣道など特殊な場面での礼儀であり，自分の生活には関係ない」と，思うかもしれません。子どもたちの疑問を生かし，直接問いかけることで，考えを深められると考えました。

　「人間をつくる道：剣道」という教材の題名には，剣道をとおして，剣道の技能だけでなく，人として大事なことを学び，立派な人として成長するという意味が込められていると考えます。「道」の漢字がつく，剣道，柔道などの武道，書道，華道などのお稽古事は，日本の伝統文化であり，礼節や道徳といった精神性や人格を高めることを重視しています。

　最後の場面で，剣道の先生が「剣道は，「礼に始まり礼に終わる」」という話をします。このことわざの意味は，「どんなときでも，礼がはじまりとなり，最後も礼で終わるということ。すなわち，礼儀や挨拶の大切さを説いた教え」です。「礼に始まり礼で終わる」のは，剣道だけではなく，すべての事柄に当てはまるのではないでしょうか。日常生活では，剣道の引き上げをすることはなか

なかないかもしれません。しかし，相手を敬い，礼儀として表していくことは，剣道だけでなくいつでも重要なことです。礼儀の適用場面や適用の仕方を考えることで，自分の生活につなげていくことができるようにしていきたいです。

主題名

礼儀の「もと」は，何か？

ねらい

なぜ，引き上げを大事にするかについて話し合い，礼儀を大事にする理由や適用場面・適用の仕方を考えることをとおして，時と場をわきまえ，真心をもって，礼儀よくしていこうとする態度を養う。

学習指導過程

	主な学習活動	主な発問（○）と予想される児童生徒の反応（・）	指導上の留意点
導入	1. 「礼儀」から，イメージすることを話し合う。	○「礼儀」からイメージするのは，何ですか？ ・敬語。 ・謝罪。	・自分の生活のなかでの礼儀をイメージできるようにする。
	礼儀の「もと」は，何か？		
展開	2. 教材を読んで，心に残ったことや疑問を話し合う。	○心に残ったことや疑問は何ですか？ ・先生が厳しすぎる。 ・引き上げがステキ。	・児童の教材の感想から，思考に沿って，授業を構成する。
	3. 剣道で引き上げを大事にする理由を話し合う。	○なぜ，引き上げを大事にしないといけないの？ ・最後の挨拶までしっかりとしないと失礼。 ・相手への感謝を表す。 ・礼儀はしないと，あの人いやだなと思われる。	・子どもが疑問を抱くと考えられるこの教材で問題になっている「引き上げ」について，話し合う。

	4. 礼儀の形と心について考える。	○引き上げは，（やり方通りに）ちゃんとすればいいのか？ ・剣道のきまりだから。 ・礼儀は尊敬の気持ち。 ・心がこもってなければする必要なんてない。	・引き上げをしたあと，悔しがる姿を動作化して例として見せ，どう思うかを問う。 ・礼儀を心がける理由を考えていく。
展開 （続き）	5. 礼儀の適用場面や適用の仕方を考える。	○「礼に始まり礼に終わる」のは剣道だけか？ ・授業，スポーツなど。 ・引き上げはしないけれど感謝の気持ちを礼儀で表すのは大事。 ・相手によってはハイタッチもよい礼儀では？	・教材の終わりに先生が話す「礼に始まり礼に終わる」という言葉から，礼儀の適用場面や適用の仕方を考えていく。
終末	6. 礼儀の「もと」について考える。	○テーマについて考えたことを書きましょう。 ・礼儀は，場面，状況，相手によって変わる。 ・相手を考えて，心を込めてするのが礼儀。	・一人ひとりが納得解をもてるように，テーマに対して書く活動を設定する。

板 書

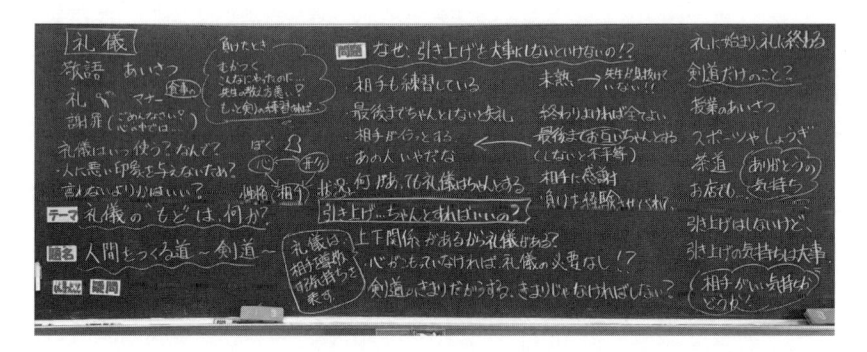

子どもの姿

　導入では，礼儀という言葉からイメージすることを発表し合いました。ある子が「謝罪会見。『申し訳ございません』って言っているけど，絶対に謝っている人は『なんで俺たちが謝らなくちゃいけないんだ』って思っているよね」と，礼儀の形と心の矛盾が起こっていそうな場面をあげました。「それを礼儀といってよいのか？」「礼儀はどんなときにしないといけないのか？」などの疑問が湧

きました。それらの疑問を束ね、「礼儀の「もと」は，何か？」とテーマを設定しました。

　教材を読むと、「引き上げをちゃんとしないのは悪い」という意見や礼や引き上げを厳しく指導することへの疑問などが出されました。そこで，負けたときの「僕」の気持ちを問い，共感させながら，中心的な発問「なぜ，引き上げを大事にしないといけないの？」を投げかけました。「相手が挨拶をしているのに，返さなかったら，いやな思いをさせる」や「試合をしてくれた感謝の気持ちを表すため」など，礼儀はお互いが敬意を表すものという考えが出されました。礼儀を心と形の両面から考えることができるように、「引き上げはすればいいの？　あとから悔しい気持ちや相手を蔑む言動をしたらどう？」と発問し，揺さぶりました。子どもたちは「引き上げは剣道のきまり。相手の見えないところならよい」や「気持ちはわかるけど，心から敬いや感謝の気持ちをもたないと礼儀の意味がない」などの考えが出されました。さらに「「礼に始まり礼に終わる」は，剣道だけなのか？」と問い，子どもたちの生活に結びつけていきました。

　終末では，テーマに戻り、「礼儀の「もと」は，何か？」について一人ひとりが納得できる解をもてるようノートに書きました。

　児童のノートには、「上下関係があるから，礼儀がある？　心がこもっていなければ，礼儀は必要ない？　など，いろいろと考えました。礼儀は，相手や今の状況に合わせて，相手を思って行うことだと思いました」や「引き上げは剣道しかしないけれど，それは礼儀の表れ。礼儀が必要ない人はいない。私は自分が気持ちよく行い，相手が気持ちよくならないと，礼儀にはならないと思いました」などの考えが書かれていました。

指導案⑤	中学校B-(7)	礼 儀

理論編との関連

　「心と形が一体」（『中学校解説』）となることが真の礼儀の成立条件であることは，理論編でも書かれています。だとすると，道徳教育は「心」を育むことだとよくいわれますが，この内容項目に関しては，心だけでなく形，つまり行為のあり方である礼儀作法をしっかりと教える必要もあると考えられます。実際，『中学校解説』では，「教えられ学ばれなければ，礼儀は存続していかない」と書かれています。そして，行為のあり方を教える必要があるので，内容項目そのものの文章でも，その後半では「時と場に応じた適切な言動をとること」というように，「適切な言動をとる」という行為が記されています。このように，内容項目とそこに含まれている道徳的諸価値の特徴を理解するうえでは，内容項目の文章の文末の動詞に注目することが大切です。

　本授業のポイントのひとつは，その点にあります。「葉書の意義や意味をふまえて，叔父への返信を具体的に書こう」という学習活動は，葉書を書くという行為をとおして「心と形が一体」となることの意味を実感させるものだといえます。この学習活動は，「仁を心の内に秘めていただけでは相手に伝わらないこと」（☞p.39）を体験的に理解させるものでもあります。

　本授業のもうひとつのポイントは，「礼,がないとどうなるか」という追究発問です。この発問は，後述されるように礼儀の効用を問うものです。この問いは，内容項目の「礼儀の意義を理解し」の部分に当たります。「心と形が一体」となるという礼儀の成立条件については，小学校でも学んできているので，中学校段階では，礼儀の効用（「礼儀があるとどんなよいことがあるか」「礼儀がないとどうなるか」）や目的（「礼儀は何のためにあるのか」）を問うことによって，礼儀の意義についての考えを深めたいものです。

内容項目の把握

〈内容項目の学年段階とキーワード〉

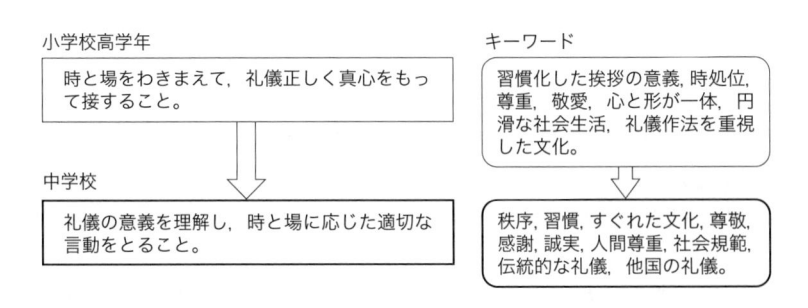

小学校高学年
> 時と場をわきまえて，礼儀正しく真心をもって接すること。

中学校
> 礼儀の意義を理解し，時と場に応じた適切な言動をとること。

キーワード
> 習慣化した挨拶の意義，時処位，尊重，敬愛，心と形が一体，円滑な社会生活，礼儀作法を重視した文化。

> 秩序，習慣，すぐれた文化，尊敬，感謝，誠実，人間尊重，社会規範，伝統的な礼儀，他国の礼儀。

〈内容項目のポイント解説〉

　四端説「辞譲の心は礼の端なり」の通り，礼儀には譲り合いの精神があり，敵意がないことを意味します。結果，「相手の人格を尊重」し，「敬愛の気持ち」を示すことにも通じ，「人間関係を豊かにして社会生活を円滑に営める」ようになるのです。小学校段階では，行動面では受動的であっても，文化としての礼儀に対する理解を深め，中学校での学習の素地を培っておきたいものです。

　それを受けて中学校では，自ら進んで時処位に応じた適切な言動を選ぶという自律した態度の醸成を図る必要があります。形よりも誠実さを重視する傾向にありますが，しかし，相互に認める型をまったく考慮しないようでは，自他の距離感に違和感を覚えるのであり，内面にある他者を愛する心が現れた礼節をわきまえた行為とはならないことにも留意が必要です。

　なお，内容項目に関して，たとえば以下のような系統性を意識して授業構想を練ることも大切にします。

小5：日常生活における礼儀の大切さを知るとともに，誰に対しても相手を尊重したけじめのある言動を心がける。

小6：集団生活における礼儀の大切さを知るとともに，礼儀作法の形と心に触れ，礼儀正しく真心をもって接する。

中1：礼儀の社会的意義や心と形が表裏を成していることを理解し，時処位を弁えた適切な言動をとる。

中2：礼儀の意義に対する理解を深め，基本の型を土台とした時処位に応じた誠意ある言動により，ぬくもりのある人間関係を築く。

中3：時処位に応じた言動を主体的に工夫し，あたたかで清々しい人間関係や社会生活を築く。

子どもの実態

　中学生は，「従来のしきたりや形に反発する傾向」や「誠実さの伴わない形だけの礼儀への拒否感」が強くなります。いきおい，「心と形が一体となって初めてその価値が認められる」礼儀の「心」の部分だけに意識が向きがちです。

　しかし，現状はどうでしょうか。たとえば，曾野綾子氏は，子どもに微笑みかけることが忌避される国であっても，相手の国旗が掲揚されるときに起立し，国歌が流れるときには礼儀正しい態度を崩さないことは，唯一の平和的姿勢の示し方になりうる，と指摘していますが，このような理解をしている中学生はきわめて少ないでしょう。そして，このような国際舞台での基本的な礼儀にとどまらず，日常生活の潤滑油としての礼儀も廃れてきてはいないでしょうか。

　中学３年の最後の学級活動で「二十歳の自分への手紙」を書かせているある教員の話では，５年間大切に保管して間違いなく発送することは，それなりに気をつかうとのことです。加えて，送料は教員個人の負担となりますから，唯一の楽しみは，お礼の葉書が教え子から届くことくらいでしょう。ところが，40人の教え子のなかで礼状を出すのは，多くてもふたりだといいます。

内容項目に基づいた学習内容例

　型破りな発想も，時には「心」を最大限に詰め込むために必要ですが，それにはまず「形」を知ることが重要です。「かた」とは鋳型・形式であり，過去の伝統的・文化的価値を現在に再現する機能があります。他方，「ち」は古典的には「霊・血・乳・風」などの文字が当てられ，これと命・力の「チ」を重ね合わせますと，生命や活動の根源的エネルギーだととらえることもできます。

　こう考えると，礼儀に切り込む方向としては，歴史的・文化的な礼儀を知って守り育てる側面と，しかしそれはあくまでも与えられた器であり静的なものですから，それに創意工夫を加えて新たな血潮を通わせ，時処位に応じたよりよい礼儀を創造・樹立するという動的側面とが，よりいっそう鮮明に浮かび上がってくるといえるでしょう。

　礼儀には「心」を詰め込むことが重要ですが，それには「心」を伝えるための基本的な「形」の意義や意味に学ぶ必要があり，そこを経てこそ，心と形が一体の意味ある礼儀を工夫する余地が生まれ出るのです。

教材名

一枚のはがき（教育出版『中学道徳2 とびだそう未来へ』）〔中2〕

教材の概要・あらすじ

本教材の「一枚のはがき」には，叔父から届いた葉書と，「わたし」が出さなかった礼状の，二重の意味が含まれています。年賀状さえ出さない若者が増えている今日にあってもなお，メールとは手間も重みも異なる葉書がもつ意味や，それをとおして浮き彫りにされる礼儀の意義を深く思索できる教材です。

あらすじは，「「わたし」は友人2人と共に徳島県の剣山に登る直前，叔父の家に立ち寄ると，叔父は3日間にわたる大変なもてなしをしたうえ，登山出発の折には，村の峠まで3人分の重い荷物をひとりで背負い，汗だくになって運んでくれた。おかげで楽しい思い出ができるが，その2，3週間後，叔父から父へお礼の葉書が届かないとの葉書が届き，汗顔赤面する」というものです。

教材と内容項目のつながり

主として，次の3点をとおして内容項目との接点を見いだしたいと考えます。

まず，届いた葉書にあったやわらかな表現「のんき」に着眼しながら，叔父の人間性を浮き彫りにします。このことで，礼儀の成立条件と「促進条件」（村上 1973）としてのあたたかさややさしさ，気配りや思いやりといった要素が明瞭になります。

次に，叔父からの葉書をどのように意味づけするかが重要です。叔父の落胆・哀しみや甥の将来を心配する責任感とともに，叔父からのたった1枚の葉書が語りかけてくる重い意味をとおして，自主的・積極的に礼状を書くための心の構えを育んでいくことができるはずです。

最後に，道徳的実践を視野に入れつつ，「一枚のはがき」のもうひとつの意味，すなわち「わたし」が出すべきであった葉書に意識を向け，叔父への返信の手紙や葉書を書くという想定で，その中身について熟慮黙考します。そして，その核心部を具体的な礼状の形で文章表現させるのです。

「挨拶」は，「困難を押し広げ，心を開き，双方が接近していく」という意味

をもちます。すでに目一杯まであたたかく心を開いている叔父との向き合い方を真摯に考えることで，礼儀の双方向性に気づかせ，相手への感謝・敬意やお詫びなどを形にするという人間関係の基本を痛切に感じ取らせたいものです。

主題名

届かぬ礼儀

ねらい

叔父に届かぬ1枚の葉書と叔父から届いた1枚の葉書の意味をとおして，感謝や敬意といった心を形にして届けようとする道徳的態度を育む。

学習指導過程

	主な学習活動	主な発問（○）と予想される児童生徒の反応（・）	指導上の留意点
導入	1. 礼の示し方	○葉書を出すことへの抵抗感はあるか。その理由は何か。 ・手紙と葉書には手書きして切手の貼り付けが必要である。	・メール，電話，手紙とも比較して，葉書の重みを確認する。
展開	2. 範読 3. 叔父の人となりの理解	○どのような気持ちで叔父は甥たちを大歓迎したのか。 ・楽しい思い出づくりのため。 ・甥と友人との友情を深める。 ・登山を安全に終えてほしい。	○追究発問：叔父はお礼を言ってもらいたくて歓迎したのだろうか。
		○「このごろの若い者はのんきなものだ」には，叔父のどのような人間性が表れているか。 ・気づかいの人。 ・やさしく責任感もある人。 ・信念のある筋の通った人。	・思いやりをもち，しかし，言うべきことは言う叔父の人柄をおさえる。
	4. 1枚の葉書の意味	○「わたし」は何を学んだか。 ・礼は喜怒哀楽に直結する。 ・自分の甘さや弱さ，醜さ。 ・叔父の心を蔑ろにした非常識。 ・礼儀は形にして届けること。	・礼儀を重んじる態度への促進条件として整理 ○追究発問：礼がないとどうなるか。

	5. 礼儀の心と形	○葉書の意義や意味をふまえて，叔父への返信を具体的に書こう。 ・謝罪，感謝，決意，など。	・葉書サイズの厚紙を用意して，それに書き，班で交流するのもよい。
展開 （続き）			
終末	6. さまざまな礼儀	○日常生活に溢れる礼儀作法やマナーとそこに込められた意味を知ろう。 ・冠婚葬祭や食事，など。	・積極的に行うべきものと忌避されるべきものの両者を例示したい。

評価の視点

　道徳科では，大くくりなまとまりをふまえて，生徒の学習状況や道徳性に係る成長の様子を，記述式の個人内評価として行います。およそ評価のない授業などありえず，従前も評価はされていましたが，教科化にともなって指導要録や通知表に記述することとなり，よりいっそう，具体的な根拠をもとにした全体的な見取りに留意して行う必要があるのです。また，「大くくり」とはいえ，特に通知表やワークシートへの返信コメントにおいては，道徳性そのものを評価することとは距離を置きつつも，顕著に認められる特長を具体的に取り上げ，認め励まし勇気づける評価となるように心がけたいものです。

　本実践の場合であれば，一例として「たった１枚の葉書がもつ意味や意義について，一面的な見方から多面的・多角的な見方へと発展的に考えているか」といった視点が考えられます。しかし，そのためには，授業者自身が礼儀に対する認識を広げ深めて，こうした視点から評価できる発問構成にしておくことが必須条件です。そこで，多面的・多角的に考えられるように，たとえば「たった１枚の葉書だが，しかしきわめて重い内容をもつこと」や，「１枚の葉書には「叔父さんからの葉書」と「自分が出さなかった葉書」の二重の意味があること」と対峙させ，熟慮させ，議論させる必要があるのです。このように考えると，内容項目の理解と発問構成と評価の視点とは，三位一体だといえるでしょう。

板 書

　板書では，授業の核心や主題の輪郭を浮き彫りにする道筋を，構造的・象徴的に表現したいものです。ここでは，「一枚のはがき」を黒板の中心に描き，そ

れをめぐって道徳的思考を凝集させています。すなわち，叔父から「わたし」への矢印と，「わたし」から叔父への矢印とで葉書の模式図を囲み，想いが「循環」するように授業構想しました。

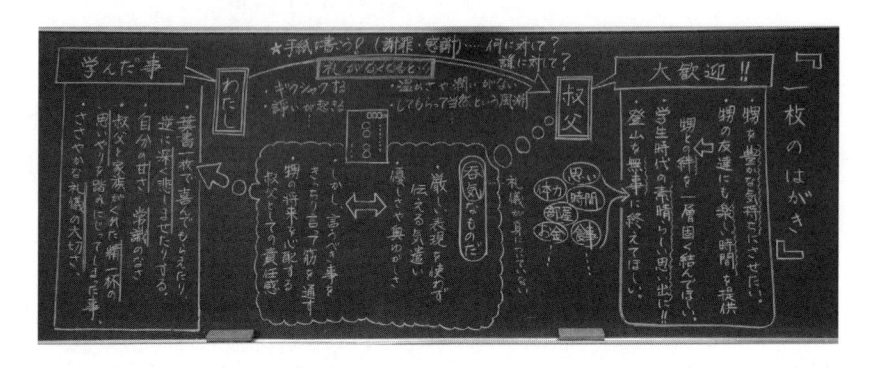

子どもの姿

　まず，叔父が「わたし」たち3人に費やしたものを問い，「思い，時間，食事，体力，部屋，お金」の発言を得ました。また，それと引き換えにしてでも叔父が大切にした気持ちや願いを考えました。それが，黒板右側の枠囲みです。

　次に，叔父の人間性を浮き彫りにするため，届いた葉書の「のんき」に着目するとともに，感謝されたくて歓迎したわけではない叔父が，あえてやわらかな表現で諭した点にも留意しました。結果として，「気づかい，やさしさ，奥ゆかしさ」に加えて「筋を通す，甥の将来を心配，叔父としての責任感」という意見が生まれました。

　それを受けつつ，自主的・積極的に礼状を書くための促進条件を探究し，たった1枚の葉書であるからこそ余計に，他者を「深く悲しませ」，「自分の甘さ」を痛感し，「常識のなさ」を猛省することになるという議論ができました。

　最後は，簡単にできるお礼が社会からなくなると，どのような世界が待っているのかを考えて，礼儀の効用を考えるとともに，叔父への返信を手紙や葉書に書くという想定で，具体的に文章表現させました。主として，過去への「謝罪，感謝，反省」や将来への「決意，希望」といった内容が綴られていました。

指導案⑥	小学校B-(10)	友情，信頼

理論編との関連

　理論編では，「よりよい友だち関係を築くためには何が必要となるのか」という問いについて，友だちになるためには自己のあり方が重要であることが述べられていました（☞p.43）。この教材では，すでに一定の友だち関係が築かれており，そのうえでふたりの友だち関係に危機が訪れたあと，友だち関係をさらに深めていくためには何が大切なのかを考えることができます。

　その際，コラム1（☞p.29）で述べられている友愛の成立条件が，この教材でのふたりの友情について考えるヒントになります。すなわち，①相手に気づかれること，②お互いの好意，③お互いにとって愛する価値があり，信頼し合えること，④お互いに相手の善（幸せ）を願うこと，⑤共に生きること，の5つです。

　上記の②，③，④の条件に「お互い」とあることが重要です。この「お互い」という対等性と相互性・双方向性が友情の成立条件です。その点で，友情は一方向の親切，思いやりとは区別されます。この相互性・双方向性という点で，正一が自分のために木版画を描いてくれていたことを知った和也は，自分の想いが足りていなかったことに気づくのです。また，③の信頼という点では，和也は正一から手紙がこなくなったとき，和也の自分に対する思いを信じられなくなり，疑ってしまいました。なお，道徳的諸価値に対する理解を深めるためには，道徳的価値の反対語をとらえておくことが大切です。「信じる」の反対語は「疑う」です。④については，和也は正一の木版画を見たとき，「正一は和也の善（幸せ）を願って木版画を描いてくれていたのに，はたして自分は正一の善（幸せ）を本当に願っていただろうか」と自問したと想定できます。⑤の「共に生きる」については，子どもが「友だちのことを思い出すことでがんばることができる」と話しています。「共に生きる」とは，対面で会うことを意味するだけでなく，離れていても心のなかで「共に生きる」こともできます。

　和也が正一と今後どのように付き合っていったらよいのかを考えることによって，「現在の友だち関係をより平等で対等なものにするためには，自分がどのような価値（観）を大切にし」なければならないのか（☞pp.43–44）という問いについても考えることができるでしょう。

内容項目の把握

〈内容項目の学年段階とキーワード〉

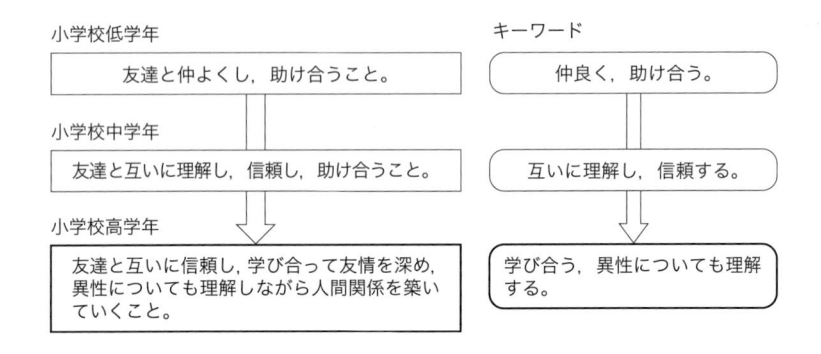

小学校低学年

友達と仲よくし，助け合うこと。

小学校中学年

友達と互いに理解し，信頼し，助け合うこと。

小学校高学年

友達と互いに信頼し，学び合って友情を深め，異性についても理解しながら人間関係を築いていくこと。

キーワード

仲良く，助け合う。

互いに理解し，信頼する。

学び合う，異性についても理解する。

〈内容項目のポイント解説〉

友情，信頼の内容項目は，友だち関係における基本となることであり，友だちとの間に信頼と切磋琢磨の精神をもつことに関するものです。

友だちは，家族以外で特に深いかかわりをもつ関係です。その関係は，共に遊んだり，学んだりすることをとおして，互いに影響し合って構築されるものです。学年が同じであったり，世代が近かったりすることから，似たような体験や共通の趣味や関心を有するため，互いの考えを交え，影響し合うことで，成長していく大切な存在です。

また，学年が上がるにつれ，互いの考え方などを交えることで時にはぶつかり合うことを経験しながら，互いに認め合い，協力し，助け合うことで信頼感や友情を育んでいくことができます。

また，異性についても，学年が上がるにつれ，互いに意識し合い，ぶつかることも多くなります。ここでも，互いに相手のことを理解することで認め合うことができるようになり，人間関係を築いていけるようになります。

子どもの実態

<table>
<tr><td>中学年</td><td>活動範囲が広がることで，集団でのかかわりも増え気の合う友だち関係が広がってくる。一方で，自分の利害にこだわることで，友だちとのトラブルが生じ，友だち関係が悪くなることがある。</td></tr>
<tr><td>高学年</td><td>これまで以上に友だちを意識するようになり，仲のいい友だちとの信頼関係を深めていくようになる。一方で，趣味や傾向を同じくするような閉鎖的な仲間集団をつくってしまったり，異性との間でも，これまでとは異なった感情を抱いてしまったりすることでトラブルが起きてしまうことがある。</td></tr>
</table>

内容項目に基づいた学習内容例（下線は本時）

低学年	①友だちと一緒に仲良く勉強したり，学んだりする楽しさを感じる。
	②友だちと一緒に仲良く遊んだりするだけでなく，困っている人を心配し，助け合ったりすることで友だちのよさを考える。
↓	③友だちとのかかわりも増え，友だち関係も広がるなかで，友だちのことを互いによく理解することで友だちの大切さについて考える。
中学年	④集団での活動が増えるなかで，互いに助け合うことで友だちの大切さを実感したり，友だちとのよりよい関係について考えたりする。
↓	⑤趣味や傾向を同じくするだけでなく，一緒にいなくても相互の信頼のもとで互いに磨き合い，高め合うような人間関係を築く。
高学年	⑥異性に対しても，信頼をもとにして，正しい理解と友情を育て，互いのよさを認め，学び合い，支え合いながらよい関係を築く。

教材名

友のしょう像画（学研『新・みんなの道徳5』）〔小5〕

教材の概要・あらすじ

　「ぼく（和也）」と正一は幼なじみで兄弟のように仲がよかった。小学3年生のとき，正一が難病にかかり，療養のため九州へと転校してしまう。手紙をとおして励まし合っていたが，正一からの手紙がこなくなり，和也も手紙を書かなくなった。それから1年ほどたったある日，正一の学校の作品展が開かれて

いることを知り，翌日母と一緒に展示会へと急いだ。そこには正一が木版画でつくった和也の肖像画が展示されていた。それを見た和也は感動し，涙を流す。

教材と内容項目のつながり

　この教材は，主人公である「ぼく（和也）」が道徳的に変化する教材です。そこで，変化する場面を中心場面ととらえます。中心場面は，和也が正一のつくった和也の肖像画を見て，感動の涙を流す場面です。

　道徳的に変化する場面をおさえるためには，道徳的に変化する前の部分もおさえておく必要があります。それが，正一からの手紙がこなくなったことで，和也もなんとなく手紙を書かなくなったところです。つまり，常に一緒にいることができなくなったことで，和也の正一に対する「友情」が少しずつ薄れてしまったことがこの部分で描かれており，そこの部分をしっかりと考えさせる必要があります。

　道徳的に変化する場面をおさえたうえで，中心場面での和也の気持ちを考えることは，この教材のひとつのポイントではありますが，この教材で内容項目の「友情」を体現しているのは，和也ではなく「正一」です。つまり，和也の気持ちを考えることをとおして，正一の和也に対する「友情」を考えることがこの教材の最も大切なポイントです。

　正一は手紙を書けなくなるなか，１年も和也の版画を彫りました。しかも，写真なども見ずに和也の顔を想像しながらつくることができたのは，和也のことを強く想っていたからです。ここで描かれた正一の友に対する想いを考えることをとおして，友情について考えを深めることができる教材です。

主題名

　友情，信頼

ねらい

　正一のつくった木版画を見て涙を流した「ぼく（和也）」の姿をとおして，お互いに信頼し，友情を深めようとする心情を育む。

学習指導過程

	主な学習活動	主な発問（○）と 予想される児童生徒の反応（・）	指導上の留意点
導入	1. 道徳的価値について考える。 2. 教材を範読する。	○友だちってどんな存在？ ・ずっと一緒にいる。 ・けんかをしても仲がいい。	・道徳的価値の前理解を確認する。
展開	3. ぼくが見送ったときの心情を考える。	○正一の乗った電車を見送りながらぼくはどんなことを考えていた？ ・やっぱりさみしい。 ・手紙を書いて励まそう。	
	4. 手紙を書かなくなってしまった理由を考える。	○なぜなんとなく手紙を書かなくなってしまったんだろう？ ・自分ばかり手紙を書いてもつらい。 ・正一が手紙を書けないのであれば……。	
	5. 正一がつくってくれたぼくの肖像画を見たときの心情について考えさせる。	○木版画を見て涙を流しながらぼくはどんなことを考えていたのでしょう？ ・なんでここまでして？ ・正一ごめん。 ・ぼくは何もできなかった。 ・ここまで思ってくれてありがとう。 ・こんなすばらしい友だちはいない。 ・正一は親友だ。	【補助発問】 ○一緒にいる人が本当の友だちではないの？ ⇒道徳的価値の前理解と比較させる。
	6. 正一が木版画をつくろうと判断した理由について考える。	○なぜ正一はぼくの木版画をつくろうと思ったんだろう？ ・ぼくの顔を思い出すと勇気が湧いてくる。 ・また友だちと遊びたい。 ・心のなかの友だち。 ・離れていても友だち。	
終末	7. 自己の生き方についての考えを深める。 8. 感想を書く。	○みなさんは今日の勉強をとおして，何を大切にしたい？ ・離れていても心がつながっている友だちがいる。	

板 書

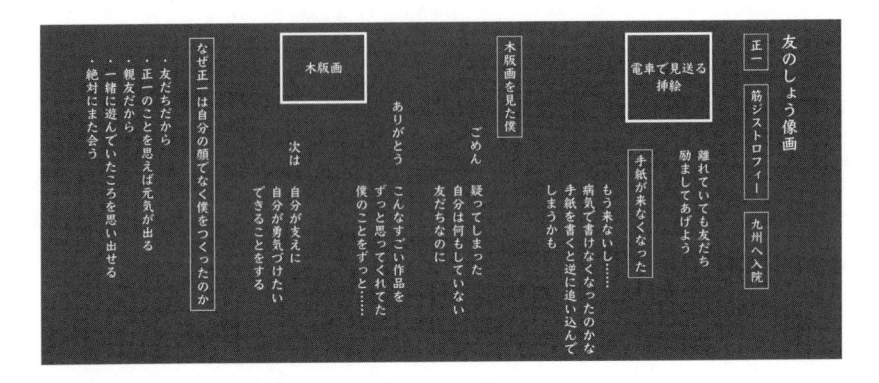

子どもの姿

　まず，和也が，正一からの手紙がこなくなってしまい「なんとなく手紙を書かなくなった」場面を考えることで，正一に対する友情が徐々に薄くなっている気持ちに共感できました。

　中心発問では，「木版画を見て涙を流しながらどんなことを考えていたのか？」という問いを投げかけました。子どもたちの発言として，後悔や謝罪，そして，木版画をつくってくれたことについて感謝の発言が多く出ました。子どもの発言をもとに視点を「正一」に変え，「なぜ正一は和也の木版画をつくったのだろう？」と問い返すことで，友情を体現した正一について考えました。対話のなかで「言葉で伝えないと気持ちは伝わらないのではないか？」という子どもの「おたずね」をもとに，「友だちのことを思い出すことでがんばることができる」や「大きくなってまた友だちとサッカーをしたい」など正一にとって和也が支えになっていることに気づくことができました。

　そして，こういった正一の気持ちに気づくことができた和也についてもう一度考えることで，和也の正一に対する友情が後悔や謝罪だけでなく，正一とこれからどうつながっていきたいのかについての意見に変わっていきました。

| 指導案 ⑦ | 中学校 B-(8) | 友情，信頼 |

理論編との関連

　本内容項目では，「仲よく」（小１〜２），「助け合う」（小３〜４），「学び合って」（小５〜６），「高め合い」（中学校）というように，授業で扱う友情の内実が高まっていくことをおさえておくことが重要です。中学校の「互いに励まし合い，高め合う」という内容については理論編では説明されていませんが，村上（1983）は，「友愛の本質は切磋琢磨にある」（村上 1983: 123）と述べています。つまり，「高め合う」とは切磋琢磨と同義だと考えられます。切磋琢磨という言葉は『論語』などの儒教の古典に登場します。「切」とは，材料を切り出すこと。「磋」とは，切り出した材料を磨き上げること。「琢」とは，石を加工すること。「磨」とは，加工した石を磨き上げることです（金谷 1963）。それゆえ，「高め合う」は「磨き合う」と言い換えることもできます。

　「②吾一がひとり走り出す場面で，君たちは吾一と京造のどちらを支持するか」「③あなたは，ふたりのどちらと友だちになりたいか」という発問で価値観の衝突を扱うこの授業は，「高め合う」（切磋琢磨）と「助け合う」（小３〜４）の緊張関係をとらえたものです。京造は，待ち合わせ時刻を過ぎてもやってこない秋太郎の善（幸せ）を願って秋太郎の家まで迎えに行く友だち思いの性格です。京造からは「助け合う」ことの大切さと同時に，そのむずかしさを学ぶことができます。一方，③と④の発問から想定されている，吾一と友だちになることによって「（自己の）欠点を直視できることで，自分の成長が望めるから」という考えは，「高め合う」友情を表しています。

　展開の最後の「⑤結局，あなたは，本当の友情には（人と人とが出会い親友となっていくためには）何が必要だと考えるか」という発問は，「現在の友だち関係をより平等で対等なものにするためには，自分がどのような価値（観）を大切にし」なければならないのか（☞pp.43-44）を考える問いとなっています。

内容項目の把握

〈内容項目の学年段階とキーワード〉

小学校高学年

> 友だちと互いに信頼し，学び合って友情を深め，異性についても理解しながら，人間関係を築いていくこと。

キーワード

> 理解，信頼，助け合い，閉鎖的な仲間集団，協力，学び合い，磨き合い，高め合い，人格の尊重。

中学校

> 友情の尊さを理解して心から信頼できる友達をもち，互いに励まし合い，高め合うとともに，異性についての理解を深め，悩みや葛藤も経験しながら人間関係を深めていくこと。

> 人間的な成長と幸せ，励まし合い，競い合い，高め合い，協力，平等，対等，人間性に懸ける，人柄に親しみ，信頼と尊敬・敬愛，向上，尊厳，切磋琢磨。

〈内容項目のポイント解説〉

『中学校解説』に友情の特質を求めると，知識や技能に対する「信用」とは質を異にする，友だちの人間性に対する「信頼」を基盤として，「相互性」「対等性」「協力性」を保持しながら個性豊かに「切磋琢磨」することが浮かび上がります。また，「心からの友情や友情の尊さについての理解」「相手に対する理解」を深めることも大切で，友情を感性的にとらえるだけでなく，理性的・悟性的にも深めていく重要性が浮き彫りとなってきます。

次に，『小学校解説』に目を通すと，「信頼と切磋琢磨の精神」を基軸に，互いに影響し合うこと，心配し助け合うこと，協力し合うこと，互いのよさを認め学び合うこと，支え合うこと，磨き合い高め合うこと，人格を尊重し合うこと，などの観点が示されています。ここで，改めて『中学校解説』を読み直すと，「忠告し合うこと，競い合うこと，心を許し合うこと」に加え，「相手の人間的な成長と幸せを心から願いながら，悩みや葛藤を乗り越え，生涯にわたり尊敬と信頼に支えられた友情を築くこと」が独自の観点であると考えられます。

なお，生徒が直面する実生活を反映した心の実態は，過去のさまざまな経験や記憶をともないながら，友情を結び合うための第一歩が踏めずに悩んでいる場合も多く，周囲の誰かひとりでもいい，その助けを求める心の叫びに耳を傾け，あたたかなまなざしを向け続けることの意義や意味を追求し，互いに錬磨し合って人間的成長を期待するという側面の重要性も強調しておきたいと思います。

子どもの実態

本実践を行なった中1対象の調査では，トラブルを友だちに相談する割合は6割超で，保護者へ相談する割合を上回りました。また，困ったときに助けてくれる親友の数は，「いない」が4％，「1～2人」が11％，「3～5人」が30％，「5～9人」が18％，「10人以上」が35％となっています。

「いない」のなかには，真の親友像を想い描いたうえでまだ深い友情を築くまでには至っていないと判断した生徒と，楽しく周囲とつながっている恰好だけで本当は人間関係を結んでいないという「賑やかな孤独」状態の生徒がいます。

一方，「10人以上」が35％というのも，中学3年時の調査結果に比べて非常に高い数値であり，真の友情の意味や意義に対する理解と経験が浅いことも考えられます。

内容項目に基づいた学習内容例

2013年9月5日の『朝日新聞』で，4コマ漫画「ののちゃん」は，級友が「世の中の役に立つ人になりたいです」「困っている人を助けてあげたいです」と模範解答を述べるなか，「困ったときに助けてもらえる人になりたいです」と答えていますが，ののちゃんが望むような人にはどうすればなれるのでしょうか。『中学校解説』の「いざという時に頼ることができる」関係を築くには，まずは「心の底から打ち明けて話せる友達を得」ることが必要で，それには自身が相手の成長と幸せを願い，声なき声に耳を澄まし，心を澄ましていく必要があります。

しかしながら，「最初から一定の距離をとった関係しかもたない」という状況も存在します。ある生徒たちが「9時から」ゲームをして遊ぶ約束をしていたので，「明日，朝から一緒に遊ぶのか」と訊くと，「今晩」だと言います。そこで，「そんな遅くに出歩いてはいけない」と注意すると，各自が「自宅にいながら遊べます」と答えるのです。夜間徘徊の心配はありませんでしたが，こうした空間や言葉を共有しない世界に生まれる希薄な人間関係に居心地のよさや充実感を抱くことは，今日的課題のひとつと考えられます。

以上のことをふまえると，友情の出発点としての「対等性」「同似性」を再確認したうえで，「自主性」「主体性」を尊重し合い，「相互性」に基づいた励まし助け合う関係を築いて，最終的には相互信頼のなかで「切磋琢磨」し合う域に

まで高まりたいとの自覚に至ることが，学習の方向性であると考えられます。

教材名

吾一と京造（学研『中学生の道徳 明日への扉1年』）〔中1〕

教材の概要・あらすじ

朝，待ち合わせ時刻を過ぎても秋太郎は来ません。始業の鐘が気になる_A吾一は，遅刻しないようにひとりで駆け出しました。他の仲間も追ってきたので一安心する吾一ですが，それは京造の指示であり，_B秋ちゃんちへ行くのは俺だけでいい，と言ったというのです。遅刻したふたりは先生に叱られますが，_C京造は言い訳ひとつしません。吾一の_D心は，草の葉のように揺れていました。

教材と内容項目のつながり

価値観の違いは，およそ道徳授業では顕在化するものですが，時間的制約から違いの提示にとどまり，それに基づいた議論がなされない場合も多くあります。そこで，生徒の価値観の違いを前提に，それが激しく衝突する場を設計し，そこを授業の出発点にしながらねらいに肉薄する展開を考えます。従前では，下線Dの「草の葉のように揺れていた」を重視し，そこに中心発問を置くことが多かったのですが，本授業では，発問①からはじめて吾一の葛藤をとらえるとともに，吾一と京造の正しさの質的違いを追究するための伏線としました。

続いて，下線AとBを対比し，両者の相違点を明瞭にとらえ，根拠のある納得解を見いだせるような構成を考えます。具体的には，発問②で「君たちは吾一と京造のどちらを支持するか」と問い，立場表明からの理由づけをもとに，互いの価値観を衝突させ議論を重ねていきます。

しかし，この授業場面では，まだわが事として切実感をもってとらえている生徒は一部にとどまるため，発問③「あなたは，ふたりのどちらと友だちになりたいか」，発問④「あなたが②と③で選んだ人物は同じか，異なるか。どうして，そのような結果になったと考えるか」を準備しました。このとき，「友情・信頼」という道徳的価値に鑑みて，吾一の行為についても，友情の観点からと

らえ直してみることが重要です。秋太郎にとってプラスにはたらく要素を見いだすことで，主題のねらいに肉薄できます。

なお，下線Cは，秋太郎ひとりが叱られるのを守っただけでなく，秋太郎を不規則な生活習慣の泥沼から救い出し，今後の成長を期待し見守り続けようとする京造の意志や覚悟が表れているとも考えられ，生徒が議論を重ねていくなかで追究発問したい箇所でもあります。

主題名

友情と規則の狭間で

ねらい

規則を遵守した吾一の揺れる心をとおして，友情に必要な考え方や条件に気づき，励まし待ち許し合って信頼の絆を結んでいく道徳的判断力を培う。

学習指導過程

	主な学習活動	主な発問（○）と 予想される児童生徒の反応（・）	指導上の留意点
導入	☆あなたの友だちを具体的にイメージする。	○その人と友だちになった理由は何か？ ・やさしい，話が弾む，趣味が同じ，など。	・「友情の条件」をあげる。
展開	★範読する。 1. 吾一の葛藤について ①「草の葉のように揺れていた」とあるが，吾一は，どのようなふたつの考えや気持ちの間で葛藤しているか？【価値認識】 2. 吾一と京造の行為に対する是非とその根拠 ②吾一がひとり走り出す場面で，君たちは吾一と京造のどちらを支持するか。また，その理由・根拠は何か。【価値認識】	・遅刻しないことは正しい行為である。 ・京造がただひとり友だちを待った行為も魅力的かつ正しい行為ではないか。	・吾一と京造の長短を意識化する意図で。 ・第三者的な立場から，客観的に考察して，根拠を語り合いたい。

《吾一》規則遵守は当然で堂々
　　　としていればよい。
《京造》友だち思いで決断力が
　　　あり，責任のとり方も潔く
　　　覚悟が感じられる。

3. 友だちとして誰を選ぶか

③あなたは，ふたりのどちらと友だちになりたいか。【自己認識】

・友だち関係を築くための主観
　的立場を表明。

《吾一》自己の欠点を直視できる。
《京造》自己の困難を支えても
　　　らえる。

4. 比較対照

④あなたが②と③で選んだ人物は同じか，それとも異なるか。
　どうしてそのような結果になったと考えるか。【自己認識】

・発問③と同質の反応の場合は，
　「なぜ，あなたはそのことを
　重視するのか」と追究。

展開
（続き）

《同》欠点を直視できることで，
　　　自分の成長が望めるから。
《異》困難時に寄り添う人から
　　　励まし勇気づけられ，自己
　　　成長が望める。

5. 真の友情の条件

⑤結局，あなたは，本当の友情には（人と人とが出会い親友と
　なっていくためには）何が必要だと考えるか。【自己展望】

・自分の体験に触れながらの発
　表には，肯定的な評価語を返
　したい。

・じっくりと成長を信じて待つ姿勢。
・何があっても継続して守り抜
　く覚悟。
・厳しくとも真剣に励まし高め
　合うこと。

終末　☆担任講話と授業感想　○新入生における「友情」の育み方やその意義について，担任
　　　　　　　　　　　　　　　　の願い・思いを伝え，最後に授業の感想を短く記す。

板 書

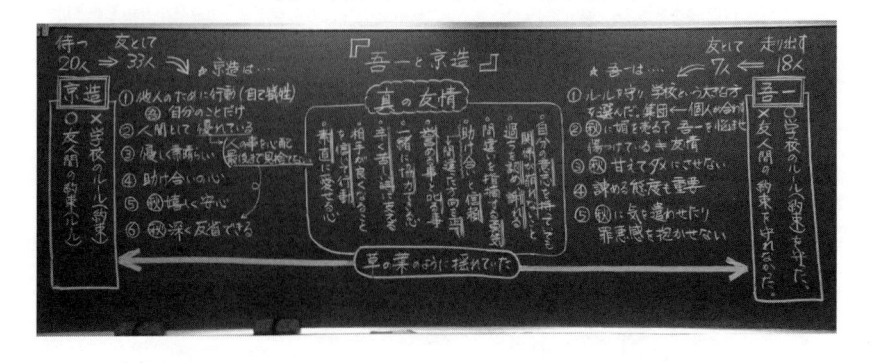

子どもの姿

発問①では，遅刻せずに登校するという学校のルールを遵守した吾一の正しさと，京造がひとり友人との義を果たした人間的な魅力を確認し，ふたりの行為の長短を意識化しました。

発問②での支持者の数は，走りだした吾一が18人，待つ京造が20人，保留2人であり，その理由や根拠については，ペアワークで意見交換しました。吾一支持の理由には「規則遵守は当然で堂々としていればよい」，京造支持の理由には「友だち思いで決断力があり，責任のとり方も潔い」などがありました。

発問③では，友として吾一を望む者が7人，京造を望む者が33人という結果であり，10名以上の生徒が発問②と③で異なる登場人物を支持しました。

発問④では，小集団による議論のなかで，吾一と京造の善さが激しく衝突しました。その後，主な意見を代表者に発表させながら，価値観の衝突の様子が視覚的に把握できるよう，番号で対応づけながら左右対比的に板書しました。

次に，発問⑤への橋脚として，板書にはないやりとりを紹介します。それは，発問④の議論のなかで断片的に発せられていた「やさしさ」と「厳しさ」についてです。これらを実践する際に注意すべきことをたずねると，両者には「けじめ」や「適度さ」を保つこと，「思いやりのなかの厳しさ」を表現することが大切だ，と返ってきました。

最後の発問⑤は，真の友情に必要な条件・要素を追求する場で，激しい議論の末にたどり着いた生徒の想いが凝集されています。

指導案 ⑧	小学校 B-(11)	相互理解，寛容

理論編との関連

　理論編では，多様な考えや意見，多様な個性や立場を理解する際に，「①異なる存在として，受け入れること」と「②同じ存在として，受け入れること」の必要性，また，そうした寛容の限界が述べられていました（☞p.47）。

　寛容には，このような多様性を受け入れるという意味に加えて，他者の過ちを「許し受け入れてとがめだてしない」（『中学校解説』）という意味での広い心（寛容），すなわち寛大さの意味もあります。この教材では，マミはえり子の過ちを許すことができないという意味で，寛容ではないのです。

　ここで重要なのが「可謬性」，つまり人間誰しも「誤りうる」という考えです。この「誤り」には，①真理から見た誤謬（誤り）と，②道徳上の罪（過ち）があります。この教材では，えり子はマミに自分から電話するという約束を守れなかったという意味で道徳上の過ちを犯しています。しかし，えり子は率直に自分の過ちを認め，マミに謝ったのです。ここには，自分が「誤りうる」不完全な存在であることを認めているという意味で謙虚さも含まれています。

　一方，マミはえり子の罪を許すことができないという意味で不寛容なだけではありません。マミは，えり子が自分から電話するという約束を守れなかったことには何か事情があるのかもしれないと推測しようとせず，自分で勝手に決めた約束の時間がえり子に伝わっているはずだという自分の考えに固執してしまっています。たしかに，約束を守れなかった点でえり子に非があるとしても，マミは自分が全面的に正しいと思っている点で謙虚ではありません。

　ここでは，J. S. ミル（2010）の「半面の真理（half-truth）」という考え方が参考になります。ミルは，人間と社会の真理を探究する際につきまとう危険は，「虚偽を真理と誤認すること」よりも，「真理の一部をその全体と誤解すること」だと述べます。真理の一部を突き止めたとしても，それで真理の全体が把握できたわけではありません。その自覚がなければ，自分は真理の全体を理解していると誤解して相手の意見を全否定してしまうでしょう。しかし，自分は真理の半面しか理解できていないと思えば，相手の意見にも真理が含まれているかもしれないと思えます。この不完全さの自覚が謙虚さをもたらすのです（髙宮2023e）。

内容項目の理解のポイント

〈内容項目の学年段階とキーワード〉

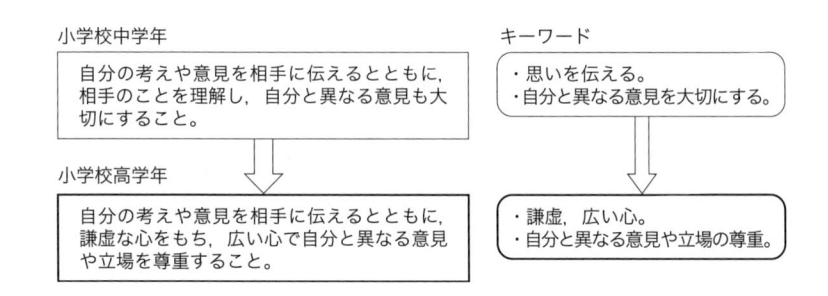

小学校中学年
> 自分の考えや意見を相手に伝えるとともに，相手のことを理解し，自分と異なる意見も大切にすること。

小学校高学年
> 自分の考えや意見を相手に伝えるとともに，謙虚な心をもち，広い心で自分と異なる意見や立場を尊重すること。

キーワード
> ・思いを伝える。
> ・自分と異なる意見を大切にする。

> ・謙虚，広い心。
> ・自分と異なる意見や立場の尊重。

〈内容項目ポイント解説〉

　本内容項目では，中学年では「異なる意見」，高学年では「異なる意見や立場」，中学校では「それぞれの個性や立場」と学年が上がるごとに考える対象が広がっていることを意識することが大切です。人の目から「意見」はとらえやすいです。しかし，「立場」「個性」は相手の見えない部分に想像をめぐらさなければとらえづらいものです。このように相互理解ができない，寛容にできない「対象」を明確にとらえながら，「自分とは何が違うのか」「自分は何が受け入れられないのか」といった自分との違いの意味を問い直すことがひとつのポイントになります。また，言葉の意味と関係を正しくとらえておくことが大切です。間違いやすいポイントに視点を当て，言葉の意味を整理しておきます。

・「相互理解」：たんに相手へ意見を伝えるというとらえのみではありません。自分の弱さや恥ずかしさも含めたありのままの自分の思いや意見を伝えるという意味でとらえることが大切です。また，互いに相手の思いや意見に目を向けることも大切です。人は特に，自分にとって望まないことが起こった場合や，自分の思いが強い場合にはこのことを忘れがちです。そのため相手を理解する際には，相手の思いを無視しているかもしれないという自分への気づきが大切になります。
・「謙虚さ」：謙虚さは自分に対するものです。自分にも過ちを犯してしまう弱さがあることの自覚，また自分の不完全さへの自覚が大切です。

- 「寛容さ」：寛容さは相手に対するものです。謙虚な心が人に寛容さを生みます。寛容さはどんな過ちでも安易に許すような偽りの寛容ではありません。また，すべてを許さないといった断罪でもないことをとらえておきましょう。

子どもの実態

　昨今，社会的に多様性の尊重という言葉をよく耳にします。SDGsの理念や目標にも「誰一人取り残さない」や「パートナーシップで目標を実現しよう」など多様性の尊重にかかわるものがあります。このような社会的な動きのなかで，子どもたちも「個性を大事にしよう」や「多様性を認めることは大切だ」と個性や多様性を重んじる声が増えました。しかし，実際に子どもの学校生活に目を向けると，自分の思いや意見を強く主張したり，押し通したりする姿を目にすることが少なくありません。これは個性や多様性の尊重という名の「独断」「固執」と解釈することができます。また逆に，相手の意見に安易に合わせてしまう「迎合」や，自分の思いはあるものの相手の思いに合わせてしまう「同調」といった姿もみられます。相互理解，寛容が大切にされる根源は，お互いのよさを尊重し活かし合うことです。そして，その結果よりよい社会を創造していくことでしょう。相互理解，寛容が求められる意義を明確にしながら自分と相手のそれぞれの違いを問い直し，大切にすることができる子どもたちの感覚を養うことが大切です。

内容項目に基づいた学習内容例（下線は本時）

①相手からの理解が得られるように思いを伝える方法や，相手の意見を聞くことの意味・意義について考える。
②自分と異なる意見や立場を尊重することで，互いの違いがどのようなよさを生み出すのかについて考える。
③広い心で自分と異なる相手の意見を素直に聞き，なぜそのような考え方をするのかを，相手の立場に立って想像し考える態度を養う。
④相手の過ちなどに対しても，自分も同じ過ちをするかもしれないという謙虚な心をもち，違いを活かすことでよりよいものを生み出そうとする態度を養う。

⑤個性とは何かについて考えるとともに，互いの個性や立場を尊重し，広い視野に立っていろいろなものの見方や考え方があることを理解しようとする態度を養う。

⑥いろいろなものの見方や考え方から学び，自分自身を高め，他者と共に生きるという自制をともなった気持ちで，判断し行動することの大切さを理解する。

教材名

すれちがい（光村図書『道徳5 きみがいちばんひかるとき』）〔小5〕

教材の概要・あらすじ

本教材ではマミとえり子のふたりが徐々にすれ違っていく様子が描かれています。ふたりは一緒に書道教室に行くために学校帰りに待ち合わせをします。待ち合わせ時間は帰宅後，えり子からマミに連絡をする予定でした。しかし，えり子は帰宅後すぐに母親からお使いを頼まれ，マミへ時間を伝えることができませんでした。一方マミも，えり子からの連絡がないことに待ちきれず，自分から電話をするもつながりません。先に待ち合わせ場所で待っていたマミですが，とうとう先に書道教室に行ってしまいます。遅れて到着したえり子はマミに謝るものの，マミは話を聞こうともしてくれません。最終的に，互いに互いを許せないまま話が終わるという教材です。

教材と内容項目のつながり

本教材では，ふたりのそれぞれの視点から話が描かれており，読み手側からはふたりがすれ違っていく様子を客観的にとらえやすい構造になっています。一見互いに相手の話を聞かず，ふたりとも寛容になれていないととらえることができます。しかし，マミが話を聞こうともしないことに対して，えり子は一度「ごめんね，あの」と謝ろうとするのです。今回はこのような見方から教材をとらえることにしました。そうすることで，マミ側からは一面的な見方で相手の過ちを断定的にとらえ，謙虚さをもてず寛容になれない人間的な弱さについ

て考えることができます。反対に，えり子側からは自分の非を認め，謙虚になり，不快な思いを抱かせてしまった相手に対しての寛容さについて考えることができます。こうして，人間的な弱さと，寛容さの双方から考えることで，「謙虚さ」「寛容さ」という本内容項目にかかわるキーワードについての理解が進みます。これは『小学校解説』に示される「異なる立場や意見を尊重する態度」を養うことにつながると考えます。本教材のマミとえり子のふたりの心情については，マミにはJ. S. ミルのいう「半面の真理」の考え方を当てはめることができます。一方えり子には，人間的な弱さを乗り越えるために必要な「可謬性」の考え方を当てはめることができます。これらの部分に着目しながら授業を展開していくことで，価値理解の一助となり，その理解を自分自身を見つめる鏡としながら，自己を見つめることにつながっていくでしょう。

主題名

思いがすれちがっても

ねらい

相手を許せないマミとモヤモヤしつつも謝ろうとしたえり子の違いを話し合うことをとおして，許すこと・許せないことについて考え，謙虚な心をもち，広い心で異なる立場や意見を尊重する道徳的実践意欲と態度を養う。

学習指導過程

	主な学習活動	主な発問（○）と 予想される児童生徒の反応（・）	指導上の留意点
導入	1. 事前学習で考えた内容を共有する。	○「ごめんね」と言われたけれど許せなかったことはありますか。 ・気持ちがこもっていないと感じたときは許せない。 ・友だちは許せるけどきょうだいにはなかなか許そうと思うことができない。	・道徳的価値の前理解を確認する。
展開	2. 教材「すれちがい」を読んで話し合う。	○話を聞こうともしなかったマミと（同じ状況にもかかわらず）謝ろうとすることができたえり子の違いは何だろう。 ・マミは，自己中心的な考えになっている。 ・えり子は自分をコントロールできている。 ・自分も悪いかもしれないと思っているから。	
		○あなただったらマミとえり子のどちらに共感するだろう。 ・マミ。腹が立ったときにはまわりがみえなくて自己中心的な考えをもってしまう。 ・えり子。いつも自分から謝ることができる。	・とらえた価値理解をもとに，登場人物に自分を重ね，自己を見つめられるようにする。
終末	3. 本時の振り返りをする。	○今日一番大切だと思ったことは何ですか。 ・許せないと思うときには，見えていない部分が多いということ。	・納得したことや新たな気づきを整理するために振り返りをノートに書く。

板 書

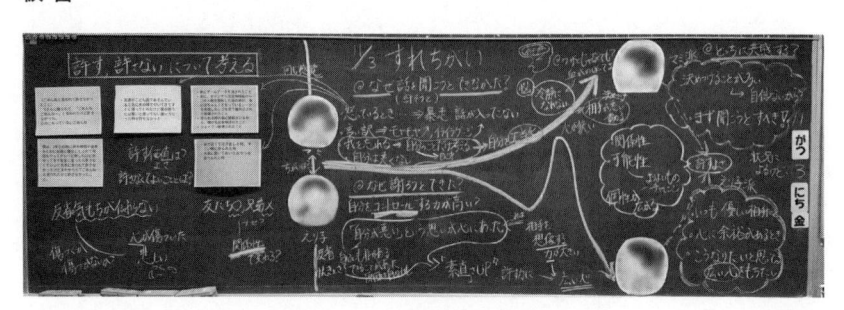

子どもの姿

　本教材では中心的な展開として，同じ状況下にもかかわらず「話を聞こうともしないマミ」と「謝ろうとしたえり子」の違いを話し合うことを位置づけました。話し合いでは，マミとえり子のふたりの気持ちを想像しながら許すことができない人間的な弱さと，似た状況にもかかわらず謝ろうとしたことについて追求していきました。マミ側の話では，「相手が悪いと考える」「自分を正当化している」などとまわりの思いを無視し，自己中心的にふるまってしまった自身の経験をふまえた発言をしていました。一方えり子側の話では，「自分をコントロールする力が高い」「自分も悪いという気持ちが心にある」「相手の気持ちや状況を想像する力が大きい」と発言していました。それらを本内容項目のキーワードである謙虚さや広い心と結びつけて考えていました。これらの話し合いからは「半面の真理」や「可謬性」についての考え方を自分たちなりの言葉で表現し，意味を見いだしていたととらえられます。そして，ここまで話し合いで深めた価値理解をふまえ「あなたはマミとえり子のどちらに共感するか」と問いました。「自分は結構マミに共感する」などと問いに対する選択をしつつ，続けて「相手のせいにしてしまうことが多いから」「でもえり子みたいに自分も悪いかもとか，他に何か事情があったのかもと考えると違ったものがみえてくるかもしれない」「そういう考え方は相手のことをもっとわかることにつながるし仲良くなれると思う」といったように，ここまでの学びをとおして自己を見つめながら対話が展開されました。同時に自然と「可能性が広がるんだ」などと相互理解，寛容のよさについても語っていました。

指導案 ⑨	中学校 B-(9)	相互理解，寛容

理論編との関連

　理論編では，この内容項目の本質には「①異なる存在として，受け入れる」と「②同じ存在として，受け入れる」ことのふたつがあると述べられていました。このふたつの視点から本教材を読み解くなら，①ファンサイトにはＡ選手のファンばかりがいるわけではなく，Ａ選手についても多様な見方があること，その一方で，②サッカーを楽しみたい気持ちはみな同じであることをとらえることができます。加えて，どんな理由があっても他者に対する誹謗中傷は許されないという意味では，この教材ではさらに寛容の限度・限界が描かれているともいえます。

　インターネット上では，後述される「フィルターバブル」のほか，「エコーチェンバー」という現象が生じやすいため，人々は「自分の意見だけが正しい」と思ってしまいがちです。「エコーチェンバー」とは，ソーシャルメディアを利用するとき，自分と似た興味関心をもつユーザーをフォローする結果，意見をSNSで発信すると自分と似た意見が返ってくることです。

　それゆえ，インターネット上では，普段の生活以上に，小学校の実践編でも述べた「半面の真理」の考え（☞p.230）と謙虚さをもつことが大切になります。「半面の真理」とは，自分の意見はたしかに一面では正しいけれども，自分は真理（正しいこと）のすべての側面を把握できているわけではないということです。この考えは謙虚さの自覚につながります。自分は真理の全体を認識できるわけではなく，誤りうる不完全な存在であると自覚できれば，他者の意見にも耳を傾けようとする謙虚な姿勢をもつことができます。謙虚さとは，他者の意見やより多面的な真理に対して「開かれた心」であるということもできるでしょう。「わたしが強く言い返したのは顔が見えないことだけが原因ですか」という発問とそれに対する「顔が見えないことは一番大きな原因だけど，普段から自分の考えが絶対だと思っているからかも」という答えを予想できるのは，「半面の真理」や謙虚さをとらえているからでしょう。

　なお，「相手の立場に立つ」ことの大切さは「親切，思いやり」と重なりますが，「相手の立場に立つ」だけでなく「他のあらゆるひとの立場で考えること」（カント 2015: 257）がこの内容項目では大切だといえます。

内容項目の把握

〈内容項目の学年段階とキーワード〉

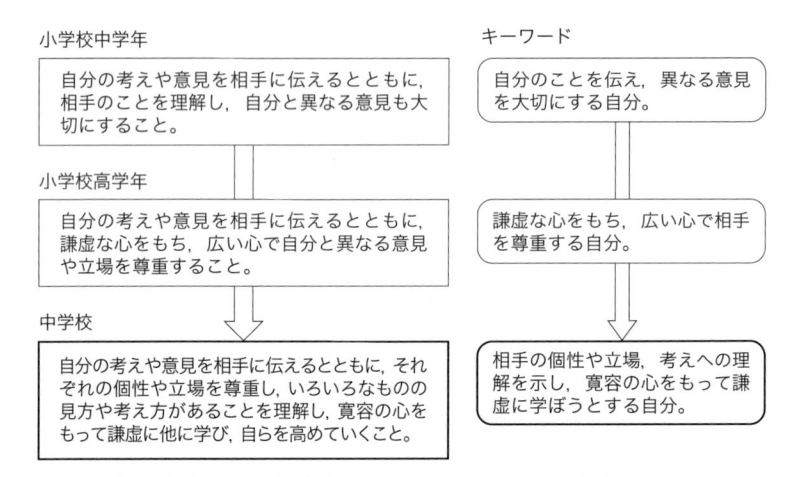

小学校中学年

> 自分の考えや意見を相手に伝えるとともに，相手のことを理解し，自分と異なる意見も大切にすること。

キーワード

> 自分のことを伝え，異なる意見を大切にする自分。

小学校高学年

> 自分の考えや意見を相手に伝えるとともに，謙虚な心をもち，広い心で自分と異なる意見や立場を尊重すること。

> 謙虚な心をもち，広い心で相手を尊重する自分。

中学校

> 自分の考えや意見を相手に伝えるとともに，それぞれの個性や立場を尊重し，いろいろなものの見方や考え方があることを理解し，寛容の心をもって謙虚に他に学び，自らを高めていくこと。

> 相手の個性や立場，考えへの理解を示し，寛容の心をもって謙虚に学ぼうとする自分。

※相互理解・寛容は小学校中学年から新たに学習する内容項目です。

〈内容項目のポイント解説〉

　人にはそれぞれの見方や考え方があります。その独自性に気づき，認め，受け容れることがこの内容項目のスタートです。そのためには自分の不完全さを自覚し，他者から学ぼうとする姿勢をもつことが大切です。不完全であるからこそ他者から学ぶ謙虚な心や，他者の過ちを許す寛容な心が生まれます。

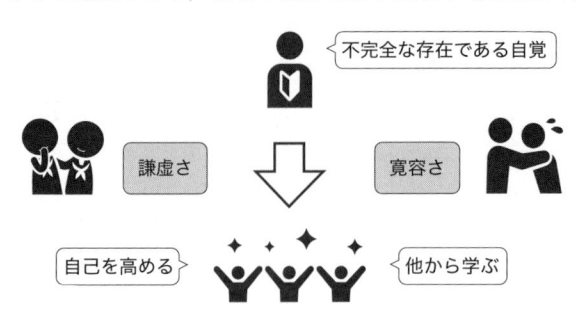

　謙虚に学ぼうとする心は自分の成長を促し，寛容に接しようとする心は他者のよさを認めることにつながります。このような相互のあたたかい関係のなか

で，人は自分の個性をより大きく伸ばし，自己を高めていけるのです。

子どもの実態

高学年

自分の考えや意見を伝えることや相手の気持ちを考えることの大切さがわかり，行動しようとするようになる。

中学生

(入学時)

新たな環境，出会いのなかで，見方や考え方の多様性を実感することが多くなる。自分のことを伝えたり相手の話を聴いたりすることで，少しずつ相互理解できるようになってくる。

中学生

学年が上がると，ものの見方や考え方が確立する分，自分の考えに固執しがちになる。一方で，考え方の違いから友だち関係に摩擦が生じたり，いじめのような問題に発展したりすることもある。いろいろな見方や考え方から学び，自分自身を高め，他者と共に生きようとする気持ちをもって，判断・行動できるようにしたい。

内容項目に基づいた学習内容例（下線は本時）

中1	①個性について正しく理解し，<u>自分の考えを伝えたり互いの個性や立場を尊重したりして，謙虚に学ぶことの大切さ</u>について考える。
↓	②広い視野に立っていろいろなものの見方や考え方を知ることの意味について考える。
中2	③他者の過ちを許すのではなく，相手を理解することで自分の意志との折り合いをつけていく寛容の意味について考える。
	④いろいろなものの見方や考え方から学び，自分自身を高め，他者と共に生きようとする気持ちで判断し，行動する大切さについて考える。
↓	⑤人間が相互に個性や立場を尊重することが，自分の人生にとってどのような価値をもつのかを考える。
中3	

教材名

言葉の向こうに（『私たちの道徳 中学校』）〔中1〕

教材の概要・あらすじ

　ヨーロッパのあるサッカーチーム，A選手のファンである主人公。真夜中の
チーム勝利の瞬間にネット上のあるサイトで，ファンの人たちと喜びを分かち
合いました。しかし翌日，同じサイトでA選手への批判を見つけます。主人公は
擁護するコメントを書き込みましたが誹謗中傷は止まらず，ファンの人たちか
らも辛辣なコメントが書き込まれました。やりとりのなかで，ネットのコミュ
ニケーションのむずかしさと言葉の向こうにいる人たちの顔を思い浮かべるよ
う諭された主人公は，コメントした人たちに思いをめぐらせます。そして，今
まで気づかなかった新たな発見に少し成長した自分を確信したのでした。

教材と内容項目のつながり

　相手の顔が見えない場でのやりとりは，相手の立場に立ち思いを汲み取る大
切さを忘れがちです。これは匿名でやりとりする場だけではなく，子どもたち
がSNSでやりとりをするなかでも起こります。また，ネットで興味関心が近
い人とだけつながったり，好きな情報だけを検索したりすると，子どもたちは
知らず知らずのうちにフィル
ターバブル現象に身を晒すこ
とになり，多様な意見に気づ
きにくくなります。子どもた
ちの多くはネットと現実を切
り離して考えることができま
せん。世界には自分と同じよ
うな意見しかない，自分と異
なる世界には触れなくてもい
い，と考えてしまうかもしれ
ません。

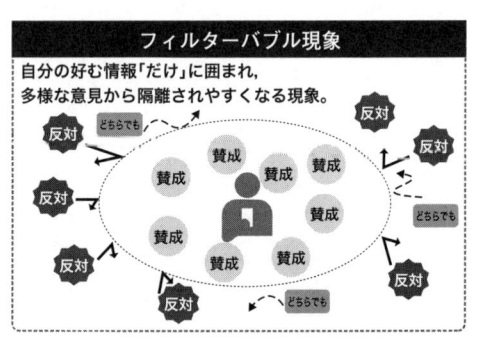

出典：内閣府「青少年のインターネット利用環境実態調査（平
成22年度から令和4年度）」結果をもとに作成

　しかし，世界が発展してきた理由のひとつは，人々の異質性が認められ少数
意見も大切にされてきたからです。相手の言葉に耳を傾け，考えを受け止める
ことで，物事を多面的・多角的にとらえ，新たな見方や考え方を得ることがで
き，それは自分を成長させる一助となります。

この教材をとおして，自分にない見方や考え方も受け止めることや，言葉を発した相手の思いや立場を想像して意見を述べることの大切さを考えたいものです。

主題名

言葉の先にあるもの

ねらい

言葉の先には人の思いや願いがあることがわかり，相手の異なる考えも一度受け止めて，人に対して想像力をはたらかせてかかわろうとする思いを膨らませる。

学習指導過程

<table>
<tr><th></th><th>主な学習活動</th><th>主な発問（○）と
予想される児童生徒の反応（・）</th><th>指導上の留意点</th></tr>
<tr><td>導入</td><td>1. 「言葉の向こうに」の続きを考える。</td><td>○「言葉の向こうに……」の続きを考えましょう。何が入りますか。
・気持ちかな。
・世界もあると思う。</td><td>・ねらいとする道徳的価値への方向づけができるように，発言を行為と心に分けて板書する。</td></tr>
<tr><td>展開</td><td>2. 教材を読み，感じたことや考えたことを伝え合う。
3. 主人公が強く言い返してしまった理由や発見したことを考え，話し合う。
4. 本時の学びを自分とのかかわりで考える。</td><td>○感じたことを伝えましょう。
・傷つけようとしていなくても，傷つけてしまうことがある。
・顔が見えないからこそ中傷したりいやなことを言ったりすると思う。
○わたしが強く言い返したのは顔が見えないことだけが原因ですか。
・顔が見えないことは一番大きな原因だけど，普段から自分の考えが絶対だと思っているからかも。
○わたしが発見した「すごいこと」とは何でしょうか。
・顔が見えても見えなくても，相手の気持ちを考えること。
・自分の考えを押しつけるのではなく，言葉の向こうにある思いを考えながら考えを伝えること。
○みなさんが今日の授業をとおして，発見したことはありますか。
・自分本位ではなく，相手の思いを受け止めたうえで伝えることかな。</td><td>・子どもたちの感じ方や考え方から授業をつくれるように，感じたことや考えたことを考え，伝え合う場を確保する。
・顔が見えるときと見えないときとの，人とかかわるうえでの意識の違いを明らかにできるように，顔が見えないことだけ原因かどうか問い返す。
・主人公と重ねて，自分とのかかわりで考えられるように，主人公が発見したことを考えるよう促す。
・自分の生き方と重ねながら考えられるように，自分とのかかわりに目を向けられるよう問いかける。</td></tr>
</table>

終末	5. 本時の学びとこれからしていきたいことを記述する。	○今日の学習でわかったことやしていきたいことをまとめましょう。 ・一人ひとり考えがあるから, 相手の思いを受け入れることが大切。 ・自分が受け入れると相手も考えを受け止めてくれる土台ができる。お互い心がけられるといいと思った。	・本時で学んだことをこれからの自分の生活や生き方とつなげて考えられるように, 本時で学んだこととこれからやっていきたいことを記述する時間を確保する。

板 書

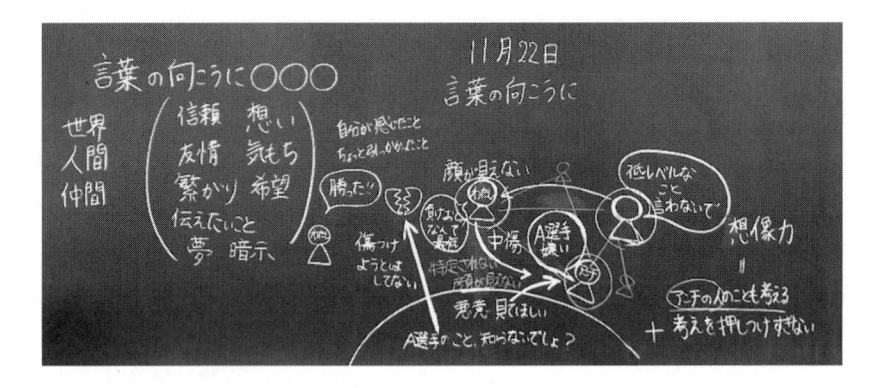

〈評価のポイント〉

　言葉の先には人の思いがあることや, 意見は一度受け止め想像力をはたらかせて人とかかわることについて, 多面的・多角的に見つめ, 考えを深めているか。

子どもの姿

　導入はメンチメーターを活用しました。多かったのは「気持ち」「信頼」「心」と, 目に見える世界から見えない世界が見えることを示唆する考えが出ました。

　展開では, 多くの子どもたちが「顔が見えないからこそ強く言ってしまう」と

語っていたので，それだけがトラブルの原因か問い返しました。ある子どもが「自分が思っていることと他人の思っていることが違うのは当たり前のことなのに，顔が見えないと普段以上にそのことに気づきにくいのかもしれない」と発言し，文字情報だけだと相手の思いを想像することを忘れがちであることへのつぶやきが多数聞こえました。授業後，以下のような記述がありました。

　言葉は言い過ぎてしまってごめんと謝っても，相手がどんな思いをしているかわからないです。ラインとかでも文字を打っているときは，つい本気になってしまうけど，よく読み返すともう少し考えて打った方がよかったかな……と思うこともあります。言葉ってとても難しいけれど，しっかりと相手の言っていることの思いを考え，自分の言葉も見直したいと思いました。(A)

言葉でつながれる時代だからこそ，言葉の先の思いを考えること，想像力をはたらかせることが大切であることなどを書いている子どもたちが多くみられました。

指導案①	小学校 C-(12)	規則の尊重

理論編との関連

　理論編では，法と公徳心を中心に説明されていましたので，ここで権利と義務の関係について説明します。『小学校解説』では「自分の権利を正しく主張するとともに，義務を遂行しないで権利ばかりを主張していたのでは社会は維持できない」と書かれていますが，そもそも権利と義務とはどのような関係にあるのでしょうか。まず，ＡさんとＢさんというふたりがいるとして，Ａさんに権利があるならば，その権利を保障したり実現したりする義務がＢさんにはあります。つまり，Ａさんに権利があるならば，他の人に義務が課されるという関係です。このように権利と義務は対応します。たとえば，子どもに教育を受ける権利があるならば，保護者には子どもの教育を受ける権利を保障し実現する義務があります。

　ただし，権利には２種類のものがあることに注意が必要です（ウォーノック2022）。

①基本的人権などの権利。ある人の権利は，その人の権利を尊重する「義務」を他者に課します。先述の「教育を受ける権利」は，保護者に対して子どもに教育を受けさせる義務を課します。この教材では，ショーを見る客には，ショーを見る他者の権利を妨げない義務があります。①の権利について重要なことは，義務を果たすから権利が与えられるという「ギブアンドテイク」ではないことです。

②契約やサービスなどの権利。商品やサービスを購入する権利を得るためには，お金を払うという「義務」を果たさなければなりません。この教材では，お金を払う義務を果たしている客に対してショーを観せる義務が店側にもあります。②の権利は，お金を払うという義務を果たすから商品やサービスを購入する権利を得るので，「ギブアンドテイク」の関係です。

なお，義務については，これまで述べてきたような「法的義務」以外にも，「道徳的義務」（不完全義務）とよばれるものがあります（安彦 2006）。法的に命じられることはありませんが，個人として負うべき義務（責務）です。これは責任に近いもので，親切や個性の伸長などであり，対応する権利は存在しません。親切という不完全義務に対応するのは，恩を受けた人の感謝です。

内容項目の把握

〈内容項目の学年段階とキーワード〉

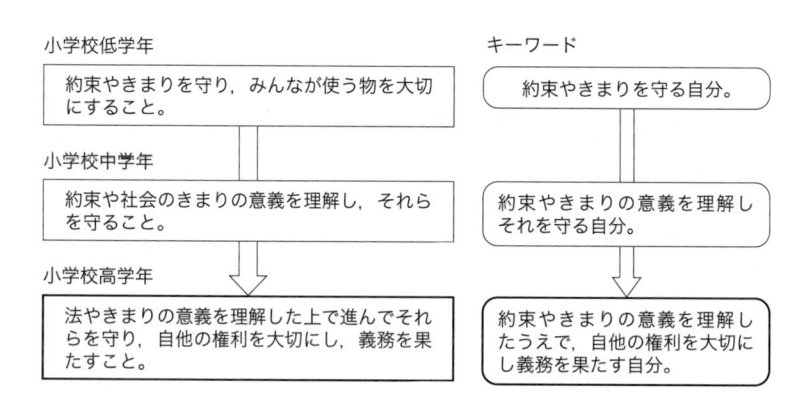

小学校低学年
約束やきまりを守り，みんなが使う物を大切にすること。

小学校中学年
約束や社会のきまりの意義を理解し，それらを守ること。

小学校高学年
法やきまりの意義を理解した上で進んでそれらを守り，自他の権利を大切にし，義務を果たすこと。

キーワード
約束やきまりを守る自分。

約束やきまりの意義を理解しそれを守る自分。

約束やきまりの意義を理解したうえで，自他の権利を大切にし義務を果たす自分。

〈内容項目のポイント解説〉

　「法やきまりの意義を理解した上で」とは，法律やきまりによって個人や集団が安全に安心して生活できるようにするためのもの，ということを理解することです。「自他の権利を大切にし，義務を果たす」とは，自らの権利だけではなく他者にも権利があることを自覚し，互いに権利を尊重し合い，そのうえで自分が果たすべき義務をまっとうするということです。

　身近な集団においてよりよい人間関係を形成するうえでは，自分勝手に行動するのではなく，集団や社会のために自分が何をするべきなのか，何ができるのかを考えることが求められます。規則をきまりだからというような他律的なとらえ方や，拘束するものとして反発的にとらえるのではなく，法やきまりがもつ意義や，自他の権利を尊重しながら義務を果たす意義について考えられるような授業をめざしましょう。

子どもの実態

中学年
これまでに，身近なきまりや約束はみんなが気持ちよく過ごすためにあることを理解し，それを守ることの大切さについて考えてきた。
一方で，身近な生活のなかで約束や社会のきまりと公共物や公共の場所とかかわりについてはあまり考えていない。

高学年
これまでに，一般的な約束や社会のきまりの意義やよさ，また集団の向上のために守らなければならない約束やきまりについて考えてきた。
一方で，日常生活のなかで権利や義務という観点で自他の行動について考えたりそれらを尊重したりすることは多くない。

内容項目に基づいた学習内容例（下線は本時）

低学年	①身近な約束やきまりを守ることの大切さについて考える。
	②みんなで使うものや場所を大切にしたり工夫したりしながら使うことについて考える。
↓	③一般的な約束や社会のきまりについて知り，守ることの大切さについて考える。
中学年	④集団生活のなかで相手の立場に立つことや集団の向上のために守らなければならない約束やきまりについて考える。
↓	⑤社会生活上必要なきまりや法律を進んで守ることの意義や大切さについて考える。
高学年	⑥自他の権利について正しく理解しながら尊重することや，自分に課された義務を守ることの大切さについて考える。

教材名

お客様（学研『新・みんなの道徳5』）〔小5〕

教材の概要・あらすじ

遊園地に家族とやってきた主人公は，楽しみにしていたショーを見にいくことにしました。到着すると混み合うステージ前では，係の人が安全を守るために注意を促しています。その姿に最初は不満を抱く主人公でしたが，係の人に文句を言い，「お客様なんですよ」と言い張る男性を見てびっくりします。その後，まわりの人たちは男性に同調し係の人が責められてしまいます。そんな雰囲気のなか，係の人は頭を下げます。その後，ショーが終わり会場を後にした

あと，主人公は自分のまわりで起こったことについてもう一度考えたのでした。

教材と内容項目のつながり

　この教材は，3つの立場に分けて「権利」と「義務」について考えることができます。また，内容項目に記載されている，「自他の権利を大切にし，義務を果たすこと」と大きくかかわりをもちます。それぞれの権利をきちんと整理することで，どの権利に対しどのような義務が対応するのかがみえてきます。男性やまわりの人がもつ権利のひとつは「ショーを見る権利」です。これと「料金を支払う義務」については契約として法的に対応します。一方で「ルールを守る義務」や「他の人の権利を守る義務」については道徳的に対応する義務だといえます。この道徳的義務の存在に気づかせ，権利ばかりを主張するのではなく，自分に課された義務についてしっかり果たそうとする態度が養われるような授業をめざしましょう。

	男 性	まわりの人	係の人
権 利	・ショーを見る権利	・ショーを見る権利	
義 務	・ルールを守る義務 ・他の人の権利を守る義務 ・料金を支払う義務	・ルールを守る義務 ・他の人の権利を守る義務 ・料金を支払う義務	・ショーを見せる義務 ・安全を保障する義務

　授業では「ショーが終わったあとわたしはどんなことを考えたでしょう」という発問からさまざまな立場への考えが出ることが予想されます。そこから権利の言葉の意味を示します。そうすることで権利の意味についての認識が統一され，「男性には自由にショーを見る権利があるのではないですか」という発問につなげることができます。男性の権利を際立たせることで，影となったまわりの人の権利に目を向け考えることができるでしょう。

主題名

　みんなの権利

ねらい

　遊園地で起こった出来事を考える私の姿をとおして，自分や自分以外の人がもつ権利について考え，権利を守るために義務を果たそうとする道徳的心情を養う。

学習指導過程

		主な学習活動	主な発問（○）と 予想される児童生徒の反応（・）	指導上の留意点
導入	1.	教材を読む。		・教材を読み感じたことを聞き授業の問いにつなげる。
展開	2.	係の人が呼びかける姿を見る主人公の気持ちを考える。	○係の人が何回も大きな声で呼びかける姿を見ていたときわたしはどんなことを考えたでしょう。 ・何回も言わなくてもいい。	・主人公も最初は自分のことしか考えていないことに気づかせる。
	3.	ショーが終わったあと，私はどんなことを考えたか想像する。	○ショーが終わったあと私はどんなことを考えたでしょう。 ・男の人がおかしかった。 ・みんなが迷惑していたのに。 ・係の人かわいそうだな。	・始まる前と終わったあとで主人公の気持ちが変化していることと，なぜ変化したのかについて考えさせる。
	4.	権利の意味について知る。	○権利の意味を示す。	・権利の意味について共通で理解し，意味をもとにしながら問い返す。
	5.	男の人の権利について考える。	○お金を払っているのだから男の人は自由にショーを見られるのではないですか。 ・他の人にも権利がある。 ・他の人の権利を守る義務がある。	・他の人の権利を守る義務があることを意識させる。
終末	6.	係の人が大切にしようとしたことについて考える。	○係の人が大切にしようとしたことはなんなのでしょう。 ・みんなの権利を守ること。 ・みんなの自由。	・権利を守るために大切にすることは何か考え本時の振り返りをさせる。

板書

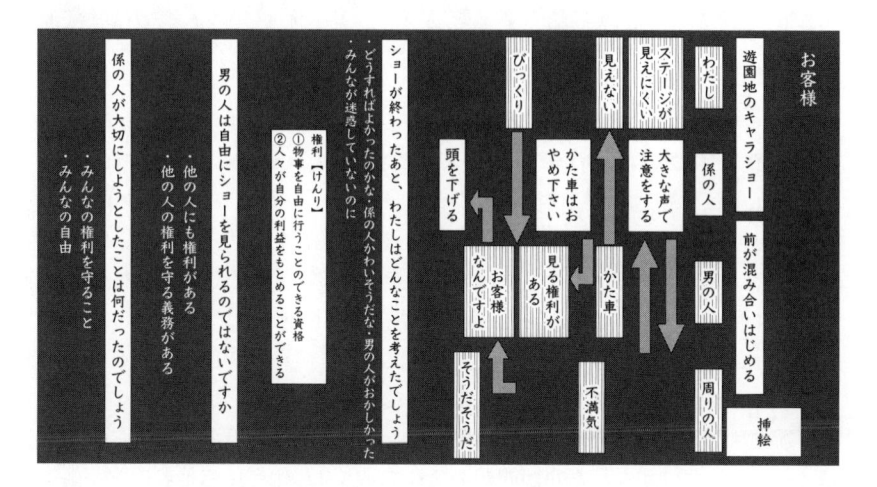

　立場ごとに横軸で情報を整理して板書を可視化しましょう。また発問のあとに出た意見も横軸に併せて書くとわかりやすくなります。

子どもの姿

　子どもたちは，最初男性の発言や行動に対し否定的でした。否定の理由は「ショーを見る権利」に対し，何か男性も果たさなければいけないことがあるのではないかというものでした。また，係の人に対する同情の意見や，主人公の私は何ができたであろうという自問の意見もたくさん出ています。そこから，子どもたちが使用する国語辞典をもとに権利の意味について示しました。辞典には「物事を自由に行うことのできる資格」と示されています。ここで「男性は自由にショーを見る権利があるのではないの」と辞典の意味をもとに問い返しました。すると「男の人が肩車するとうしろで見る人の権利がなくなってしまう」「見る権利をもっている人は他にもその場所にいる」といった発言を聞くことができ，これらは男性の見る権利に対応する他の人の権利を守る道徳的義務を示唆しています。振り返りでは「自分にだけ権利があるわけじゃないことを覚えておきたい」「権利のなかの自由でもほかの人の自由を奪ってはいけない」といった記述がみられました。

理論編との関連

　本内容項目に含まれている「法やきまりの意義」のひとつは，理論編で説明された通り，個人の自由を保障することです。もうひとつは，コラム1（☞p.29）で取り上げた功利主義のように，関係者全員の幸福だと考えられます。関係者全員の幸福を達成するための条件として，安全や安定，安心も前提になります。

　法とは「自他の権利である自由が両立できるようにするための相互的な強制」であるといわれています（☞p.54）。この教材では，鳥取砂丘の景観を楽しむ自由と鳥取砂丘に落書きする自由が衝突しており，ある人の自由と別の人の自由が両立しない状況が描かれています。それゆえ，鳥取砂丘の落書きに罰則を設ける条例に賛成か，反対かが問題になります。このように自他の自由が衝突し合うからこそ，自他の自由を両立させるために法が必要になるのです。この議論をとおして，内容項目に含まれている法の「よりよい在り方」を考えることもできるでしょう。

　本教材は「公徳心」を扱う教材としても解釈できます。公徳心の「公徳」とは公衆道徳のことです。公徳心の「公」は「公正，公平，社会正義」「社会参画，公共の精神」の「公」でもあるので，それらの道徳的諸価値との重なりをおさえておきたいところです。ただし，理論編の「社会参画，公共の精神」で公共の精神は，「日常生活のためのマナーというよりは，社会をつくる政治という観点で」（☞p.64）考えるべきものであるといわれていることから，「公徳心」のほうでは公共の場所でのふるまいやマナーについて考えることが望ましいでしょう。

　その場合，「公」の反対語が「私」であることをとらえておくとよいでしょう。p.63でいわれるように，公共性の意味のひとつは「開かれている」こと，すなわち「公開性」や「開放性」です。反対に，私事性とは「閉じている」こと，すなわち「閉鎖性」「親密性」「排他性」を意味します。たとえば，恋人や家族の「プライベート」な問題は「閉じている」排他的な事柄なので，それ以外の他者が介在すべき事柄ではありませんが，公共の場所は「開かれている」ので，みんなが使える場所です。ということは，鳥取砂丘に落書きすることは，鳥取砂丘を私物化することだと考えられます。

内容項目の把握

〈内容項目の学年段階とキーワード〉

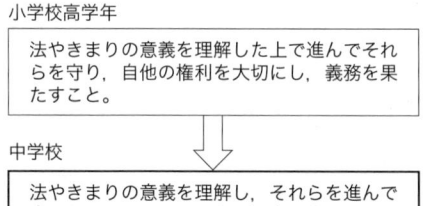

小学校高学年

> 法やきまりの意義を理解した上で進んでそれらを守り，自他の権利を大切にし，義務を果たすこと。

キーワード

> 法やきまりの意義の理解，自他の権利の尊重，権利と義務，など。

中学校

> 法やきまりの意義を理解し，それらを進んで守るとともに，そのよりよい在り方について考え，自他の権利を大切にし，義務を果たして，規律ある安定した社会の実現に努めること。

> 法やきまりの意義の理解，自他の権利の尊重，権利と義務，遵法精神，公徳心，個人の自由の保障，規律ある安定した社会，など。

　小学校段階では，法やきまりを守ることについては「規則の尊重」という内容項目で学習してきています。小学校においても，法やきまりを守る理由やそれらを守ることの大切さについて考え，自律的にそれらを守ろうとする態度を育成します。

　中学校段階では，法やきまりを自律的に守るだけでなく，法やきまりが自分たちの生活にとってよりよいものとなるよう考える力や，法やきまりを守ることで安定した社会の実現に貢献しようとする態度の育成をめざしています。特に中学校では，複数の社会的視点を含む問題や自他の権利が対立するような問題についても取り扱い，多面的・多角的に考えを深めるようにしています。

〈内容項目のポイント解説〉

　『中学校解説』の「内容項目の概要」では，「遵法精神は，公徳心によって支えられて」おり，「公徳心とは，社会生活の中で守るべき正しい道としての公徳を大切にする心である」と説明されています。法やきまりの必要性を理解することが，それらを尊重しようとする自律的な態度形成の土台となります。無法状態では個人の自由は保障されません。住みよい安定した社会は，法を守り，自他の権利を尊重しようとする一人ひとりの当事者意識によって実現されます。

子どもの実態

高学年

社会生活上のきまり，基本的なマナーや礼儀作法などについて概ね認識しており，その大切さも理解しているが，日常生活で必ずしも守れるわけではない。他者の権利や自分の行動の影響を十分に考慮できない場合もある。

中学生

法やきまりを他律的にとらえている段階から，社会における法やきまりの意義を深く理解できるようになる。一方で，拘束的なきまりに反発したり，自己の権利ばかり主張したりすることもある。

内容項目に基づいた学習内容例

　法やきまりの意義について，いろいろな角度から考えさせる教材が多くみられます。たんに，「きまりだから守るべき」と教えるのではなく，利害が対立する場合や自他の権利が衝突する場合など，法やきまりの意義について多面的・多角的に考えを深められるようになっています。また，公共のマナーのように，法的な強制力はなくとも，互いが気持ちよく過ごすために大切なことを考えさせる教材もあります。

　近年の中学生のSNSの利用状況をふまえ，著作権や個人情報の取り扱いに関することもこの内容項目で多く取り扱われています。法律で禁じられているからだけでなく，人を傷つけたり，いやな思いをさせたりすることや，具体的にどのような問題が生じるかについても気づかせることが大切です。

　この内容項目に関しては，以下のような内容について学ぶことになります。

・法やきまりが自分自身や他者の生活や権利を守るためにあること。
・法やきまりを遵守することの大切さ。
・一人ひとりが法やきまりを守ることで，住みよい社会が実現できること。
・自他の権利を大切にし，義務を果たすことで，互いの自由意志が尊重されること。
・法やきまりをよりよいものに変えようとする積極的な意欲や態度の重要性。

教材名

美しい鳥取砂丘（日本文教出版『中学道徳 あすを生きる2』）〔中2〕

教材の概要・あらすじ

　国の天然記念物に指定されている鳥取砂丘に家族旅行に行った主人公は，そこで景観を損ねるような落書きを見て落胆しました。しかもこの落書きは頻繁にあり，それを規制するために罰金を課す条例があることを主人公は知ります。主人公はこの条例に対する意見を決めかねており，どうすれば鳥取砂丘の落書き問題が解決するのかを考えています。

教材と内容項目のつながり

　中学生の発達の段階を考慮すると，この教材は「きまりを守ることについて考える教材」としてとらえる場合と，「なぜ落書きがいけないかを考える教材」としてとらえる場合のふたつの方向で教材解釈をすることができます。前者は「遵法精神」に，後者は「公徳心」に主眼を置いた教材解釈となります。もちろん，両者には関連性があり，どちらか一方で解釈が成り立つわけではないですが，学級の実態をふまえて授業を構成する際に考慮に入れておくとよいでしょう。

　「遵法精神」に主眼を置いて教材解釈を行なった場合の発問例として，「鳥取砂丘の条例の罰則に賛成か反対か」があげられます。この発問では，生徒たちは条例そのものの是非について検討することになります。この場合，条例の前提，つまり「公共の場所に落書きをしてはいけない」ということ自体は暗黙の了解とされ，それを守るために罰則が必要かどうかを検討することになります。

　一方，「公徳心」に主眼を置いた教材解釈の場合の発問例として，「鳥取砂丘に落書きをしてはいけないとなっているが，それについて賛成か反対か」があげられます。実際に公共物や公共の場での落書きがあとを絶たないということは，「公共の場所に落書きをしてはいけない」という前提が，すべての人にとって当然の前提となっていないことを意味します。

　「公共の場所」の理解は，簡単なようでいて，実はむずかしい問題です。みんなが使う場所は，個人が使う場所でもあります。観光地に来て，一緒に来た人

と楽しい思い出をつくりたくてやった「落書き」という個人のふるまいは，どこまでが許容範囲で，どこからが問題行動なのか。状況によって判断が分かれたり，個々人の価値観によって判断が違ったりする問題であるため，多様な見方・考え方，価値観に気づかせることが大切です。

主題名

規則の役割

ねらい

互いに住みよい社会をめざす精神の大切さを理解し，調和と規律を保つための法やきまりの意義を理解し，日常生活でもきまりを守っていこうとする態度を育てる。

学習指導過程

		主な学習活動	主な発問（○）と 予想される児童生徒の反応（・）	指導上の留意点
導入	1.	鳥取砂丘の動画視聴後，条例の内容を知り，その是非について問題意識をもつ。	○鳥取砂丘の条例は必要か必要ないか。 〔必要〕 ・きれいな砂浜を守るため。 〔必要ない〕 ・あっても守らない人がいる。	※鳥取砂丘の動画 ・落書き禁止の条例についての最初の生徒の考えを把握する。
		【学習テーマ】何のために規則はあるのか考えてみよう。		
展開	2.	範読を聞いたあと，感想を共有する。		※範読
	3.	鳥取砂丘の条例の罰則に賛成か反対かを話し合う。	〔賛成〕 ・景観を守るために必要，罰金などがあれば落書きも減る，落書きがいけないことに気づく人やマナーを守る人も増える。 〔反対〕 ・個人の自由，条例があっても守らない人は守らない，自然に消えるものなので，条例で取り締まる必要はない。	・賛成派と反対派に分け，立場を決めて議論させることで，多面的・多角的に考えられるようにする。 ・生徒同士で議論が進むように，互いに質問をするように促す。
終末	4.	授業の振り返り	・きまりは守るべき。 ・まわりのことを考える。	

板書

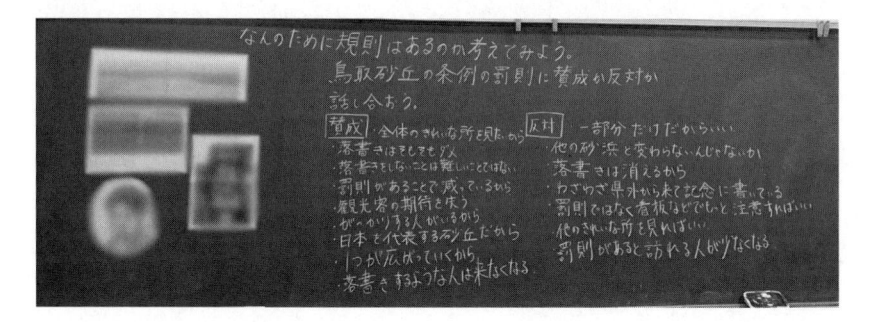

子どもの姿

　導入では，鳥取砂丘の動画視聴後，条例の内容を紹介し，条例が必要か必要でないか，意見を出させました。賛成が多数でしたが，その理由は「決まっているから」と他律的なものでした。反対の立場からは「罰金を払ったからといって落書き自体がなくなることではない」という意見が出されました。

　展開では，「鳥取砂丘の条例の罰則に賛成か反対か」と発問し，座席の位置により，賛成派・反対派に半分ずつに分けて，グループで話し合ったあとに全体で議論を行いました。賛成派からは，「全体のきれいな所を見たいから」「落書きはそもそもだめ」「罰則があることで減っている」「落書きするような人は来なくなる」などの意見が出されました。反対派からは，「一部分だけだからいい」「落書きは消えるから」「罰則ではなく看板などでもっと注意すればいい」などの意見が出されました。この授業では，自分の考えにかかわらず，決められた立場で意見を言う形式にしたため，意見が混乱することもありましたが，自分とは違う立場をあらかじめ考えさせることにもなり，議論が活発化しました。多くの生徒が自分とは違う意見に耳を傾け，納得したり，反対意見をもったりするなかで，生徒同士で対話的に議論を進めることができました。

　終末では，「みんなが便利にものを使用したり，安全に過ごしたりする，みんなが幸せになるためにある」「人々が自由に共存していくためには，規則がないといけない」など，多くの生徒が規則がある理由やその必要性について，自分なりの言葉で考えをまとめていました。

| 指導案
③ | 小学校
C-(13) | 公正，公平，社会正義 |

理論編との関連

　いじめへの対応から教科化の際に全学年に配置された内容項目ですので，「正義を愛する心」を育み，「自他の不公正を許さない断固とした姿勢を」（『小学校解説』）もつことは大切です。しかし，その一方で，何が「正義」で何が「不公正・不公平」なのかについて複数の基準があることは理論編で述べた通りです。異なる正義や公正の基準があるからこそ，大人の社会でも「正しさ」をめぐる争いが絶えないのです。「正義が暴走する」などといわれることもありますが，むしろ「正義と正義が争っている」のが真相でしょう。

　この教材は，そのような複数の公平や正義の基準をとらえるのに最適な教材です。特に，p.259であげられる②と③の事例は，ひとつの事例のなかに複数の公平や正義の基準が含まれています。

　②の事例では，男の子は障害をもつ車いすの子に配慮してわざと緩い簡単なボールを投げます。たしかに男の子は車いすの子のニーズ（必要）に配慮しているつもりなのでしょうが，車いすの子本人は手加減してほしくないわけです。この場合，本人が「合意」できるかどうかという正義の基準が重要になるでしょう。さらに，車いすの子本人の意志が尊重されるべきだという意味では，すべての人が意志をもつ人格であるという人格の平等を前提にしており，これは「何の平等か？」の問題になります。

　③の「給食の量を全員平等にしたことによる不満を描いた事例」は，たしかに給食の量を同じにする点で平等ではありますが，必要に応じて分配すべきという「ニーズ（必要）」や，一人ひとりの好みに応じて分配すべきという意味での好みに比例した平等（比例的平等）という基準も考えられます。量的平等か，ニーズに比例した平等か，好みに比例した平等かは「何の平等か？」の問題です。しかし，もし「給食の量を全員平等にすること」を学級で決めたのだとしたら，「合意」という正義の基準を満たすことになります。

　公正と平等を区別する有名な野球場の図はわかりやすいのですが，平等には「何の平等か？」の問題があり，公正・公平には複数の基準があることをおさえておきたいものです。

内容項目の把握

〈内容項目の学年段階とキーワード〉

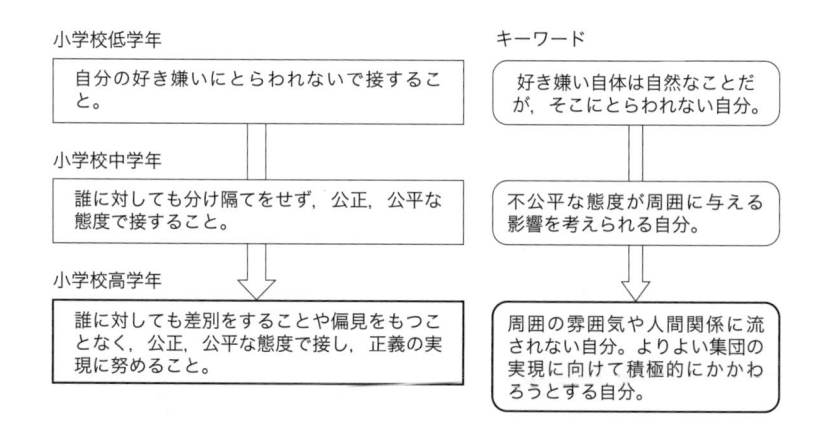

小学校低学年

> 自分の好き嫌いにとらわれないで接すること。

キーワード

> 好き嫌い自体は自然なことだが、そこにとらわれない自分。

小学校中学年

> 誰に対しても分け隔てをせず、公正、公平な態度で接すること。

> 不公平な態度が周囲に与える影響を考えられる自分。

小学校高学年

> 誰に対しても差別をすることや偏見をもつことなく、公正、公平な態度で接し、正義の実現に努めること。

> 周囲の雰囲気や人間関係に流されない自分。よりよい集団の実現に向けて積極的にかかわろうとする自分。

〈内容項目のポイント解説〉

　「公正、公平、社会正義」にかかわる内容は道徳が教科化された2018（平成30）年改訂にともない、全学年に配置されました。その要因は「いじめ」への対応です。

　社会正義の実現の妨げに「差別」と「偏見」があります。差別とは人と人との間に正当な理由もなく貴賤上下の差異をつけ、不当に扱うことです。また、偏見とは、特定の人に対して偏った見方をすることです。人は自分の仲間を優遇したり、少数派の立場や社会的弱者に対して偏った接し方をしたりする弱さをもっています。「いじめ」はこのような人間的な弱さにも起因しています。

　そこで、人間は傷つけ、傷つきやすい存在（弱さ）であることを知りつつ、自身の行為者性（強さ）を発揮する大切さを考えることが重要です。低学年では具体的な生活場面からみんなで楽しむよさを考えること。中学年では自分たちだけでなく、一人ひとりを仲間として考えること。そして、高学年では、自分の問題として、差別や偏見に向き合い、道徳的な意義を考えることが重要です。

　指導にあたっては、傍観的な立場でなく、自分の問題として自覚でき、「不正な行為は絶対に行わない」「断固として許さない」という態度を育てることが大切です。そして、一人ひとりが確かな自己実現を図ることができる集団や社会

のために，人間の弱さを乗り越え，正義を愛する心を育むことが重要です。

子どもの実態

　文部科学省「令和5年度 児童生徒の問題行動・不登校等生徒指導上の諸課題に関する調査」によると，いじめの認知（発生）件数は732,568件で，そのうち重大事態の件数は1,306件でした。この数値に対しては，いじめの積極的な認知が進み，早期に対応できているという見方もあります。しかし，一方で今も学級や部活動内，また近年ではSNS上でのやりとりも含め，いじめはいまだ解消されない問題ともいえます。

　中学年段階はギャングエイジともよばれ，仲間意識が強くなり，自分と気の合う友だちと小集団をつくるようになってきます。そのなかで相手に対して，排他的になったり不公平な態度で接してしまったりすることも少なくありません。

　そのような時期を経て，高学年段階では，差別や偏見がいじめなどの問題につながることが理解できるようになってきます。一方で，友だちからの視線や同調圧力を強く感じる時期でもあります。無関心や自分本位な考え，また自己弁護の考えから脱却し，自分も同じ集団や社会の一員であることから，自分の問題と考え，正義の実現の気持ちを育みたいものです。

　なお，道徳科の授業では，日常の問題解決ではなく，子どもたちの道徳的価値の自覚を深めることをめざす点に十分留意しておくことが肝要です。

内容項目に基づいた学習内容例（下線は本時）

　公正，公平，社会正義に関する内容は，各学級や学年，学校，地域などの実態を考慮しつつ，丁寧に取り扱っていく必要があります。前提として，人間は誰しも自分の好みや利害，仲間意識などによって不公平な態度をとってしまう弱さがあることへの理解をもとに進めることが大切です。また，かけがえのない生命の自覚や他の人とのかかわりに関する内容項目との関連を図りながら指導することが大切です。以下，発達段階に応じて，例をあげておきます。

低学年 ↓ 中学年 ↓ 高学年	①日常生活のなかでみられる公平，公正な態度に根差した具体的な言動を取り上げて，そのよさを考える。 ②気の合う仲間だけでなく，誰に対しても分け隔てなく接するよさを考える。 ③不公平な態度が周囲に与える影響を話し合い，公平にすることの意義を考える。 ④人は優越感や他者への妬み，問題から目を背け，傍観的な立場になりがちといった弱さがあることを見つめ，同調圧力に流されず正義の実現をめざすことの重要性を考える。

教材名

これって不公平？（日本文教出版『小学道徳 生きる力5』）〔小5〕

教材の概要・あらすじ

本教材は4つの事例をもとに，「公平か不公平か」を判断し，その理由を考えるつくりとなっています。端的に紹介すると，以下の4つです。

①女の子だからという理由で仲間に入れないという事例。
②野球がうまくなりたい車いすの子と障害に配慮する子で思いのずれがある
事例。
③給食の量を全員平等にしたことによる不満を描いた事例。
④塾を理由に子ども会の紙芝居づくりをひとりに押しつけて帰ってしまう事例。

これらの4つの事例を紹介した最後に，「みなさんは「不公平だ」と思いますか，それとも「不公平ではなくて公平だ」と思いますか」と書いてあり，授業のなかで交流することを意図してつくられています。

教材と内容項目のつながり

この教材の特徴はひとつの教材で4つの事例を扱うことです。差別的なものから判断に迷うものもあり，これらの事例はどれも挿絵と短い文章で書かれています。しかし，詳しい状況が説明されていないことで，登場人物が互いにどういった思いだったのか，どうしてこのような行為に至ったのかは子どもたちの想像から考えていく必要があります。このような教材の特性から，子どもた

ちによって事例の受け止め方が異なることが予想されます。したがって、「公平か」「不公平か」のとらえの違いをもとに理由を交流させ、自身の経験と重ねながら、主題に迫ることに適した教材になっています。

　本教材の内容が理論編と関係するのは、公平の3つの基準です。特に事例②や③では、「平等」「必要（ニーズ）」の視点から考えることができます。公平は、全員同じ（絶対的平等）にすることがよいと考えがちです。しかし、相手や状況に応じて変化することが公平（比例的平等）な場合もあります。事例②では障害の有無による配慮は相手への気づかいである一方、平等ではありません。時として、相手の願い（ニーズ）を知ることで言動が変わってくることでしょう。また、事例③では全員平等にした結果、不満が生じています。体格などで違いがあるので配分は変化することでしょう。これらの事例をとおして、その時や場、相手などを考慮し、「公平とは何か」「公平にすることのよさは何か」を追求していくことが大切です。

主題名

不公平と考える理由は？

ねらい

4つの事例の人物の行為や状況をとおして、何が不公平なのかを考え、誰に対しても公正、公平に接しようとする道徳的判断力を養う。

学習指導過程

	主な学習活動	主な発問（○）と予想される児童生徒の反応（・）	指導上の留意点
導入	1. 人によって対応を変えることをどう考えるかを問い，意見を交流する。	○人によって対応が違うことをどう思いますか。 ・よくないと思う。 ・そういう場合もある。	・「公平」に対する前理解を表出するために問いを投げかけ，本時の課題意識をもてるように促す。
展開	2. 教材「これって不公平？」を読んで，話し合う。	◎4つの事例はそれぞれ公平だと思いますか。それとも不公平だと思いますか。 ・①は男女差別だし，④は押しつけている。 ・②は障害を考えている。でも思いも聞いたほうがいい。 ・③は人によって食べる量は変わるから，調整はいい。 ○公平に接することができるとどんなよいことがありますか。 ・誰もが気持ちよく，笑顔で生活が送れる。	・友だちとの考えのずれに気づけるように，ICTを用いて画面共有をする。 ・場面に応じて，すべてを同じにするのがよいのではなく，また，相手の思いを知ることで公平感は変わることへの気づきを促すために，「平等」や「必要」の観点から問い返す。
終末	3. 本時の振り返りをする。	○今日の学習でどんなことを考えましたか。 ・いつも同じがよいのではなく，相手の思いや状況によって公平は変わる。	・納得したことやこれから生かしたいことを整理するために，振り返りをノートに書かせる。

板 書

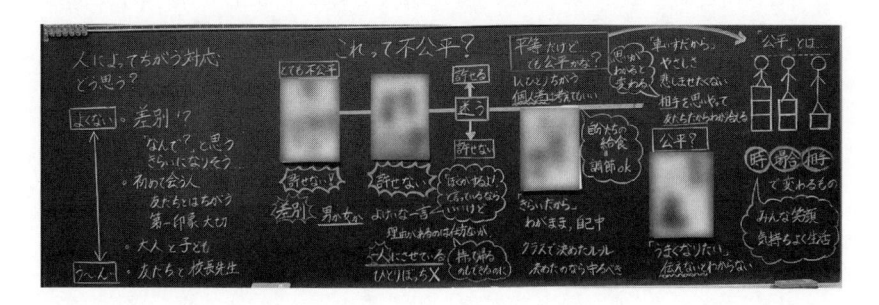

子どもの姿

　4つの事例をもとに，端末上で「自分が不公平で許せないもの」から順番に並べ替え，その理由を書き込む活動を行いました。端末の画面を共有すると友だちの考えが顕在化し，自然と「なんで？」と交流がはじまりました。そこで，「どうして不公平と感じたのか，また許せない（許せる）と考えたのか」と理由を話し合いました。

　子どもたちの考えが割れたのは，車いすの事例②と給食の事例③でした。取り扱った順に，事例③では，給食の量に着目すると平等であり，クラスで決めたルールだから公平という意見が出ていました。しかし，個人差があることを自然と考えている子からは納得できないという意見が出ました。「僕たちだって給食の量を調整するけど，それっておかしいことなの？」と経験からまわりに問いかける子や「これって平等だけど公平じゃない」と，以前に同様の内容項目で学習して用いられた野球観戦のイラスト（板書の右の絵）を描いて説明する子がいました。これには多くの子が賛同していました。車いすの事例②では，配慮の仕方で意見の違いが生じていました。「車いすだからまったく同じように接するのはむずかしい」「失敗してほしくないからやさしさだ」という意見があり，人によって対応が違うことが許容される事例だという考えが多く出ました。そのうえで，「同じようにしてほしかったら伝える」「それならお互いわかり合える」という発言もみられました。これらの事例をもとに，子どもたちは「公平とは時と場合と相手によって変わることもある」「状況にもよる」という考えを見いだしていました。これは絶対的平等と比例的平等を考えるとともに，必要（ニーズ）にも迫る議論だといえます。また「公平にするよさ」をたずねる発問では，「笑顔で過ごせる」「みんなが気持ちいい生活になる」と言っており，さらには，「差別やいじめがない」「社会全体に広がったら，世界が平和になっていく」とより広い視点から公平のよさを考える子どももいました。

指導案④	中学校 C-(11)	公正，公平，社会正義

理論編との関連

　本内容項目でいじめの問題が取り上げられる理由は，ある人を対等な人格として尊重せず，軽視したり貶めたりする点でいじめが差別と同じだからであることは理論編で述べました。しかし，そうしたたんなる概念的な理解だけで，いじめや差別をなくそうと努力する実践意欲や態度を養えるわけではないでしょう。

　この授業は，「君，想像したことある？」という教材の題名を活用しながら，いじめの問題を「自分事」として考えさせようとする実践です。この授業のように，①いじめ加害者の心を想像すること，②いじめの被害者の心を想像すること，③いじめが引き起こすさまざまな結果を想像することをとおして，「いじめはなぜよくないのか」という理由をたんに概念的・分析的に考えるよりも，いじめをなくしたいという思いをより切実に感じることができるでしょう。

　イギリスの哲学者メアリー・ウォーノックは，道徳教育で想像力を育むことの重要性について次のように述べています。「明確に言葉にして倫理を教えることが重要なのだが，私は子どもの想像力の発達を優先したい。実のところ，これなくして子どもは道徳の敵である冷笑主義に対する防御を持ち得ない。想像力を通じてのみ，子どもは他人と共に生きる世界に身を置くことを学ぶことができ，自分も他人もともに関心を持つ恒久的な価値が世界にはあると悟りはじめる」（ウォーノック 2022: 149）。

　いじめについては，従来は森田洋司 (2010) の「いじめの四層構造」論に基づき，いじめる「加害者」，いじめられる「被害者」，はやし立てたりおもしろがったりする「観衆」，周辺で暗黙の了解を与える「傍観者」の4者の関係でとらえられてきました。しかし，2022(令和4) 年に改訂された『生徒指導提要』では，「いじめを防ぐには，「傍観者」の中から勇気をふるっていじめを抑止する「仲裁者」や，いじめを告発する「相談者」が現れるかどうかがポイントになります」(p.133) とされており，6者の関係でとらえられるようになりました。また，「いじめの傍観者が「仲裁者」や「相談者」に転換するように促す取組を，道徳科や学級・ホームルーム活動等において行うことも重要です」（『生徒指導提要』: p.134) とされています。

内容項目の把握

〈内容項目の学年段階とキーワード〉

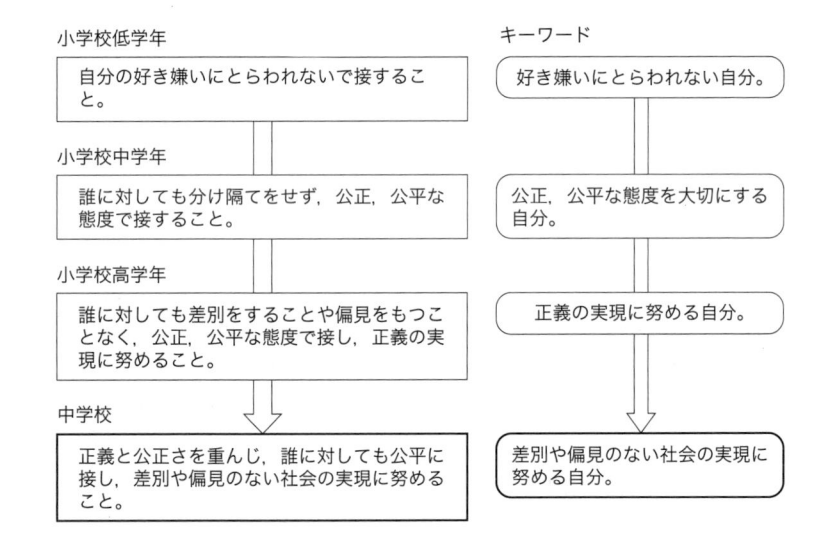

小学校低学年	キーワード
自分の好き嫌いにとらわれないで接すること。	好き嫌いにとらわれない自分。

小学校中学年	
誰に対しても分け隔てをせず，公正，公平な態度で接すること。	公正，公平な態度を大切にする自分。

小学校高学年	
誰に対しても差別をすることや偏見をもつことなく，公正，公平な態度で接し，正義の実現に努めること。	正義の実現に努める自分。

中学校	
正義と公正さを重んじ，誰に対しても公平に接し，差別や偏見のない社会の実現に努めること。	差別や偏見のない社会の実現に努める自分。

〈内容項目のポイント解説〉

「公正」「公平」「正義」に込められている意味をおさえましょう。

「公正さを重んじる」とは私心にとらわれて事実をゆがめることを避けるように努めることで，「公正に接する」とは偏ったものの見方や考え方を避けるように努めることをいいます。また，「正義を重んじる」とは正しいと信じることを自ら積極的に実践できるように努めることをいいます。よりよい社会を実現するためには正義と公正さを重んじる心が不可欠で，物事の是非を見極め，誰に対しても公平に接し続けようとすることが大切です。そのため，このような心が育まれるような授業を心がけましょう。

子どもの実態

高学年

不正な行為は絶対に行わない，許さないという断固たる態度を育むために，日ごろから自分自身の考えをしっかりともち，同調圧力に流されないで必要に応じて自分の意志を強くもつことの大切さを見いだしたり，学校や関係機関に助けを求めたりすることの必要性を考えたりしてきた。

中学生

入学した時期は，自己中心的な考え方や偏った見方をしてしまい，他者に対して不公平な態度をとってしまうことや，周囲で不公正があっても，多数の意見に同調したり傍観したりするだけで，制止することができないこともしばしばみられた。学年が上がるにつれ，社会のあり方について目を向けはじめ，現実の社会における矛盾や葛藤，さらに差別や偏見といった社会的な問題を見いだすようになる。

内容項目に基づいた学習内容例（下線は本時）

中1	①自己中心的な考え方から脱却して，公のことと自分の心のかかわりや社会のなかにおける自分の立場に目を向け，社会をよりよくしていこうとする大切さを考える。
↓	②不正を憎み，不正な言動を断固として否定するほどのたくましい態度を育てることの必要性を考える。
中2	③この世から，あらゆる差別や偏見をなくすように努力することの大切さを考える。
	④望ましい社会の理想を掲げ，正義が通り，公平で公正な態度の実現に積極的に努めていくことの大切さを考える。
↓	
中3	⑤社会科における公民的分野の学習や，特別活動における集団生活の向上をもとに，正義の実現をめざす社会のあり方を考える。

教材名

君，想像したことある？（あかつき教育図書『中学生の道徳 自分を考える2』）〔中2〕

教材の概要・あらすじ

日本の女優である春名風花さん。自身の経験をふまえたいじめをしている子に対するメッセージを教材としたものである。子役タレントだった春名さんは，子どもながらSNSを活用して大人びたコメントを発信することで有名だった。

しかし，大きな注目と引き換えに無数の罵詈雑言を浴びることになる。そんな経験をした春名さんは，いじめをしている人たちに対して「ただ遊んでいるだけなんだよね」と言う。また，「君のちっぽけな優越感と引き換えに失ってもいいものなのか。今一度，考えてみてください」とも言う。いじめに対して自分のこととして深く，そして真摯に考えていく一助となる内容である。

教材と内容項目のつながり

本教材は身近にあるいじめにつながる出来事と春名風花さんのメッセージをもとに，あらゆる差別や偏見をなくすように努力することの大切さを考えることに適した内容です。

まず，いじめとは「いじめ防止対策推進法」（平成25年）に次のように規定されています。

> 「いじめ」とは，児童等に対して，当該児童等が在籍する学校に在籍している等当該児童等と一定の人的関係にある他の児童等が行う心理的又は物理的な影響を与える行為（インターネットを通じて行われるものを含む。）であって，当該行為の対象となった児童等が心身の苦痛を感じているものをいう。

また，『生徒指導提要』（2022（令和4）年12月）においては，多様性に配慮することや人間関係が固定されることなく対等で自由な人間関係が築かれるようにすること，「どうせ自分なんて」と思わない自己信頼感を育むこと，「困った，助けて」と言えるように適切な援助希求を促すことなどが求められています。

本教材ではこれらにあげた内容を「想像する」というキーワードで，自分のこととして，そして，自分の周囲の出来事として考えるように訴えかけているように感じます。小学生のときより考えてきた公正，公平とは何か，正義とは何かを今一度，広い視野から深く考えてほしいものです。

主題名

正義を考える心

ねらい

いじめをする人間の弱さや醜さを真摯に受け止め，誰に対しても分け隔てなく公平に接していこうとする態度を育む。

学習指導過程

	主な学習活動	主な発問（○）と予想される児童生徒の反応（・）	指導上の留意点
導入	1. 1枚の写真から，いじめの可能性を想像する。	○心が傷つくかなと想像できる出来事はどこだと思うかな？ ・黒板に他人の名前を使って落書きしている。 ・ひとりが話しかけているのに，数人で無視をしている。	・多様な視点からとらえられるようにするために，できる限り多くの発言を促す。なお，ここでは場面把握だけにとどめる。 ・必要に応じて「いじめの定義」をおさえる。その後，本時のテーマ「想像」を伝える。
展開	2. いじめがエスカレートする様子を想像する。	○起きている出来事をそのままにしておくと，どんなことにつながると想像できるかな？ ・黒板に書かれた人がいやな思いをし，それがもとで孤立させられる。 ・無視されている人が自殺し，その人の親や周囲がひどく悲しむ。そして恨んだり復讐したりがはじまる。	・いじめの構造を視点に考えられるようにするために，以下のポイントに留意して問い返す。 【問い返しポイント】 ☆どうしてそう思うのかな？ ☆起こしている人は悪いと思っているのかな？ ☆起こしている人にはどんな責任が課せられるのかな？ ☆傍観している人はどんなことを考えているのかな？
	3. 教材を黙読する。その後，いじめ加害者の心のあり方を考える。	○「いじめをしている君」に，どんな想像ができるようになってもらいたいかな？ ・黒板などの誰かの目に触れるところに書くことによって，相手が何を感じるのか，どのようなことにつながるのかということ。 ・無視されることは，その人の心がどれだけ苦しくなり，つらくなるのかということ。	・差別や偏見をなくす努力の大切さを多様な視点から考えられるようにするために，以下のポイントに留意して問い返す。 【深い学びにつながる問い返しポイント】 ☆どうしてそう思うのかな？ ☆いじめをしている人の周囲にはどんな人がいると思うかな？ ☆ちっぽけな優越感からはじめた出来事が，相手の（自分の）何を失わせてしまうのかな？ ☆ちっぽけだけど優越感に浸りたいと思う自分はいないかな？ ☆想像できるようになるには，どうしたらよいのかな？

	4. これからの自分または人間としての生き方を考える。	○「想像」は，人の心をどんな心にしてくれるのだと思うかな？ ・今の自分の他者へのかかわりについて，自分で見つめることができる心にしてくれると思う。 ・差別や偏見について，小さなことでも見過ごさないで，なくしていこうと考える心にしてくれると思う。	・本時の学びをさらに深める一助として，道徳ノートp.26掲載教材を範読する。その後，左記の発問を投げかけ，本時の学びの振り返りにつなげる。 ・多様な考えに触れ合わせ，視野が広がるようにするために，必要に応じて発表の場面を設ける。
終末			

板 書

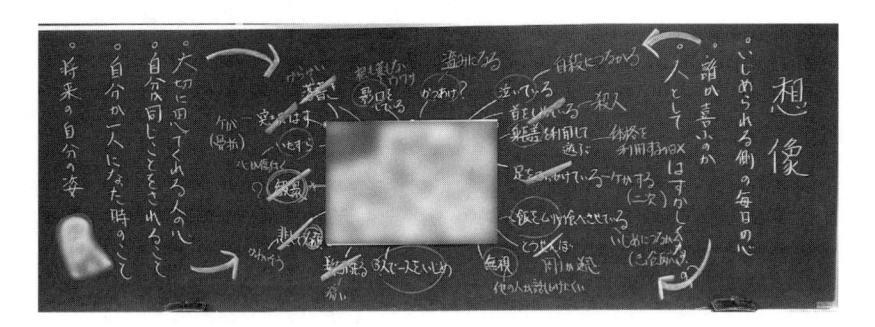

子どもの姿

　テーマを「想像」と設定し，学習を進めました。最初に右図を見せ，心が傷つくかなと想像できる出来事を探しました。子どもたちはさまざまな場所から，いじり，いやがらせ，いじめなどを想像していました。

　その後，いじめの本質にかかわることとして，「起きている出来事をそのままにしておくと，どんなことにつながると想像できるか

出典：大津市教育委員会「いじめ防止啓発冊子（小学5・6年生用）」〈https://www.city.otsu.lg.jp/material/files/group/225/ijimbousisassi2.pdf〉より

な？」と問うと，子どもたちは口々に「この学級には来たくない」や「学校に来なくなる人が出たり，最悪の場合は自殺する人が出てきたりすると思う」と，人間が他者と生きていくなかで決してあってはならないことを想像していました。その後に教材を範読したためか，教材内容からも差別や偏見にかかわることを数多く想像しているように感じました。

　終末では，テーマ「想像」をもとに，自分の心のあり方，周囲への影響などを考える場面を設けました。子どもたちは，「一人ひとりが想像を大切にすることで，お互いを大切にできるかかわりができるようになる」や「差別や偏見がない社会を想像することが，自分やみんなを大事にできるようになる」などの言葉を伝え合いながら，自分のこととして，また，自分の周囲のこととして考えを深めているようでした。

社会参画，公共の精神

理論編との関連

『中学校解説』では，「社会参画の意識」は「共同生活を営む人々の集団である社会の一員として，その社会における様々な計画に積極的に関わろうとすること」とされています。「「参加」がすでにあるものに加わることであるのに対し，「参画」とは計画段階から加わること」（澤田 2020: 61）とされています。社会参画や社会参加の対象としては，本教材で扱われているボランティア活動以外にも，地方自治や投票などの政治参加や裁判員制度があります。学級活動や生徒会活動も社会参画の対象です。

では，なぜ公共の精神をもって社会参画をする必要があるのでしょうか。それは，理論編のp.64でいわれた通り，私たちは友人や家族などの直接知っている相手だけではなく，見知らぬ人とも共に生きているからです。では，なぜ見知らぬ人とも共に生きていかなければならないのでしょうか。それは，アリストテレス（2023）がいう通り，人は自足した存在ではないので，互いに協力する必要があり，そのために国家や社会を形成するからです。ここに連帯（支え合い，助け合い）の根拠があります。生徒にとっては，これから国家や社会をつくるだけでなく，すでに自分が多くの見知らぬ他者とつながっており（オニール 2024），自分がそうした他者から支えられていることにも気づく必要があります。「社会連帯の自覚を高め」るとはそのことを表しています。

「やってよかったからやるのは，自己満足ではないでしょうか」という発問がなされていますが，「社会全体の利益」（「すべての人の利益」が理想でしょう）を追求するのが公共の精神なのであれば，自己満足や自己利益を完全に排除すべきではないとも考えられます。実際，生徒は，たとえ自己満足であっても，ボランティアによって人々を「笑顔」にできるといっています。これは，人々の笑顔という結果を重視する点で，関係者全員の幸福という結果を追求する功利主義と親和的です（コラム１☞p.29）。全体の利益を追求するといっても，自己利益を消すことはできないといわれているように（☞p.64），自己利益のみを追求しないことが大切かもしれません。自分の成長のためという動機も含めて，公共のために尽くす動機は多様であってよいのかもしれません。

内容項目の把握

〈内容項目の学年段階とキーワード〉

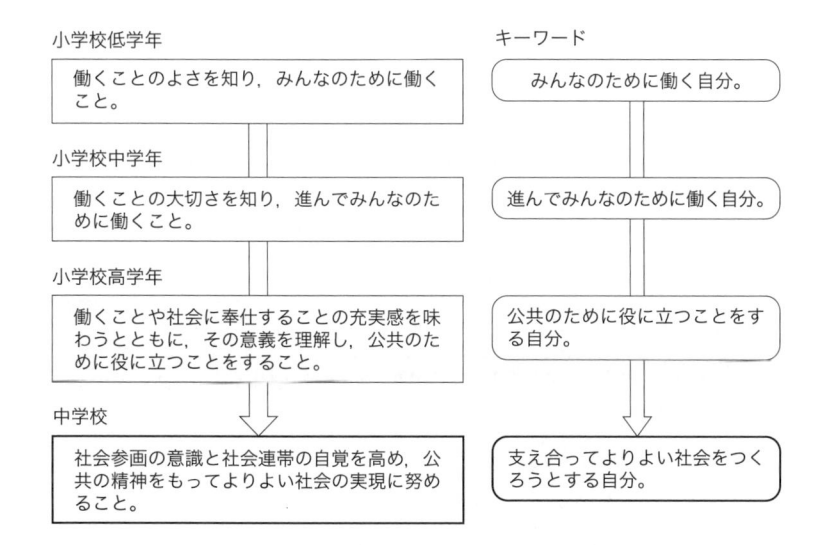

小学校低学年	キーワード
働くことのよさを知り，みんなのために働くこと。	みんなのために働く自分。
小学校中学年	
働くことの大切さを知り，進んでみんなのために働くこと。	進んでみんなのために働く自分。
小学校高学年	
働くことや社会に奉仕することの充実感を味わうとともに，その意義を理解し，公共のために役に立つことをすること。	公共のために役に立つことをする自分。
中学校	
社会参画の意識と社会連帯の自覚を高め，公共の精神をもってよりよい社会の実現に努めること。	支え合ってよりよい社会をつくろうとする自分。

〈内容項目のポイント解説〉

「社会参画の意識」とは社会の一員としてよりよい社会の形成に積極的にかかわろうとすること，「社会連帯の自覚」とは一人ひとりが協力し，安心できる社会をつくろうとすること，「公共の精神」とは社会全体の幸せのために自分にできることをしようとすることです。

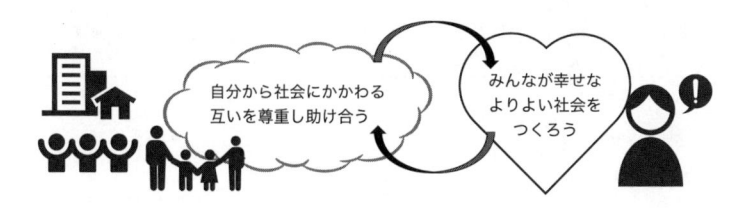

人は互いに助け合いながら生きている社会的な存在です。助け合って生きていることへの自覚が促されると，自分ができることを主体的に探すようになります。このような心に支えられた実感により，社会の一員という自覚が強まり，

社会参画の意識や社会連携の自覚はさらに高まります。これらをもとに，より
よい社会をつくろうとする心が育まれるような授業をめざしましょう。

子どもの実態

高学年

仲のよい仲間と一緒にする仕事には意欲的に取り組む。
共同作業や集団での仕事などを嫌う傾向がある。

中学生

（入学時）

下級生になったことから人任せな生徒がみられることもある。よりよい社会を協
力して築こうとする生徒もみられる。（地域活動，ボランティア活動など）

中学生

学年が上がると，他者に対する配慮の欠如がみられることも。
反発心は出てくるが，自己中心的で自分勝手な言動はよくないと自覚する心もある。
よりよい社会の実現については，大人より純粋に考えることもできる。

内容項目に基づいた学習内容例（下線は本時）

中1	①学級活動や生徒会活動に積極的に参画するなどの体験を振り返り，社会参画や社会連帯とはどのようなことかを考える。
↓	②社会参画や社会連帯についての考えをもとに，公共の精神とはどのような心のあり方かを考える。
中2	③よりよい社会の実現に向けて，生活のなかで互いに迷惑をかけることのないような行動や進んで社会とかかわることの大切さについて考える。
↓	④社会的な責任を果たすためにどのような行動をとることが大切かを自分とのかかわりで考える。
中3	⑤現代的な課題なども取り上げ，どのように社会に参画し，どのように連帯することが大切かを多面的・多角的に考える。

教材名

わたしのボランティアの原点（日本文教出版『中学道徳 あすを生きる2』）〔中
2〕

教材の概要・あらすじ

　現在もボランティア活動を続けている主人公が，ボランティアをはじめるきっかけを自ら語る話です。東日本大震災の7年前に起こった新潟県中越地震の際，自分にできることをしたいと除雪ボランティアに参加した主人公は，想像よりも過酷な活動に参加したことを後悔します。しかし活動後の達成感や被災した方との交流で感じた人のあたたかさをとおして，ボランティアに参加してよかったと思えるようになり，それが今も主人公が続ける活動の原動力となっているのでした。

教材と内容項目のつながり

　ボランティアは無償の活動であり，対価を求めずに行うのが一般的です。活動を続ける主人公が得たものは，自分がしたことが役に立ったという達成感，自分も誰かの役に立てるという自信，人と触れ合い実践することによる自身の人間的成長，そして何より人とのつながりとあたたかさの実感などであると考えられます。

　人間は互いに助け合いながら生きている社会的な存在です。よりよい社会の形成には，社会を構成する一人ひとりが，自分は多くの人たちに支えられていることや，自分も人を支える存在になれること，人は共に手を携えて生きる存在であることに気づくことが大切です。社会を形成する一員である自覚が促されると，人は自分ができることを主体的に探すようになります。そして，見つけたことをもとに実践することで，さらに人とのつながりや社会の一員であることへの自覚が強まり，積極的に社会にかかわろうとする社会参画力が高まっていきます。これは，一人ひとりが社会をつくることにとどまらず，自らの人生を輝かせ，よりよく生きることにもつながっていきます。このように，よりよい社会の形成には，本教材の主人公のように人と共に生きようとする心が必要不可欠であり，この心がもとになって，よりよい社会をつくりたいと願う心や，社会のために自分ができることをしようとする心が生まれます。これらの心は，一朝一夕ではなく長い時間と経験を経て少しずつ育まれていくものです。この授業をとおして，人は人と共に生きていること，中学生の自分でも社会に役立つことができる必要な存在であることを感じられるといいですね。

主題名

人と共に生きる

ねらい

よりよい社会をつくるためには，人と共に生きようとする心をもって積極的に社会にかかわっていくことが必要であることに気づき，社会の一員として今の自分にできることを探して実現しようとする意欲をもつ。

学習指導過程

	主な学習活動	主な発問（○）と予想される児童生徒の反応（・）	指導上の留意点
導入	1. よりよい社会をつくるために必要なものを考える。	○よりよい社会をつくるためには何が必要でしょうか。 ・お金だと思う。 ・思いやりも大切じゃないかな。 ・ルールは必要だと思う。	・ねらいとする道徳的価値に対する方向づけができるように，よりよい社会の実現に必要なものを問いかける。
展開	2. 読み物教材を読み，主人公がボランティアを続ける理由を考える。	○主人公がボランティアを続けているのはなぜでしょうか。 ・感謝されたのがうれしかった。 ・自分にも何かできることがあると思ったから。 ・やってよかったと思ったから。	・社会に奉仕し，人の役に立つことで達成感と充実感が得られることに気づけるように，ボランティアで得られる対価は何かという観点を提示する。
	3. 初めてのボランティア活動で，主人公が達成感を得た理由を話し合う。	○主人公が最初のボランティア活動で達成感を得たのはなぜですか。 ・人のあたたかさをじかに感じたから。 ・小さな力も役立つことがわかりやってよかったと思ったから。	・活動をとおして主人公が得たものを，目に見えるものと見えないものに分けて関連づけながら考えられるように，出てきた意見を構造的に板書する。
		○やってよかったからやるのは，自己満足ではないでしょうか。 ・自己満足な部分もあるかもしれないけれど相手の笑顔から役に立つ喜びを感じたのだと思う。	・人の役に立つことが自分の喜びであることに気づけるよう問い返しをする。
	4. 本時の学びを自分とのかかわりで考える。	○みなさんの身のまわりや有名人で，このような心をもった人はいますか。 ・軽石の撤去をYouTubeで呼びかけた人を見たことがあるよ。	・学んだことを自分の生き方と重ねながら考えられるように，自分のまわりの人に目を向けられるような問いかけをする。

	5. 本時の学びとこれからして いきたいことを記述する。	○今日の学習をもとに，よりよい社会をつくるために必要なものをもう一度考えてみましょう。	・学んだことをこれからの生活や生き方とつなげて考えられるように，本時で学んだこととこれからやっていきたいことを記述する時間を確保する。
終末		・みんなのためにできることを探そうとする心。	
		・役立つことをしようとすること。	

板 書

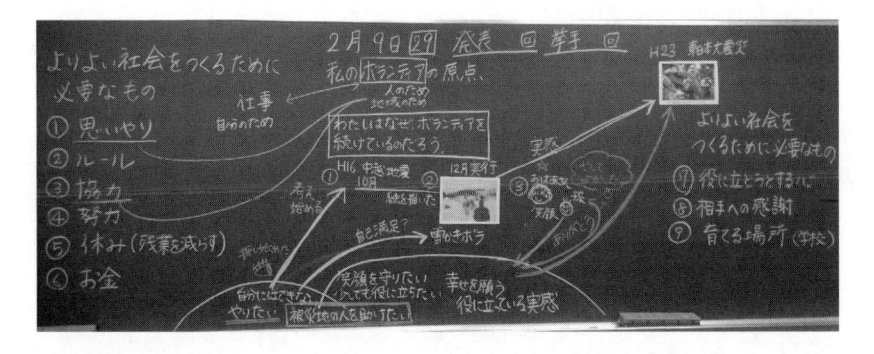

〈評価のポイント〉

　よりよい社会をつくることに対する自分のあり方を，教材に描かれる主人公の生き方や友だちの考えをもとにさまざまな視点から見つめ，考えようとしているか。

子どもの姿

　導入では，テーマに対して目に見える要素（ルール，休み，お金）と目に見えない要素（思いやり，協力，努力）があがりました。教材を読み，主人公がボランティアを続けている理由を考えることをとおして，「少しでも役に立ちたい」「笑顔を守りたい」という，困っている相手を思う心に焦点が当たりました。おもしろかったのは「ボランティアは結局のところ，自己満足ではないか」と問い返したときの反応です。ここで，子どもたちから「相手の笑顔が見えたら自己満足ではない」「実際におばあさんと孫は笑顔になっている」などと，主人公の視点だけではなくボランティアでかかわった人たちの視点が出てきたので，板書では双方向の矢印を書きました。

終末に再度，よりよい社会をつくるのに必要なものを問いかけたところ，「役に立とうとする心」「相手への感謝」など，具体的な思いや相手意識のある心があがりました。下は子どものノートの記述です。

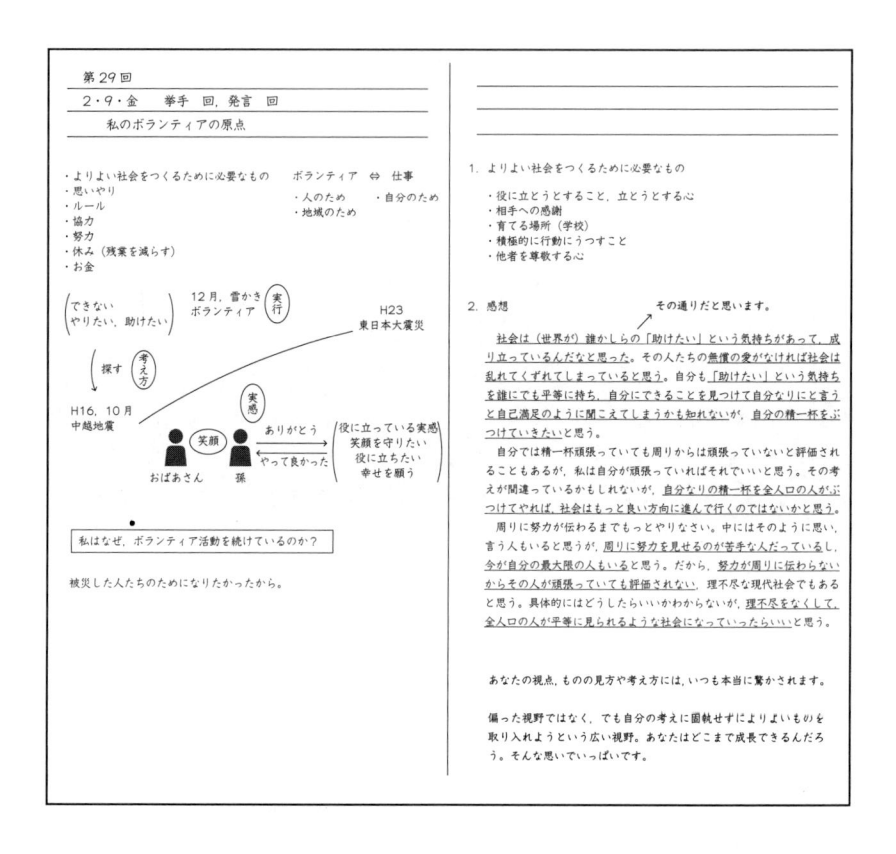

指導案⑥	小学校 C-(14)	勤労，公共の精神

理論編との関連

　本内容項目には，「働くこと」（全学年），「社会に奉仕すること」（小5〜6），「みんなのために働くこと」（小1〜4）と「公共のために役に立つこと」（小5〜6）という内容が含まれています。つまり，「勤労」と「奉仕」と「公共の精神」が含まれています。3つともに社会の役に立つことをすることは共通していますが，勤労の場合は報酬を得るという自己利益が含まれるのに対して，奉仕や公共の精神は社会の利益を直接の目的として追求するといえます。

　奉仕と公共の精神の違いは，「奉仕」が「自分の利害を優先することなく集団や社会のためになることを行うこと」（赤堀 2021：225）とされるのに対して，「公共の精神」は，「社会全体の利益のために尽くす精神」（『中学校解説』）とされています。つまり，公共の精神では，たんなる社会の利益ではなく，「社会全体の利益」とされているので，より広い範囲の利益を考慮することが必要になります。理論編で「見知らぬ人とも共に生きる社会」（☞p.64）といわれていた通り，目の前で対面する人以外の利益を考慮する必要があるのです。

　小学校高学年から，「働くことや社会に奉仕すること」の「意義」という概念が加わります。働くことの「意義」には，個人的な意義と社会的な意義があると考えられます（☞p.283）。後者の社会的な意義については，今の社会をつくり上げてきた先人からの恩恵を受け止め，その恩恵に感謝し，今度は子どもたちが大人になってこの社会を後世に引き継ぐという使命だといえます（☞p.68）。

　本内容項目は，「様々な集団の中での自分の役割を自覚」（小5〜6），「様々な集団の中での自分の役割と責任を自覚」（中学校）するという「集団生活の充実」の内容とも密接に関連していることをとらえておく必要があります。実際，この教材では，震災時に壁新聞を発行するという新聞社の人々の「自分の役割と責任」の「自覚」が描かれています。

内容項目の把握

〈内容項目の学年段階とキーワード〉

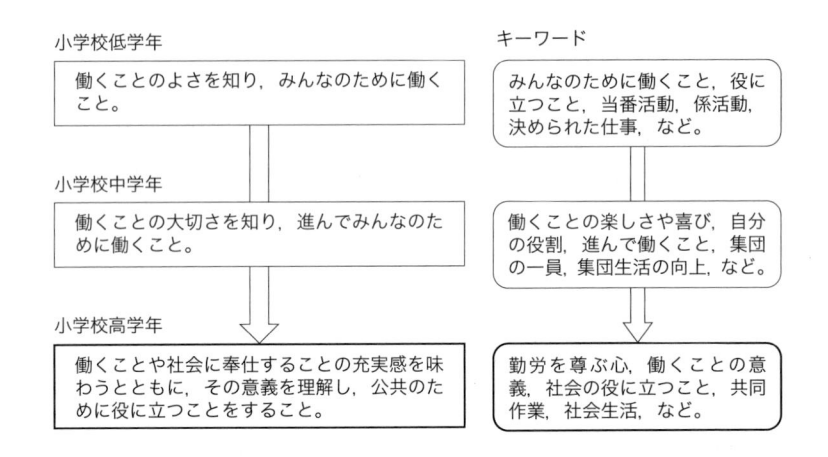

小学校低学年

働くことのよさを知り，みんなのために働くこと。

小学校中学年

働くことの大切さを知り，進んでみんなのために働くこと。

小学校高学年

働くことや社会に奉仕することの充実感を味わうとともに，その意義を理解し，公共のために役に立つことをすること。

キーワード

みんなのために働くこと，役に立つこと，当番活動，係活動，決められた仕事，など。

働くことの楽しさや喜び，自分の役割，進んで働くこと，集団の一員，集団生活の向上，など。

勤労を尊ぶ心，働くことの意義，社会の役に立つこと，共同作業，社会生活，など。

　小学校では，低学年段階において，何事にも興味をもって取り組む発達の段階を生かし，みんなの役に立ったことのうれしさ，やりがいを感じることをとおして自分の成長などを感じられるようにすることを大切にしています。

　それを受け，中学年段階では，自分の役割を果たし，集団の一員としてできることについて考え，自分ができる仕事を見つけたり，集団生活の向上につながる活動に参加したりするなかで，みんなのために働こうとする意欲や態度を育んでいくことを大切にしています。

　そして，高学年段階においては，勤労を尊ぶ心を育てながら，働く意義や社会に奉仕する喜びや大切さについて考えさせ，勤労が自分のためだけでなく，社会生活を支えているものであることを考え，勤労と公共の精神の意義を理解し，公共のために役立とうとする態度を育てていくことを大切にしています。

〈内容項目のポイント解説〉

　「働く」には，「精出して仕事をする」「他人のために奔走する」といった意味がありますが，働くことの目的は，日々の糧を得ることや，自分に課された社会的責任を果たすこと，社会参画を果たすことなど，仕事の内容やかかわり方，とらえ方次第でさまざまに考えられるものです。また，「奉仕」には，「つつし

んで仕えること」「献身的に国家・社会のためにつくすこと」といった意味があり、一人ひとりの「働く」という行為が、直接的または間接的に社会全体への「奉仕」につながっていることが数多く存在することはいうまでもありません。

仕事そのものに対する誇りや喜びを感じ、働くことの目的や意義について考え、進んで公共のために役立とうとする児童の主体性を育むことが大切です。

子どもの実態

中学年

みんなのために働くことでの楽しさや喜びを味わえる。働くことを負担に感じたり、面倒に思ったりすることもある。

高学年

仲のよい仲間と一緒にする仕事には意欲的に取り組める。共同作業や集団での仕事などを嫌う傾向がある。

内容項目に基づいた学習内容例（下線は本時）

各学校において、将来の社会的・職業的自立を目的として推進されているキャリア教育との関連も深い内容項目です。身近な人々の仕事や自分たちが取り組んでいる当番活動、係活動、これまでに経験してきたボランティア活動などと関連させながら授業を展開していくことも大切です。

教材の特質に合わせ、以下のようなことに焦点を当てて考えることで、児童のなかに、集団の一員として自分の役割を積極的に果たそうとする態度を育成していくことが大切です。

・働くこと自体が自分に課された社会的責任を果たすにつながること。
・社会に対する奉仕や公共の役に立つ喜びを味わうこと。
・働く意義や目的を探求し、みんなのために働くことの意義を理解すること。

教材名

この思いをフェルトペンにたくして（学研『新・みんなの道徳5』）〔小5〕

教材の概要・あらすじ

本教材は，東日本大震災で新聞発行の命である高速輪転機が被害を受けた場面，新聞が発行できない危機に陥った場面，地域の新聞社としての使命感と責任をもち，手書きの壁新聞を発行し続けた場面で構成されています。主人公（社長）の仕事に対する考え方をもとに，危機的状況においても，そのような状況だからこそ責任をもって新聞発行を成し遂げるまでの様子が描かれています。

大きな被害を受け，新聞を発行できない危機のなかにおいても，新聞社としての責任を受け止め，やり遂げようとした主人公と社員の葛藤や，主人公が新聞を発行したことの意味について考えさせることで，自分たちの使命や責任を果たすことの意味について深く考えることができる内容となっています。

教材と内容項目のつながり

本教材は，実話をもとにした内容ではありますが，職業人として働く人々の使命感や責任感を描いた内容となっているため，児童にとっては身近に感じにくいものかもしれません。しかし，東日本大震災という災害の大きさは誰もが知っており，新聞という毎日当たり前のように届くものが中心的に取り上げられていることから，当時の映像などと併せて提示することで，当時の状況をふまえつつ，真剣にねらいと向き合いながら考えを深めることができるのではないでしょうか。

たとえば，導入において，東日本大震災の映像や写真を提示し，当時の危機的な状況を把握させたうえで，教材を読むことで，働くことを社会的責任であるととらえている主人公たちの思いを深く考えることができます。

展開においては，手書きの壁新聞を発行するまでの葛藤について話し合ったり，壁新聞を発行できたときの心情について話し合ったりすることで，新聞社としての使命を果たすとともに，社会に対する奉仕や公共の役に立つ喜びについて考えを深めることができます。

東日本大震災という特殊な環境下での出来事ではありますが，話し合いの過程において児童が気づく「〜のために」という言葉を拾い上げていくことで，ねらいに向き合い，働くことや奉仕することの尊さについての思いを深めることができるのではないでしょうか。

主題名

役割と責任を果たすことの大切さ

ねらい

壁新聞ができ上がるまでの社長の行動や葛藤について考えることをとおして，人のために働くことや奉仕することの尊さを感じ，誰かのために役に立とうとする心情を育てる。

学習指導過程

	主な学習活動	主な発問（💬）と予想される児童生徒の反応（・）	指導上の留意点
導入	1. 震災当時の動画を視聴したうえで教材を読み，感想を出し合う。	〇石巻日日新聞社の人たちをどう思いましたか。	※震災当時の動画 ・新聞社の人にとって，新聞を発行することが仕事であることをおさえる。
	【学習テーマ】なぜ，この人はここまで「仕事」ができたのか。		
展開	2. 学習テーマに対する答えを考える。	・待っている人がいるから。 ・人々を混乱させないため。	・教材から想像した児童の考えをすべて受け止め，板書する。
	3. 主人公の葛藤について話し合う。	〇どんなことを不安に思っていましたか。	・主人公の不安を明確にすることで，さまざまな葛藤を乗り越えていったことに気づけるようにする。
	4. 壁新聞を発行できた主人公の想いについて考える。	〇「思いが達成できたような気がした」という主人公の言葉には，どんな想いが込められていたのでしょう。	・児童の言葉に共通する「〜のために」という言葉に目を向けられるよう，板書する。
終末	5. 学習テーマに対する答えを改めて考える。	・自分よりも人のことを考えていたから。	・自分自身のこれからの取り組みについても考えさせる。

板書

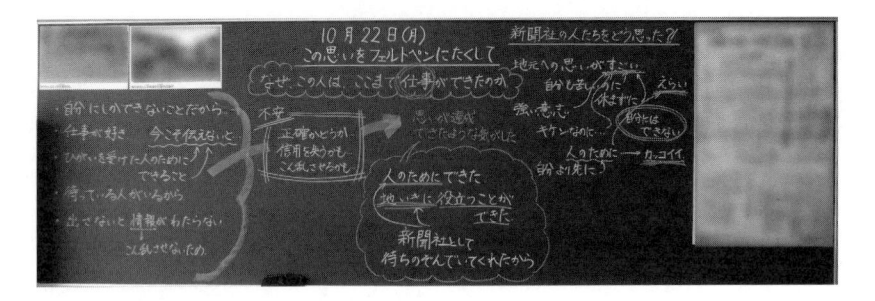

子どもの姿

　まず，震災当時の様子を動画で見せましたが，生々しいものであり，真剣に見るべき内容なので，事前にどのような気持ちで見ればよいかを伝えることに留意しました。その後，板書右側に主人公たちが書いた壁新聞を提示し，範読を行い，どのように思ったか感想を問いました。その際，主人公にとっての新聞発行は「仕事」であることを伝えると，「自分にはできない」という意見が多数出されたので，学習テーマを「なぜ，この人は，ここまで仕事ができたのか」としました。

　展開の最初に，学習テーマに対する答えを出し合わせると，板書左にあるように「自分にしかできないことだから」「仕事が好き（だから）」「今こそ伝えないと（と思ったから）」といった使命感や責任感にかかわる意見が出されました。そのような意見に対し，主人公には，不安があったことをおさえ，不安と責任との間での葛藤について話し合わせたうえで，教材にある主人公の「思いが達成できたような気がした」という言葉に込められた想いを考えさせました。児童からは，板書中央にあるように「人のためにできた」「地域に役立つことができた」といった意見が出され，主人公にとっての仕事が，自分に課された社会的責任を果たすことであり，壁新聞を発行したことで，社会に対する奉仕や公共の役に立つ喜びを味わっていることに気づけていたようでした。

　終末では，児童の意見にある「人のため」という言葉を取り上げ，そのように役割を果たすためには，どのような気持ちが大切になるかを紹介し合い，それぞれの意見を称賛しつつ，ねらいへの想いがあたためられるようにして授業を終えました。

指導案⑦	中学校 C-(13)	勤 労

理論編との関連

　勤労の「意義」には，個人的な意義と社会的な意義があります。個人的意義については，マズローの5段階欲求説に基づいて，次のようにとらえることができます（島田 1990）。

 ①生理的欲求：人は，空腹を満たすために働く。
 ②安全の欲求：人は，健康面，生活面，精神面での安定と安全を求めて働く。
 ③所属と愛の欲求：愛と愛情，所属の欲求。仕事については，職場などのグループに所属して地位を得るために働くこと。
 ④承認欲求：他者から尊敬され尊重されたいという欲求と，自信，自立と自由に対する欲求。前者は，仕事で成功して名声を得たい，後者は，自分の仕事の内容を自分で決めたいなど。
 ⑤自己実現の欲求：自分にふさわしい仕事をしたい，仕事を通して自分がなりうる理想の自分になりたいという欲求。

　一方，働くことの社会的意義は，中学校の内容項目にある通り，「勤労を通じて社会に貢献すること」であり，社会をつくり上げてきた先人たちの恩恵に感謝しながら，その社会を発展させ，創造することだといえます（☞p.68）。
　この教材では，清掃を通じて社会に貢献することが描かれていますが，その仕事が同時に「私の持ち味」でもあると書かれています。このように，勤労の個人的な意義と社会的な意義が最終的に調和することが理想だといえるでしょう。
　「勤勉」は，『中学校解説』では「自己の精神を集中させようと努力することであり，一つの仕事に没頭することである」とされています。行安（2009）は，社会の利益や将来の利益の追求という仕事の目的と現在の仕事の「ギャップ」を克服するためには，仕事の姿勢が問われると述べています。つまり，将来の利益のために現在を犠牲にすることなく，「現在を働く」，すなわち「現在の一念を生きること」が必要だということです。

内容項目の把握

〈内容項目の学年段階とキーワード〉

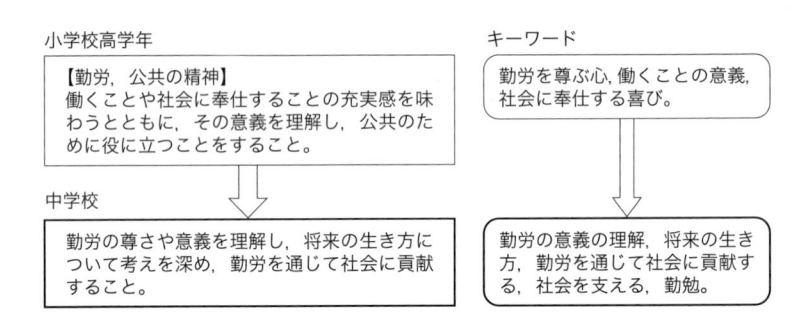

小学校高学年

【勤労，公共の精神】
働くことや社会に奉仕することの充実感を味わうとともに，その意義を理解し，公共のために役に立つことをすること。

キーワード

勤労を尊ぶ心，働くことの意義，社会に奉仕する喜び。

中学校

勤労の尊さや意義を理解し，将来の生き方について考えを深め，勤労を通じて社会に貢献すること。

勤労の意義の理解，将来の生き方，勤労を通じて社会に貢献する，社会を支える，勤勉。

　小学校段階と比較して，注目したい点が3つあります。

　①小学校では「勤労，公共の精神」としてひとつの内容項目とされているものが，中学校では「社会参画，公共の精神」と「勤労」というふたつの内容項目に分かれる，というのがこの内容項目の大きな特徴のひとつです。すなわち中学校での学習において「勤労」と「社会参画，公共の精神」は非常に深く関連し合っていることを，授業者自身が意識してカリキュラムを組み，授業構想していくことが重要です。

　②「将来の生き方」というキーワードが登場する点です。健全なキャリア観の形成にもつながり，学級活動・総合的な学習の時間など他の領域と関連させ，生徒のキャリア観形成に寄与することも求められています。

　③『小学校解説』では「希望と勇気，努力と強い意志」に一度だけ登場する「勤勉」というキーワードが，『中学校解説』のなかで「職業や勤労に対する価値観が多様化する中にあっても，勤労を支える道徳的価値として重視すべき」と論じられている点も注目すべきでしょう。

〈内容項目のポイント解説〉

　戦後，文部大臣を務め，学校での道徳教育の重要性を主張した天野貞祐は「正しく働いて正しく生きる」という言葉を残しています。道徳的な生き方には勤労が重要であることや，「自己の職域の働きが同時に社会全体を養っていく働きをする」ことも天野は述べています。『中学校解説』における，この内容項目の

概要は「勤労は，人間生活を成立させる上で大変重要なもの」という書きだしではじまり，最終部には「勤労を通して社会に貢献することを自覚し」とあります。学校における道徳教育がはじめられようとするころから「勤労」について考え，学ぶことが重要視されてきたといえるでしょう。

子どもの実態

高学年

働くことや社会に奉仕することの充実感を味わう。勤労の意義を理解し，社会全体のために役に立つことをすることについて学ぶ。

中学生

（入学時）

将来の生き方についての考えが曖昧で，将来像が描けない。職業選択において自己中心的で，勤労をとおした社会貢献で得られる成就感や充実感にまで考えが及ばない。将来の夢を達成するうえで現実の問題に直面し，模索する。

中学生

社会の一員としての義務と責任を理解する。現実に進路の選択を迫られる。将来設計を達成するための困難を理解しそれを克服して，夢や理想をもつ。

内容項目に基づいた学習内容例（下線は本時）

　この内容項目では，キャリア教育とどう関連させるのが効果的か，という視点で授業構想することでより充実したものになります。道徳教育もキャリア教育もともに人間としての「あり方生き方」を扱うという意味で関連が深い点について，白木（2021），荒木（2021），椋木（2023）らも指摘しています。

①勤労の尊さを重んじる生き方をもとに，自らの役割や将来の生き方などについてしっかり考えさせる。
②保護者や地域の方にゲストティーチャーになってもらい，教材をとおして働くことの意味や大切さについて語ってもらう。
③体験的な学習を活かして，働くことの重要性について理解を深める。
　（例）学校行事，職場体験活動，ボランティア活動，福祉体験活動，など。
④自身の勤労をとおして，自分自身が成長できるとともに，社会貢献できる

満足感や達成感が体得できる。

⑤「他者と共によりよく生きていくために，あなたはどのように自分らしく
　　生きていくのか」ということを３年間をとおして問い続けていく。

教材名

　清掃はやさしさ（教育出版『中学道徳２ とびだそう未来へ』）〔中２〕

教材の概要・あらすじ

　主人公の新津春子さんは，1970年，中国残留日本人孤児２世として，中国に
生まれました。その後，家族で渡日し，言葉がわからなくてもできるという理
由で清掃の仕事をはじめます。1997年に（当時）最年少で全国ビルクリーニン
グ技能競技会優勝，その後多くのメディアに取り上げられています。

　清掃員として働く新津さんは，優勝をねらった清掃技能競技会で銀賞となり
落胆します。上司の言葉から自分の清掃にはやさしさや配慮が足りなかったこ
とに気づくことができました。後半では，新津さんの仕事に対する真摯な姿勢
が，自分自身の経験をもとに語られている教材です。

教材と内容項目のつながり

　清掃は，生徒にとって最も身近な勤労といえるでしょう。しぶしぶ清掃に取
り組んでいる生徒も少なくないと思われます。お客さまを思い，清掃に没頭す
る新津さんの姿に素直な感動を覚え，新津さんの仕事への向き合い方をとおし
て，勤労の意義をより深く理解し，勤労による自身の成長や達成感について気
づくことができるでしょう。

主題名

　仕事をするときに大切にしたいことは？

ねらい

「私」による「こだわりのある清掃」への取り組みを支えるものについて話し合うことをとおして，勤労の意義についての考えを深め，自分自身のためだけに働くのでなく，社会に貢献しようとする意欲を養う。

学習指導過程

	主な学習活動	主な発問（○）と 予想される児童生徒の反応（・）	指導上の留意点
事前	・事前アンケートの実施。 ・事前判読。 ・授業で話し合いたいことを提供。	○「働く」という言葉からイメージすること，ものは何ですか。	・1人1台端末を活用して自由に記述させる。 ・結果を集計し，ワードクラウドを作成しておく。 ・朝読書の時間を活用したり，宿題として課したりする。 ・1人1台端末を活用して提出してもらう。生徒の問いは，以下の展開例中，下線で示した。
導入	1. 「働く」からイメージすることは何だろう。	○「働く」からイメージすることを，アンケート結果をもとに話し合ってみましょう。 ・お金を意識している人が多い。 ・大変で責任感が必要。 ・休みがなく，ブラック企業。	・お金の他，働くことに関するネガティブな意見をもった生徒を数人，意図的に指名し，発表してもらう。
展開	2. 新津さんの清掃に対する姿勢を知る。	○新津さんのプロフィールを，スライドを見て確認する。 ○新津さんのこだわりのある清掃ぶりを，DVD視聴をとおして確認する。 ・見えないところまで清掃している。	・中国出身で，日本語が苦手でもできる仕事として清掃を選んだことを示す。 ・DVDはNHKティーチャーズライブラリーを活用してレンタルできる。DVDを借り，こだわって清掃している場面を10分ほど視聴する。
	3. 「清掃はやさしさ」とは誰に対する，何に対するやさしさかを考える。	○「清掃はやさしさ」とは，誰に対する，何に対するやさしさだろう。 ・道具に対して。 ・まわりに対して……お客さま，仲間。 ・自分に対して。	・自由に立ち歩いて，意見を交流する。数名指名して，全体でシェアする。

展開 （続き）	4. 新津さんの仕事は、どんな思いに支えられているのか考える。	○新津さんのこだわりのある清掃は、どんな思いに支えられているのだろうか。自分の考えをノートに書いてみよう。 ・きれいにできた、やりきった、最善を尽くしたという達成感、満足感。 ・誰も見ていなくても自分の納得のいく清掃。	・書く時間を確保したあとで、本時でまだ話をしていない友だちのところへ行って意見交流するように指示する。 　その後、全体でシェアする。
	5. 仕事の「プロ」とは何か考える。	○新津さんが考える清掃の「プロ」ってどんな人だと思う？ 「誇りをもって日々努力しどんな仕事でも心を込めてできる人」	・新津さんの考えを、動画で紹介する。
終末	6. 働くときに大事にしたいことは何か考えを深める。	○働くときに大事にしたいことは何ですか。新津さんの生き方から、どんなことを学びましたか。ノートに書いてみましょう。	・生徒の考えは、学級通信で共有する。本時の学びに常時アクセスできるよう、端末でノートを撮影して保存する。

〈評価のポイント〉

　主人公の勤労意欲を支えるものについて友だちと議論することをとおして、役割や仕事について多様な視点からとらえ、自分を振り返り、仕事をとおして社会に貢献しようという意欲を高めようとしている。

板 書

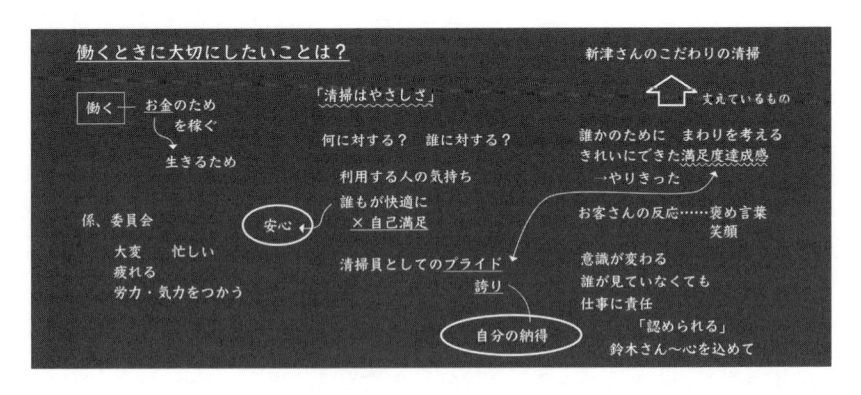

子どもの姿

　生徒と教材の距離を縮めるものの最たるものに，動画資料があるでしょう。今回は放送局からDVDを借りて視聴することで，生徒はよりリアリティをもって主人公の仕事に対する姿勢を知ることができました。本時のねらいや内容項目に合致するように視聴する場面を選び，10分程度視聴しました。視聴の時間を確保するために，また生徒が自ら問いを立てることができるように，教材を事前に読み，考えたり話し合ったりする時間を確保しました。

　新津さんの勤労観を支えるものについて話し合う際には「こんなにこだわって仕事をしたからといって，お給料が上がるわけではないのに，どうしてそこまでこだわるのだろう」と補助発問を投げかけました。賃金を得るためだけではない，ただ仕事をやればいいのではなく，周囲に思いを馳せ，自分の仕事が誰かのためになっているかどうかが大切であることに気づいていく様子がありました。自分自身が仕事をやり切ったことから生まれる満足感や達成感は，自己満足とは違うことにも気づき，他者意識をもって仕事をすることの大切さにも目を向けることができたようです。

　授業の最後のノートの記述をいくつか紹介します。「ただお金のために働くのではなく，誰かのために働くという意識が大切」「現代の仕事はサービス業が多いので，客観的に見て良くやったと思えるようなできばえを目指すこと。そしてそれが続くモチベーションと達成感を大切にして働きたい」「仕事はやればいいのではない。誰かを笑顔にできるように丁寧に心を込めて仕事をしたい」「やさしく仕事をすればいずれ認められて，モチベーションにもつながり，仕事を通して日々成長できると思う」。

| 指導案 ⑧ | 小学校 C-(15) | 家族愛, 家庭生活の充実 |

理論編との関連

　本内容項目から，Cの視点の「国際理解，国際親善（中学校は国際貢献）」までは，他の内容項目とは違った特徴があります。もちろん，家族愛，よりよい学校生活，郷土愛，愛国心，国際理解や人類愛には，それぞれの内容項目に応じて扱うべき固有の内容があります。しかし，それと同時に，家庭，学級と学校，郷土と地域社会，国，国際社会というのは，愛とケア，尊敬，連帯といった道徳的諸価値が発揮されるべき「特定の人間関係や場」なのです（髙宮 2023f）。言い換えれば，家族，学級と学校，地域社会，国，国際社会というのは特定の「集団」であり，理論編の「よりよい学校生活，集団生活の充実」で用いられていた言葉でいえば，特定の「共同体」（☞p.77）なのです。

　したがって，家族愛，愛校心，郷土愛，愛国心，人類愛については，それぞれの愛の成立条件を区別しながらも，他の道徳的諸価値との関連をとらえておく必要があります。たとえば，家族愛を成り立たせるには，親切や思いやりが必要ですし，お互いを尊重し尊敬する必要があります。また，家族という親密な間柄であっても，一定の礼儀は必要でしょう。さらに，家庭のなかにも一定の規則がなければ，家族は成り立たないかもしれません。特に重視すべきなのが，家族愛，愛校心，郷土愛，愛国心，国際親善（貢献）と友情，友愛の重なりです。友愛の5つの成立条件については，コラム1（☞p.29）をご覧ください。

　では，家族愛の固有の成立条件は何でしょうか。それは，父母や祖父母などからの無償の愛（☞p.71），つまり「無私の愛情」（『小学校解説』）とそれに対する子どもの感謝と敬愛です（☞p.73）。感謝とは無償の愛に応えることも含みます。

　もっとも，後述される通り，以上のことはあくまで理想であって，現実の家庭の実態とは乖離しているかもしれません。しかし，家庭は「最も安らげる場」（『小学校解説』），「その後もそこから出かけていき，そこへと戻る安心できるよりどころとなる場所」（『中学校解説』）であるべきなのです。家族と家庭は，友情とともに道徳性を育むための最も重要な人間関係や場であるといえます。

内容項目の把握

〈内容項目の学年段階とキーワード〉

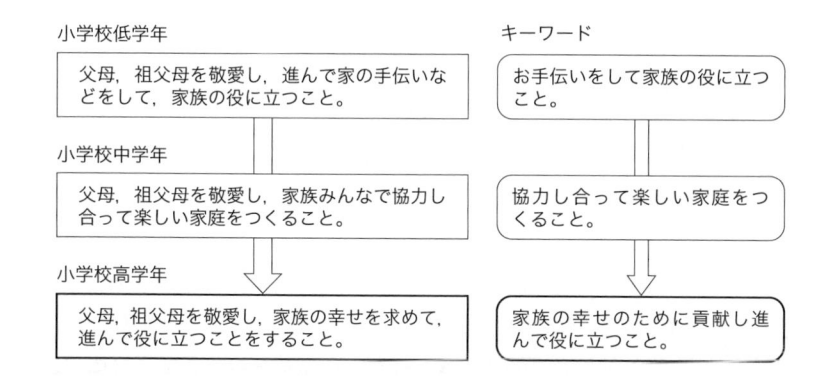

小学校低学年

> 父母，祖父母を敬愛し，進んで家の手伝いなどをして，家族の役に立つこと。

小学校中学年

> 父母，祖父母を敬愛し，家族みんなで協力し合って楽しい家庭をつくること。

小学校高学年

> 父母，祖父母を敬愛し，家族の幸せを求めて，進んで役に立つことをすること。

キーワード

> お手伝いをして家族の役に立つこと。

> 協力し合って楽しい家庭をつくること。

> 家族の幸せのために貢献し進んで役に立つこと。

〈内容項目のポイント解説〉

　「「家族愛」は，授業をするのに気をつかう」。以前，私の耳に入ってきた同僚の悩みです。それはどうしてだと思いますか？　「家庭は，児童にとって生活の場であり，団らんの場である。児童は家庭で家族との関わりを通して愛情をもって保護され，育てられており，最も心を安らげる場である」と『小学校解説』に記されています。それが理想の家庭像でしょう。しかし，家族のあり方の変容や多様化によるひとり親家庭の増加，ネグレクトやヤングケアラーなど，現実はたくさんの課題があることも事実です。当然，クラスには家庭背景の異なる児童生徒が在籍しています。「多様な家族構成や家庭状況があることを踏まえ，十分な配慮を欠かさないようにすることが重要である」と『小学校解説』に記されている通り，一人ひとりの児童生徒やその家族に配慮しながらも，「家族の役に立つこと」や「充実した家庭生活を築くこと」について考えていくことが求められます。では，どのようにして考えていけばよいのでしょう。そのひとつとして，クラスの実態を把握をし，本時のねらいを明確にすることを大前提としたうえで，子どもたちから出てきた言葉で授業を構成することです。そうすることで，子どもたちの発言から授業を進めることができるため，先の同僚のような悩みは軽減されるでしょう。

子どもの実態

中学年 自分のしたことが，家族の役に立っているんだ。うれしい。みんなで協力して，今よりもっと楽しい家族にしていきたいなぁ。

高学年 家族が私に何かをしてくれるのは，当たり前ではないんだ。感謝の気持ちを込めて，何かをしたいけど，自分には何ができるのかな？

　内容項目の一覧を見ると，「家族」という言葉は，内容項目Bの視点「感謝」（中学校では，「思いやり，感謝」）にも記載されています。家族への感謝も「家族愛」ととらえることができることから，本内容項目の授業をする際，「感謝」についての『小学校解説』も確認しましょう。小学校高学年と中学校に共通することは，「感謝する」だけでなく「応えること」です。「応えること」は，「家族愛」の授業をするうえで，授業づくりのヒントになるでしょう。

内容項目に基づいた学習内容例（下線は本時）

中学年 ↓ 高学年	①家庭生活において，自分もかけがえのない家族の一員であると考えることをとおして，協力し合って楽しい家庭をつくろうと考える。 ②父母に敬愛の念をもち，家族のために積極的にかかわるためには，どんなことが大切になってくるのか考える。 ③家族の一員としての自分の役割を自覚し，家庭生活に貢献するために，自分には何ができるのか考える。 ④教材に描かれている家族が何を伝えたいのか考えることをとおして，改めて自分の家族を見つめ，家族の幸せに貢献しようと考える。

教材名

　ぼくの名前呼んで（光村図書『道徳6 きみがいちばんひかるとき』）〔小6〕

教材の概要・あらすじ

　主人公の太郎の両親は，ともに聴覚障害者であり，言語障害者です。ある日，

学校で太郎とけんかになった者に「やあい，おまえ，父ちゃん母ちゃんから，一度も名前呼ばれたことないだろう。これからもずっと呼ばれないぞ。いい気味だ」とからかわれます。放心状態になった太郎は，突然立ち上がり，自分の家にいる父のもとへ駆け込みます。太郎は，泣き叫びながら「ぼくの名前呼んで」と手話で伝えます。すると父は，太郎を力いっぱい抱きしめ，手話で自分の想いや妻の想い，そして太郎への想いを語りはじめます。太郎は，父の心の底からほとばしり出るような手話を，まばたきもせず見つめていました。

教材と内容項目のつながり

　からかわれたことにより，太郎の家族への想いがあふれ出します。つらく，切ない想いを父親にぶつけます。しかし，そのことがきっかけとなり太郎は，涙を流しながら愛に満ちた手話をする父の姿を目にすることとなります。「家族は，親子及び兄弟姉妹という関係により一般的に成り立ち，その一人一人が，誰かと取り替えることができないかけがえのない価値を有する存在である。人間は，過去から受け継がれてきた生命の流れの中で生きている。祖父母や父母が在ること，そして自分は，そのかけがえのない子供として深い愛情をもって育てられていることに気付かせることが大切である」と『中学校解説』に記されていますが，今回のことがきっかけで太郎は，両親が自分に対して抱いている「深い愛情」に気づいたことでしょう。この「深い愛情」に着目するため，授業の展開では「このお話の家族はみんなに何を伝えようとしているの？」という問いについて共に考えていきます。しかし，理論編にも記されている通り，家族の一員としての自覚をもち，役割を果たすという実践的態度，つまり「愛」という目に見えない情念を具体的な行動・態度へ具現化することが求められていますが，それがむずかしいのです。特に，本教材のようなメッセージ性の強い教材では，「いいお話だった」「感動した」という想いをもつ子どもたちが複数いることが予想できます。そこで授業を終えると，極端な話，感動的な絵本の読み聞かせのようになってしまいます。道徳科の学習ですから，本時のねらいに迫るために，「家族愛」だけでなく，「家庭生活の充実」そして小学校高学年と中学校の「感謝（特に応えること）」の視点をもつことが必須です。

主題名

家族に対する想い

ねらい

父親に想いをぶつける太郎と，太郎に気持ちを伝える父親の姿をとおして，「ぼくの名前呼んで」に描かれている家族が何を伝えたかったのかを考え，家族の幸せに貢献しようとする道徳性を養う。

学習指導過程

	主な学習活動	主な発問（○）と 予想される児童生徒の反応（・）	指導上の留意点
導入	1. 家族について考える。 2. 家族がいてよかったことについて考える。	○「家族」って何だろう？ ・大切な人。 ・一緒にいると楽しい。 ○家族がいてよかったなと思うことは何ですか？ ・笑顔でいられる。 ・安心する。	・子どもたちの家族や家庭状況に十分に配慮して，授業を行う。
展開	3. 本時のねらいに迫る問いについて考える。 4. 自分の家族について再度考える。	○このお話の家族はみんなに何を伝えようとしているの？ ・これからもつらいことがあるかもしれないけど，私たちは家族だ。 ・ごめんよ。やっぱり家族は大切なんだ。 ○みんなの家族は，どんな家族？　また，家族の一員として何ができる？	・教材文の言葉がそのまま出てきた際は「最高の生き方って，どんな生き方だと思う？」というように問い返し発問をする。 ・何ができる？　という「応える」に関連した発問をする。
終末	5. 「家族」って何だろう？について考えたことをワークシートに記入する。	○今日は「家族」って何だろう？について考えました。今日考えたことをワークシートに書きましょう。	・自己を見つめ，これからの生き方について考えるために，十分に時間を確保する。

板 書

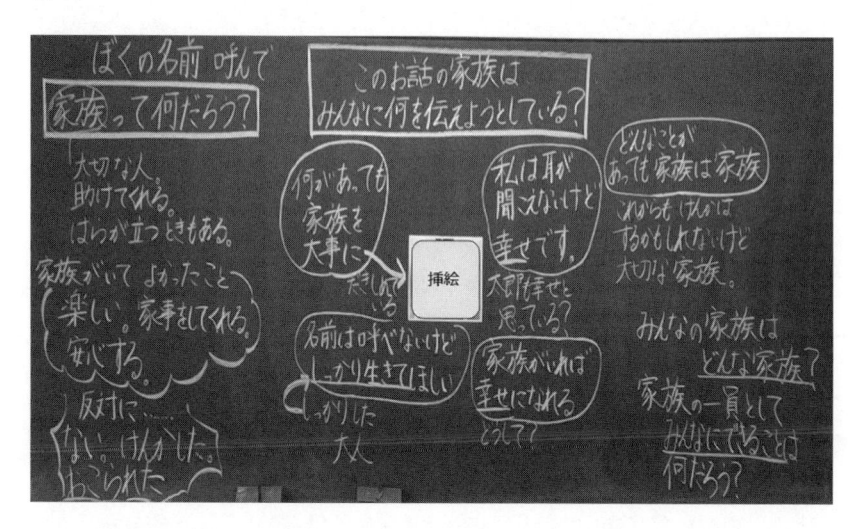

子どもの姿

　範読は，教科書会社のホームページにある音声を活用しました。範読時間が9分間ということで，少々長めでありましたが，子どもたちが教材の世界に引き込まれている様子が今でも思い出されます。また，範読後，誰ひとりとして話しだす子どもがいなかったことも印象的でした（授業後に話を聞くと，感動したという子どもが数人いました）。意図的に間を置いてから，「このお話の家族はみんなに何を伝えようとしているのかな？」と発問しました。沈黙を破るように，ひとり，またひとり，自分の思いを話しはじめました。

〈子どもの振り返り〉
・昨日怒られたばかりだったから，家族のいいところがあまり思いつかなかったけど，この話を読んだら，やっぱり家族は大切だと思った。子どもを大切に思っていない親はほとんどいない！
・どんなことがあっても家族は家族。家族のことでいじめられたりするかもしれないけど，一番近くで見守ってくれているのは家族。だから家族を大事にしないといけない。

指導案 ⑨	中学校 C-(14)	家族愛，家庭生活の充実

理論編との関連

　小学校の実践編（☞p.290）で述べた通り，家庭，学級と学校，郷土と地域社会，国，国際社会は，愛とケア，尊敬，連帯といった道徳的諸価値が発揮されるべき「特定の人間関係や場」です。では，家族や家庭という人間関係，集団，場に固有の特徴はないのでしょうか。家族だけに固有の特徴をあげることは現代ではむずかしくなりましたが，友だち関係や家族といった関係性を「親密性」ととらえることができます。親密性は「公共性」と対立する概念です。つまり，国や国際社会という見知らぬ人同士の関係に対して，家族や友情は親しくて仲がよく，付き合いが深い「親密」な関係を前提にしているのです。

　親密な関係の成立条件は，友愛の成立条件，すなわち，①相手に気づかれること，②お互いの好意，③お互いにとって愛する価値があり，信頼し合えること，④お互いに相手の善（幸せ）を願うこと，⑤共に生きること，と重なります（コラム1☞p.29）。とはいえ，友愛の成立条件は，国民同士や国際関係でもある程度同じであるのに対して，家族（時には友情）に固有の条件は，連帯（支え合い，助け合い）の「緊急性」でしょう（オニール 2024）。家族が危機的状況に直面しているとき，家族を助けなければ，その生命すら危ないわけです。しかし，国や国際社会という見知らぬ人同士の関係では，誰かが危機的状況にあっても，ある程度「無関心」でいられます。なぜなら，他の人が代わりに助けてくれるからです。しかし，家族の切迫した緊急のニーズに対して，私は無関心であるわけにはいきません。ここに「家族を愛せよ」という倫理的要請が生じます。この家族愛の成立条件をもとに，「家族は何のためにあるのか」という家族の意義や，「家族愛を成り立たせるものは何か」を考えたいものです。

　子どもに対する親の愛情は「無私の愛情」です。「無償の愛」ともいえますが，親子という親密な関係においては，見知らぬ人同士の場合よりも，無私の愛情が容易に成立するでしょう。対等で相互的・互恵的な関係を前提とする友情に対して，子に対する親の愛情は，親に対する子の愛情よりも強いのが一般的です。子どもは，先に親から愛されることによって，親を信頼し，親に感謝し，それによって敬愛の念ももつのです（髙宮 2024a）。

内容項目の把握

〈内容項目の学年段階とキーワード〉

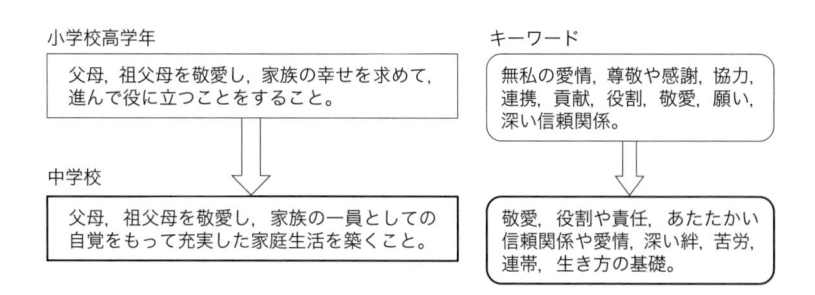

小学校高学年

> 父母，祖父母を敬愛し，家族の幸せを求めて，進んで役に立つことをすること。

中学校

> 父母，祖父母を敬愛し，家族の一員としての自覚をもって充実した家庭生活を築くこと。

キーワード

> 無私の愛情，尊敬や感謝，協力，連携，貢献，役割，敬愛，願い，深い信頼関係。

> 敬愛，役割や責任，あたたかい信頼関係や愛情，深い絆，苦労，連帯，生き方の基礎。

　小学校段階では，「無私の愛情」のなかで「敬愛」「家族の幸せ」「信頼や貢献」などを追求して「人格形成の基盤」とするわけです。それに対して，中学校では，「かけがえのない存在」「成長を願う」「役割と責任」「安心できるよりどころ」「社会の一員としての準備」「あたたかい信頼関係や愛情」「深い絆」「喜怒哀楽を共にし，生活の苦労を分かち合う」「家族の一員としての自覚」などの視点も加味され，「人間としての生き方の基礎」が築かれていくわけです。

〈内容項目のポイント解説〉

　およそ愛とは，危機的状況に直面したときに，その真価が問われるものですが，家族愛・家庭愛も愛である限り，そうした視角から考察することも重要です。危機的状況をどう乗り切るかは，発達の段階によって違いますが，「家族愛の姿・形をどうとらえるのか」という基本姿勢に大きく依拠します。

　上記のキーワードが大なり小なり，感性と悟性の両面にかかわっていることに照らしても，直観的・短期的な受け止めと知性的・中長期的な展望とのバランスを大切にしながら，家族愛の意味や相互の願いの深さ，存在のありがたみ・かけがえのなさを多面的・多角的に把握したいものです。

　そして，家族には「喜びや悲しみなどの運命を共有して共に歩む」という親密性・共同性や「家庭における多様な経験が人格形成や社会参画へ通じる」という社会性がありますから，危機的状況に直面したときにも，家族が固くあたたかな絆で結ばれ，家庭を築く一員としての自覚をもって，継続的な人格形成や生き方の基壇づくりに資するような判断を適切に下すことが重要になるでしょう。

子どもの実態

　従前から，家庭での充足感・幸福感は，親と接する時間の長短に関係すると指摘され（全国教育研究所連盟 1967），現代では，家族揃っての夕食が5割程度まで減り，孤食が深刻です。また，2020（令和2）年度文部科学省委託の「家庭教育の総合的推進に関する調査研究」では，「しつけの仕方が分からない」「子供の生活習慣の乱れについて悩みや不安がある」割合が多い状況です。

　結果として，叱るべきときに適切に叱り，褒めるべきときに適切に褒めることができず，いきおい，親子関係から友だち関係のような状況に陥り，子どもの自由を尊重するという名のもとに，責任が放棄されてはいないでしょうか。先の文科省調査では，家庭教育の充実に必要なこととして，「親以外の家族が協力すること」の割合が男性8.7％，女性13.1％しかなく，社会参画への第一歩としての家庭での役割に関して，従前より意識が薄れてきています。

　「敬」は，朱子学・儒学の中心概念で相手との交流をとおして手に入る後天的なものであるのに対し，「愛」は，長期の営みから育まれるとはいえ，その発露は先天的な感情にあります。そのような「敬愛」は，親が責任をもって真の愛情を注ぎ，それを土壌に培われる家族愛の根幹です。多様な家族構成や家庭状況に配慮しつつも，欲しいものを買ってもらったなどへの表面的な感謝ではなく，上述の現状を打開しうる深い「敬愛」の気持ちを育みたいものです。

内容項目に基づいた学習内容例

　家族愛・家庭愛に関する右の構造図や各学級・学年・学校・地域などの実態も心に刻みつつ，『中学校解説』も参照しながら，以下の視点を一例としてあげておきます。

　なお，これらはどの学年においても意識されるべきものです。

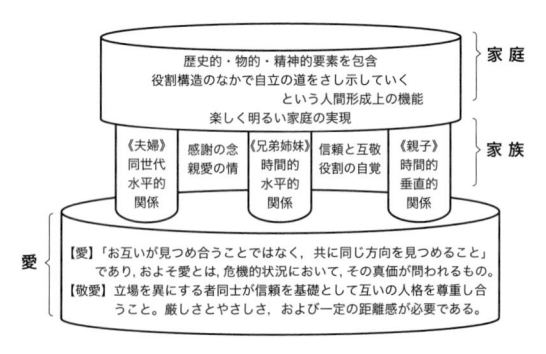

①子どもの視点だけでなく，他の家族の立場から多面的・多角的にとらえること。

②家庭生活を営むうえでの自分の役割を考えること。

③家族の一員としての自覚をもって積極的に協力すること。

④長い苦労を乗り越えたところに，深い感謝や敬愛の念が生まれること。

教材名

家族の絆（荒木 2017）〔中2〕

教材の概要・あらすじ

本教材は，①『ねじれた絆：赤ちゃん取り違え事件の17年』（奥野修司，1995年，新潮社），②邦画『そして父になる』（是枝裕和，2013年），③産経新聞記事「出生取り違え60年 男性「時間を戻して」」（2013年11月28日）などをもとにして自作したもので，あらすじは以下の通りです。

生後すぐに赤ちゃんの取り違えがあったことを，8年後に知ったふたつの家族は，何度も話し合いを重ねて，小3に進級する9か月後に子どもを交換することにしました。日曜・休日には，公園や遊園地，動物園などへ出かけ，お互いになじむよう努めました。しかし，しばらくしてから本当の親でないことを伝えると，明るかった息子は，いっさい笑わなくなり，元気をなくします。

苦しく寂しい想いを表面的な笑顔で取り繕って毎日を過ごすなか，3月になって，相手側から電話がかかってきます。「このまま交換しないでおきませんか」と。この申し出に対して，どうすべきでしょうか。

教材と内容項目のつながり

「血」を分けた親子関係と，8年間愛情を注ぎ込んで育てた「情」に基づく人間関係との間で，厳しい選択を迫られています。家族としての固い絆・紐帯は，「血」と「情」の両面から築かれることが多いですが，あえてどちらかを選ぶとしたら，私たちは何を根拠に選択・判断するでしょうか。そして，その選択は正当化されるでしょうか。こうした思索をとおして，家族の苦悩と葛藤に共感し，家族の決断の行く末を見通した判断と理由づけを喚起したいものです。

実践的には，教材と内容項目とを具体的につなぐのは発問ですが，たとえば，「8年間一緒に暮らした親子は，血がつながっていないと知って，どのような気持ちであったか」や「「確かにこの子は自分の子だ」と実感したとき，どのようなことを考えたか」「「あと何回一緒に……」という息子に，どのような言葉を返せるか」という発問を必要に応じて投げかけ，生徒の議論を活性化させます。

　さらに，「もし○○なら，△△はどう感じるか」や「どんな場合でも，その判断は変わらないか」といった揺さぶりを臨機応変に行い，最終的には「家族の愛情とはどういうものか」や「親が子に負うべき最も重要なことは何か」といった発問をとおして，家族の「血」や「情」の意味・意義を追究します。

主題名

　家族の紐帯としての「血と情」

ねらい

　家族の団結・紐帯にかかわる根拠・理由への議論をとおして，より深く結びついた家族・家庭を築こうとする道徳的判断力を養う。

学習指導過程

	主な学習活動	主な発問（○）と 予想される児童生徒の反応（・）	指導上の留意点
事前	・教材「家族の絆」の範読および自分の考えの整理と記述。	○子の交換に対する自分の立場と判断理由をワークシートに書こう。	・前日の終礼（10分）で行い，生徒の主な理由を整理する。
導入	1. 60年前に新生児を取り違えたという新聞記事の紹介。	○どんな感想をもつか。 ・この話には，さまざまな悲しさやさびしさがある。	※以下をおさえる。 ・貧しく育った男性 ・賠償金額3800万円
展開	2. 教材「家族の絆」のあらすじの確認と，事前の理由づけの提示。	・「交換するべき」「交換するべきでない」のふたつの立場ともに， ①親の心情 ②子の心情 ③子の成長と責任義務 の判断理由がある。	・理由づけフリップ6種（板書写真参照）を貼付。

	3. 根拠・理由の比較と批判的吟味。	○それぞれの理由に対する意見や疑問、感想を述べ合おう。〔例〕「あと何回一緒に……」と言う子に、どんな言葉を返すか。・言葉が見つからないなど。	・板書では、①〜③のどれに関する意見かがわかるよう丸番号を文頭に添える。・感情と法、人情と血縁という視点を意識して、論点を探る。
展開（続き）	4. 論点の導出と議論。	○血のつながりと心の通い合いとの間に議論が交わされたが、結局、本当の親子関係において「血と情」のどちらがより重要だろうか。・「血」：無条件の愛情を注げるからなど。・「情」：信頼関係で結んだ絆があるなど。	・ふたつの立場に共通する視点に着目して、論点を導く。（本実践は「本当の」という語に焦点化）・どちらが重要かの判断だけでなく、理由も発表させる。・適宜、再度の立場表明をさせてもよい。
	5. 家族に必要な条件。	○家族が幸せに歩むために必要なことは何か。・愛情、信頼、生き甲斐、笑顔、真実など。	・本当の親子、家族の絆の実質について追究する。
終末	6. 家族・家庭の意味・意義とたった一度の人生への影響。	○3800万円の妥当性や裕福な家庭で育った男性への賠償の必要性について問題提起する。	・別案として、「将来家庭をもったなら、何を大切にしたいか」を書かせてもよい。

板書

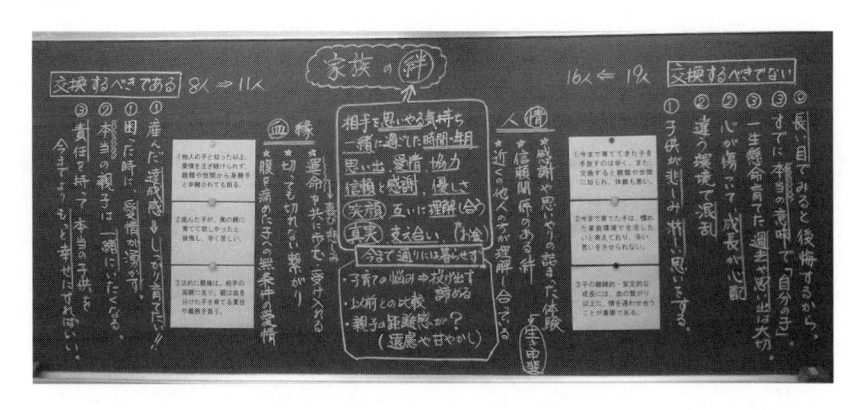

子どもの姿

　生徒の事前の判断は、「交換するべき」が8人、「交換するべきでない」が19

人で，その根拠・理由については，どちらの立場も，主として「①親の心情」「②子の心情」「③子の成長と責任・義務」に大別できました。

　そこで，両立場の①〜③の用紙に示された理由・根拠を見比べ，自分と異なる立場へは批判的に，自分と同じ立場へは補強する方向から，多面的・多角的に意見・感想を積み上げました。板書では，①〜③のいずれに関する意見・感想かを明示するため，丸番号を文頭に添えて示しました。そして，左右対称形にして比較対照しやすくし，論点・対立点を明確にしていきました。ただし，道徳科にディベートはなじみませんので，こうした議論を通じて自分の判断に変更が生じたときは，自由に立場を変えられることを共有しておきます。

　論点を導くにあたっては，授業の流れに応じて柔軟に絞り込みます。なぜなら，どのような論点があがったとしても，最終的には，家族があたたかく固い絆で結ばれる必須条件が浮き彫りにされるからです。本授業では，考え議論した集大成として，「血の意味や意義は，喜びや悲しみなどの運命を共有し一緒に歩むためのもので，家族の根底に位置づく」および「情の意味や意義は，感謝や思いやりの詰まった体験が情となり，それが生き甲斐にもなる」に集約されました。

　いずれにせよ，正邪美醜が明瞭な「心理葛藤」ではなく，複数の価値や質的に異なる価値観が衝突する「価値葛藤」について考え議論すれば，判断・立場は違っても，両者に通底する道徳的価値の多様な断面と本質が立ち上るので，それを対立的・対照的な議論に組織して，その結節点を見いだしたいものです。

| 指導案 ⑩ | 小学校 C-(16) | **よりよい学校生活，集団生活の充実** |

理論編との関連

　本内容項目には「よりよい学校生活，集団生活の充実」というキーワードがついていますが，本来，「よりよい学校生活」と「集団生活の充実」は別のカテゴリーで分けられるべきものです。つまり，「先生や学校の人々を敬愛し，みんなで協力し合ってよりよい学級や学校をつくる」までは「よりよい学校生活」をさし，「様々な集団の中での自分の役割を自覚して集団生活の充実に努める」は，「集団生活の充実」をさします。授業を構想する際にも，どちらを主題とするのかを明確にする必要があります。そして，この授業は，「集団生活の充実」を主題とした授業です。そのうえで，「自由を大切にし」（小5·~6）という「善悪の判断，自律，自由と責任」と「集団生活の充実」の緊張関係を扱っています。

　また，この授業では，コラム1（☞p.29）で説明した自由主義と共同体主義の対立を活用しています。自由主義と共同体主義のいずれも，個人と集団（共同体）の両方を重視していることは間違いありません。しかし，個人と集団（共同体）の優先順位についての考え方は異なっているので，その点を議論することができます。自由主義は（選択意志の）自由を，正確にいえば，他者の（選択意志の）自由と両立する（選択意志の）自由を最優先するのに対して，共同体主義は友愛をより重視します。「選択意志の自由」の意味については，理論編の「遵法精神，公徳心」の項目をご覧ください（☞p.54）。

　「様々な集団の中での自分の役割を自覚して集団生活の充実に努める」という「集団生活の充実」の内容については，家族と家庭，学級と学校，郷土と地域社会，国，国際社会についても適用されるべき内容ですので，この内容と「家族愛，家庭生活の充実」から「国際理解，国際親善」までの内容項目との関連をとらえておく必要があります。つまり，「自分の役割」とは，家庭，学級と学校，郷土と地域社会，国，国際社会というそれぞれの場に応じて変わってくるので，子どもがそれぞれの場に応じた「自分の役割」について考えることが大切です。

内容項目の把握

〈内容項目の学年段階とキーワード〉

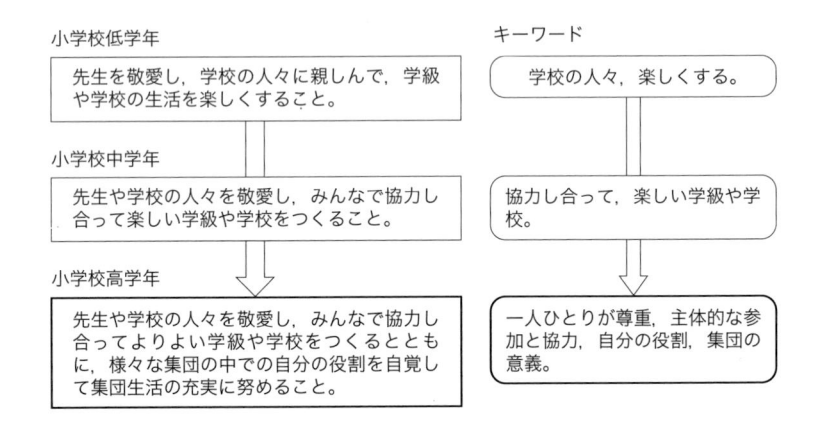

小学校低学年

> 先生を敬愛し，学校の人々に親しんで，学級や学校の生活を楽しくすること。

小学校中学年

> 先生や学校の人々を敬愛し，みんなで協力し合って楽しい学級や学校をつくること。

小学校高学年

> 先生や学校の人々を敬愛し，みんなで協力し合ってよりよい学級や学校をつくるとともに，様々な集団の中での自分の役割を自覚して集団生活の充実に努めること。

キーワード

> 学校の人々，楽しくする。

> 協力し合って，楽しい学級や学校。

> 一人ひとりが尊重，主体的な参加と協力，自分の役割，集団の意義。

〈内容項目のポイント解説〉

　学習指導要領で意図されているのは，ある特定の集団での生活を充実させるために大切になる事柄やそれを支える価値観を考えさせることです。ただし，中学校においては自分が所属しないさまざまな集団に対しても関心を寄せることを射程に含む一方で，ここで取り上げる小学校高学年では，「様々な集団」という詰は自分の所属する（家庭・学校・地域を含む身近な）集団をさしています。すなわち，ここでは自集団―他集団という集団間の問題関心はいったん差し置かれ，あくまで個人としての自分と集団の関係について焦点が当てられているのです。

　個人―集団の関係で問題となるのは，そこで指向される目的や内実が集団主義に傾倒したものとなっていないかという点です。先に述べたことを考える際には，当然ながら個人の尊重が集団生活の充実にとって不可欠であるという認識を前提とすべきところですが，学習指導要領では必ずしもこの点が明確ではありません。『小学校解説』に目を向けると「集団への所属感を高めるとともに，それらの集団に役立っている自分への実感とともに学校を愛する心を深められるようにする」という，まずもって集団ありきでそこに貢献する自己という仕方で集団―個人の関係を規定する記述がある一方，「集団の中で一人一人が尊重して生かされながら，主体的な参加と協力のトに集団全体が成り立ち，その

質的な向上が図られるものでなければならない」という，個人主義を前提に置く記述もみられます。これらの記述は単独で取り出すと緊張関係にみえるため注意が必要ですが，道徳科において基礎となるべき認識はあくまで後者の記述にあるといえるでしょう。「一人一人が尊重」されつつ，その一人ひとりの「参加と協力の下に集団全体が成り立」っているとする記述が決定的に重要なのは，それが「学校・集団のための自分」という自己犠牲や滅私を推奨しうる方向に考えが傾倒していかないための係留地点となるからです。

子どもの実態

低学年

中学年

> 先生や学校の人々を敬愛し，みんなで協力し合って楽しい学級や学校をつくることに関心を向けてきた。

高学年

> 自分の立場やその集団の向上に資する自分の役割，個人の力を合わせチームとして取り組んでこそ達成できることなどを自覚して，さまざまな活動に積極的に参加できるようにしていくことを学んでいく。

内容項目に基づいた学習内容例（下線は本時）

低学年	①これまでの学校生活を振り返る。幼稚園・保育園・家庭などでの生活との比較をとおして学校生活の特徴を言語化する。 ②自分は学校のどんなところが好き／苦手なのか，友だちは学校生活をどのように考えているのか，考えを述べ合うことをとおして，学校生活をより楽しくするために何ができるかを考える。
↓	
中学年	③これまでの学校生活のなかでかかわった人々について振り返る。人々がどのような役割を担っていたのか，自分はどのような役割を担ってきたのかを考えることをとおして，今後自分が学校とどのようにかかわっていくとよいのかを考える。 ④学校のよいところや変えていきたいところはないか，またそれはなぜかを考え，話し合う。
↓	
高学年	⑤集団と個人のより公正な関係について検討し，<u>個人としてのどのようにふるまうべきなのかを考え</u>，議論する。 ⑥学校での集団生活において「よりよい」とはどのような状態のことか，集団生活において追求すべき「よさ」とは何かを考える。

教材名

森の絵（日本文教出版『小学道徳 生きる力5』）〔小5〕

教材の概要・あらすじ

えり子のクラスは「森は生きている」という劇を学習発表会で披露することになりました。えり子は女王の役に立候補したものの，オーディションで落選してしまいます。別の脇役を任命されるとともに，道具係としてベニヤ板に森の絵を描く仕事を担いますが，女王役を射止め損ねたせいか，どこか投げやりで仕事に力が入りません。そんなとき，衣装係の文男が刺繍をしているのを目にして，思わず「ししゅうが好きなの？」と問いかけます。文男は「好きじゃないさ」と言いつつ，「でも，だれかがやらないと，げきにならないじゃないか」と答えます。その後も時間を惜しんで刺繍をがんばる文男の姿に勇気づけられたえり子は，前向きに仕事に打ち込むのでした。

教材と内容項目のつながり

「よりよい学校生活，集団生活の充実」について考えるうえで本教材が重要なのは，登場人物たちそれぞれが共通の目的に向かって多様な役割を引き受けつつ，主体的に参加する姿が描かれているためです。

集団の利益ありきではなく，特定の目的に基づく協同が，個人一人ひとりによる役割の主体的な引き受けによって成り立っていることを示唆する本教材においてとりわけ重要になるのが，文男という登場人物です。もちろん，文男の言動については多様な解釈が成り立ちます。とはいえ，彼の努力をたんに自己犠牲であると解釈するのは安直に過ぎるでしょう。むしろ着目したいのは，文男の行動が我慢や自己犠牲によって成り立っているわけではないとしたら，彼の真摯な取り組みは何によって駆動しているのか，またそれはなぜなのかという部分です。このことを話し合っていくなかで，個人の尊重と両立可能な形で，集団に共通する目的を達成するために求められる価値観について考えを深めていくことが可能となります。

「よりよい学校生活・集団生活の充実」の授業はともすると「集団生活を成り

立たせるためには，自己の抑制が必要だ」という方向にいきがちです。しかし，この内容項目においてむしろ私たちが授業をとおして強調すべきなのは，「個々人の主体的な参加こそが集団を規定している」ことや「集団の営みが正当化されるのは，集団を構成する個々人に恩恵をもたらす場合である」ことなど，「まず個人ありき」という自由主義に根差した認識なのではないかと考えられます。

主題名

何が集団をよりよくするのか

ねらい

共通の目的に向かっていく集団のなかで一人ひとりが求められる資質とはどのようなものなのかということについて考える。

学習指導過程

	主な学習活動	主な発問（○）と 予想される児童生徒の反応（・）	指導上の留意点
導入	1. 教材の範読を聞く。必要に応じて自分の考えなどをメモしておく。	○この話について思ったことや感じたことがあれば簡単にメモしておきましょう。	・何人かに思ったことを聞いて発表してもらってもよい。
	2. 教材を簡単に振り返り，教材の学級集団には共通の目的があること，活動に積極的な児童らによって多様な役割が担われていることを共通理解できるようにする。	○この学級のここでの目的は何ですか。 ・演劇の成功。 ・学習発表会でいいものを見せる。	・みんなでひとつのことをつくらなきゃいけないことが学校には絶対あるということをおさえる。
展開	3. 登場人物の文男の言動について検討する。	○劇の成功という共通の目的をふまえたうえで，文男の言動に着目します。文男の言動について，みなさんはどう評価しますか。 ・文句があるならちゃんと言うべき。	・文男の言動を独立させて考えるのではなく，目的に適うものであるかどうかという基準につなげながら考えられるようにする。

展開 (続き)	4. 文男が衣装（刺繍）係として参加している理由について話し合う。	○文男としては「いやだ，やりたくない」と仕事を拒否できたはずなのに，なぜ彼は役割を引き受けて参加していると考えられますか。 ・成功させたい気持ちはあるから。 ・みんなでつくり上げる過程が楽しいことは楽しいから。 ・自分の役割を楽しんでいるから。	・文男の行動が必ずしも自己犠牲とはいえないということを共通理解できるようにする。 ・刺繍は全体へのフォローである一方で自発的な案であるとも読めることに言及することで，文男がたんに集団に従順な存在なのではなく批判的かつ向上的な姿勢を内在させた主体的参加者である可能性についておさえる。
	5. 集団が共通の目的に向かう際に個人に求められる資質について話し合う。	○集団で目的に向かう際に重要となる資質や言動とは？ ・納得するまで向き合う，話し合う。 ・自分で行動を調整して楽しむ。 ・言動云々ではなく，みんなが目的に納得できているかどうかだと思う。	
終末	6. 感想を記入し，共有する。	○今日の学習の感想を一言書きましょう。発表してくれる人は発表もどうぞ。	・あくまで感想なので，無理に発表を求めない。

板 書

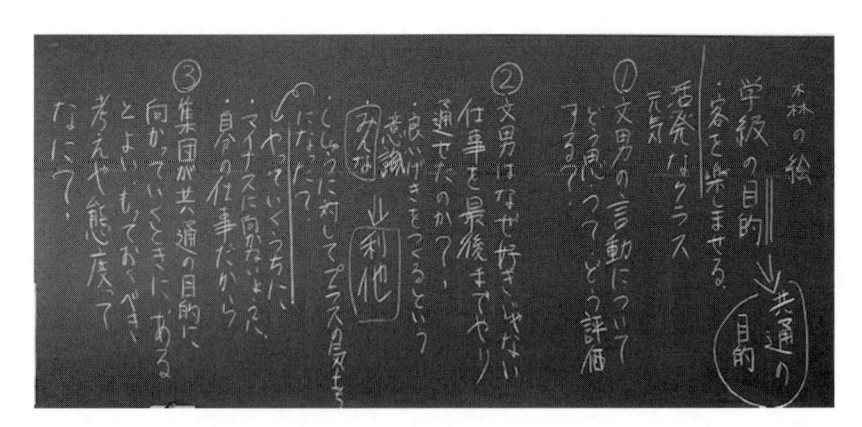

　授業者も議論に参加する時間を極力多くとるためにあえて構造化などはせず，時系列に沿って主要発問を文字化し，必要に応じて児童の発言からキーワードなどを拾って書き残します。このくらい簡素な板書でも，考え議論する時間をしっかりと保障することができれば，多様で豊かな意見交流が十分に可能です。

子どもの姿

　文男の言動について，児童からは大別して2通りの考えが出されました。ひとつは「クラスのため，劇の成功のため，誰かがやらないと成り立たない」という使命感や責任感，利他的な動機に基づいているという考え，もうひとつは「刺繍をやってみたら楽しかった，やっていくうちに楽しくなってきた」という仕事への感じ方やモチベーションの変化，「とりあえずやってみる」という積極的な気持ちが文男の言動に表れていたのではないか，という考えです。どちらも重要な見立てであると同時に，両立する考えです。ただ，授業の感想に「皆と一緒に何かを決める時，きちんと断れる気持ちが必要だと思う」と書いた児童がいたことからもわかるように，これが前者の考えのみに偏ってしまうことの危険性は子どもたちも承知していたようです。そのため，後者の考え，とりわけ「やっていくうちに楽しくなった」という文男個人の利益に着目する意見が出されたときには盛り上がりをみせました。これを受けて，「やらず嫌いをやめる」「だるいと言わずやってみる」ことの価値に言及する記述も多くみられました。

　全体的な反応としては，以下のワークシートにあるような中庸な意見形成が多かったものの，そのバランスのとり方（＝児童自身の理屈）は多様であると同時に，教材を時に共感的に，時に批判的に解釈して取り組んでいたことが読み取れます。

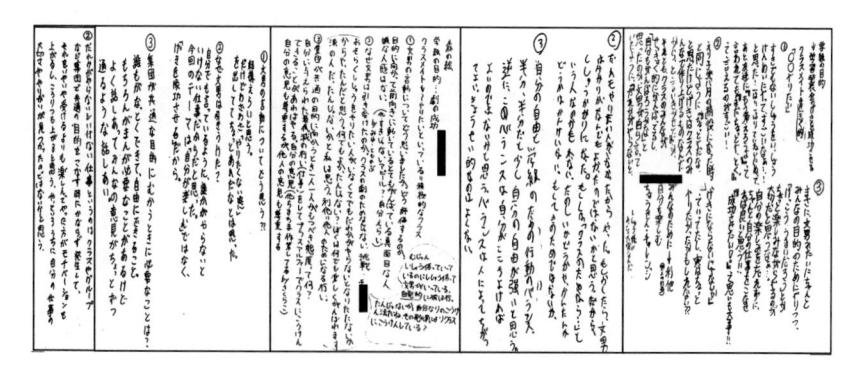

指導案 ⑪	中学校 C-(15)	よりよい学校生活，集団生活の充実

理論編との関連

　学級や学校とは，本内容項目に含まれる「様々な集団」のうちのひとつです。集団が共同体として成り立つためには，「共通性からの排除」（☞p.78）があってはならないと理論編でもいわれていました。この教材は，運動の苦手な一宏が運動会のむかで競走から排除されてはならないということを気づかせてくれます。

　また，理論編では，「学級や学校という具体的な場における生活において，他の内容項目で学んだ内容を児童生徒が用いて議論するための応用編の位置を，本内容項目は占めている」といわれています（☞p.76）。そう考えると，この教材に含まれている道徳的価値として重要なのは，「公正，公平，社会正義」です。公平の基準には，①平等，②功績，③必要の3つがあることを述べましたが（☞p.58），この教材は，運動の苦手な一宏も，同じ学級の仲間として対等（平等）な関係を築くべきということを教えてくれます。

　特に，むかで競走に限らず，スポーツにおける競争では必ず勝敗が決まり，勝者と敗者に分かれてしまいます。このように，ある人が勝てば，他の誰かが必ず負けるような稀少な財を「位置財（ポジション財）」といいます（松元 2015: 202；オニール 2016: 181）。

　しかし，学級とは共同体の一種なので，勝敗だけにこだわってしまうと，同じ共同体の一員として対等な関係を築くことができず，「共に生きる」ことができなくなってしまいます。このことは，学級や学校に限らず，家族と家庭，地域社会，国，国際社会でも同様です。たとえば，国と国の戦争では勝者と敗者が必ず生まれます。しかし，違う国民同士が「共に生きる」ためには，経済的な競争での勝ち負けは経済発展のためにある程度必要だとしても，勝者と敗者の関係だけではなく，同時に対等（平等）な関係を築かなければならないでしょう。

　このように，級友を同じ共同体を形成する「仲間」ととらえるなら，「共に生きる」という友愛の成立条件もとらえておきたいところです（☞p.32）。

内容項目の把握

〈内容項目の学年段階とキーワード〉

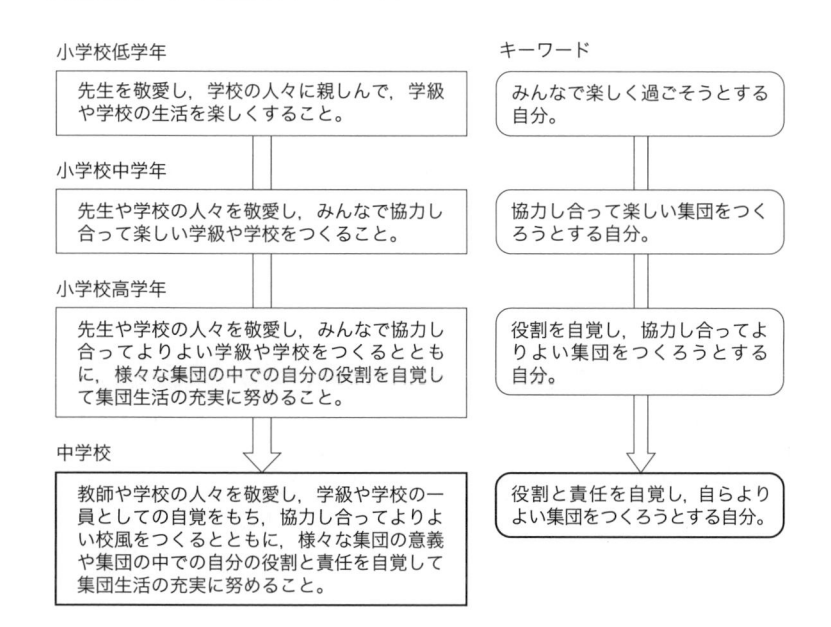

小学校低学年
> 先生を敬愛し，学校の人々に親しんで，学級や学校の生活を楽しくすること。

小学校中学年
> 先生や学校の人々を敬愛し，みんなで協力し合って楽しい学級や学校をつくること。

小学校高学年
> 先生や学校の人々を敬愛し，みんなで協力し合ってよりよい学級や学校をつくるとともに，様々な集団の中での自分の役割を自覚して集団生活の充実に努めること。

中学校
> 教師や学校の人々を敬愛し，学級や学校の一員としての自覚をもち，協力し合ってよりよい校風をつくるとともに，様々な集団の意義や集団の中での自分の役割と責任を自覚して集団生活の充実に努めること。

キーワード
> みんなで楽しく過ごそうとする自分。

> 協力し合って楽しい集団をつくろうとする自分。

> 役割を自覚し，協力し合ってよりよい集団をつくろうとする自分。

> 役割と責任を自覚し，自らよりよい集団をつくろうとする自分。

〈内容項目のポイント解説〉

　「教師や学校の人々を敬愛し」とは，生徒が教師や級友，先輩後輩との信頼関係を築き接していくことで，「学級や学校の一員としての自覚」とは学級や学校で一人ひとりが自分自身の役割と責任を果たすことです。生活の場である学校には今まで受け継がれてきた独自の校風があります。それを自分たちが受け継ぎ発展させていこうとする思いをもてるような授業をめざしましょう。

　人がそれぞれの集団の一員としてよりよく生きるためには，自分の所属する集団の意義や目的

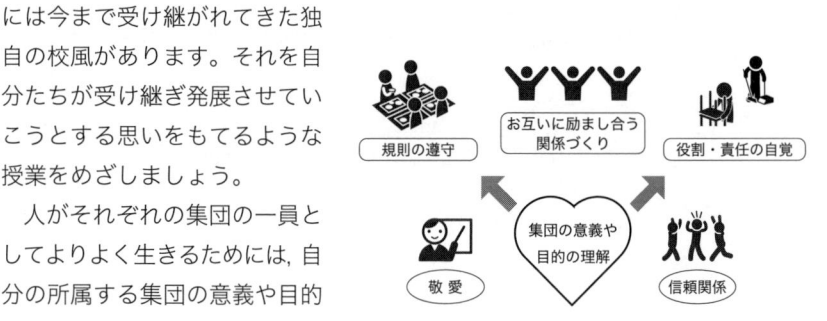

規則の遵守　お互いに励まし合う関係づくり　役割・責任の自覚　敬愛　集団の意義や目的の理解　信頼関係

を理解し，役割と責任を果たし集団生活の充実に努めることも大切です。これは，自己の資質・能力を高め，自分自身の向上にもつながっていきます。

子どもの実態

高学年

先生や学校の人々を敬愛し，よりよい学級や学校をつくること，集団のなかで役割を自覚してよりよい集団をつくることを学んできた。

中学生

（入学時）

学校生活の環境の変化により，教師や学校の人々に対する敬愛の気持ちや集団への帰属意識は十分とはいえない。

中学生

学年が上がると，生活への慣れから集団の一員としての自覚が高まっていく。さまざまな集団のなかでかかわりながら相互理解を深め，人間的な成長を遂げるのによい時期であるが，自分の思いを先行させたり，一部の集団にこだわり排他的になる傾向も。

　特別活動や他教科などと連携させることでより深まる内容項目であるため，体験的な学びとの関連を図りながら人間関係を深めたり集団のあり方を考えたりすることも大切です。

内容項目に基づいた学習内容例（下線は本時）

中1	①学級や学校のよさ，校風などについて話し合い，学級や学校の一員であることの自覚をもつことの大切さについて考える。 ②自分の所属する集団の目的や意義を理解し，集団のあり方について多面的・多角的に考える。
↓	
中2	③自分とかかわりが薄いと思われる集団や成員に対して無関心になっていないか省みて，自分が所属する集団以外にも関心をもつことの大切さについて考える。
↓	
中3	④利己心や狭い仲間意識にとらわれずに，協力し合って集団生活の向上に努めることのよさについて考える。

教材名

むかで競走（日本文教出版『中学道徳 あすを生きる1』）〔中1〕

教材の概要・あらすじ

「運動会のむかで競走で優勝したい」という主人公，拓也の思いを軸に展開されます。運動の苦手な一宏に対し文句を言う剛たちと，何もできない実行委員の拓也。朝練の参加率も下がり，ばらばらになりかけた学級の絆は，ある出来事をきっかけに修復します。それは放課後，一宏と共に練習する広志と勇樹の姿でした。放課後練習に拓也も加わり，一宏の上達とともに，学級では「全員，転ばないで，完走」が合い言葉となりました。本番では準優勝でしたが，一度も転ばずに走り通した一宏のチームにクラスメイトたちは走り寄って喜び合うのでした。

教材と内容項目のつながり

この教材の大きな特徴のひとつは，登場人物の姿や心の変化をとおして学級という集団の変容が描かれている点です。①意欲の差があった登場人物たちが目標に向かって一丸となり取り組む姿がみられるようになった，②はじめはうまくいかなかった練習がうまくいくようになった，という変容から，進んで自己の役割を果たすことや集団のあり方について，集団のなかでの弱者を責める関係から個々が支え合う関係へと変化することでみえる集団の質の変化についても考えることができます。この教材での学習をとおして，よりよい集団とはどのような集団なのかを考え，自分自身の判断と行動の積み重ねが集団をつくることを自覚するきっかけをつくることができるともいえます。

本教材の内容が理論編と特に関係するのは，「共通に有するべきもの」（☞ p.77）です。学級や学校において，みんなで生活を共にし，成長するという共同体感覚を得るためには，互いが対等な関係であることを前提とした対話が欠かせません。本時では，教材に描かれているクラスが共同体として成り立つか，学級の一員として対等な関係が成立していたかどうかに焦点を当てて授業を行います。これを具現化した発問が「広志と勇樹が，一宏と一緒に練習したのは

なぜでしょうか」「全員で種目に参加できたら，勝てなくてもよいクラスといえるのでしょうか」です。勝ち負けで是非が問われがちな運動会だからこそ，集団一人ひとりが互いに関係をつくることがよりよい生活，集団につながるかを，子どもたちと共に考えたいところです。

主題名

よりよい集団をつくる

ねらい

よい集団とは自分ができることを自分の意志で行う人の集まりであることに気づき，集団の一員としてできることをしようとする思いを高める。

学習指導過程

	主な学習活動	主な発問（○）と予想される児童生徒の反応（・）	指導上の留意点
導入	1. めざしたい集団を考え，発表し合う。	○みなさんは，どのような集団（チーム）をめざしたいですか。 ・団結力がある。 ・勝てるチームがいいな。	・ねらいとする道徳的価値に対する方向づけができるように，めざしたい集団の姿について問いかける。
展開	2. 教材を読み，拓也たちのクラスはどのようなクラスかを考える。	○拓也たちのクラスは，どのようなクラスといえるでしょうか。 ・いいクラスだと思う。一宏と一緒に練習した友だちがいたから。 ・いじめるような雰囲気だったからよいクラスではない。	・集団の変容をとらえられるように，拓也たちのクラスはどのようなクラスといえるか問いかける。
	3. クラスのなかでのかかわり合いの変化について話し合う。	○広志と勇樹が，一宏と一緒に練習したのはなぜでしょうか。 ・一宏がかわいそうだったから。 ・一宏が上手になったら，勝てると思ったから。 ・一宏と一緒に気持ちよく練習に参加したかったから。	・広志と勇樹の行為から，そのもととなる心のあり様について考えられるように，ふたりの行為の理由を問いかける。 ・ふたりの一宏を思う心に気づけるように，必要に応じて「ふたりは一宏のためではなく，勝ちたかったから練習したのではないですか」などと揺さぶる。

展開 （続き）	4. 本時の学びを自分とのかかわりで考える。	○全員で種目に参加できたら，勝てなくてもよいクラスといえるのでしょうか。 ・弱い人を休ませて勝ったら運動会後に悪い雰囲気になる。 ・練習でよい関係がつくれたら，このあともっとよくなる。	・集団として勝利をめざすことと集団としての質の高まりの関係に目を向けられるように，勝つことと集団内の人間関係の関連について問いかける。
終末	5. 本時の学びとこれからしていきたいことを記述する。	○今だったら，みなさんはどのような集団をめざしたいですか。 ・お互いに自分ができることをしようとする集団。 ・人の役に立つことをしようとする集団。	・本時で学んだことをこれからの自分の生活や生き方とつなげて考えられるように，本時で学んだこととこれからやっていきたいことを記述する時間を確保する。

板 書

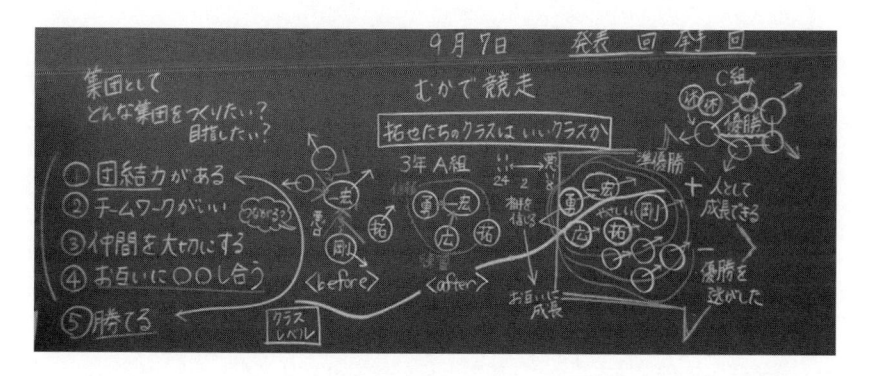

子どもの姿

　子どもたちは広志と勇樹が一宏と一緒に練習したことに関連して，「運動が苦手な一宏と一緒に練習し，準優勝でも全員完走できたことに満足しているからよいクラスだと思う」と主張するようになりました。そこで，「優勝したい気持ちがあったのに準優勝で満足しているのはよいクラスだといえるのでしょうか」「全員参加で準優勝のＡ組と，苦手な友だちを休ませて優勝した（架空の）Ｃ組だったらどちらのクラスがよいクラスだと思いますか」と問い返しました。すると子どもたちは「Ｃ組は体育大会が終わったらそれで終わると思う」「優勝が目標ではなくて，成長が目標。Ａ組は人として成長している」と発言しまし

た。これは，よりよい集団のあり方とその条件（個々の対等性や集団の成長）を示唆した発言であるといえます。

振り返りでは下の写真のような，結果を得るまでのプロセスに価値があり，それが集団をつくるという記述が見られました。

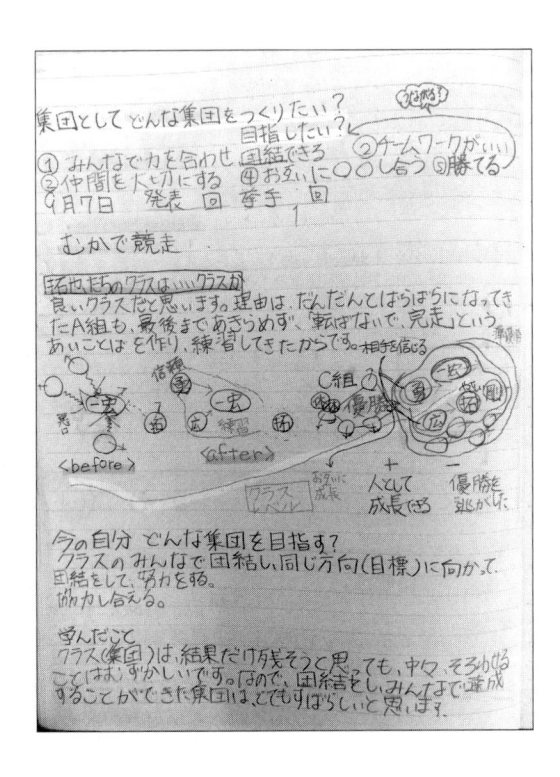

| 指導案 ⑫ | 中学校 C-(16) | 郷土の伝統と文化の尊重，郷土を愛する態度 |

理論編との関連

　実践編の小学校「家族愛，家庭生活の充実」（☞p.290）で述べたように，郷土愛は友愛の一種ととらえることができます。だとすれば，本内容項目に含まれている郷土愛と家族愛，愛校心，愛国心，国際貢献（親善）との共通点と相違点の両方をとらえておく必要があります。

　アリストテレスの友愛の成立条件のひとつである「共に生きること」についていえば（☞p.29），家庭や学校では直接的なかかわりを経験するので「共に生き」ていることに気づくことは容易ですが，それに比べて，郷土や地域社会で「共に生き」ていることに気づくことは容易ではありません。

　一方，郷土愛と愛国心を比べた場合，愛国心のほうがもつことがまだ容易かもしれません。というのは，愛国心やナショナル・アイデンティティをもたらす要因として，共通の「言語，領土，歴史的絆」（キムリッカ 2012: 370）があげられることが多いのですが，近代国家という枠組みを前提とした学校では，日本語と日本史を教えるのに対して，子どもが住む地域の方言や地域の歴史を教えることはあまりないからです。そう考えると，理論編でいわれた通り，いわば「郷土喪失」という状況を前提にして郷土愛の授業を構想しなければならないといえます。

　他の内容項目との相違点として本内容項目で特に重視したい内容は，「先人の努力を知り」（小5〜6），「社会に尽くした先人や高齢者に尊敬の念を深め」（中学校）るという内容です。なぜなら，子どもが直接接する家族や学校の人々からの恩を感じることは容易なので家族愛や愛校心をもつことはまだ容易ですが，地域に貢献した先人の恩を感じる機会は少なく，郷土愛をもつことはむずかしいからです。この教材で取り上げる濱口梧陵が築いた広村堤防は今も残っており，梧陵の精神を継承するための行事が現在でも行われているので，先人と子どもたちのつながりに気づかせることができます。各地域の先人と子どもたちのつながりに気づかせることのできる地域教材と本教材を組み合わせた授業の設計が望まれるでしょう。

内容項目の把握

〈内容項目の学年段階とキーワード〉

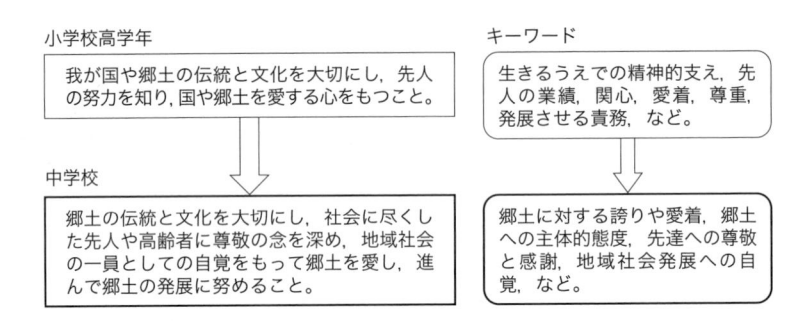

小学校高学年

> 我が国や郷土の伝統と文化を大切にし，先人の努力を知り，国や郷土を愛する心をもつこと。

中学校

> 郷土の伝統と文化を大切にし，社会に尽くした先人や高齢者に尊敬の念を深め，地域社会の一員としての自覚をもって郷土を愛し，進んで郷土の発展に努めること。

キーワード

> 生きるうえでの精神的支え，先人の業績，関心，愛着，尊重，発展させる責務，など。

> 郷土に対する誇りや愛着，郷土への主体的態度，先達への尊敬と感謝，地域社会発展への自覚，など。

　小学校段階では，郷土の伝統や文化，先人の努力について，それらと現在の自分とのかかわりを理解することを重視しています。そのことではじめて，「生きるうえでの精神的支え」として機能するのです。

　それに対して，中学校段階では主体的・積極的に関与していこうとするベクトルがより強くはたらいています。たとえば，小学校高学年では「郷土を受け継ぎ発展させていくべき責務があることを自覚し」（『小学校解説』）とされていたものが，中学校では「今後は，自分たちの力で，地域に住む人々とともに，地域社会をよりよいものに発展させていこうとする自覚をもつ」（『中学校解説』）となっています。

〈内容項目のポイント解説〉

　「郷土」とは，「自分の生まれ育った土地ないし地理的環境」および「その土地で育てられてきたことに伴う精神的なつながりがある場所」とされますが，人が一定の土地で生活すれば，地理的結びつきは自然発生するでしょう。しかし，精神的つながりは，「育てられてきた」ことを意識的に培う必要があるのです。

　そこで，『中学校解説』では「触れる，親しむ，体験する，実感する，関心をもつ，理解する，実態を把握する，主体的に関わる，発展への自覚をもつ，発展に努める」などの表現で，徐々に精神的つながりが深化するように配意しています。

　なお，先人の偉業，伝統産業，文化的名所だけにスポットを当てることなく，衣食住や年中行事などの日常的な郷土性についても大切にし，その特徴的な精

神性を継承・発展させていく視点もバランスをとりながら扱いたいものです。

子どもの実態

　郷土意識の形成時期は，一般的に小中学生時代だといわれますが，現代においては，唱歌「ふるさと」にいう「兎追いしかの山，小鮒釣りしかの川」の光景は減っており，郷土意識を強化する要因としては，思い出に残る美しい自然ということ以上に，家族や級友，近隣の人たちとの交流という側面が大きく影響すると考えられます。ところが，『中学校解説』が指摘するように「地域に住む人々との触れ合いや，共に協力して何かを成し遂げるという機会が少なくなってきている状況」があります。

　株式会社ナビットによる2022年インターネット調査では，故郷と感じる場所がないとする割合が3割もおり，さらに，故郷はどんな場所かについて複数回答した結果は，「生まれ育った場所」が30.3%，「実家」が19.2%，「思い出のたくさん詰まった場所」が10.4%，「特に何も思うことはない」が8.5%などとなっています。精神的なつながりの要素が大きい「思い出のたくさん詰まった場所」と考える割合が低い傾向にあることからも，級友や地域の人々と計画的・継続的に協働関係を築き，『中学校解説』が述べる「地域社会の実態を把握」し，「郷土に対する認識を深め」て「問題意識をもち」，「進んで郷土の発展に努め」るといった段階を共に踏んで，郷土意識の醸成を図っていくべき時代にあるといえるでしょう。

内容項目に基づいた学習内容例

　彫刻家ロダンは，「伝統とは，形骸の反復ではなく，精神の継承である」と述べました。したがって，「伝統」に焦点化した場合でさえ，「古さという価値の再検討」「時代の変化との向き合い方」「新たな伝統の創造」などの複数の具体的視点を縦糸として，学習内容を考える必要があるでしょう。

　本来はここで，横糸としての学習内容も吟味すべきですが，紙幅の都合上，吟味した結果としての「郷土愛」全般に関する学習内容を示します。

　①伝統文化の継承と創造に対する専門家の工夫と情熱を知ること。

②地元を含めた各地域に根づく日常的な伝統文化の意義や意味に気づくこと。

③先人や祖先の苦労・業績，郷土の歴史などと，自分との関係を考えること。

④過去から現在に至る郷土への愛着と誇り，尊敬と感謝の気持ちを深め，郷土・地域社会に主体的にかかわって発展させようとする自覚をもつこと。

教材名

『稲むらの火』余話（日本文教出版『中学道徳 あすを生きる3』）〔中3〕

教材の概要・あらすじ

「稲むらの火」は，1854年の安政南海地震の津波を描いた物語で，原型はLAFCADIO HEARN（小泉八雲）の"A Living God"（1897）です。それを中井常蔵が教材用に書き下ろし，1937〜1946（昭和12〜21）年の尋常小学第五学年用国語読本・初等科国語六に掲載されました。本教材は，「余話」と銘打っていることからも察せられる通り，「稲むらの火」とその後日談の2場面から構成されています。この両者に通奏低音として流れている濱口梧陵の精神を追究することで，感動をとおした郷土愛に向けての「心の窓」が開かれるでしょう。

あらすじは，「安政南海地震による高さ5mの津波が広村を襲ったとき，闇夜のなか，濱口梧陵は貴重な稲むらに火を放ち，それを目印にした村人が数多く救われた。さらに梧陵は，私財を投じて高さ5m，長さ600mの大堤防を築き，村人の離散を防ぎつつ故郷の救済・復興を成し遂げた」というものです。

教材と内容項目のつながり

本教材は，「稲むらの火」とその後の復興劇という2場面から構成され，一部史実と相違する箇所があるものの，実話に基づく迫真性が特長のひとつです。「稲むらの火」だけであれば生命尊重へ傾きますが，「余話」と考え合わせれば，郷土の復興発展に尽力した濱口梧陵の想いと覚悟のほどが浮かび上がります。また，実話だけに，多種多様な情報を入手して活用できます。たとえば，「稲むらの火：津波から村を守った男の話」は，地元小学校でも歌われています。

次に，郷土愛についてですが，郷土に対する素朴な誇り，先人に対する感謝，

文化や伝統を継承し発展させる意欲をもって，静かに郷土のすばらしさを語ることは，自己の精神基盤・生活基盤の安定を図り，確固たる自我に基づく自立と社会的共生に通ずるものです。そのためには，郷土への興味や関心は，「心情的・感性的」である以上に「知性的・理性的」である必要があります。

　実話に基づく感動・感心にとどまらず，「稲むらの火」のような非日常場面における郷土への愛や自覚や関心を，いかに日常生活に帰着させるかが重要です。抽象的な観念論・一般論にとどまることなく，生徒個々の郷土を具体的に考えることで，その個別性・独自性を味わい語り合うことにも留意したいものです。

主題名

　守り育てたい郷土

ねらい

　郷土復興に尽力した梧陵のすばらしさの根本にあるものを多様に考えることをとおして，郷土に関心をもって大切に守り育てようとする道徳的心情を養う。

学習指導過程

	主な学習活動	主な発問（○）と 予想される児童生徒の反応（・）	指導上の留意点
導入	1. 津波の危険性 ※通常の波との違いについて	○50cmの津波は安全か。 ・安全（普通の波と同じ）。 ・危険（男性が流される）。	・津波の想像を絶する破壊力と恐怖。 ・津波の実験映像。
展開	2. 範読（前半） 3. 津波の際の梧陵のすばらしさ	※「稲むらの火」の部分 ○「稲むらの火」の話のなかから濱口梧陵のすばらしさをひとつあげよう。 ・命を優先，覚悟，自己犠牲，機転，など。	・立ち止まり読み。 ・自己犠牲を厭わず生活の生命線「稲むら」に火を放った英断を，正確におさえたい。
	4. 範読（後半） 5. 津波の後の梧陵のすばらしさ	※「余話」の部分 ○「余話」のなかから梧陵のすばらしさをひとつあげよう。 ・みんなの生活第一，巨額の私財，復興支援，離散防止，など。	○追究発問：なぜ，村人の離散を防ぐことはすばらしいことなのか。

	6. 梧陵の願い	○梧陵のすばらしさの共通点は何か。 ・村人や村全体のことを優先、やさしさと強い信念、村や村人への愛情、最善を選ぶ厳しい姿・努力、など。	・梧陵の業績一覧を模造紙に整理し、広川町の写真とともに黒板に貼る。
展 開 （続き）		○梧陵が郷土について心に強く願ったことは何か。 ・明るい笑顔、村の繁栄と村人の幸せ、安全・安心、住みたいと思う村づくり、など。	○追究発問：明るい笑顔には何が必要か。どんな村なら住みたいか。
	7. 郷土への誇り	○郷土に愛着、自信、誇りをもつには何が必要か。 ・よさを知る、文化・伝統を学び伝える、感謝しつつ地域活動に参加する、など。	・郷土愛は観念論ではなく、自分の郷土の具体的人物や伝統、文化、偉人らに向けたい。
終 末	8. 郷土への姿勢	○郷土のために自分ができることは何か。 ・郷土の伝統、文化、産業、歴史を学んで発信する、など。	・総合の時間の取り組みなどを想起し、地元のすばらしさを振り返りつつ考える。

板 書

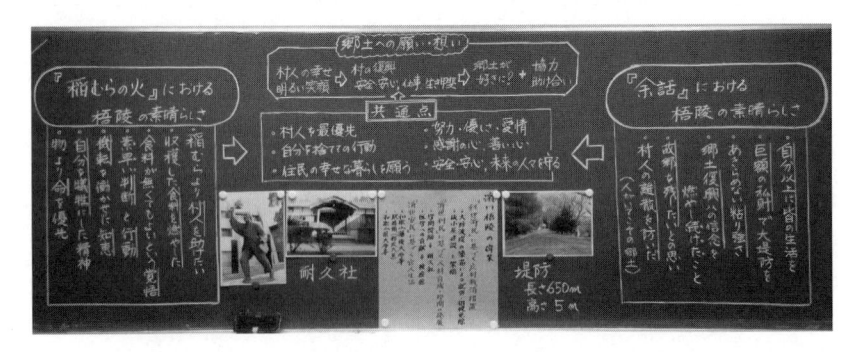

子どもの姿

　まず、梧陵の業績一覧や写真を補助資料としました。たとえば、1852年に広村で初めての稽古場（のちに耐久社）を開設したという情報は、郷土に対する梧陵の思いを新たに考えるうえで、生徒の参考となりました。具体的には、本教材に示された「人命救助」「安全な暮らし」「経済的に安心できる生活」という視点だけでなく、「進むべき道を自ら開拓していける人材育成」という質を異

にする視点も含めた「未来の人々を守る」という意見が生まれました。

　次に，郷土への梧陵の願いを問いましたが，「明るい笑顔」「幸せな暮らし」のような感性的な発言を掘り下げることで，「安全・安心」「村の復興」などの理性的発言を引き出し，構造的に整理していくことができました。しかし，「村が栄える」との発言に「その後，この広村は栄えただろうか」と問い返しておれば，現在の広川町に至る歴史的経緯や「稲むらの火祭り」「津浪祭」などの年中行事に思いを馳せ，郷土愛の精神が脈々と受け継がれている点を際立たせることもできただろうと考えます。それは，「人たる者の本分は眼前にあらずして永遠にあり」という梧陵の言葉に込められた精神世界とも重なったはずです。

　最後に，板書にはありませんが，地元のすばらしさを再確認しました。わが事として真摯に郷土愛と向き合うには，生徒が暮らしている地域へのかかわりを具体的に取り上げる必要があると考えます。そのため終末段階で，生徒は豊かな自然や貴重な伝統・文化，すばらしい偉人について短時間で総合的な学習の時間の学びを振り返りました。そうして，郷土のよさと課題を再確認し，具体的な態度や行動をイメージしながら，自分にできる貢献の仕方をとらえたのです。

| 指導案⑬ | 小学校 C-(17) | 伝統と文化の尊重，国や郷土を愛する態度 |

理論編との関連

　家庭，学級と学校，郷土と地域社会，国，国際社会は，愛とケア，尊敬，連帯といった道徳的諸価値が発揮されるべき「特定の人間関係や場」です（☞p.290）。それゆえ，国と郷土もそうした「特定の人間関係や場」のひとつです。とはいえ，国は他の集団とは性質が異なると思う人もいるかもしれません。実際，アリストテレスは『政治学』で，国家は「他の一切の共同体を包括する最高の共同体である」（アリストテレス 2023: 22）としています。日本の倫理学者である和辻哲郎も，国を「人倫的組織の人倫的組織」（和辻 2007b: 20）であるとし，他の共同体を護持する共同体であるとしています。しかし，グローバル化した現代社会では，私たちは国境を越えて，他の国や地域の人々とつながりをもっている現実があります（オニール 2024）。たとえば，私たちの食料は，他国との貿易を通じて日本に輸入されており，他の国や地域の人々とのつながりを無視しては生きていけません。国際社会とはひとつの共同体なのです。

　郷土愛と愛国心は，教育基本法第2条第5項に「伝統と文化を尊重し，それらをはぐくんできた我が国と郷土を愛する」と規定されています。特に愛国心は論争の多い道徳的価値ですが，教育基本法に基づいて道徳教育を行わなければならない限り，必ず扱う必要があります。とはいえ，「国と郷土を愛せよ」と伝える授業を行うのではなく，国と郷土を「愛するに値するものにしようと努力する」（村上 1983: 177）態度を育てることが大切です。国と郷土が「愛するに値する」ものであるためには，「共通善」，すなわち，「国民や地域住民同士で共有できる国や郷土の善さとは何か」を考える必要があります。国についていえば，「歴史的に形成されてきた国民，国土，風俗，伝統，文化などのよさ」（赤堀 2021: 253）です。また，J. S. ミルは，国民的一体感をもたらすものとして，「種族や祖先が同一ということ」「言語や宗教の共通性」「地理的境界」「同じ政治的経験」「一国民としての歴史を持ち，その結果，記憶が共通になり，過去の同じ出来事に対する誇りと屈辱感，喜びや悔恨が集団として共有される」（ミル 2019: 276）ことなど，さまざまな要因をあげています。そして，どれかひとつの原因を絶対視しないことが重要です。

内容項目の把握

〈内容項目の学年段階とキーワード〉

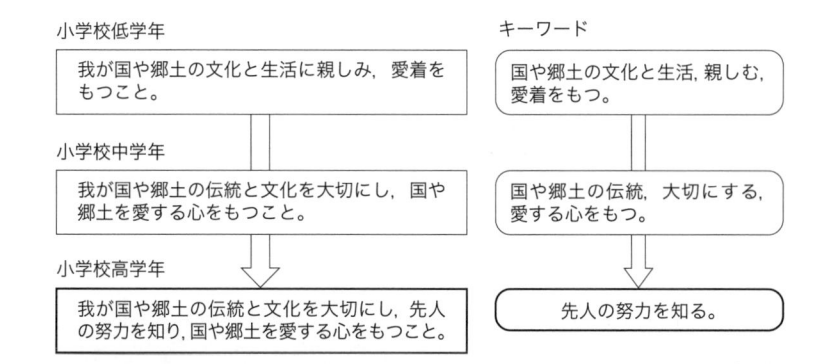

小学校低学年

> 我が国や郷土の文化と生活に親しみ，愛着を
> もつこと。

キーワード

> 国や郷土の文化と生活，親しむ，
> 愛着をもつ。

小学校中学年

> 我が国や郷土の伝統と文化を大切にし，国や
> 郷土を愛する心をもつこと。

> 国や郷土の伝統，大切にする，
> 愛する心をもつ。

小学校高学年

> 我が国や郷土の伝統と文化を大切にし，先人
> の努力を知り，国や郷土を愛する心をもつこと。

> 先人の努力を知る。

〈内容項目のポイント解説〉

『小学校解説』の「内容項目の概要」には，「郷土での様々な体験など積極的で**主体的な関わりを通して**，郷土を愛する心が育まれていく」（p.60），「我が国や郷土の伝統と文化を大切にする心は，過去から現在に至るまでに育まれた我が国や郷土の伝統と文化に関心をもち，それらと**現在の自分との関わりを理解する中から芽生えてくる**ものである」（p.60）と記されています。つまり，自我関与することが成立条件としてあげられているのです。

また村上（1983: 177）は，友愛，家族愛，学校愛，郷土愛，国家愛に共通している「愛」とは，「誇りと自尊の念」をもって語りたい，「愛するに値するものにしようと努力すること」と記述しています。

したがって，登場人物および自身への「愛」について問うことが本内容項目のポイントではないでしょうか。具体的には，「「日本っていいな」と思ったことはありますか」や「登場人物はどのような思いからそのように行動したの？」という問いをきっかけに，「愛」について広く深く考える授業にしたいものです。

子どもの実態

中学年

> 地域の行事や活動に興味をもつようになる。また，地域の生活や環境などの特色にも目が向けられるようになる。

高学年

> わが国の国土や産業，歴史などの学習をとおして，わが国の発展に尽くした先人の業績や文化遺産に目を向けられるようになる。

内容項目に基づいた学習内容例（下線は本時）

　内容項目から考えられる問いをあげます。教材や児童の実態に合わせてご活用ください。

高学年	・<u>どうして先人たちはそんなことをしたの？</u> （例）自分は今ある米を食べたくてがまんできないのに，なぜ虎三郎は学校をつくると言いだしたの？（米百俵） ・国や郷土を愛するってどういうこと？ （例）この町や国が好きだなと思うのはどういうとき？ ・「受け継ぐ」ってどういうこと？ ・なぜ伝統や文化になったの？ ・伝統や文化のよさとは？ ・みんなが国を愛さなかったら／愛したらどうなる？

教材名

　米百俵（教育出版『小学道徳6 はばたこう明日へ』）〔小6〕

教材の概要・あらすじ

　文豪・山本有三氏の戯曲『米百俵』をもとにした物語です。

　戊辰戦争で，幕府との戦いに敗れた長岡藩の藩士たちは，その日食べるものにも困るほどの暮らしをしていました。そんなある日に，長岡藩に見舞いの米百俵が届きました。藩士たちは，米が配給されるのを待ち望んでいました。

しかし，大参事（現在の副知事）の虎三郎は，米を金に換え学校を建てると言いだします。これを聞いた藩士たちは，憤慨します。

　ここで虎三郎は「武士だけではなく，広く就学の門戸を開き人物を養成する」ことこそが，未来の日本のためになると説得し，学校を建てていくという話です。

教材と内容項目のつながり

　本教材の主とする道徳的価値は，郷土愛や愛国心です。ですが，それだけではなくこの教材には「公共の精神」という道徳的価値も含まれています。「公共の精神」は，社会全体の利益のために尽くす精神であり，その共同体全員の利益を考えることが大切です。どちらか一方だけを扱うのではなく，この関連価値も意識して扱うことで，価値についてより広く深く考えることできます。

　本教材は，主人公虎三郎が，藩士たちも自分たちも「今日食べるものもないほど」苦しんでいるにもかかわらず，学校を建てたいと判断したその理由を考えるものです。そこにはもちろん葛藤がありました。実際にこの教材を読んだすべての児童が「自分にはできない」と答えていました。授業者の私もできません。

　だからこそ，「自分にはできないけど，なぜ虎三郎はできたの？」「そもそも『教育』ってそんなにすごいの？」「藩士たちは本当に納得したの？」「どうしたら未来の人や日本のことまで考えることができるの？」「なぜ未来のために今苦しまないといけないの？」と考えることをとおして，価値観を発展させていきます。

　しかしながら，扱い方を考えなければ，「国のために自己犠牲を厭わないことはよいことだ」ともとらえられる教材です。したがって，「家族や自分のことを優先して考えちゃダメなの？」と考えることも大切にしていきたいです。

主題名

　先人の想い

ねらい

　虎三郎の判断に至るまでの思いやその行動の是非について対話することをと

おして先人の努力を知り，郷土や国を愛するための判断力を養う。

学習指導過程

		主な学習活動	主な発問（○）と 予想される児童生徒の反応（・）	指導上の留意点
導入	1.	教材のあらすじや時代背景を知る。	・生活に困窮していたのに，どうして虎三郎はそんなことをしたのか。	・一読して教材理解できるように簡潔かつ短く済ませる。
展開	2.	教材を読んで心に残ったことや疑問に感じたことを話す。	○感想をどうぞ。 ・教育の意義は何か。	・友だちの意見に対して意見をしたり，問いを出したりできるような声かけをする。
	3.	話し合いから問いを出す。	○問いを出しましょう。 ・虎三郎はどうして学校を建てると言ったのか。 ・自分ならできない。 ・藩士たちは本当に納得したのか。	
	4.	問いを決め，最初の考えを書く。		・Google Forms に入力し，スプレッドシートで全員の意見が見えるようにする。
	5.	問いについて対話をする。		・先人の思いや努力などから考えを広げたり深めたりする。
終末	6.	学習感想を書き，友だちの考えを読み合う。	○学習感想を書きましょう。終わった人から，みんなの意見を読みましょう。	・スプレッドシートで全員の意見が見えるようにする。

板 書

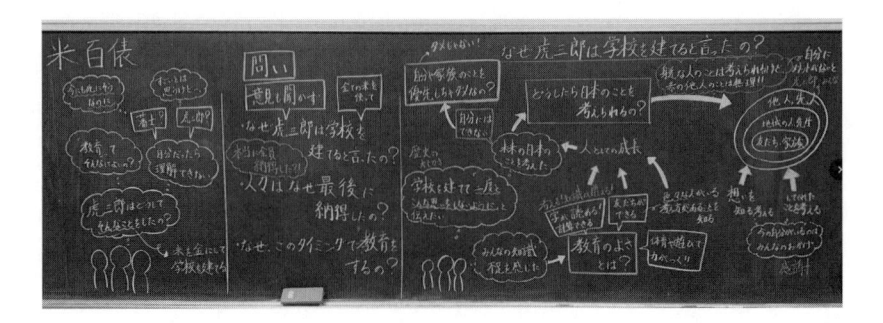

子どもの姿

　本教材は，一読しただけでは教材理解がむずかしい内容のため，導入では物語のあらすじや時代背景を説明しました。

　範読後，児童たちからは「今にも死にそうなのに虎三郎はどうしてそんなことをしたのか」という疑問がたくさん出てきました。また普段から学校に来ている児童たちからすると教育の意義を考えたいという意見もありました。

　児童たちの感想から問いを出しました。問いは「なぜ虎三郎は学校を建てると言ったの？」が選ばれました。他にも「人々はなぜ最後に納得したの？」「なぜ，このタイミングで教育をするの？」という問いが出ました。

　教育の意義を考えたり，歴史の意義を考えたりしていくなかで「学校を建てて「二度とこんな思いをしないように」って伝えたかったのではないか」「だからといって，今困っているのに未来のことなんて考えられないよ」「ここで自分や家族のことを優先しちゃダメなのかな」という意見がでました。

　また，「身近な人のことだったら考えられるけど，赤の他人のことなんて考えられない」という意見から，「どうして虎三郎は日本のことを考えられるようになったのか」という問いが生まれました。まずは友だちや家族，先生と自分と直接かかわりがある人の想いに気づいたり，思いやりをもったりすること。そうすることで，地域の人といった自分たちと直接かかわりのない他者にも同様に想いがあり，そのことに気づくことで思いやりをもつことができるのではないか。そのためには人々の行為や想いを考えることが大切であるという共通了解を得ていました。

理論編との関連

ヌスバウムは，国境は歴史的な偶然であるから道徳的に重要ではないとして，世界市民的教育，つまり「人類の全世界を単一の身体」（ヌスバウム 2000：29）とみなす教育を主張します。それに対して，テイラー（2000）は，愛国心を世界市民的アイデンティティに代えるというこの提案を拒否しています。なぜなら，各政治社会は，重要な共通の企てであることをその成員の大半が確信することを要請し，その社会を民主制として機能させ続けるには政治参加が不可欠だからです。それゆえ，テイラーは国家への忠誠としての愛国心は必要だといいます。しかし，テイラーは同時に，「普遍的な連帯に開かれているような種類の愛国主義のために，そうではない，より閉鎖的な種類の愛国主義に対して戦う」（テイラー 2000：203）と述べています。

政府と国家は異なります（松下 2015）。本内容項目でいわれる「国」や「国家」とは「歴史的・文化的な共同体としての国」（『中学校解説』）とされていますが，だとすれば，政府や内閣ではない政治的共同体，すなわち（主権，領土，人民を要素とする）「国家」への忠誠は必要ではないでしょうか。

さらに，テイラーによれば，民主国家は，人類一般に対してよりも同じ国民に対してはるかに多くの連帯を要求します。そうした連帯は，強い共通のアイデンティティがなければ成功しません。ミラー（2007）によれば，現代の福祉国家では，一生会うことのない見知らぬ人のために犠牲を払うことを要求されます。しかし，人は家族などの親しい人のために犠牲を払うことは容易ですが，見知らぬ人に対して犠牲を払うことはむずかしいので，同じ国民であるという自覚が必要になります。これが，ナショナル（国民的）・アイデンティティである「日本人としての自覚」が必要な根拠となります。ここでは，本内容項目と「社会連帯，公共の精神」の密接な関連をとらえておく必要があります。

日本学術会議哲学委員会哲学・倫理・宗教教育分科会（2020）は，「市民性（シティズンシップ）の教育，あるいは民主社会の主権者の教育」を提案していますが，市民性には，グローバルな市民性だけではなく，国民としての市民性も含まれるといえるでしょう。

内容項目の把握

〈内容項目の学年段階とキーワード〉

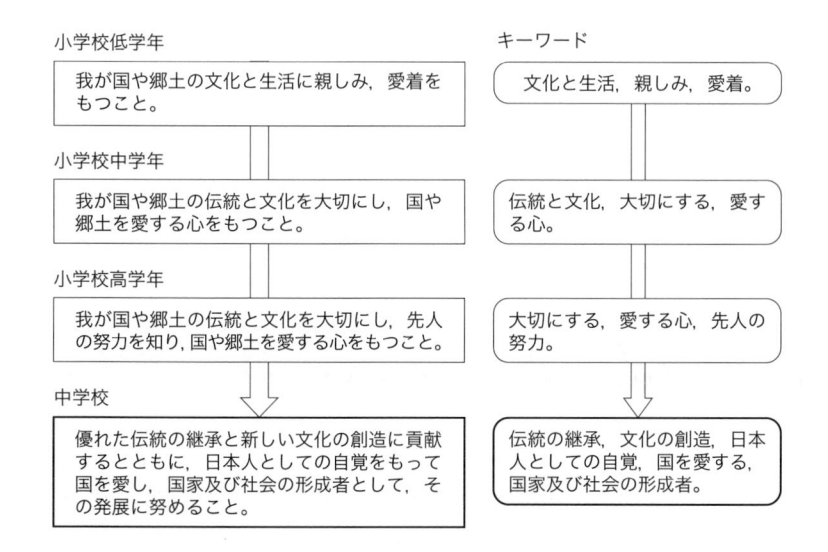

小学校低学年
| 我が国や郷土の文化と生活に親しみ，愛着をもつこと。 |

キーワード
| 文化と生活，親しみ，愛着。 |

小学校中学年
| 我が国や郷土の伝統と文化を大切にし，国や郷土を愛する心をもつこと。 |

| 伝統と文化，大切にする，愛する心。 |

小学校高学年
| 我が国や郷土の伝統と文化を大切にし，先人の努力を知り，国や郷土を愛する心をもつこと。 |

| 大切にする，愛する心，先人の努力。 |

中学校
| 優れた伝統の継承と新しい文化の創造に貢献するとともに，日本人としての自覚をもって国を愛し，国家及び社会の形成者として，その発展に努めること。 |

| 伝統の継承，文化の創造，日本人としての自覚，国を愛する，国家及び社会の形成者。 |

〈内容項目のポイント解説〉

「伝統の継承」とは，長い歴史のなかで生まれ，受け継がれてきた伝統を大切にし，さらに次の世代へ引き継いでいくことを意味しています。また，「文化の創造」とは，引き継がれてきた伝統をふまえて，さらに発展させたり，他の文化を取り入れたりしながら，新しい文化を生み出すことです。天平文化から国風文化に変わったように，他の文化を取り入れて新しいものを生み出してきたことも日本のよさかもしれません。たんに，日本の伝統のよさを押しつけるような授業ではなく，古いものと新しいもの，それぞれのよさに気づけるような授業をめざしましょう。

「国を愛する」とは，政府などの統治機構を愛するのではなく，先にあげたような，歴史的・文化的な共同体としての国を愛するという意味です。また，日本人としての自覚をもって，国家および社会の形成者として，その発展に参画しようという内容です。現代社会において持続可能な社会の実現が求められています。「伝統だからそのまま受け継がないといけない」と考えるのではなく，伝統をふ

まえて新しい文化の創造や社会の発展に取り組む意識につなげることが大切です。

子どもの実態

 高学年 国と郷土の明確な違いは意識せず，大切であることやそれをつくってきた先人の努力について学んできた。

 中学生 日本人として，自分たちの国をよくしていこうという気持ちは十分とはいえない。
（入学時）

 中学生 学校生活のなかで，日本人としての自覚や国を愛する心を直接育むことはむずかしい。道徳科の時間で内面的資質を育てることが重要。

社会科の歴史的分野・公民的分野と連携させることで，より深まる内容項目です。社会科のなかで日本に関する知識が定着したとしても，それが「日本人としての自覚」や「国を愛する心」の涵養につながるためには，たんなる知識としてではなく，そのよさに気づかせたいところです。

内容項目に基づいた学習内容例（下線は本時）

中1	①日本のよさについて話し合い，伝統の継承のむずかしさについて考える。
↓	
中2	②日本人としての自覚の不足について話し合い，日本人としての誇りについて考える。
↓	
中3	③国を愛するとはどういうことなのかについて話し合い，愛のさまざまな対象があることに気づき，その愛し方について多面的・多角的に考える。 ④誰かが決めたルールに従うだけでなく，国家および社会の形成者として，主体的にかかわろうとすることの大切さについて考える。

教材名

　さよならホストファミリー（東京書籍『新訂 新しい道徳2』）〔中2〕

教材の概要・あらすじ

　知子はニュージーランドにホームステイしています。ホストファミリーのソニアは知子に日本や日本人について知りたいと言いました。ソニアは，知子が説明しようとした京都のお寺や，日本の箸の文化について質問しました。知子は，ソニアの質問に答えることができず，自分の国の文化についてよく知らないことに気づきました。また，他の海外派遣生である麻紀の様子を見て，自分にその自覚が足りなかったことにも気づきました。

教材と内容項目のつながり

　ソニアからの質問を受けた知子は，自分の考えていたコミュニケーションとソニアの求めるコミュニケーションの違いに気づかされます。また，それは自身のアイデンティティが揺さぶられることにもなります。

　知子の心のなかには，①「日本人として，わかっているようで，自分の国のことをよくわかっていなかった」，②「ソニアは自分の国のことをわかった（わかろうとした）うえで，さらに日本のことについて知ろうとしている」，③「自分よりも英語が上手ではなかった麻紀のほうが，海外派遣生として立派にコミュニケーションをとっていた」，というような考えが生じた結果，「日本人としての自分を見つめ直せた」と振り返り，「ありがとう，ソニア。さよなら，ホストファミリー」とつぶやいています。

　教材に描かれている知子の内面的な成長は，内容項目にある「日本人としての自覚」が生まれたことから派生していくものであるといえます。①では「日本人としての自覚が不足していること」を自覚していきます。ごく普通の日常生活を送っていること＝日本で生きること，という構図が成り立ちますが，日本のなかにいると日本人として日本で生きているという考えはなかなか発生しません。旅行ではなく，海外派遣生として行ったことで，①の自覚が芽生えてきます。さらに②や③のような気づきが生まれてきます。②ではニュージーランド人として

のアイデンティティが確立しているソニアの言動から，③では日本人としての自覚が少し芽生えてきている麻紀から，知子は刺激を受けて，「日本人として」という思考の枠が形成されていく過程が描かれていると読むことができます。知子がこの後，どう生きていくのかということにも着目させたいところです。

主題名

日本人としての誇りに気づく

ねらい

知子の成長について話し合うことをとおして，「日本人としての自覚」について考えを深め，日本人として生きていこうとする実践意欲を育む。

学習指導過程

	主な学習活動	主な発問（○）と 予想される児童生徒の反応（・）	指導上の留意点
導入	1. 教材を読んだ感想を共有する。	・コミュニケーションって？ ・日本について知らないかも。	・事前に教材を読むようにする。
展開	2. 知子の変化について考える。	○行く前と帰るときの知子は何が変わったのだろう？ ・日本人としての意識。 ・コミュニケーションの仕方。	・この段階で少ししか出なくても3で深めていくのでかまわない。
	3. 知子になって考える体験的な学習。	○ソニアの質問をいじわるって感じていましたが，どうしてですか？ ・なんでそんな質問をするのかがわからなかったから。	・どう感じたのかを問うのではなく，感じた理由を問う。
		○「恥ずかしいこと」と言われてどう感じましたか？ ・今まで日本を知らないことが恥ずかしいなんて思ったことがなかったな。	・他に出てきた感情との割合について発言させる。
	4. 知子の成長について考える。	○知子はどんな成長ができたのだろう？ ・自分のことだけじゃなくて，視野が広がる。 ・日本について興味をもつ。	・2で出た内容と比較したり，理由を補ったりする。
終末	5. 学習を振り返る。	○今日の学習を振り返って書きましょう。	・知子の成長を自分の生き方に生かす。

板書

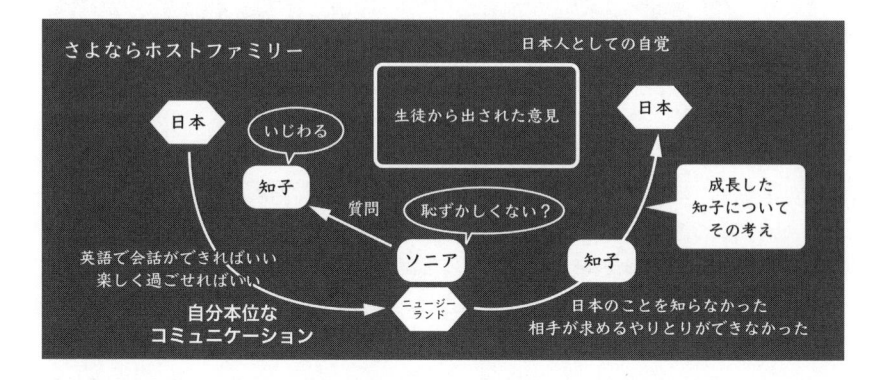

子どもの姿

　知子の変化について考えるときに，ホワイトボードアプリを使って意見を出してもらいましたが，キーワード的に短い文で出してもらい，理由を言う余地を残しておきました。ペアトークで意見を出し合いながら，知子の変化について考えていました。この場面では，深く追究せずに，次の活動に移りました。

　知子になって考える「道徳的行為に関する体験的な学習」を取り入れて，何人かの生徒に知子になりきって考えてもらいました。また，見ている生徒も，質問をしたり，見て感じたことをペアトークで交流したりして，参加できるようにしています。「いじわるって感じたのはどうしてか」という問いに対して，生徒はなりきって答える必要があるので，自分にはない感覚も想像して答えなければいけません。悩み考えながら，「自分が答えにくい質問だから」とか「どうしてそんな質問をするのかがわからない」と答えていました。また，「恥ずかしいこと」と言われたときの感情について問うと，怒りや恥ずかしさ，驚きなど，いろいろな感情が出されたので，その割合を考えさせ，より知子に自我関与できるように促しました。

　「知子はどんな成長ができたのか」という問いに対して，ホワイトボードに出された意見と，知子になりきって答えた内容とを関連させながら，考えを深めていました。たとえば「日本について興味をもつようになった」という意見の理由として，「日本人なのに日本のことに興味をもってなかったのが恥ずかしくなった」など日本人としての自覚についての考えも多く出されていました。

理論編との関連

　実践編の「家族愛，家庭生活の充実」（小学校）（☞p.290）で述べた通り，家族愛，愛校心，郷土愛，愛国心，国際親善（貢献）と友情，友愛の重なりをとらえておくことが重要です。つまり，①相手に気づかれること，②お互いの好意，③お互いにとって愛する価値があり，信頼し合えること，④お互いに相手の善（幸せ）を願うこと，⑤共に生きることという友愛の成立条件（☞p.32）は，質や程度は異なるにしても，国際親善を成り立たせるものでもあります。この教材では，アキラとペルーの選手の間には，お互いの国籍に関係なく，信頼関係が築かれたといえます。言い換えれば，両者の間には，友情（☞p.42）や友愛が成立したということもできるでしょう。

　この授業では，後述のように，「アキラの思いを中心に考えながら，ペルーの選手たちの立場からも考えることによって，国が違っても互いを大切に思い合い，信頼し合っていけば心を通わせることができるということを理解させる」ことがめざされているので，「お互いに信頼し合えるためには何が必要か？」を考える授業だといえます。実際に，子どもは「互いを大切に思い合う家族になれたこと」という考えを述べています。「互いを大切に思い合う」ことは，「④お互いに相手の善（幸せ）を願うこと」という友愛の成立条件と合致します。子どもが「家族になれた」といっているように，この友愛の成立条件は，家族愛でも国際親善でも変わらないのです。

　その一方で，国際親善の態度を養ううえでは，「お互いに信頼し合える関係になること」を妨げる阻害条件や，信頼関係をもたらす促進条件（心構え）についても考えることが大切でしょう。「世界の人々とつながるために，これからどうしていきたいですか」という発問に対して，「偏見や先入観をもたず，自分から積極的に交流していきたい」や「お互いによく理解し合い，尊重し合っていきたい」という答えが想定されていますが，これが阻害条件や促進条件に当たります。こうした阻害条件や促進条件を理解し実践することは，「世界の平和と人類の発展」にもつながっていくと考えることができます。

内容項目の把握

〈内容項目の学年段階とキーワード〉

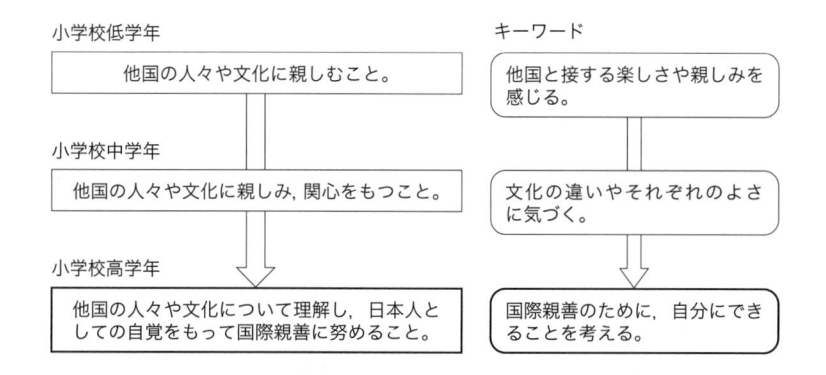

小学校低学年

他国の人々や文化に親しむこと。

小学校中学年

他国の人々や文化に親しみ，関心をもつこと。

小学校高学年

他国の人々や文化について理解し，日本人としての自覚をもって国際親善に努めること。

キーワード

他国と接する楽しさや親しみを感じる。

文化の違いやそれぞれのよさに気づく。

国際親善のために，自分にできることを考える。

〈内容項目のポイント解説〉

　グローバル化が進展するなか，他国の人々や文化と接する機会は今後ますます増えていくでしょう。インターネットを通じてさまざまな情報を手に入れたり，発信したりすることも今以上に容易になり，世界がもっと身近に感じられるようになるでしょう。そこで重要なことは，地球温暖化をはじめとする環境問題，感染症，人口，食料，エネルギー，災害といった問題は，一国だけの問題ではなく，国境を越えた地球的規模の問題であるという意識をもつことです。世界には多くの国や地域があり，それぞれの文化や伝統があります。互いの違いを認め，尊重し合っていくことはもちろん大切ですが，それぞれが「自分たちの国さえよければいい」といった思いや，他の国や地域で起きていることについて，「自分たちとは関係ない」という思いをもってしまっては，何の問題も解決することはできません。これから先，世界はもっと身近になり，より密接につながり合う時代がやってくるからこそ，自国のことだけでなく，他国のことについても親しみをもち，互いのことをよく知って，支え合い，協力していこうとする態度を育てていくことが重要なのです。

　また，小学校は「国際親善」，中学校は「国際貢献」となっています。小学生段階では他の国や地域と親しみや友好を深め，中学生では世界の平和と人類の発展のために貢献しようとする意識を高めていくこともおさえておきましょう。

子どもの実態

低学年

> まだまだ身の回りの事物が自国の文化なのか他国の文化なのかを明確に区別することはむずかしい段階です。また，他国の人々や他国の文化に親しむ経験が多くはありません。

中学年

> わが国がさまざまな国々とかかわりをもっていることに気づくようになる段階です。また，自分たちの身の回りにはわが国以外の多様な文化があることやそれらの文化の特徴などについて少しずつ理解や関心が高まってきます。

高学年

> テレビやインターネットをとおして，あるいは社会科，外国語活動などで学習することによって，たとえば，わが国と同様，他国にも国旗や国歌があり，相互に尊重すべきことなどを知るなかで，他国への関心や理解がいっそう高まる段階です。また，他国の芸術や文化，他国の人々と接する機会も増えてきます。

内容項目に基づいた学習内容例（下線は本時）

低学年	①身近な出来事や書籍，衣食住のなかにある他国の文化に気づいたり，スポーツや身近な行事などを通じた他国との交流に触れたりしながら，他国の人々に親しみをもったり，自分たちと異なる文化のよさに気づいたりできるようにする。
↓	
中学年	②自国の文化と他国の文化との共通点や相違点などに目を向けたり，それぞれのよさを感じ取ったりするなかで，他国の人々もそれぞれの文化に愛着をもって生活していることを理解する。
↓	
高学年	③自国，他国，それぞれの伝統や文化についてよりいっそう理解を深め，自分たちにできることを考えるなどして，進んで世界の国や地域の人々とつながり，交流活動を進めたり，より親しくしたりしようとする国際親善の態度を養う。

教材名

ペルーは泣いている（文部科学省『私たちの道徳 小学校5・6年』）〔小6〕

教材の概要・あらすじ

　1964年，加藤明（アキラ）は，母校のバレーボールチームを率いて全日本大学選手権で優勝に導きました。翌年，南米のペルーから監督の依頼がきてこれを引き受けたアキラは，当時弱小だったペルーの女子バレーボールチームを改革しようと，大きな夢を抱いて海を渡ります。ところが，アキラの厳しい練習を受け入れられないペルーの選手たちは，口々に不満を言ったり，耐えられずに辞めていったりしました。地元紙から酷評を浴びたアキラですが，選手たちと家族のように接すると決め，文化や習慣の違いを乗り越え，1967年，東京で開かれた世界選手権では4位入賞を果たしました。

　1982年，早すぎるアキラの死を，地元紙は「ペルーは泣いている」と報じました。葬儀はバレーボール練習場で行われ，数千人のペルーの人々に見送られました。その9年後，ペルーのアテ市にアキラの名前をつけた小・中学校が建てられました。

教材と内容項目のつながり

　外国の文化を理解して積極的に交流し，国際親善に努めたアキラの姿から，外国の人々や文化を大切にし，日本人としての自覚をもって交流に努めようとする意欲を高めることができる教材です。ポイントはいかにしてアキラがペルーの選手たちと心を通わせるまでに至ったかを考えさせることによって，国際交流，国際親善に必要なことを見いだしていくことだと考えます。

　教材では，ペルーの選手たちと家族のように接しようと心に決めたアキラと，そのアキラを受け入れ，日本語で歌を歌ったペルーの選手とその選手たちにメダルをかけてあげた日本の選手たちの様子が描かれています。アキラの思いを中心に考えながら，ペルーの選手たちの立場からも考えることによって，国が違っても互いを大切に思い合い，信頼し合っていけば心を通わせることができるということを理解させることが重要です。また，内容項目の理解のみに終わるのではなく，国際親善のために自分には何ができるかを考えさせましょう。その際，行動面にのみ注目するのではなく，「どうしてそう思うのか」という問い返しを行いながら，国際親善をしようという思いに至った子どもたちの心の奥にあるものを探っていくことで，深い学びにつながると考えます。

主題名

世界の人々とつながって

ねらい

アキラとペルーの選手たちの結びつきをとおして，外国の人々とも同じ人間として信頼し合えることを理解し，世界の人々と交流し，国際親善に努めようとする心情を育てる。

学習指導過程

	主な学習活動	主な発問（○）と 予想される児童生徒の反応（・）	指導上の留意点
導入	1. 本時の学習課題をつかむ。	○世界の人々とつながるためにはどんなことが大切でしょう。 ・外国の言葉を話せるようになること。 ・外国の文化や習慣などを知ること。 ・直接，外国に行ってみること。	・『私たちの道徳』（pp.176－177）を読み，世界の人々との交流や親善に尽力した人物を紹介し，ねらいとする道徳的価値へ方向づける。
展開	2. ペルーの選手たちに受け入れられないときのアキラの気持ちを考える。	○何人かの選手が辞めていったとき，アキラはどんな気持ちだったでしょう。 ・ペルーのためにやっているのに，なぜわからないのか。 ・自分のやり方が間違っているのか。	・日本で優勝経験のあるアキラが外国に来て苦悩し，葛藤する心情を多面的にとらえさせる。
	3. ペルーの選手たちと心を通わせたときのアキラの気持ちを想像する。	◎「上を向いて歩こう」をペルーの選手たちが歌っているとき，アキラはどんな気持ちだったでしょう。 ・最初は苦労したけど，選手たちと心が通じ合えてよかった。 ・日本とペルーがつながったようでうれしい。 ・これからもペルーの人たちのためにできることをしよう。	・ペルーの選手たちが日本語で歌う「上を向いて歩こう」は，アキラが苦労してつなげた日本とペルーの架け橋であることをおさえる。
終末	4. 本時の学びとこれからしていきたいことを記述する。	○世界の人々とつながるために，これからどうしていきたいですか。 ・お互いによく理解し合い，尊重し合っていきたい。 ・偏見や先入観をもたず，自分から積極的に交流していきたい。	・本時で学んだことをこれからの自分の生活や生き方とつなげて考えられるようにする。

板 書

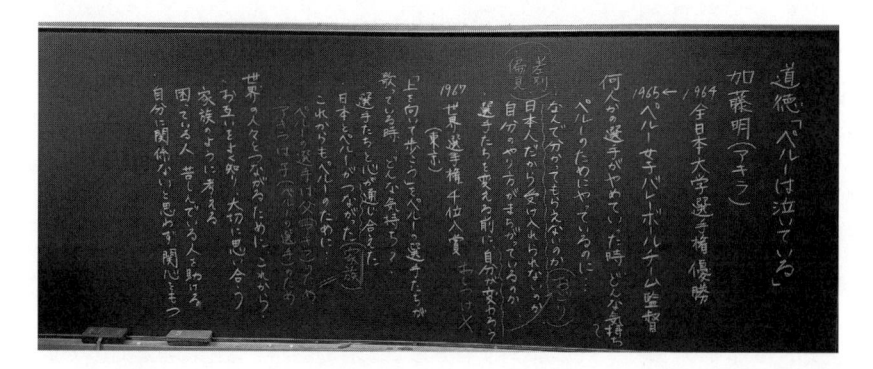

子どもの姿

　まず，導入で『私たちの道徳』に載っている坂本龍馬と新渡戸稲造の言葉を紹介しました。社会科の授業でもちょうど幕末から明治維新について学習している時期だったので，「日本人としての自覚をもって世界とつながるためには，どんなことが大切か」という教師の投げかけに対して，子どもたちは自分事として問題意識を強くもつことができたように感じます。

　続いて教材を読み，アキラの思いをとおして国際交流，国際親善について考えていきました。ひとつ目の問いでは，ある児童の「アキラは日本での優勝経験があるだけに，自分のやり方をペルーに持ち込んだからうまくいかなかったのではないか」という意見が授業を動かしました。さらに話し合いが進み，「いくら相手のためと言っても，自分のやり方を押しつけてしまっていては真の交流にはならない」という考えを導き出しました。ふたつ目の問いでは，ペルーの選手たちの思いとアキラの思いを両面から考えていきました。ペルーの選手たちが日本語で歌を歌ったというところから，子どもたちはアキラと選手たちの心がつながったことを感じました。そしてその要因は「互いを大切に思い合う家族になれたこと」と考えました。

　終末では振り返りを行いました。先の「家族」という言葉をキーワードに，「他の国では今でも戦争や紛争が行われているから，そういうことをよく知って，苦しんでいる人たちを救いたい」と考えた児童がいました。そこには，「家族だからこそ他人事として見て見ぬふりはできない」という気持ちが含まれているように感じました。

国際理解，国際貢献

理論編との関連

　理論編では，「本内容項目はどれも行為であり，それら自体がなんらかの価値を含んでいるわけではない。それゆえ，本内容項目は，他の内容項目との密接な関連のもとで成立していると考えられる」（☞pp.87-88）といわれています。この「海と空」という教材では，そのことが明瞭に表れています。トルコと日本の間の友好関係が成立したのは，エルトゥールル号遭難の際の樫野の人々によるトルコ人の救助と，それに対するトルコ政府の感謝と報恩によるものです。また，樫野の人々がトルコの人を助けたのは「生命の尊さ」のゆえであり，樫野の人々が外国人であろうと分け隔てなく救助したという「公正，公平」や「人類愛（博愛）」なども含まれています。このようにさまざまな道徳的諸価値について理解し，それを実践することによって，「世界の平和と人類の発展」が可能になるといえます。

　その一方で，そのように複数の道徳的諸価値が含まれている教材だからこそ，主題とする内容項目の理解を深めることがむずかしい教材でもあります。教材のなかに含まれている複数の道徳的諸価値をとらえるだけでは，主題とする内容項目の理解を深めることには必ずしもなりません（☞p.389）。しかし，この授業は，「日本とトルコのような関係が事実あるのに，どうして世界では戦争がやまないのかな？」という発問によって，「世界の平和」の実現のむずかしさについて考えており，平和という主題についての汎用性のある学びが可能になっています。

　トルコと日本の間の友好関係という肯定的な事象と，その一方での戦争という否定的な事象を対比させることをとおして，「国同士や国民同士の友好関係を築くためには何が必要か？」，反対に，「国同士や国民同士の友好関係や，世界の平和の実現を妨げるものは何か？」という問いについて考えを深めることができるでしょう。前者の問いにかかわる考えとして，「さまざまな国々に住む人間のよさを知ったり，互いに思いを寄せたりすることの大切さ」という考えが生徒から出ています。

内容項目の把握

〈内容項目の学年段階とキーワード〉

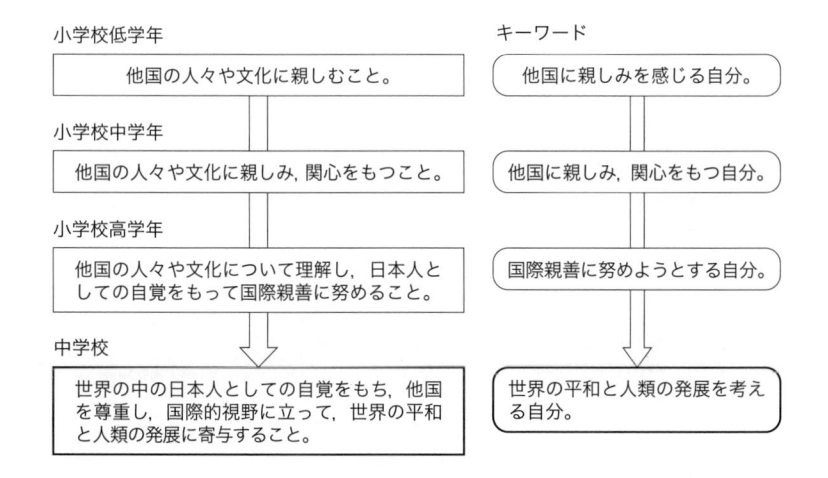

小学校低学年
> 他国の人々や文化に親しむこと。

小学校中学年
> 他国の人々や文化に親しみ，関心をもつこと。

小学校高学年
> 他国の人々や文化について理解し，日本人としての自覚をもって国際親善に努めること。

中学校
> 世界の中の日本人としての自覚をもち，他国を尊重し，国際的視野に立って，世界の平和と人類の発展に寄与すること。

キーワード

> 他国に親しみを感じる自分。

> 他国に親しみ，関心をもつ自分。

> 国際親善に努めようとする自分。

> 世界の平和と人類の発展を考える自分。

〈内容項目のポイント解説〉

　「他国を尊重する」と「世界の中の日本人としての自覚」に込められている意味をおさえましょう。

　「他国を尊重する」とは，他の地域や国々はそれぞれの文化や伝統，歴史をもっており，地域や国々のあり方，あるいはそうした地域や国々がもっている理想などについて，それぞれの違いは違いとして理解し，それを尊重していくことを意味しています。このことをふまえつつ，平和とは何かを模索していくことが大切です。また，「世界の中の日本人としての自覚」とは，他国の人々や文化を尊重し，国際的視野に立って，世界の平和と人類の発展に貢献し，世界の人々から信頼される人間の育成をめざしていきたいという意味が込められています。

子どもの実態

高学年

日本人としての自覚や誇り，わが国の伝統と文化を理解し，尊重する態度を深めつつ，自分にできることを考えたり，進んで他国の人々とつながり，交流を進めたり，より親しくしようとしたりする国際親善のあり方を考えたりしながら，他国の人々や文化について理解し，日本人としての自覚をもって国際親善に努めることについて学習してきている。

中学生

入学して間もない時期に，他教科などの学習とも相まって，これまで以上に世界のさまざまな国々に対しての興味・関心が高まってくる。学年が上がるにつれて，知識基盤社会のなかでは諸外国の政治・経済・文化をはじめとするさまざまな分野について，多くの知識・情報・技術を瞬時に手に入れることもできるようになり，世界の国々とのさまざまな形でのかかわりを体験する機会も増えてくる。わが国の伝統や文化への深い理解はもとより，世界の人々とかかわり，異文化への理解を深める機会を得たいという気持ちが大きくなる。

内容項目に基づいた学習内容例（下線は本時）

中1 ↓ 中2 ↓ 中3	①他国にはわが国と同じように，その国の伝統に裏打ちされたよさがあることや，たとえば，わが国と同様，他国にも国旗や国歌があり，相互に尊重すべきことなどがあることを考える。 ②国独自の伝統と文化に各国民が誇りをもっていることのすばらしさを考える。 ③広く世界の諸情勢に目を向け，国際社会で生きる能力を身につけていくことの必要性や，社会の変化に能動的に対応していくとともに，国際社会において自らの役割と責任を果たすことができる日本人としてのあり方を考える。 ④文化の多様性の尊重や価値観の異なる他者との共生などの大切さを考える。 ⑤世界の平和と人類の発展に貢献することの意義や，その理想の実現に向かって努めることの大切さを考える。

教材名

海と空：樫野の人々（文部科学省『私たちの道徳 中学校』）〔中3〕

教材の概要・あらすじ

教材は，1890年に和歌山県樫野で起きた軍艦エルトゥールル号の遭難事故と，

1985年，イラン・イラク戦争の際に日本とトルコの人々が互いに助け合ったふたつの出来事のつながりをふまえた内容である。

　登場人物の「私」は実際にイラン・イラク戦争の際にトルコ政府から救出された日本人のひとりである。その「私」は，当時，なぜトルコ政府が救援機を出してくれたのか，なぜトルコだったのかの疑問を募らせ，そのまま20年近くを過ごす。ある日，偶然に自分が体験した救出にかかわるシンポジウムがあることを知り参加する。そこで，トルコ人が親日的であること，そして，その理由が約100年前にあった出来事だと知る。しかし，それでも疑問が解消されないため，どうしても出来事が起きた和歌山県の樫野へ行ってみなければと思い，足を運ぶ。

　世界の平和と人類の大切さや国際規模で互いに助け合うことの大切さを再認識でき，日本人として国際的視野に立ち，その理想の実現に向かって努めることのあり方を考えることができる内容である。

教材と内容項目のつながり

　本教材は日本とトルコの関係をふまえながら現在の世界の状況を見つめ，世界の平和と人類の発展に貢献することの意義や，その理想の実現に向かって努めることの大切さを考えることに適した内容です。

　現在，国同士のつながりは，個々に発展していくなかにおいて，また，存続していくなかにおいて必要なことといえます。たとえば環境保全や資源の活用，食料の安定化などにおいてはきわめて重要なことです。しかしながら，50分の授業のなかで世界全体のつながりや平和などを考えていくことは，あまりにも漠然としたものにとどまってしまうことが多いと思われます。本教材ではふたつの国における善いつながりが描かれています。授業においては本教材をひとつの善い例として，世界の平和と人類の発展に寄与することのあり方を考えていくことをおすすめします。今の自分に何ができるのか，どんな考え方が善いのかなどを多様な視点から語り合ったり，自分の生き方を見つめていったりしてほしいものです。

主題名

　平和と国同士のつながり

ねらい

　日本人として国際的視野に立ち，よりよい世界のあり方を考えようとする道徳的心情を育む。

学習指導過程

	主な学習活動	主な発問（○）と予想される児童生徒の反応（・）	指導上の留意点
導入	1. 1890年代の日本の時代背景や現代のトルコの町の状況を確認する。	○どうしてトルコの町に日本の国旗が掲げられているのかな？ ・日本人がトルコに行き，よいことをしたからだと思う。 ・トルコの人が日本人と仲良くなったからだと思う。	・教材内の日本の時代背景に関心をもたせるために，明治時代の近代国家に向けての国づくりの様子を簡単に確認する。また，トルコの町に日本の国旗が掲げられていることを知らせる。 ・自分事として考えようとする意識を高めていくために，テーマ「水平線でひとつ」を示す。
展開	2. 教材を黙読する。その後，内容を確認し，「私」の心を探る。	○「私」は水平線を見ながら，何を考えていたのかな？ ・100年以上も前のことが，今も生き続けていることに心が震えている。 ・人を助けることに，置かれている現状や人種は関係がないのだと思っている。 ・命を大切にするということは，いつのときも同じだと強く考えている。	・教材内容への関心を高めるために，学びのテーマを意識し，抑揚をつけて範読する。その後，感想交換の場面を設ける。 【問い返しポイント】 ☆どうしてそう思うのかな？ ☆トルコ人（日本人）のなかにある日本人（トルコ人）とはどんな存在なのかな？ ☆トルコの人はどうして自国民より日本人を優先したのかな？ ☆日本人のよさとは何かな？
	3. よりよい世界のあり方を考える。	○日本とトルコのような関係が事実あるのに，どうして世界では戦争がやまないのかな？ ・自分さえよければいいとか，侵略してやろうという黒い心の部分が多いからだと思う。 ・互いの国に生きる人間のことまで考える余裕がないからだと思う。	・日本人として国際的視野に立ち，よりよい世界のあり方について，多様な視点から考えられるようにするために，以下のポイントに留意して問い返す。 【深い学びにつながる問い返しポイント】 ☆どうしてそう思うのかな？ ☆今の世界に何が足りないのかな？ ☆今の世界のなかで大切にされていることは何かな？ ☆今の自分にできることはどんなことかな？

	4. これからの自分または人間としての生き方を考える。	○「「海と空」それが水平線で一つになっていた」の表現には，どんな意味が込められているのかな？ ・住んでいる場所は離れているけど，海と空との出来事をとおして，つながっているんだという思い。 ・国の違いなんてちっぽけなことで，互いを考え合うことが大切だという思い。	・本時の学びをさらに深める一助として，左記の発問を投げかけ，本時の学びの振り返りにつなげる。また，必要に応じて本時の学びを現代的なとらえとして促すために，映像「トルコと日本の絆」の視聴を促す。 ・多様な考えに触れ合わせ，視野が広がるようにするために，必要に応じて発表の場面を設ける。
終末			

板 書

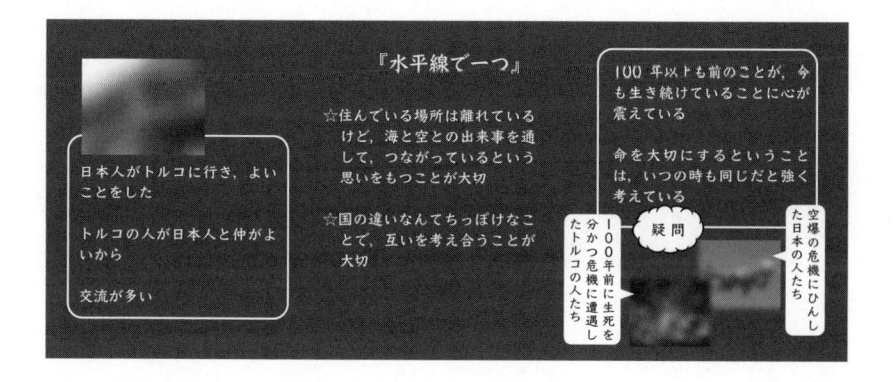

子どもの姿

　教材内容にある言葉を活用して，テーマを「水平線でひとつ」と設定し，学習を進めました。授業のはじめに写真や動画などを活用して，トルコの国に日本の国旗が数多くあることを知らせると，驚きとともに，日本とトルコの良好な関係を想像しているようでした。

　教材を読んだあと，「「私」は水平線を見ながら，何を考えていたのかな？」と問うと，「海と空は国同士を離しているものだけど，海と空があるから国同士がつながるのかな」や「国の垣根を乗り越えてお互いがお互いを想い合ったり助け合ったりすることはとてもすてきなことだ」などの，国同士の善い関係のあり方を考えている姿がみられました。その後，「日本とトルコのような関

係が事実あるのに，どうして世界では戦争がやまないのかな？」と問いました。すると，2国間の善いつながりはすてきなのだけど，それだけでは世界の平和にはならないということに気づいたのか，さまざまな国々に住む人間のよさを知ったり，互いに思いを寄せたりすることの大切さを考えているようでした。

　終末では，テーマである「水平線でひとつ」をもとに，国のつながりや世界の平和について，今の自分にできることを考え，学びを深めているようでした。

■内容項目D：主として生命や自然，崇高なものとの関わりに関すること

| | 内容項目D：主として生命や自然，崇高なものとの関わりに関すること | 理論編☞p.91 |

<table>
<tr><td>指導案
①</td><td>小学校
D-(19)</td><td>生命の尊さ</td></tr>
</table>

理論編との関連

　「生命を大切にすること」は低学年から扱われていますが，高学年では「多くの生命のつながりの中にあるかけがえのないものであることを理解」することがめざされています。理論編では，「時を越えて，場所を越えて，膨大なつながりの結果として，私たちは今この場所に生きている。そして今，この命が不当に絶たれたならば，ここから生まれるはずだった数えきれないつながりが消失する。こう考えると，いったい誰が，生命を尊重しないということがありうるのだろうか」（☞p.94）といわれています。つまり，生命の尊さの根拠のひとつは，生命がその身体的な意味だけでなく，精神的な意味でもつながっていることにあるといえます。「（お母さんが死んだら）本当に何も残らない？」という児童による補助発問と，それに対する別の児童の「お母さんの想い出は残る」「お母さんが自分たちのことを大切に育ててくれた想いは残る」という考えは，身体的な生命が失われたとしても，精神的なつながりは残ることをとらえたものです。「生命の精神性」については，中学校の実践編（☞p.355）でも言及します。

　この教材は，生命の連続性と家族のつながりの関係をとらえたものです。『小学校解説』では「家族や仲間とのつながりの中で共に生きることのすばらしさ」に言及されているほか，『中学校解説』では「家族愛，家庭生活の充実」で，「人間は，過去から受け継がれてきた生命の流れの中で生きている」と書かれています。なお，このこと自体は，家族が血縁関係なしに成立しうること（☞p.72）とは矛盾しません。

　こうした生命の連続性の認識が，学習指導要領総則に示されている「生命に対する畏敬の念」を生じさせるひとつの要因であるといえます。というのは，個人の人生は有限であっても，生命のつながりは無限であり，無限なものに対する認識が畏敬の念を生むと考えられるからです。この点については，理論編「感動，畏敬の念」の項（☞p.99）もご参照ください。

内容項目の把握

〈内容項目の学年段階とキーワード〉

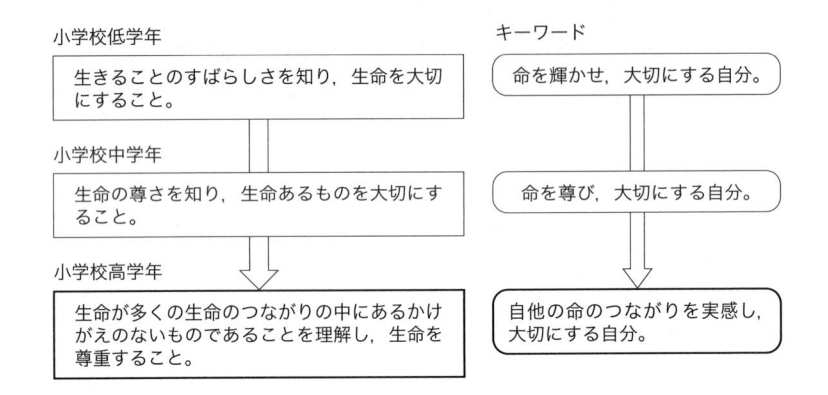

小学校低学年

> 生きることのすばらしさを知り，生命を大切にすること。

キーワード

> 命を輝かせ，大切にする自分。

小学校中学年

> 生命の尊さを知り，生命あるものを大切にすること。

> 命を尊び，大切にする自分。

小学校高学年

> 生命が多くの生命のつながりの中にあるかけがえのないものであることを理解し，生命を尊重すること。

> 自他の命のつながりを実感し，大切にする自分。

〈内容項目の理解のポイント〉

　生命を大切にし，尊重することは，かけがえのない生命をいとおしみ，自らもまた多くの生命によって生かされていることに素直に応えようとする心の表れといえます。

　ここでの生命とは，生命はつながりのなかにあるという「連続性」，いつか終わりがくるという「有限性」，さらに人間の力を超えた「畏敬されるべき生命」があります。そうした生命のもつ侵しがたい尊さが認識されることで，生命の尊さを学び，決して軽々しく扱われてはならないとする態度が育まれるでしょう。

　生命の尊さについて考えを深めていくためには，家族や社会的なかかわりのなかの生命，さらには，生死や生き方にかかわる生命の尊厳など，発達段階を考慮しながら計画的・発展的に指導し，さまざまな側面から生命の尊さについての考えを深めていくことが大切です。

子どもの実態

中学年

この段階になると，現実性をもって死を理解できるようになる。この時期だからこそ，生命の尊さを感得できるよう「ひとつしかない生命の尊さ」「今ある自分の生命は，遠い先代から受け継がれてきたものである」という不思議さや雄大さに気づくことができる。

高学年

この段階においては，生命のかけがえのなさ，生死や生き方にかかわる生命の尊厳など，生命に対する畏敬の念を育てることが大切である。また，人々のつながりや支え合いのなかで一人ひとりの生命が育まれ存在すること，先祖から継がれていく生命のつながりをより深く理解できるようになる。

内容項目に基づいた学習内容例（下線は本時）

低学年	①「学校でみんなと楽しく過ごせる」など当たり前のことで見過ごしがちな「生きている証」について考えさせる。
	②自分の誕生を心待ちにしいていた家族の想いなど，自分の生命そのもののかけがえのなさについて考える。
↓	③生命は唯一無二であり，多くの人々の支えによって守り，育まれている尊いものであることについて考える。
中学年	④自分と同様に生命あるものすべてを尊いものとして大切にしようとする心情や態度を育てる。
↓	⑤生命の誕生から死に至るまでの過程，人間の誕生の喜びや死の重さ，限りある生命を懸命に生きることの尊さについて考える。
高学年	⑥生きることの意義を追い求める高尚さ，<u>生命を救い守り抜こうとする人間の姿の尊さ</u>など，<u>さまざまな側面から生命のかけがえのなさを自覚し生命を尊重する心情や態度を育む。</u>

教材名

誰かのために（文部科学省『私たちの道徳 中学校』）〔小5〕

教材の概要・あらすじ

　胃がんにかかり，余命3か月と宣告された母親が娘のために少しでも長く生きたいと医師に伝える。病状が安定したときには家に帰り娘のためにお弁当を

つくる。立つこともできなくなった母は最後に一時帰宅したいと医師に願い出る。家に帰った母は、立つこともできない状態だったのに、娘のためにお弁当としておにぎりを握る。結果的にこの母は1年8か月生きることができた。

教材と内容項目のつながり

本教材では、お母さんの「生きたい」と願う意思は一貫しており、この点において道徳的に変化をしない教材です。

胃がんにかかり、余命3か月と宣告された母親が娘のために少しでも長く生きたいと願い生活していく姿を描いています。この事実は、「生きることの意味」について、読み手の心に強く残るものです。

教材のポイントとして、娘のために、母として少しでも長く「生きる」願いをもち生活していく母親。それを受け止め、「生きる」ことの意味を考える娘。そして、それを看取っていく医師。

まず、母については、立つこともできないはずなのに娘のためにお弁当をつくる姿をとおして、普段通りの生活ができるようにするための「生きる」願い、娘のために「生きる」願い、そして自分自身のために「生きる」願いを考えます。

次に、母親がつくってくれたお弁当を見たときの娘について考えることをとおして、「生きる」ことの有限性や、母の命が自分につながっていること、そして、もし母がいなくなっても、母の想いは生き続けるという「生きる」ことの連続性を考えます。最後に母と娘のつながりを看取っていくなかで「大切なものをバトンタッチする」という言葉で表現する医師についても考えます。

生命の尊さについて、つながりのなかにあるかけがえのない生命を尊重しようとすることを感じ取らせることができます。

主題名

生命の尊さ

ねらい

娘のためにお弁当をつくるお母さんの想いとそれを受け止める娘の想いを考

えることをとおして，生命の尊さについて，かけがえのない生命を尊重しよう
とする道徳的実践意欲を養う。

学習指導過程

	主な学習活動	主な発問（○）と 予想される児童生徒の反応（・）	指導上の留意点
導入	1. 教材を範読する。 2. 心に残ったところを発表する。	○心に残ったところはどこか。 ・母のお弁当を見た娘さんの気持ち。 ・お母さんが台所に立って最後の力を振り絞ってお弁当をつくるところ。	・道徳的諸価値の前理解を確認する。
展開	3. 娘のために力を振り絞ってお弁当をつくる母の心情を考える。	○お母さんはどんな想いでお弁当をつくっていたのだろう。 ・自分にできることはしたい。 ・生きたい。	
	4. 母のお弁当を見つける娘の心情について考える。	○娘は，どんな想いで母のお弁当を見つめていたのだろう。 ・最後のお弁当になるかも。 ・食べてしまうと何も残らない。【補助発問】 ・自分もお母さんのようにしたい。	○本当に何も残らない？
	5. 母から子へバトンタッチした大切なものについて考える。	○子どもたちにバトンタッチした「大切なこと」とは何か。 ・自分の分まで生きてほしい。 ・お母さんが生きていたという証。 ・誰かのために生きるすばらしさ。	
終末	6. 自己の生き方についての考えを深める。 7. 感想を書く。	○みなさんは今日の勉強をとおして，何を大切にしたい？ ・生命にはつながりがあること。 ・想いは継がれていく。	

板書

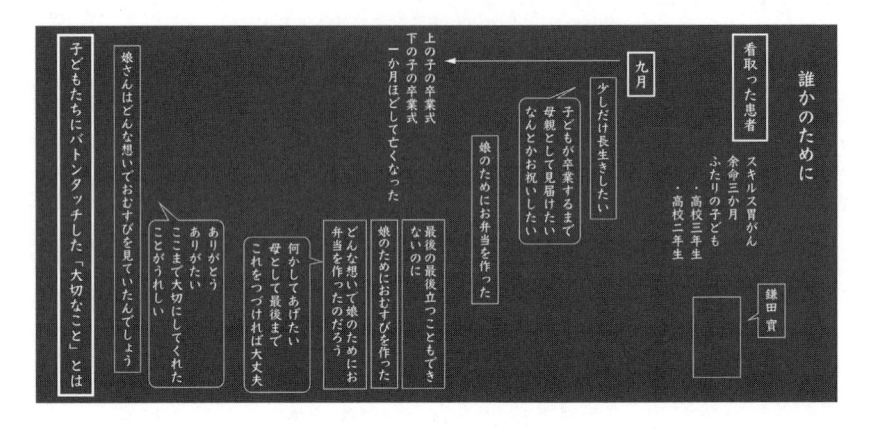

板書の内容（右から左へ）：

誰かのために

看取った患者

スキルス胃がん
余命三か月
ふたりの子ども
・高校三年生
・高校二年生

鎌田實

九月

子どもが卒業するまで
母親として見届けたい
なんとかお祝いしたい

少しだけ長生きしたい

上の子の卒業式
下の子の卒業式
一か月ほどして亡くなった

娘のためにお弁当を作った

最後の最後立つこともできないのに
娘のためにおむすびを作った

どんな想いで娘のためにお弁当を作ったのだろう

何かしてあげたい
母として最後まで
これをつづければ大丈夫

ありがとう
ありがたい
ここまで大切にしてくれたことがうれしい

娘さんはどんな想いでおむすびを見ていたんでしょう

子どもたちにバトンタッチした「大切なこと」とは

子どもの姿

　母の想い，娘の想い。このふたつの想いをこの順で考えることをとおして，生命の尊さについて深めていきたいと考えました。

　母の想いを考えるために，立つこともできない状態だったはずなのに「お弁当」を娘のためにつくったという行為について考えるなかで「普段通りのことをしたい」「当たり前のことをしたい」という当たり前の日常を娘にはしてあげたいという母の想い，そして，「生きたい」という発言する子どももいました。この「生きたい」について問い返しを行うことで，「何よりも娘と一緒にいたい」「どんな状態でも娘と暮らしたい」「大きくなる姿をずっと見守りたい」という母の「生きる」ことに対する強い想いが出ました。本教材は家族愛も関連していますので，当然そういった意見も子どもたちからは出ます。しかし，母の想いを深く問うことによって，「生きたい」という母の想いつまり，生命尊重が根本にあることがわかります。

　また，娘がお弁当を見たときの想いについて問うと，「お弁当を食べると何も残らなくなってしまいそうで食べられない」という意見が出ました。そこで，「本当に何も残らない？」と問い返しました。この問い返しによって，「お母さんの想い出は残る」「お母さんが自分たちのことを大切に育ててくれた想いは残る」など，生命の連続性についての意見につながりました。

指導案②	中学校 D-(19)	生命の尊さ

理論編との関連

　理論編では，主に生命の「連続性」と「つながり（関係性）」の側面から生命の尊さが説明されていましたが，中学校になると，「生命の有限性なども含めて理解」することがめざされています。

　ここで生命の有限性「など」とされているように，生命の連続性，有限性だけでなく，生命の尊さの根拠をより多面的にとらえておくことが大切です。

　たとえば，柴原は，次の7つの側面から生命の尊さの根拠を説明しています（柴原・荊木 2018）。簡略化して示すと，以下のようになります。

　①特殊性・偶然性：人間だけでなく動植物を含めて，誰も他の生命と同じ生命としては存在しないこと。
　②有限性・一回性・非可逆性：死は必ず訪れ，再生は不可能であること。
　③連続（連綿）性・関係性：生命は受け継がれてきて，受け継がれていくこと。他の生命とかかわりをもたない生命は存在しないこと。
　④普遍性・共通性・平等性：どの生命の価値も同じで平等であること。
　⑤精神性・可能性：生物としての生命ではなく，精神的・社会的・文化的な意味での生命。たとえば，ある人の人生は，本人が死んだあとも他者の記憶に残ること。
　⑥神秘性：生命の形，仕組み，はたらきは人間の力の及ばないところでデザインされていること。
　⑦歓喜性：今この瞬間を「生きている」という実感をもつこと。

　この教材では，後述のように，「この少女のような多くの命が消えようとしている現状があるという関係性」を認識することができます。そのことをとおして，生命や人生を支える社会的な基盤や貧困についても考えられることから，「公正，公平，社会正義」や「国際理解，国際貢献」にもかかわる内容です。

内容項目の把握

〈内容項目の学年段階とキーワード〉

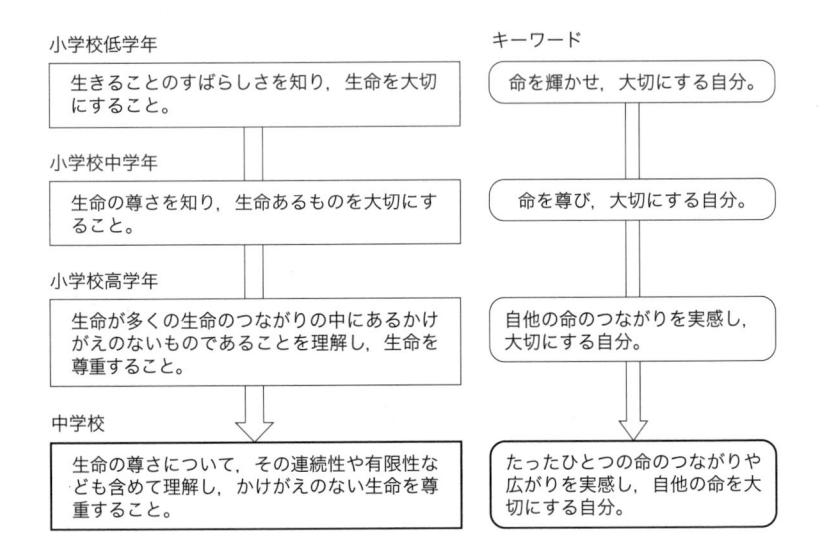

小学校低学年
> 生きることのすばらしさを知り，生命を大切にすること。

キーワード
> 命を輝かせ，大切にする自分。

小学校中学年
> 生命の尊さを知り，生命あるものを大切にすること。

> 命を尊び，大切にする自分。

小学校高学年
> 生命が多くの生命のつながりの中にあるかけがえのないものであることを理解し，生命を尊重すること。

> 自他の命のつながりを実感し，大切にする自分。

中学校
> 生命の尊さについて，その連続性や有限性なども含めて理解し，かけがえのない生命を尊重すること。

> たったひとつの命のつながりや広がりを実感し，自他の命を大切にする自分。

〈内容項目のポイント解説〉

　命が尊いといわれる理由を考えます。古（いにしえ）から脈々と受け継がれている「連続性」，永続的に続くことのない「有限性」などの生物的側面だけではなく，ひとつの命から人同士がつながる「関係性」，同じ命はない「偶然性」などの社会的・文化的側面，人間の力を超えた「神秘性」などの畏敬の念にかかわる側面があげられます。

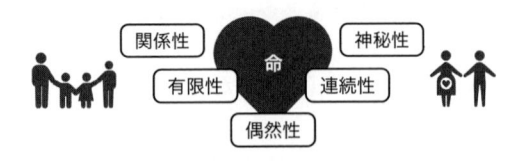

　普段の生活では実感することが少ない命の尊さ。上記のような側面を手がかりに日常生活とつなげながら考え，その価値を深く理解すればするほど，自分や他者の命をかけがえのないものだととらえて命を大切にできるようになりま

す。他の内容項目や他教科・他領域と関連させながら考えることも，生命尊重に対する学びを深めることにつながるでしょう。

子どもの実態

高学年

つながりのなかにある生命のすばらしさを考え，かけがえのなさについての理解を深め，畏敬の念を育んできた。

中学生
（入学時）

かけがえのない生命への理解をいっそう深めるとともに，生命の有限性や連続性を考えることができるようになってきている。

中学生

学年が上がると，生命の連続性や有限性だけではなく，今自分がここにいることに対する偶然性や，他者や自然界における他の生命との関係性などの側面から，より多面的・多角的に生命の尊さを理解できるようになることから，かけがえのない生命を尊重することへの理解を深めることができる。

内容項目に基づいた学習内容例（下線は本時）

中1 ↓ 中2 ↓ 中3	①人間だけではなく，生きとし生けるものの生命の尊さに気づき，互いに支え合って生きていることや生かされていることに対するありがたさを考える。 ②自分も含めた生命体が，唯一無二の存在であることや，生きていることに対する共通点を考える。 ③生命の大切さについて，自分が今ここにいることの偶然性や，今ある命は受け継がれてきているという関係性を手がかりに考える。 ④生命の大切さについて，<u>一度消えると元に戻せない不可逆的な有限性</u>や，<u>生命はつながりかかわり合っているという連続性</u>を手がかりに考える。 ⑤生命の大切さについて，生命体の組織や生命維持の仕組みの不思議などを手がかりに考える。 ⑥理科や保健体育などの他教科などの学習もふまえ，生命倫理にかかわる現代的な課題について考える。

教材名

ハゲワシと少女（写真）〔中2〕

教材の概要・あらすじ

出典：『中学道徳3』（教育出版）：pp.56−57

　本教材は，ケビン・カーターという写真家がアフリカのスーダンで撮った写真である。今にも命が途絶えそうな少女をハゲワシが見つめている。カーターは，写真を撮ったあとにハゲワシを追い払い，少女が国連の食料配給センターに向かう姿を見届けたあと，木陰でしばらく泣き続けたという記録が残っている。アメリカの文化賞であるピューリッツァー賞を受賞したこの写真が，アメリカの『ニューヨークタイムズ』紙に掲載されると，写真を撮るより少女の命を助けるべきではないかという大論争が起こった。

教材と内容項目のつながり

　写真を撮るか撮らないかという判断に価値があるのではなく，その判断をした理由，心を考えることに価値がある。判断した理由を深く考えるほど，少女の命の有限性や，この少女のような多くの命が消えようとしている現状があるという関係性がみえてくるのである。
　この教材をとおして，命の有限性や関係性を具体的にとらえ，かけがえのない命を大切にすることやその行為の意味を考えられるようにしたい。

主題名

　かけがえのない命

ねらい

　目の前にある命を守るための行動は人それぞれだが，かけがえのない命を守りたいという思いをもとに最善を尽くす行動が，たったひとつの命を大切にすることにつながることがわかり，自分もかけがえのない命を大切にしていこう

という思いを膨らませる。

学習指導過程

	主な学習活動	主な発問（○）と予想される児童生徒の反応（・）	指導上の留意点
導入	1. 写真を見て感じたり考えたりしたことを伝え合う。	○写真を見て感じたことや考えたことを教えてください。 ・撮った人はなぜ少女を助けないのか。 ・ハゲワシは，なぜ待っているのだろう。	・写真から感じ取れることを自由に伝え合い，子どもたちの感じ方や考え方から授業をつくれるようにする。
展開	2. ケビン・カーターは写真を撮るべきだったかどうかを考える。	○カーターさんはこの写真を撮るべきだったでしょうか。 〈撮るべき〉 ・写真を撮ることで現状を世界に知らせることができるから。 ・大勢の命を救えたほうがいい。 〈撮るべきではない〉 ・目の前の命を救うことが大切。 ・貧しさはこれ以外でも伝わる。	・写真が撮られた経緯やカーターさんの経歴について紹介する。 ・自分の立場を明らかにし，その根拠を話し合うことで，カーターさんの命に対する思いを考えるきっかけをつくれるようにする。
	3. ケビン・カーターの命に対する思いや生き方を考える。	○カーターさんはなぜ写真を撮るという行動をとったのでしょうか。 ・ひとつでも多くの命を救いたいという思いがあるから，この写真を見て感じ取れるものがあるのだと思うな。	・カーターさんの行為の理由を問い，ともにかけがえのない命を大切に思う行動であることに気づけるようにする。
	4. 本時の学びを自分とのかかわりで考える。	○カーターさんは何を大切にして生きようとしていたのだろう。 ・写真家としての使命もあったかもしれないけれど消えそうな命の存在を伝えたいという人としての思いが強かったと思う。	・カーターさんの生き方に触れられるように，写真を撮ったあとのカーターさんの行動（ハゲワシを追い払い泣き崩れたこと）を子どもたちに伝える。
終末	5. 本時の学びとこれからしていきたいことを記述する。	○大切だと思ったことや生き方に生かしたいことを書きましょう。 ・カーターさんの行動がよかったかわからないけれど，多くの命を救いたいという思いをもって仕事に臨む生き方は自分も見習いたい。 ・かけがえのない命を守るために，今できる最善を尽くすことが命を大切にしていることだと思った。	・本時で学んだことをこれからの自分の生活や生き方とつなげて考えられるように，本時で学んだことと自分の生き方に生かしたいことを記述する時間を確保する。

〈評価のポイント〉

　かけがえのない命を大切にしようとする行為や生き方を，友だちの考えをもとにさまざまな視点から見つめ，考えようとしているか。

板 書

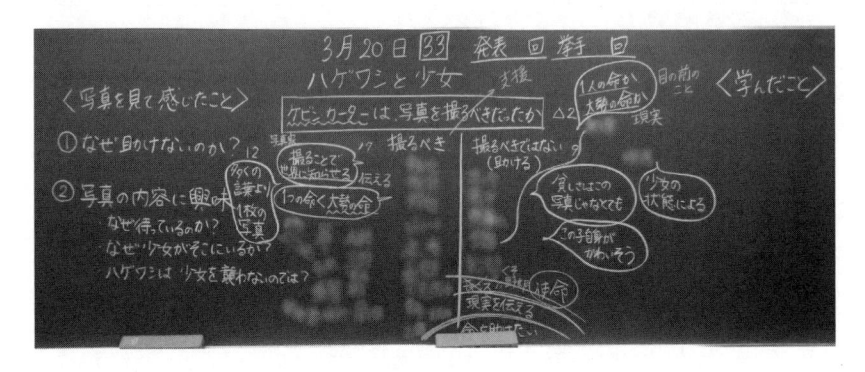

子どもの姿

　はじめて写真を見た子どもたちは絶句していました。写真を見て感じたことを問いかけると，「なぜ助けないのだろう」「ハゲワシはなぜ，待っているのだろうか」などの意見が出てきました。

　展開では，「カーターさんは写真を撮るべきだったか」と問いかけ，子どもたちに意思表示をしてもらいました。撮るべきではないという意見が多いと予想しましたが，写真家という職業を鑑みてか，撮って世の中に伝えるべきだと考える生徒が全体の半数近くいました。互いに理由を伝え合ったあと「カーターさんが写真を撮ることで大切にしたかったことは何だろう」と問いかけると，かけがえのない命を何としてでも守りたいという思いについての意見が出てきました。写真を撮ったあとのカーターさんの行動を伝えると，写真を撮るべきではないと主張していた子どもたちも納得する姿がみられました。

　終末では，今日の授業で学んだことやこれからの生活に生かしたいことを書くよう促しました。「命を守ろうとする行為はそれぞれだから，自分で自分の行動を考え，適切な判断をしていきたい」などの記述がみられました。

自然愛護

理論編との関連

この授業では，保護，保存，保全の３つの活動を区別して考えることが軸となっています。この３つの意味については理論編で詳述していますので，そちらをご覧ください（☞p.96）。ここでは，保護，保存，保全の３つの活動を含めた自然との共生の目的の違いについてみておきましょう。澤田（2020）の整理に従えば，自然に固有の内在的価値をもっていると考える非人間中心主義と，自然に人間の生存のための手段的価値を見いだす人間中心主義に分けられます。人間中心主義にとっては，自然環境を破壊することが人間の生存を脅かし，人間を絶滅の危機にさらすという理由から，自然環境を大切にします。それゆえ，「生態系維持のために人が適宜手を加える」保全の活動には意義を認めますが，「現状のまま何も手を加えない」（☞p.96）保存の活動にはそれほど意義を認めません。このように，「自然環境を大切にすることの意義」（中学校）は大きくふたつに分けられることをおさえておくことが大切です。

さらに，非人間中心主義に立つ場合でも，人間が自然に対して抱く観念は，対象の特性に応じて美と崇高のふたつに分けられます。理論編の「感動，畏敬の念」の項（☞p.99）で依拠するカントの美と崇高の分析に影響を与えたバーク（2024）は，（ふたりの考えは異なるところもありますが）小さいものなどの美しい対象が生み出す感情を愛（親しみ）としています。一方，大きなものなどの崇高な対象は恐怖を感じさせますが，その恐怖が差し迫っていない場合には悦びや感動をもたらすとします。たとえば，崇高な悲劇に私たちが感動するのは，当事者でないからです。美と崇高の区別に従うなら，「身近な自然に親し」（低学年）むのは，自然が美しいからです。一方，「偉大なる自然の前に人間の無力さを」（『小学校解説』）感じるのは自然が崇高だからです。

この内容項目は，自然に親しむ低学年から，小学校中学年の「自然のすばらしさや不思議さ」，高学年の「自然の偉大さ」，中学校の「自然の崇高さ」へと，愛から尊敬へ，さらには畏敬へと，感情や認識が高まっていくイメージでとらえられます。なお，自然の不思議さに目を見張る感性（センス・オブ・ワンダー）を養うには子どものころの体験や経験が重要です（カーソン 2021）。

内容項目の把握

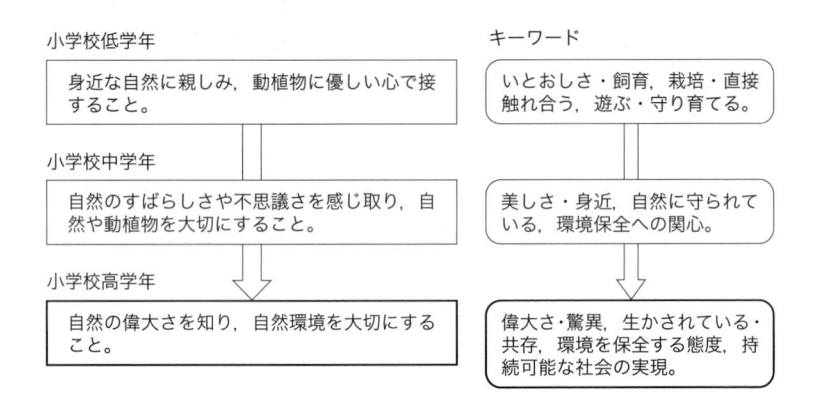

小学校低学年

> 身近な自然に親しみ，動植物に優しい心で接すること。

小学校中学年

> 自然のすばらしさや不思議さを感じ取り，自然や動植物を大切にすること。

小学校高学年

> 自然の偉大さを知り，自然環境を大切にすること。

キーワード

> いとおしさ・飼育，栽培・直接触れ合う，遊ぶ・守り育てる。

> 美しさ・身近，自然に守られている，環境保全への関心。

> 偉大さ・驚異，生かされている・共存，環境を保全する態度，持続可能な社会の実現。

　小学校では，自然の偉大さや驚異に対して主に感性での受け止めが重視され，自然環境の改善への意欲や態度をもつことが求められます。中学校では，小学校で培ったものを土台とし，畏れや緊張をもたらすものとしての自然への畏敬の念を抱くことが求められます。また，人間の有限さを理解したり，独善的な生産活動への反省や環境保全への努力を促したりします。

〈内容項目のポイント解説〉

　小学校中学年から高学年・中学校に移行していくにあたり，自然と人間に加えて「環境」というキーワードが現れます。動物が自然環境に順応しなければ生きていけないのに対して，人間は自然環境に手を加えることで社会を発展させてきました。しかし，人間による生産活動は，生態系に被害を及ぼしてもきました。このような状況は，自然環境への悪影響を顧みず，人間社会の発展を重視するという生き方に反省を促します。こうした反省は，生態系の構成員でありながら自然にはたらきかけられる人間が，持続可能な社会の実現に向けた環境保全において，どのような価値観を重視すべきなのかを児童生徒が考えることにつながります。

子どもの実態

中学年
【保護への関心を向ける】
小学校中学年は，自然やそのなかに住む動植物を大切にすることと，自分たちの命を守ることがつながっていると理解することができる学年である。また，身近な自然に対して自分たちなりにできる保護に関心を向ける学年でもある。

高学年
【保護および保全する態度を育てる】
小学校高学年は，自然を手を加えることのできる生活環境としてとらえることができる学年である。そして，自分にできる範囲での保護や保全を，目に見える形で行い，持続可能な社会の実現への努力の意義を理解できる学年でもある。

中学生
【環境保全に向けて努力する存在であることを自覚する】
中学校では，生徒は自然愛護における保護，保存，保全の意義の理解を促し，自らがそれらを担う存在であることの自覚が求められる。また人間が畏敬の対象である自然の一部を構成しながらも，有限性ある存在だと理解することが求められる。

内容項目に基づいた学習内容例

（1）自然環境を大切にした取り組みを行なっているかを考える

「ゴミを捨てない」「水を無駄にしない」などの回答が予想されますが，「何もできていない」と答える児童生徒も多いです。そこで，実はそれも自然保護のひとつであると話すことで，自然保護の3つの活動の説明へとつなげます。

（2）自然保護の3つの活動である保護，保存，保全の内容を知る

3つの活動を提示し，（1）の回答と照らし合わせることで，自分たちに欠けている活動を理解します。また，教材で描かれている活動が，どれに該当するかを検討します。

（3）それぞれの活動が，問題に対してどのような結果を導くかを考える

教材で示されている問題に対して，保護や保存，保全をそれぞれ行なった場合，将来的にどのような結果となるかを考え，議論します。

（4）3つの活動のバランスが重要であることをおさえる

ひとつの活動に取り組みすぎても，生態系に影響を与える可能性があります。また，活動によっては，多くの時間を要するものもあります。そのため，3つのバランスをとることが，自然との共生につながっていくと理解します。

教材名

地球があぶない（光文書院『小学道徳 ゆたかな心』）〔小6〕

教材の概要・あらすじ

「温暖化」「異常気象」などの気候変動や「海洋汚染」「ごみの不法投棄」などの人為的な環境破壊，そしてそれらにともなって失われていく「生物の多様性」など，地球で起きている環境問題について，その要因と改善策について考える教材です。問題の要因として，過剰な二酸化炭素の排出や乱開発，法令を無視した違法な廃棄物の処理などの活動があげられています。それと同時に，国や地域の取り組みによって問題の解決が図られてきていること，日本の地方自治体でも身近な取り組みを行なっていることが紹介されています。これらをふまえ，学んだことを手がかりとして自分たちにできることを考えるという展開になっています。

教材と内容項目のつながり

教材に記されている「人間のどんな考えが自然破壊の原因になったのか」という問いかけは，これまでの人間の考え方のなかに，自然破壊につながるものがあったのではないかと気づくためのきっかけとなります。この気づきは，「自然愛護」についての価値理解を行ううえでの必要条件となります。

『小学校解説』で示されている通り，人間の生活を豊かにすることを優先した考え方は，環境破壊を進めてしまった要因のひとつです。教材内の「自然の中の一員」という言葉は，他の動植物と同じように，人間も地球に住む生物の一員であるということを，児童に思い起こさせます。人間は「自然の中の一員」として自然環境に適応する一方で，それに手を加え，状況を改善させることができます。教材に記述されているそれぞれの国や地域，自治体の取り組みは，そのような営みのあらわれとして解釈することができます。また，例示されている日本の自治体の昔からの取り組みは，その土地の自然や動植物に対する愛着（情動的な愛）に基づいた取り組みとも考えることができます。

理論編であげられている保護や保存は重要ではありますが，自然との共生と

いう視点から，自然環境を改善し，人間が自然のなかの一員として環境を保全することの意義や価値を理解することは，持続可能な社会の実現のために必要となるでしょう。

主題名

自然との共生とは

ねらい

人間の自然への接し方について考えることをとおして，環境を保全することの意義を理解し，自然と共生していこうとする態度を育む。

学習指導過程

		主な学習活動	主な発問（○）と 予想される児童生徒の反応（・）	指導上の留意点
導入	1.	日ごろ行なっている，自然を守る活動を思い浮べる。	○自然を守るために行なっていることは？ ・あまりない。	・1での反応を，3つの活動に分類することで，自分たちにとって足りない点をおさえる。
	2.	自然を守る3つの活動について知る。	○保護・保存・保全は，どんな活動でしょう？	
展開	3.	教材「地球があぶない」の概要をつかむ。	○自然破壊の原因の根本にはどんな考えがあったでしょう？ ・楽に生活したい。	・人間による豊かさの追求が，環境悪化につながったことをおさえる。
	4.	教材をもとにし，3つの活動が自然にどのような結果をもたらすかについて話し合う。	○保護・保存・保全によって，将来的に地球はどんな未来になるか？ ・人が自然を豊かにする。	・「保全」によって自然環境が改善されていることをおさえる。
	5.	各国や地域，自治体の取り組みについて話し合う。	○人々のどんな思いが活動のもとになっているか？ ・地球を未来に残したい。	・教科書の例や身近な「保全」の取り組みを紹介し，そのもととなる思いを考える。
終末	6.	これからの取り組みについて考える。	○私たちはこれからどうするとよいでしょうか？ ・バランスよく活動する。	・自分にできる範囲での自然保護について書いてもよい。

板書

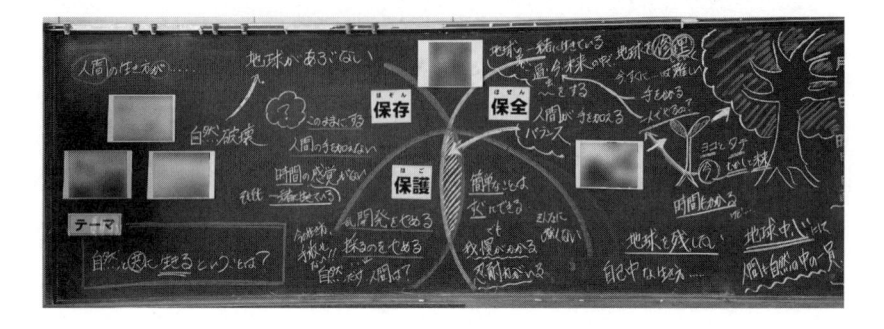

子どもの姿

　導入では，まず「自然と共に生きる」という教材のテーマを示しました。次に，自然を守ることをしているかと口頭で確認しました。質問に対する児童の回答の多くが「できていない」というものでした。その後，自然を守る3つの活動として，保護・保存・保全を提示し，それぞれの内容を解説しました。

　展開前段では，教材文を読み，人間のこれまでの生き方が自然破壊につながったことを確認しました。児童たちは，この現状を問題だと認識し，「開発などやめればいい」と言いましたが，「今の生活を手放すことはできるか」と問うことで，自分たちの生活をある程度維持しながらも，自然を守ることの重要性を理解できるようにしました。

　展開後段では，教材に示されている植林活動を例にして，保全活動を支える人々の想いについて議論しました。児童からは，「地球を残したいという，地球中心的な思いをもっている」「今すぐ成果が出なくてもいい」という意見が出ました。その後，議論の中心は，活動に要する時間の長さとなりました。児童からは，保存が時間感覚のない活動であり，保護は簡単なものはすぐにできる活動であること，保全は時間がかかるが，地球と一緒に生きているという感覚が得られる活動でもあるという意見が出ました。

　終末では，環境保護活動によってオゾン層が回復してきていることに触れました。これは保全だけでなく，保護や保存の3つの活動をバランスよく取り組んできた成果です。児童たちは，「地球は修理できるものと考えること」

「人間も自然のなかの一員と思うこと」が自然と共に生きることだと結論づけました。

理論編との関連

　本内容項目には「自然の崇高さを知り」という内容が含まれているので，次の内容項目の「感動，畏敬の念」との重なりをとらえておきましょう。「感動，畏敬の念」に含まれる「美しいものや気高いもの」の気高いものは崇高なものと同義です（☞p.100）。1958（昭和33）年時の小学校の内容項目には「美しいものや崇高なものを尊び」という内容がありましたが，1989（平成元）年に，崇高なものが「気高いもの」に変わりました。

　「自然の崇高さを知」ることについては，『中学校解説』では，①「自然の美しさや神秘さを感性で受けとめるとともに」，②「自然が人間の力の及ばない存在であり，時として我々に「恐れ」や「緊張」をもたらすものであることを理性で認識すること」とされています。この説明の背景にはバークとカントの思想があるといえます。バーク（2024）は美と崇高を対象がもたらす快とみなしています。バークの美と崇高の区別は次の通りです。

	対象が備える特徴	感情
美	小さい，なめらかで磨かれている，直線を避ける，曖昧でない，明澄かつ繊細。	愛（親しみ）。
崇高	巨大。ごつごつした野放図，直線，曖昧，陰鬱，堅固で量感を与える。	苦，病気，死などの恐怖を与えるものが差し迫っていない場合にもたらす悦び（感動）。

　一方，カントにあっては，美とは構想力（想像力）と悟性（知性）の調和によって，崇高は構想力と理性の抗争によって生じるとされています（カント2015）。美と崇高の感情は，対象そのものによって生じるのではなく，悟性や理性の自発的な活動によって生じるということです。

　なお，この教材では，縄文杉の力強い生き方が描かれていることから，たんなる崇高ではなく，自然という「生命に対する畏敬の念」が描かれています。人は縄文杉に対して，畏怖の感情だけでなく，同じ生命として敬愛の念を覚えるのでしょう。人間は自然の一部であり，自然のなかで生かされています。そのことの認識から，自然に対する感謝と尊敬の念が生まれます。

内容項目の把握

〈内容項目の学年段階とキーワード〉

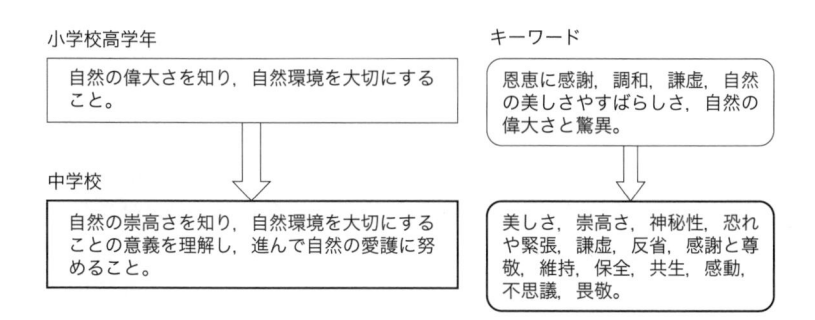

小学校高学年

> 自然の偉大さを知り，自然環境を大切にすること。

中学校

> 自然の崇高さを知り，自然環境を大切にすることの意義を理解し，進んで自然の愛護に努めること。

キーワード

> 恩恵に感謝，調和，謙虚，自然の美しさやすばらしさ，自然の偉大さと驚異。

> 美しさ，崇高さ，神秘性，恐れや緊張，謙虚，反省，感謝と尊敬，維持，保全，共生，感動，不思議，畏敬。

〈内容項目のポイント解説〉

　古来より伝わるアイヌプリに，サケ漁にかかわる風習があります。川幅一杯に網を張らず，「3分の1はカムイ（＝神・自然）に，3分の1は熊や鳥に，そして，残った3分の1のサケを自分たちが獲る」というものです。カムイとの共存，生命に対する畏敬の念，さらに自然に対する感謝や謙虚さが凝集し，アイヌの人々の厳粛な生き方・精神性が滲み出ています。これは，人が自然に抱かれつつ共生していく好例だといえるでしょう。

　豊かで深淵な自然を前にして静かに頭を垂れるという精神的風土に根ざした姿勢は，大自然の崇高性やそれへの畏敬の念とも地下水脈で通じています。『中学校解説』では，「自然の崇高さを知る」には，①自然の美しさや神秘さを感性で受け止める，②「恐れ」や「緊張」をもたらすものであることを理性で認識する，という両面からとらえる必要性が示されており，これらに関して，道徳教材への具体的な落とし込みを図りたいものです。

　このことを手がかりに改めて『中学校解説』に目を通すと，すでに小学校段階で「感謝」「謙虚」といった重要な視点が示されていますし，中学校段階になると，さらに「共生（共に生きる）」「崇高」「神秘」などをとおして人間と自然とのかかわりを多面的・多角的にとらえることや，自然を美の対象としてだけではなく，「畏敬」の対象としてもとらえることの重要性が強調されていることが理解されるのです。

子どもの実態

　実践した学級・学年では，富士登山や乗鞍高原などへの宿泊学習があり，自然の厳しさや美しさに対する感動を共有していました。終末段階で感想を書かせると，「大自然の雄大さ，ちっぽけな人間，美しい生き方・生命力，自然の恐ろしさ・人間の敵わない威力，神々しい自然・崇拝の対象，自然に対する素晴らしさ，ともに生きる，自然を守りたい，自然の偉大さや美しさ，寛大な自然に共存させてもらっている，大自然に生かされている」など，実体験に基づいた謙虚さや感謝，尊敬の念を示す言葉が認められ，自然界全般に対する広い視野からの多種多様な感想が生まれました。さらに，それを自己の生き方に敷衍した「くじけずにしっかり生きる，芯のある生き方，存在感のある人生」などへの憧憬も浮かび上がりました。

　しかし，このような豊かな自然体験を学年集団として共有しているのは特殊なケースといえるでしょう。たとえば，各地域に点在している古木や大樹に関心を寄せ，実際に行って触れたり，見て感じたりするような経験は少なくなりましたし，夕陽が沈むのをゆっくり静かに眺めるような体験もめずらしいものとなっています。そこで，実物大の写真を掲示したり，教員が現地へ出向いて撮影した動画を視聴したり，自然の美しさや偉大さに触れる体験的な活動に取り組んだりするなどの工夫が必要となります。そして，こうした小さな配慮によって，生徒の発言の豊かさは劇的に変化します。ただし，観光案内や体験活動そのものを行う時間ではないことに留意しなければなりません。

内容項目に基づいた学習内容例

　自然環境の維持や保護は重要な今日的視点のひとつで知的な営みですが，自然を護り育てる必要が生じたのは，紛れもなく私たち人間の所業の結果です。したがって，あくまでも畏れや謙虚さを失わず，愛護・愛育に努めなければなりません。その前提として，小さな自然の美しさや可憐さに触れるとともに，大自然の崇高さ・神秘さ・命の鼓動を感性的にとらえて畏敬の念を抱いておくことを重視したいものです。そして，大佛次郎の随筆「石の言葉」にある「虫の音，小鳥の歌が美しいのも，人間の方に聞く心の支度があるからである」との言葉通り，何よりもまず，私たちの感性を磨いておく必要があるでしょう。

教材名

樹齢七千年の杉（あかつき教育図書『中学生の道徳 自分を考える2』）〔中2〕

教材の概要・あらすじ

椋鳩十氏は，鳥のさえずりが A 光る雨のように心の中に降り注ぎ，斜面の至るところから水が流れ出るなかを歩いて，想像を絶する縄文杉へとたどり着きます。胴回りは， B 大人10人で両手を広げても抱えきれません。大自然の神と会話でも交わしているように， C 峰吹く風にゴウと音を立てており，杉の葉は，指先も青く染まるほど，新鮮に若々しく光っています。ほうほうと，命の火を燃やして，今を生きるこの老木を見て，「D 七千年の命が，音立てて燃えているわ」とつぶやきました。

教材と内容項目のつながり

まず，前述した①「自然の美しさや神秘さを感性で受け止める」についてですが，「自然の美しさ」については，1993年に世界自然遺産に登録された屋久島の豊かなる大自然（「あらすじ」の下線A）の姿に，「自然の神秘さ」については，縄文杉が今もなお力強く瑞々しく存在している事実（下線C）に着眼して深めていくのも一案です。そして，写真や動画などの視覚情報も活用しながらイメージを膨らませていくことで，感性に訴えかけます。

また，②「「畏れ」や「緊張」をもたらすものであることを理性で認識する」の「畏れ（恐れ）」に関しては，縄文杉の大きさ（下線B）と樹齢（下線D）に着眼するとともに，これを体感し客観的にとらえることをとおして，理性的な認識を深めたいものです。

したがって，大自然の奥深さを象徴する崇高なる存在・縄文杉が，ほうほうと命の火を燃やして今を生きていることを出発点にして，この老巨木の他を寄せつけぬ圧倒的なすばらしさ・美しさ・崇高さ・神秘性を感受し，その発露について十分に玩味して得心することが，自然愛護の内容項目に内在する道徳的価値を認識することにつながります。ひいては，そこにこそ主題のねらいへ肉薄するための通路が開かれているといえるでしょう。

主題名

崇高なる縄文杉への畏れ

ねらい

　想像を絶する樹齢と大きさで命の火を燃やす縄文杉をとおして，人知を超えた自然の神秘・崇高さに対して畏れ感嘆する道徳的心情を育む。

学習指導過程

	主な学習活動	主な発問（○）と 予想される児童生徒の反応（・）	指導上の留意点
導入	1. 屋久島の自然	○屋久島の豊かな自然の紹介。 ・九州最高峰 宮之浦岳1935m。 ・亜熱帯地域かつ洋上アルプス。 ・「月に35日雨」（『浮雲』）など。	・屋久島の地図や白谷雲水峡，千尋の滝などの写真を提示し簡潔に説明する。
	2. 範読		・掲示写真でイメージを膨らませる。
	3. 大自然の感動	○縄文杉にたどり着くまで，何を考えながら歩いただろうか。 ・豊かな自然のすばらしさ。 ・この感動に浸っていたい。 ・縄文杉に早く会いたい。	・翁杉，ウィルソン株，大王杉，夫婦杉などの写真提示。
	4. 動画の視聴	○2分程度のビデオテープを視聴することで，眼前に忽然と現れる縄文杉の威風を感じ取る。	
展開	5. 縄文杉の体感	○樹高30m，根回り43m，胸高周囲16.4mの大きさ，7000年の歳月を体感しよう。 ・思った以上に大きな幹だ。 ・数直線上に示した歴史上の出来事が，つい最近のことのように感じる。	A：16.4mを，生徒10人で円形に手をつなぎ実感させる。 B：7000年を3.5mの数直線に表し，歴史上の出来事をプロットしていく。
	6. 縄文杉の驚異	○「七千年の命が，音立てて燃えているわ」とつぶやいているが，音立てて燃える縄文杉に備わっているものは何か。 ・人知を超えた若々しい生命力を漲らせる存在感（命の息吹）。 ・人々を圧倒するほどの驚異的な大きさと樹齢。	○追究発問：縄文杉を「見に来た」ではなく，「会いに来た」と言う人のほうが多い理由は？ ・偉大な生命。 ・尊崇の念。 ・人間存在の小ささ。 ・縄文杉への畏怖。

展開（続き）	7. 豊かな大自然	○「大自然の奥深さ，すばらしさ」について，具体例をあげながら語り合おう。 ・（例）知床，奥入瀬渓流，尾瀬，富士山，大台ヶ原，隠岐，四万十川，阿蘇，など。	
終末	8. 大自然と小さな人間	○担任の自然体験において，そのときに抱いた畏敬の念と自分の小ささを語る。 ・縄文杉とグランドキャニオン。	・現地写真の提示とともに，圧倒的な自然の前に身の引き締まった思いを伝える。

板　書

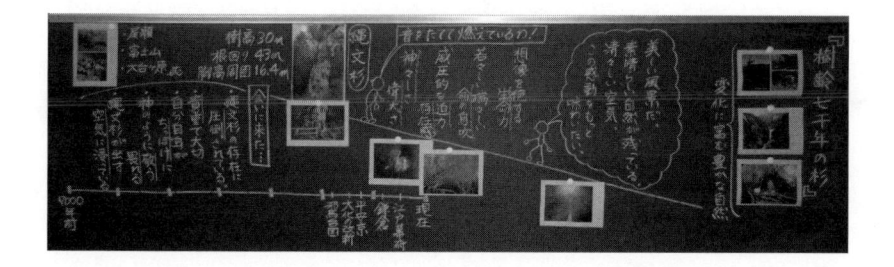

子どもの姿

　学習3では，ねらいに鑑みて，険しい山道を登る苦しさより，むしろ椋氏の深い感動に共感させることを大切にしたいと考えます。実践では，片道5時間の道程の厳しさは強調せず，途中にあるさまざまな見所について，写真を提示しながらそのすばらしさを伝えました。その結果，屋久島の自然に対する肯定的な意見が数多く発表されました。

　また学習5では，「縄文杉の大きさと樹齢」を視覚化して体感した体験的な活動を経ることで，そこから感じ考えたことを確かめ合う場がより実感のこもった豊かなものとなりました。学習6へとつなぐ基本発問としての役割を果たせたといえるでしょう。

　このような教材が描く世界を鮮やかに彩る工夫が，授業の山場である学習6の発問に対する「生命力」「命の息吹」「迫力・存在感」「神々しさ」「偉大さ」といった意見に結実しました。そして，それらをふまえたことで，「縄文杉がそ

こにいるという事実に圧倒されたから」「神や精霊が宿っているようで，敬ったり畏れを感じたりしたから」など，ねらいに肉薄する生徒の受け止め方が可能となったのです。

　臨場感を大切にした学習場面を受け，展開段階の最終場面では，生徒の豊かな自然体験に基づく生の感動を語らせました。「尾瀬ヶ原」の雄大さと可憐さを併せ持つ大自然に包まれた気持ちよさや，「大台ヶ原」で野生のシカに出会ったときの胸の高鳴り，さらには「富士登山」における自然の厳しさ・険しさを身体に刻みつけた経験と広がる雲海のすばらしさについての発表がありました。

　それらはどれも大自然の息吹・鼓動と深く関連する事例であり，自然に対する憧れや畏敬の念の萌芽をみることができます。

指導案⑤	小学校 D-(21)	感動，畏敬の念

理論編との関連

　「感動，畏敬の念」は，たんなる情緒的なものと思われがちです。しかし，「感動，畏敬の念」をもつには，感性だけでなく理性も必要であることは理論編でも述べた通りです。たとえば，この教材では光の速度や宇宙が138億年前に生まれたことに言及されていますが，こうした数値を認識するのは理性です。ですので，この内容項目の授業では，感性だけでなく理性（推論）を用いて考えを深めたいものです。

　「端的に大きなもの」をとらえることが数学的崇高です（☞p.100）。数学的崇高とは，比較不可能な「無限なもの」を理性によってとらえることで可能になります。この場合に重要になるのは，無限なものを有限なものとの対比でとらえることです。たとえば，私たちは必ずいつかは死ぬという意味で有限であるとともに，人生の期間は長くてもおよそ100年にすぎないという意味でも有限です。

　このことから，人生は儚く，人間は有限で無力な存在であるという謙虚さが生まれるでしょう。しかし，それと同時に，人間は有限な存在であることの自覚があってこそ，一人ひとりの人間が大いなる生命や歴史の流れを支え，つくり出し，次に手渡す存在でもあることや，人生に対する希望，大望が生じてくるのかもしれません。

　美と気高さ（崇高）の違いについては実践編（小学校と中学校）の「自然愛護」の箇所でも述べましたが（☞p.361, 368），カントは，「崇高はいつも大きくなければならないが，美は小さいこともある。崇高は単純でなければならないが，美は装われていることもある」（カント 2000a: 326）とも述べています。

　崇高（気高さ）については，理論編での説明とは異なりますが，カント（2000a: 325）の「美と崇高の感情に関する観察」における3つの区別を紹介しておきます。

　①恐怖的崇高：深い孤独や荒野などに対する恐れや憂愁。
　②高貴：ピラミッドなどの大いなる高みに対する驚異。
　③壮麗：聖堂や王宮など，「崇高な枠組みの上に広がった美」。

内容項目の把握

〈内容項目の学年段階とキーワード〉

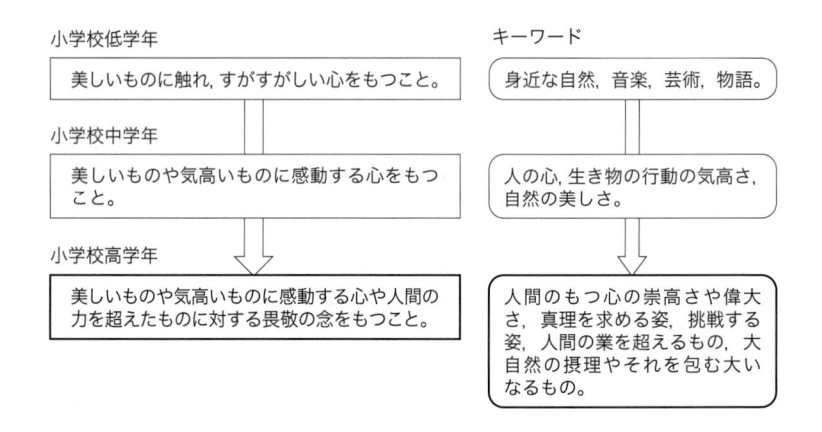

〈内容項目のポイント解説〉

　美しいものや崇高なもの，人間の力を超えたものとのかかわりにおいて，それらに感動する心や畏敬の念をもつことに関する内容項目です。授業づくりにむずかしさを感じる先生が多いといわれています。それは，感動や畏敬の念というものが，受動的（一人ひとりが感じさせられるもの）であり抽象的（言葉にしづらいもの）だからであると考えられます。この内容項目の授業づくりでは，『小学校解説』にある学年段階ごとの指導の要点に着目することが大切です。

　学年が上がるにつれて，感動の対象が目に見えるものから見えないものへと広がっていきます。また，低・中学年での学習が，高学年や中学校での畏敬の念（自然や神秘的な現象への思い）の学習につながっていきます。低学年では，子どもたちの初々しい感性を大事にしながら，身近な自然や芸術に素直に感動することのよさや，すがすがしさを共有していきます。中学年では，目に見えない心の美しさについても考えます。人の心の美しさへの気づきや感動をもとに，自己の心を見つめ直すような授業がよいでしょう。高学年では，大自然の摂理やそれを包み込む大いなるものについても扱います。人間の力を超えるものへの感動をもとに，人間としてのあり方，生き方について考えを広げたり深めたりします。

　留意したいことは，「感動させること」を目的としないということです。教材

に対して，教師の予想と異なる思いをもつ児童がいることもあるでしょう。ですが，「感動」はさせるものではありません。一人ひとりの教材への素直な思いや考えを大事にしましょう。また，教材への感動だけで学習を終わらせるのでなく，似た感動を身近な経験から思い出すこともよいです。それにより，「感動する心を大切にしていきたい」という思いも高まっていきます。

さまざまな技術が発達した今，映像などからも感動を感じることができるようになりました。教材提示などでは，ICTも十分に活用したいものです。

子どもの実態

中学年
自然や音楽などの美しさに加え，人の心や生き物の行動を含めた気高さなどにも気づくようになる。授業や経験をとおして，美しいものや気高いものに触れて，想像する力や感じる力，素直に感動する心を育んできた。

高学年
美しいものや気高いものに感動する心や人間の力を超えたものに対する畏敬の念をもつことに関する学習であるが，児童は日常でこのようなことを意識的に考える機会が少ない。

学習をとおして，感動したり畏敬の念をもったりすることが，自身の生き方を豊かにすることにつながるという気づきも促せるとよいです。そのためにも，道徳科のみならず，他教科や自然体験，読書活動などをとおして，美しいものや気高いものに出会う機会を意図的に，かつ多様に設定していきましょう。

内容項目に基づいた学習内容例（下線は本時）

低学年	①生活のなかに存在している身近な自然の美しさなどに触れて，よさやすがすがしさを交流する。
↓	
中学年	②人の心の気高さなどを感じるとともに，それを感じる心をもつ自分に気づき，その心を大切にしていこうと考える。
↓	
高学年	③大自然の摂理に感動しそれを包み込む大いなるものに気づくことなどをとおして，<u>人間としてのあり方を見つめ直す。</u>

教材名

夜空：光の旅（東京書籍『新しい道徳6』）〔小6〕

教材の概要・あらすじ

　本教材は，読者を宇宙の旅に招くように語られています。冬の星座の美しさ，光の速さ，遠く離れた星への地球からの距離，星の寿命など，人間の力を超えた大いなるものについて写真資料を活用したり，具体的な数値を用いたりして描いています。児童にとって，宇宙の神秘について考えやすい構成です。

　宇宙は138億年前に生まれ，この瞬間にも，ものすごい速さで膨らみ続けているといわれています。そこに存在し，「今」を生きる私たち。教材の締めくくりでは，教材の筆者が，「そこで，あなたは，どんなことを思うのでしょうか」と問いかけます。

教材と内容項目のつながり

　この教材では，高学年の指導の要点のキーワードである，「人間の業を超えるもの」「大自然の摂理やそれを包む大いなるもの」が主に扱われています。そこで，本事例では，ねらいを「人間の力を超えた大いなるものに対する感動や畏敬の念を大切にしようとする心情を育てる」としました。教材の特色をどのように授業で活かせばよいのでしょうか。ポイントを以下に記します。

　本教材を読んだ児童が，「人間の力を超えた大自然の摂理」に自ら気づくことが大切です。そのためにも，宇宙の歴史の長さ，宇宙の神秘や不思議などについての感想をもてるとよいです。また，関心をもって教材を読めるよう，導入では宇宙や星に抱くイメージや夜空を見上げた経験を十分に交流します。

　本教材では，大自然の摂理のなかでの人間の生き方について考えてもらいたいという作者の思いが色濃く出ています。児童は，たとえば，宇宙の壮大さをもとに人間のちっぽけさを，宇宙の歴史の長さをもとに自分の生き方を考えるでしょう。話し合いをとおして，宇宙に存在し，「今」を生きる自分についての考えが広がったり深まったりするとよいです。ただし，「畏敬の念」をもつことに対してむずかしさを感じる児童もいるでしょう。そのような児童がいても，教

師の考えを押しつけるようなことは避けましょう。感動や畏敬の念は強要するものではありません。それこそ、価値の押しつけとなってしまいます。児童一人ひとりの素直な感想、思いを受け止めながら授業を展開していけるとよいです。

主題名

大いなるもの

ねらい

人間の力を超えた大いなるものに対する感動や畏敬の念を大切にしようとする心情を育てる。

学習指導過程

	主な学習活動	主な発問（○）と 予想される児童生徒の反応（・）	指導上の留意点
導入	1. 宇宙の写真や映像を見て、星空に対するイメージや経験を交流する。	○宇宙や星と言われて、どのようなことを連想しますか。 ・大きい、感動、美しい。 ・プラネタリウム。 ○星空を見たときのことや感想を教えてください。 ・移動教室で星を見てきれいだった。 ・旅行で流れ星を見て感動した。	・星空を見た経験などを自由に交流し、板書する。自分なりのイメージをもたせることで、教材を用いる際に人間の力を超えたものについて考えやすくする。
展開	2. 「夜空：光の旅」を読んだ感想を交流し、宇宙や星についての考えを広げる。 3. 本時の学びを自分とのかかわりで考える。 ※教材について考えることが、展開の後段の役割をしている。	○お話を読んで、どんなことを感じましたか。 ・星までの距離の遠さに驚いた。 ・もうない星の光を見ていることに対して不思議な感じがした。 ・自分たちがちっぽけな存在に見えてきた。 ○宇宙のなかに生きる「今の自分」についてどんなことを考えましたか。 ・宇宙に比べ、自分たちは小さな存在だと思った。 ・長い宇宙の歴史があったからこそ今の自分があるのかもしれない。感謝したい。 ・生きている「今」を大事にしていきたいと思った。	・画像を見せて範読し、視覚的にとらえられるようにする。 ・数値を示し、宇宙の大きさを実感できるようにする。 ・人間の存在に関する感想が出ない場合、「作者はなぜこのお話を書いたのだと思うか」と問い、宇宙と私たちの関係に目を向けられるようにする。 ・導入を振り返り、人間の力を超えたものへの学びの広がりや深まりを実感できるようにする。 ・人間の小ささに関する考えが広がりすぎた場合、「小さな存在だからこそ大切にできることは何か」と問い、生き方について考えられるようにする。

終末	4. 自然などに対する畏敬の念について教師の体験を聞く。	・自分も大自然を見て感動したことがある。 ・感動するっていいことなんだな。	・教師が人間の力を超えたものを見て感動した体験やそのよさを語る。

板 書

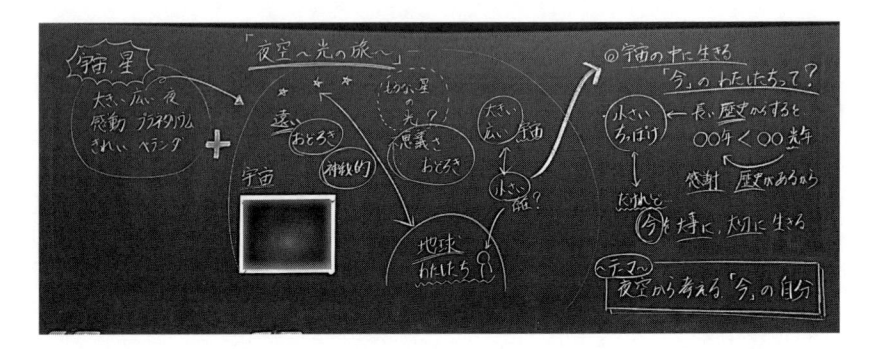

子どもの姿

　導入では，宇宙や星から連想されるものを交流します。児童は，「きれい」「広い」「ベランダから見る」などと答えました。日ごろから意識的に星を見る児童が少ない場合は，行事や旅行での体験や感想を聞くと，学習内容を身近に感じられます。

　展開の教材提示は，デジタル教科書の映像やプレゼンテーションソフトを活用しました。「感動，畏敬の念」の授業では，児童が教材からどのように内容項目を受け取るかが特に重要です。視覚的（写真や映像）かつ具体的（実物や数値）に教材を提示しましょう。児童は，「きれい」「遠い」などとつぶやきながら，宇宙の壮大さ，神秘や不思議について考えていました。感想の交流のあとは，「宇宙のなかに生きる「今」の自分についての考え」を交流していきます。いわゆる中心発問ですが，教材の特性上，自己を見つめる段階（展開の後段）と重なります。そこで，一人ひとりが自分なりの考えをしっかりもってから話し合いをはじめましょう。その際，教材への素直な感想，多様な意見が出るような雰囲気づくり（さまざまな意見を互いに受け止め，広げ・深めていこうとする学級や先生の姿）も大切です。

終末では，教師の体験を語ると同時に，感動したり畏敬の念をもったりすることのよさについて語るとよいです。それにより，身近にある人間の力を超えたものに感動することや畏敬の念をもつことへの意識を高めます。

〈児童の振り返りから〉
　大きく，広く，きれいな宇宙にある地球に住んでいる私たちは，とてもとても小さいもので，私たちは宇宙について全然知らないのだと感じた。これから技術が発達したら，とても広い宇宙のことを深く知り，いつか旅行してみたいと思った。

指導案 ⑥	中学校 D-(21)	感動，畏敬の念

理論編との関連

　「青の洞門」や「恩讐の彼方に」という教材では，自分の父に手をかけた了海を許した実之助は「やさしい」「心が広い」といったとらえで終わらないことが大切です。自分の父に手をかけた相手を許すことなどとうていできるはずはないのに，実之助はどうして父の仇討ちをやめることができたのか。実之助は了海の生き方に驚愕し，畏怖し，畏敬の念を覚えたのではないか。そのようにとらえることができます。

　重要なことは，理論編で説明した通り，「感動，畏敬の念」の内容項目に含まれている美や崇高は美的価値であり，道徳的な価値ではないということです。そこでも述べた通り，道徳的にすぐれた生き方はたしかに美しく，「心の清らかさ」のように善と美が収斂することもありますが，それはあくまで「付随的な美」であり，美と善はそれぞれ区別されるべきものです。この教材では，了海も実之助も，道徳的にみて模範的な人物として描かれているわけではありません。善悪を超えた美と崇高を描いているところに，この教材の要点があります。

　この内容項目における美と気高さ（崇高）は観照の（眺める）対象です（☞ p.100）。では，実之助は了海の生き方に何をみたのか。そのことを考える必要があります。

　畏敬の念はたんなる尊敬とは異なります。ボルノーは，「畏敬の念は，畏敬すべきものを知らず知らずの間に傷つけることを経由する道においてのみ入手できるので，それへの教育はまったく限られた程度においてのみ可能」（ボルノー 2011：86）であると述べています。『中学校解説』で，「畏敬は，非日常的な体験を通して初めて自覚されることが多い」としたうえで，「例えば，小さな子供が遊びの中で昆虫の命を奪ってしまったときに感じる恐ろしさ」を想起させる指導に言及しているのは，そのためでしょう。この教材では，了海が実之助の父に手をかけ，本来は畏敬すべき生命を傷つけているからこそ，生命に対する畏敬の念を感じることができるのかもしれません。

内容項目の把握

〈内容項目の学年段階とキーワード〉

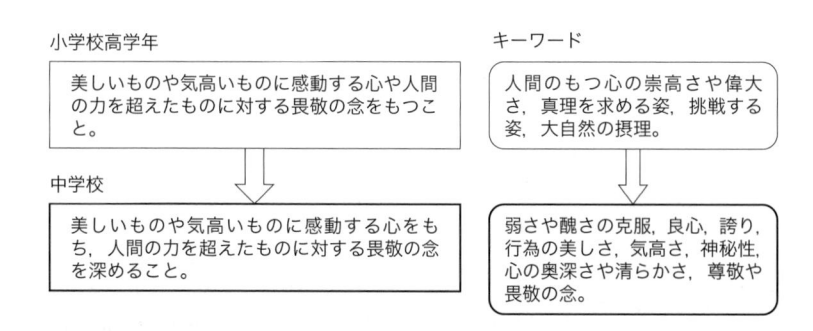

小学校高学年

> 美しいものや気高いものに感動する心や人間の力を超えたものに対する畏敬の念をもつこと。

中学校

> 美しいものや気高いものに感動する心をもち，人間の力を超えたものに対する畏敬の念を深めること。

キーワード

> 人間のもつ心の崇高さや偉大さ，真理を求める姿，挑戦する姿，大自然の摂理。

> 弱さや醜さの克服，良心，誇り，行為の美しさ，気高さ，神秘性，心の奥深さや清らかさ，尊敬や畏敬の念。

〈内容項目のポイント解説〉

　中学校では「気高さは，品格のある人の生き方の中に感じ取られるものであるが，自己を犠牲にした生き方を賛美したり強いたりすることではない」とあり，たとえば，「青の洞門」の了海の強烈な自己犠牲・悔恨を体現した生き方は，誰からも強制されず，自らの意思による決死の決断であるところに高貴さや崇高さが存します。また，了海と実之助の姿には，感動と畏敬が共存している点も重要です。畏敬の「敬」は，朱子学・儒学では「うやまい」であるとともに「つつしみ」であるとされます。「うやまい」は，大きなものに対して生じ，「つつしみ」は，その大きなものに対して自分の身を見直すということです。自分の身を低くしながら行う「祈り」という行為も，高貴さや崇高さの前にただただ頭を垂れて厳粛に受け止めるしかないという姿と重なり合うものです。

子どもの実態

　『小学校解説』では，「人の心の優しさや温かさなど気高いものや崇高なものに出会ったときの尊敬する気持ちなどを，児童の心の中により一層育てることが大切である」とし，「美しいもの，清らかなもの，気高いものに接したときの素直な感動」を重視しています。しかし，文学作品，絵画や造形作品，壮大な音楽などに親しむ経験が浅くなりつつある現代社会において，美しさや偉大さに感動したり，尊敬や畏敬の念を深めたりする経験が少なくなっています。せ

めて，直接体験でなくとも，間接的な理解は工夫して深めておきたいものです。

内容項目に基づいた学習内容例

そこで，その一例として，大阪府高石市の小林美術館が所蔵する日本画とその紹介文をもとに，感動，畏敬の念の輪郭を描いてみましょう。

  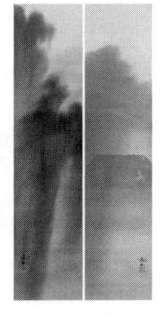 

川合玉堂の《漁村春晴》（写真左端）は，小高い丘から<u>眺め下ろす</u>ように大きく木立を手前に配し，左前方の奥には海に向かう漁夫の姿を<u>小さく</u>とらえています。自然と共に生きる人々の暮らしの<u>厳しさ</u>や自然への<u>畏敬の念</u>を感じます。

川端龍子の《最上川》（写真左からふたつ目）では，白糸の滝は<u>簡素化</u>され，濃淡もそれほどありません。しかし，滝の下には不動明王を祀るお堂があり，さらに，舟下りをする人々を手前に配置しつつ水面の<u>揺らぎ</u>を<u>大胆</u>に描くことで，滝の<u>力強さ・激しさ</u>を見事に想像させてくれます。

また，下村観山の《綵雨》（写真右からふたつ目）では，雨の山中を朦朧体で描き，視界の<u>不明瞭さ</u>を色のぼかしで表現しています。左右の掛軸にうっすらとかかる虹も，朦朧体の魅力が発揮され，虹の<u>はかない美しさ</u>が感じられます。

そして，横山大観の《不二霊峰》（写真右端）では，墨の濃淡で表現された麓を覆う雲海と闇に，金泥による<u>淡い光</u>が重なり，雄大な裾野の<u>広がり</u>と富士の<u>高貴さ</u>が感じられます。対照的に，山の尾根や稜線を，丁寧で<u>力強い鋭角的</u>な筆致で描写し，富士の<u>荘厳さ</u>を際立たせているのです。

今，下線部に着目しつつ，「恩讐の彼方に」を改めてとらえてみますと，断崖絶壁や山国川の流れの<u>鳥瞰</u>，鑿と鎚で砕くひとつの<u>小さな破片</u>，洞門を掘り抜く

という果てなき<u>厳しい道程</u>およびそれにくじけぬ<u>力強さ</u>と覚悟，了海や実之助の<u>迷いと葛藤</u>，<u>儚い人生</u>のなかの20余年をも要して成し遂げたという<u>熾烈さ・厳粛さ</u>，そして，そのことを経てはじめてたどり着くことのできた<u>高貴な境地</u>など，重なり合う要素が数多くみられ，学習内容の要点を知る糸口が得られるのです。

教材名

青の洞門（日本文教出版『小学道徳 生きる力6』）〔小6〕

教材の概要・あらすじ

了海は，実之助の父を手にかけた償いとして，毎年数人が落ちて亡くなる断崖絶壁を鑿と鎚で掘り抜く決心をします。それから20年，なお岩盤を掘り続ける了海の前に，実之助が仇討ちにやってきます。しかし，了海の哀れな姿を目の当たりにし，この大仕事が済むまでは待とうと考え，実之助も共に洞窟を掘りはじめたのです。それから1年半が経ったある晩，ついに了海の鎚が絶壁の最後の岩をくり抜いたのです。心の底から湧き上がる喜びに浸っている了海の姿に，実之助の胸は熱くなるのでした。

教材と内容項目をつなぐために

本教材では，範読後に「みんなで考えてみたい場面」を数名の生徒にたずねて授業を開始するため，授業づくりの準備段階で，教材を場面ごとに区切ってその背景にある考えや気持ちを多面的・多角的に考えました。また，各場面ごとに複数の発問を用意しておけば，生徒がどの場面をあげたとしても，ねらいに向かうためのスプリングボードとして円滑な活用が図れます。

一方，それとは反対に，「逆思考」で準備しておくことも重要です。ねらいに最も肉薄する最後の発問をいくつか練っておきたいものです。次に，その最後の発問に対して，どのような発言が返ってくれば授業が成立したといえるのかをあらかじめ想定しておきます。さらに，そのような充実した発言を生み出すには，そのひとつ手前の基本発問で，どのような議論が必要なのかを考えておくことも大切です。

このように，想定される授業の流れを樹形図的に把握していくことで，「順思考」における樹形図の枝と，「逆思考」における樹形図の枝とがつながってくるはずです。こうした準備は，通常の授業でも一定程度必要ですが，本授業では必須条件となるでしょう。ここまでの準備を行なってはじめて，生徒の多様な意見・考えにも余裕をもって柔軟に対応できるのです。

　なお，ここでは中学校用教材の「恩讐の彼方に」は用いず，小学校用の「青の洞門」を用いて中学生に授業を行いましたが，文章量が適度であるため，考え議論する時間的余裕が生まれ，ややもすると傾きがちな「思いやり，人間愛」や「寛容」でなく，「美しさや気高さ」に肉薄していくことができました。

主題名

恩讐をこえた美しい生き方

ねらい

了海と実之助の想いと生き方をとおして，崇高なものを尊び，尊厳のある清らかさを仰ぎ見たいと思う道徳的心情を養う。

学習指導過程

	主な学習活動	主な発問（○）と 予想される児童生徒の反応（・）	指導上の留意点
導入	1.「青の洞門」の解説	○「青の洞門」で描かれた各場面のなかから，みんなで議論したい論点を選び出そう。	・「青の洞門」の写真提示と鎖渡しについての解説を行う。
展開	2. 範読 3. 議論の出発点の選定	○物語のなかで，級友と議論したいのはどの場面か。 （例）・了海が洞門を掘る決意をする場面。 　　　・実之助が了海の手を取り命を奪わない場面。	・発言のあった教材場面を整理し，議論の視点を導出しながら発問する。 ・タクト力を発揮して議論を深める。
	4. 論点の焦点化	○〜は是か非か。その根拠は何か。その根拠に疑問はないか。 （例）・命＜敵討ちや名誉＜？ 　　　・了海から滲み出るもの。	・議論のなかの生徒発言をとらえて「〜」を決定する。

終 末	5. 本時の発見と課題	○「美しい行為」とはどのようなものかを，100字程度の文章にまとめる。	・本時の整理 ・記述内容を評価文に活かす。

〈備 考〉

　上の指導過程からは，生徒が物語のどの場面に着目するのかにより，授業がさまざまに変化することがおわかりいただけるかと思いますが，このような授業を成立させるためには，たとえば以下のように，各場面が描いている道徳的意味についてあらかじめ整理しておくことも有効です。

【決心・祈り】洞門は，村人，罪滅ぼしのため。死を覚悟しているから。	【完成を確信していたか】 ○：義務であり使命である。 ×：祈り，願い，自己への罰。	【仇討ちしないことの是非】 ○：敬意と驚嘆と畏怖あるのみ。 ×：命を奪った罪は非常に重い。
【仇討ちせず】尊敬と畏怖。魂の入った美しい行為に圧倒。天が赦された。	【命はそんなに軽いのか】 命は重要だからこその仇討ち。人生の全てを擲つ高貴さ。	【赦すのは誰か，基準は】 大，実之助，了海の良心。 ※決して赦されることはない。
【むせび合う】感動，感激，驚異，驚嘆，辛苦，崇高，尊崇，生死。	【高貴さ】不可能に挑んだ。決死の覚悟で人生を賭けた。死に向けて鑿をふるう。	【涙・基準，漢字一字で】 喜，感，終，善，誠，敬，尊，貴，神，仏，美，償，熱，信など。

板 書

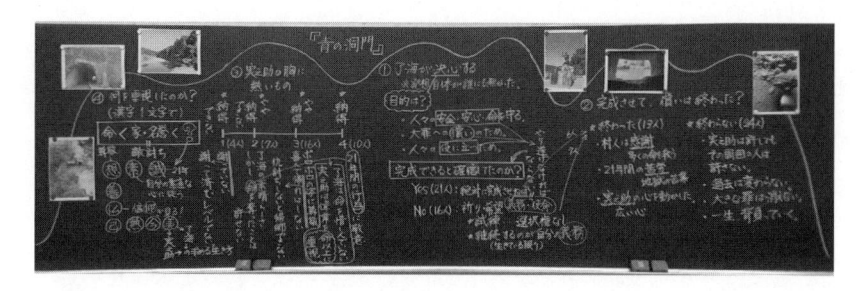

子どもの姿

　議論したい場面として，「①了海が決心する場面」と「③実之助の胸に熱いものが込み上げてきた場面」があがりました。①では「決心した目的」を問い，さ

らに「②完成すれば償いが終わるのか」という発問を重ねました。了海の決心した目的については，主として「人々の安全・安心・命」「大罪への償い」「人々の役に立つ」といった意見が出ました。そこで，「そのためには，洞門を完成させなければならないけれど，完成を確信していたのだろうか」と追究発問を投げかけ，「義務・使命なので，何がなんでもやり遂げないといけない」という立場や「むずかしいのはわかっていても，とにかく完成を祈り，試練に耐えるしかない」という立場を明瞭にしました。そして，「もし完成させることができれば，その時点でようやく償いが終わるんだね」と揺さぶり，生徒のさらなる議論を促しました。

　次に，その自然な流れに乗って「24人もの人が償いは終わっていないと考えるなかで，しかし，実之助は胸に熱いものを感じたんだね」と③の場面につなぎ，「仇討ちをしないことを心底納得できているのだろうか」と問うて立場表明をさせました。そして，「謝って済む問題ではない，という厳しくももっともな意見があるなかで，ふたりは涙でむせび合ったというんだね。この涙はいったい何だったのか」という言葉を挿入して，「そこで，④実之助が命や名誉より大切に考えたものを，漢字1字で表そう」という発問に移りました。この最後の発問により，了海の崇高で清らかな姿に焦点化できたと考えます。物語の時代背景をふまえつつ，命・名誉・帰郷などより大切にしたことを考えることで，「誠・仏・想・善・素・熱・今・美」などの発言につながりました。終末の感想には，ふたりの間に芽生えたものとして，「感動，運命，信頼，尊厳，安らぎ，きれいな心」などが認められ，高貴で美しい生き方という主題に迫ることができました。

指導案⑦	小学校 D-(22)	よりよく生きる喜び

理論編との関連

　本書では，道徳的諸価値の相互の関連をとらえた指導が必要であることを述べてきました。ただし，道徳的諸価値の相互の関連をとらえた指導というのは，たんにある教材のなかに複数の道徳的諸価値が含まれていることをとらえることではありません。①ある教材のなかに複数の道徳的諸価値が含まれていることと，②主題とする道徳的価値と他の道徳的価値が本質的に関連していることは別の事柄です（髙宮 2024b: 122）。①は，その教材では偶然そうなっているというとらえにすぎず，汎用性がありません。重要なのは，むしろ②です。

　特に「善悪の判断，自律，自由と責任」と「正直，誠実」の「誠実」，そして本内容項目は，他のすべての道徳的価値と本質的に関連します。

　「善悪の判断，自律，自由と責任」では，「よいことと悪いこと」（小1〜2），「正しいと判断したこと」（小3〜4）の「よいこと」や「正しいこと」の中身は，たとえば約束やきまりを守ること（「規則の尊重」）や，差別をしないこと（「公正，公平，社会正義」）だからです。また，「誠実」は，『中学校解説』でいわれる通り，「自己を確立するための主徳」とされています。なぜなら，自分自身とまじめに向き合うことは，他の道徳的諸価値を実現するための前提になるからです。

　そして，「気高く生きようとする心」，あるいは『小学校解説』と『中学校解説』に書かれている「誇り」とは，より高い自己像からみて恥ずかしくない生き方をしたいという感情です。恥ずかしい自分でありたくないという「精神的＝心的羞恥心」（シェーラー 1978）がその感情を支えています。「内なる自分に恥じない，誇りある生き方」（『中学校解説』），つまり「よりよく生きようとする」ことの善さの内実は，他の内容項目に含まれている道徳的諸価値（努力，家族愛など）です。

　それゆえ，一般に各内容項目間に序列はないと考えられがちですが，「善悪の判断，自律，自由と責任」「正直，誠実」「よりよく生きる喜び」は他の道徳的諸価値の前提となる主徳，あるいはメタレベルの内容だといえます。

内容項目の把握

〈内容項目の学年段階とキーワード〉

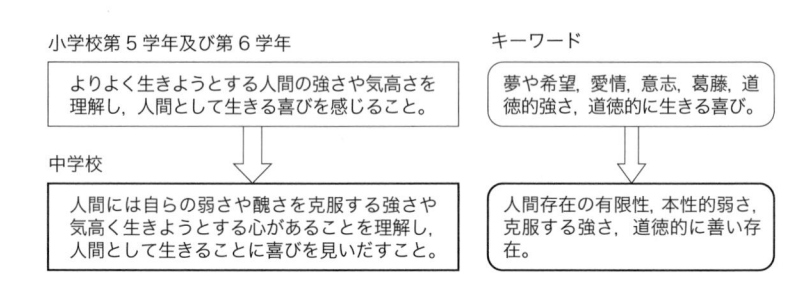

小学校第5学年及び第6学年

> よりよく生きようとする人間の強さや気高さを理解し，人間として生きる喜びを感じること。

キーワード

> 夢や希望，愛情，意志，葛藤，道徳的強さ，道徳的に生きる喜び。

中学校

> 人間には自らの弱さや醜さを克服する強さや気高く生きようとする心があることを理解し，人間として生きることに喜びを見いだすこと。

> 人間存在の有限性，本性的弱さ，克服する強さ，道徳的に善い存在。

　小学校段階では，よりよく生きようとする人間の強さや気高さを理解するために，「夢や希望」「愛情」「意志」など人間としての前向きな姿を基盤に置いて，道徳的な強さと生きる喜びについて感じることに主眼が置かれています。それに対して，中学校では，「人間存在の有限性」に基づく「本質的弱さ」を見つめながら，それを「克服する強さ」と気高く生きようとする心があることを理解し，「道徳的に善い存在」として生きる喜びを見いだすことを求めているのです。

〈内容項目のポイント解説〉

　「よりよく生きる喜び」について考えを深めるために，小学校段階では特に，人間の弱さや醜さを強調するよりも，人間の存在を肯定的に受け止めながら，強さや気高さについての理解を進めることが重要です。そのためには，他の内容項目と関連させ，多様な側面から考えることが欠かせないと考えます。それは，教材に示された人物の生き方や取り巻く環境が多様であると同時に，さまざまな道徳的諸価値が関連して「よりよく生きる」ことが実現しているからです。たとえば，「希望と勇気，努力と強い意志」や「個性の伸長」「家族愛」などの側面からこの内容項目について考えることが想定されます。これらを有機的に関連づけながら「よりよく生きる喜び」についての考えを深める授業を構想することで，刹那的な喜びではなく，誇りある生き方とその喜びにまで考えを深めることができるでしょう。

子どもの実態

「よりよく生きる喜び」は，小学校高学年から設定されている内容項目です。

中学年

「希望と勇気，努力と強い意志」や「個性の伸長」などの学習をとおして，安易な方向に流されがちな弱さが誰にもあることと，それを乗り越えようとする生き方のよさについて，具体的な生活場面を教材としながら学ぶ。

高学年

将来への夢や希望を漠然と抱きはじめる時期。しかし，その実現の困難さも含めて，自己の生き方としての考えにまで至ることはまだむずかしい。

だからこそ，この内容項目についての学習を自分に引きつけて考えるきっかけとすることが求められる。

これらの学習をふまえることで，次年度の中学校での学習で，この内容項目が決して絵空事ではないこととしてとらえ，考えることができるようになることが期待できます。

内容項目に基づいた学習内容例（下線は本時）

高学年	①人間がもつ強さや気高さについての理解を深め，よりよく生きようとする心情を育てる。 ②人間の生き方のなかにある美しさや崇高さを感じ取り，自分のなかにある弱さを克服しようとする態度を育てる。 ③夢や希望をもち，喜びのある生き方をしようとする心情を育てる。 ④他の道徳的諸価値との関連から，よりよく生きることについて，自己の生き方についての考えを深めさせる。

教材名

志を得ざれば，再びこの地を踏まず：野口英世と母シカの物語（『小学道徳6 はばたこう明日へ』）〔小6〕

教材の概要・あらすじ

野口英世は，1876年，福島県翁島村（現・猪苗代町）に生まれました。幼名は清作。1歳のとき，母・シカが目を離した隙にいろりのなかに転がり落ち，左手を開くことができなくなるほどの大やけどを負ってしまいます。小学校に入学し，「勉強で身を立てるしかねえ」という母の言葉に奮起し，「生長」として，先生の代わりに勉強を教えるまでになっていきました。

左手の手術を担当した会陽医院の渡辺鼎先生との出会いによって，野口は医学の道を志し，「志を得ざれば，再びこの地を踏まず」の言葉を自宅の柱に決意を示す文として刻んで実家を旅立ちます。1900年12月5日，日本の医学界に絶望した野口は，フレキスナー博士をたずねて，アメリカへと旅立ち，さまざまな苦労の末に成功を収めます。アメリカで医学者として成功した野口が，母の願いに応えて帰郷し，日本国内を共に旅します。アメリカへ帰るかどうかを迷う野口に対して，母は意外な言葉を口にするのでした。

教材と内容項目のつながり

自分の個性を生かそうと夢を追い努力を重ねながら，よりよく生きたいと願う自分の思いと，自分の帰りを待ちわびていた家族への思いとの間で葛藤する野口の想いを共感的にとらえて考えることを中心に据えます。

そのために，最初に野口の生き方についての感想を交流したうえで，「なぜ英世は，母を日本に残してアメリカへ行くことを選んだのだろう」と，「日本に戻ってきた英世に対して，なぜ，シカは「アメリカに帰りなさい」と言ったのだろう」という問いを設定します。

最初の問いでは，野口の心情のみを問うのではなく，彼の生き方を支えていた想いを問うことで，彼の生き方に自己を投影させて考えることと，「個性の伸長」や「希望と勇気，努力と強い意志」などの多様な側面から，よりよく生きようとする気高さについて考えることができます。そのうえで，日本にとどまるかアメリカに戻るかで迷う野口に対する母の言葉の奥にある想いについても考えることで，葛藤を乗り越えて自分のよりよい生き方を追い求めることの意味について追究し，考えを深めていきます。

主題名

志を果たす

ねらい

　野口英世と母シカの生き方に迫る話し合いをとおして，志を果たそうと目標をもって生きる姿について多面的・多角的に考え，人間の強さや気高さについて共感的に理解を深める。

学習指導過程

	主な学習活動	主な発問（○）と 予想される児童生徒の反応（・）	指導上の留意点
導入	1. 教材を読んで感想をもつ。	○野口英世の略歴と彼の業績について知り，教材文を読もう。	・教材の内容を共感的に把握させる。
展開	2. 感想を交流し，問題を焦点化する。	○教材を読んだ感想を交流しよう。 ・黄熱病研究に取り組んで，世界的に成果を上げた。 ・母を日本に残していた。	・野口英世の生き方について，問題を焦点化する。
	3. 問題を明確化し，話し合い活動をとおして追求する。	○なぜ英世は，母を日本に残してアメリカへ行くことを選んだのだろう。 ・自分の夢をかなえるため，残された道はこれしかないから。 ・母のためにも，アメリカに渡って成功したいと考えたから。	・野口英世を取り巻く状況をふまえ，彼の生き方を共感的にとらえながら考えさせたい。
		◎日本に戻ってきた英世に対して，なぜシカは「アメリカに帰りなさい」と言ったのだろう。 ・英世が自分らしく生きるために，アメリカに戻らせたかった。 ・自分の選んだ道を進んでほしかった。 ・家族だからこそ，英世が活躍する姿を支えたいと思った。	・母親としての喜びの一方で，英世を，活躍の場に送り出してやりたいという思いについて，多角的に考えを深めさせる。
終末	4. 自分の生き方を見つめる。	○よりよく生きるために大切だと考えたことを，ワークシートに書こう。	・記述する時間を十分に確保する。

板 書

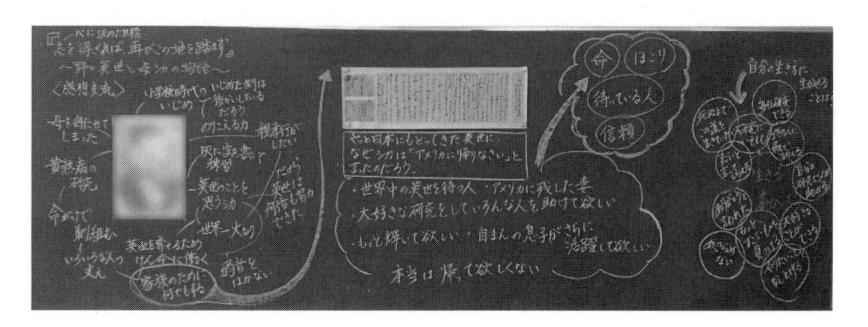

子どもの姿

　教材範読後の感想交流で，子どもたちは，野口英世について，「小学校時代の
いじめを，母の言葉を支えにして乗り越えた」「研究医として成功するためにア
メリカに渡って研究に打ち込んだ」「いろいろな人に支えられて命がけで研究に
取り組んだ」などの感想を語りました。また，母については，「英世のことを一
番に考えていた」ことや，「英世のために懸命に働いた」などの意見が出されま
した。そして，「家族のためになんでもするという母の想いが英世を支え，その
おかげで何倍もの努力ができた」という考えを共有しました。

　志を果たすために旅立ったアメリカから帰国し，日本で母と共に過ごす時間
のなかで，母のために日本にとどまるか否かを迷っていた英世に対し，「アメリ
カに帰りなさい」と言った母の想いを問うた場面では，英世が自身の迷いや葛
藤を乗り越え，志を果たそうと生きる強さや気高さに迫るために，その背中を
押した母の想いに視点を移して考えました。「世界中に英世の研究を待つ人がい
る」「大きな研究をして，より多くの人の命を救ってほしい」「自慢の息子にさ
らに活躍してほしい」など，よりよく生きようとする英世の生き方を支えた想
いを家族愛と関連づけて考えることができました。

　終末では，よりよく生きるために大切だと考えることについて，自分の考えを
書く時間を設定しました。最初は，教材から自分の生き方へと視点を移しきれ
ないように感じられましたが，十分に時間をとって考えをまとめるなかで，「他
の人に喜んでもらえること」「あきらめないで努力を続けること」「やりたいこ

とを最後まで成し遂げようとすること」などが，よりよく生きるために大切だといえるのではないかという考えに至りました。

よりよく生きる喜び

理論編との関連

　後述のように，この教材では，「道信のようにつらく厳しい修行のなかで，楽な道に逃げたくなる誘惑に負けてしまった弱さ」と，「智行のように自分はがんばっているから誘惑に負けてしまった人が同じような扱いをされることを受け入れることができない醜さ」が描かれています。ただし，「楽な道」に逃げることは，努力や克己の不足という点で「希望と勇気，克己と強い意志」の内容項目に当たるので，人間の「弱さ」や「醜さ」を扱う本内容項目とより密接に重なるのは智行の心情だといえます。実際，この授業では，主に智行の心情や生き方を中心に考えています。

　では，どのような点に智行の弱さや醜さがあるのでしょうか。ひとつは，後述のように，道信に対する嫉妬です。これは，理論編でいわれている3つの「悪い心情」のうち，第一の「心情の弱さ」に当たるでしょう（☞p.104）。

　智行のもうひとつの弱さや醜さは「高慢」でしょう。カントによれば，高慢とは「他者からの尊敬を要求しながらも，その尊敬を他者に対しては拒む」（カント 2024b: 197）ことです。では，楽な道に逃げてしまった道信は，はたして尊敬に値するのでしょうか。当然そうした疑問も生じるでしょう。しかし，「1 道徳的諸価値の関連」（☞p.3）で述べたように，カントに従えば，人間であれば誰もが理性をもっているので，あらゆる人が尊敬の対象となるのであり，それゆえに他者を見下したり貶めたりしてはならないのです。

　とはいえ，誘惑に負けた道信を尊敬することは容易ではないでしょう。そこで重要になるのが，「他者を見下すことを普遍化してよいだろうか」という「普遍化可能性」（☞p.29）や，「あなたが人からしてもらいたいように人にもしなさい」という黄金律です。具体的には，「もし智行（あなた）が道信の立場だったらどう思うだろうか」あるいは「もし智行（あなた）が道信のような状況に置かれたら，どう思うだろうか」という問いを考えるのです。ここには，「相手の立場に立つ」という思いやりや，「他のあらゆるひとの立場で考える」（☞p.237）という相互理解もかかわります。誰もがもっている弱さや醜さを共感的に理解したうえで，それを乗り越える生き方について考えを深めたいものです。

内容項目の把握

〈内容項目の学年段階とキーワード〉

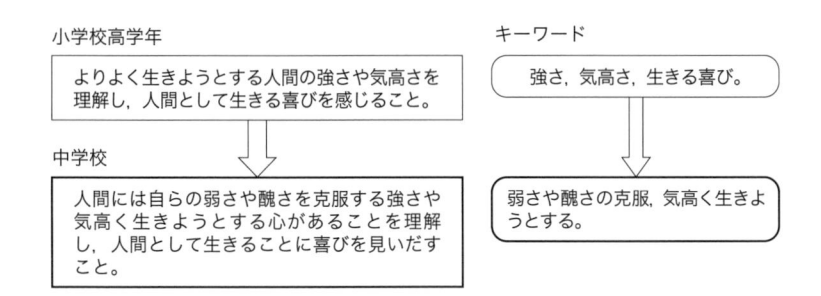

〈内容項目のポイント解説〉

　「よりよく生きる」という言葉から，みんなよりよく生きようとしていると考えがちですが，この「よりよく」は合理的・経済的な「良さ」からくる「自己満足的な生き方」ではなく，道徳で考える「善さ」であり，「強くて気高い生き方」になります。小学校の高学年に追加された「よりよく生きる喜び」は，人間には強さや気高さがあり，そこに生きる喜びを感じられるというポジティブなイメージが含まれています。一方で，中学校では，もっと人間くさいドロドロとした弱さや醜さがあり，それが人間らしさである一方で，その弱さや醜さでは終わらないような強さも持ち合わせているという部分がポイントになっています。

　『中学校解説』のなかで，パスカルの言葉を使って述べられているように，「人間はひとくきの葦にすぎない。自然の中で最も弱いものである」という単純な弱さや醜さがあるという浅い人間理解にとどまらず，その弱さや醜さに負けたままではいられずに克服しようとする心の動きや，その弱さや醜さに負け続けていたものが強さや気高さに出会うことで自分自身と向き合いはじめる心の動きをもつ「考える葦である」と続くところから，そこから前に進もうとする強さや気高さも併せ持っているという深い人間理解にまで考えをめぐらせたいところです。しかし，その強さや気高さは，決して容易に獲得できるものではありません。嫉妬や妬みなどの弱さや醜さに立ち向かい，克服しようとする努力と，そのなかで自分自身を見つめ直す謙虚さが不可欠です。

子どもの実態

高学年

 困難にもめげずに希望をもって取り組む強さをもってよりよい生き方をめざす人間の明るい面について学んできた。

中学生
（入学時）

思春期に入り，正しいことだけではなく，うまくいかないことや誘惑に負けてしまう弱い部分にも気づきはじめているが，それは恥ずかしいことだと考えている生徒も少なくない。

中学生

学年が上がるにつれて，弱さや醜さを「仕方がない」と当然のように開き直ってしまう部分も出てくる。弱さや醜さをそのままにしておきたくないという心に気づかせることが重要となる。

　学習や部活動，友人関係など，中学校生活全体でうまくいかないことがあったときに，誘惑に負けてしまうなどの弱さや醜さが出てきてしまいがちです。ひとりでは，弱さや醜さに対して自覚的になるのはむずかしいため，道徳科での学びをとおして，弱さや醜さと向き合うきっかけをつくってあげることと，特別活動などで自分自身を振り返る場面をつくってあげることが大切です。

内容項目に基づいた学習内容例（下線は本時）

中1	①誘惑に負けてしまうことについて話し合い，人間が弱さをもってしまう理由について考える。
↓	
中2	②誘惑に負けてしまう弱さをどう乗り越えればよいのかについて話し合い，自分と向き合うことの大切さについて考える。
↓	
中3	③嫉妬という人間のもつ醜さについて話し合い，気高い生き方について多面的・多角的に考える。

教材名

　二人の弟子（学研『新・中学生の道徳　明日への扉3』）〔中3〕

教材の概要・あらすじ

　修行から逃げ出してしまった道信と，ひたむきに修行に打ち込む智行という対照的な生き方のふたりの弟子が，自分の弱さや醜さに向き合い，それらを克服し，人間として気高く生きようとする姿勢が書かれています。また，教材中に描かれているフキノトウと白百合がふたりの生き方を象徴しています。

　智行が修行している寺に，修行から逃げ出したはずの道信が戻ってきました。まじめに修行に明け暮れていた智行にとって，誘惑に負けた道信が修行の道に戻るなんてことは考えられないし，許せないことでした。しかし，寺の主である上人は道信を許し，修行を続けることを受け入れます。智行は上人に訴えかけましたが，上人は「人は皆，自分自身と向き合っていかなければならないのだ」とだけ伝えて，あとは黙ったままでした。智行はその言葉の意味を理解できず，美しい白百合を見て涙を流すのでした。

教材と内容項目のつながり

　この教材にはふたつの弱さ・醜さが描かれています。ひとつは道信のようにつらく厳しい修行のなかで，楽な道に逃げたくなる誘惑に負けてしまった弱さであり，もうひとつは智行のように自分はがんばっているのに誘惑に負けてしまった人が同じような扱いをされることを受け入れることができない醜さです。しかし，道信の弱さは，寺に戻ってきたことから，向き合おうとする様子が描かれています。一方で，智行の醜さは本人がまだ理解できていないものの，白百合を見て涙を流すことで，向き合う入口に立ったと考えることができます。中学3年生で扱われることが多い教材なので，すでに他の教材で楽な道に逃げたくなる弱さについては触れられていることが多いため，それを許せないでいる智行に焦点を当てたほうがよいかもしれません。たとえば，「自分は部活をずっと練習をサボらずに取り組み続けてきて，ようやくレギュラーになれたのに，あいつは途中でやめたくせにまた戻ってきていきなりレギュラーかよ」というような状況が考えられます。道信のように弱さを克服することのよさに気づいたとしても，それが自分のまわりで起こったときに受け入れられるかどうかは別の問題なわけです。このような妬み嫉みをどう乗り越えていくのかを考えていくような授業ができるといいですね。

主題名

許せる強さ

ねらい

人間には，自分ががんばっていることについてうまくいっていないと，うまくいきそうな人に対して嫉妬を感じてしまう醜さがあることを理解し，それでも気高く生きようとする思いを高める。

学習指導過程

	主な学習活動	主な発問（○）と 予想される児童生徒の反応（・）	指導上の留意点
導入	1. 嫉妬してしまう場面を考える。	○今までサボっていた人が急に認められたらどう思いますか。 ・腹が立つ。 ・自分のほうががんばってるのに。	・前頁の内容項目のつながりであげた例などを想起させる。
展開	2. ふたりの弟子のあらすじを確認し，智行の立場で弱さや醜さについて考える。	○道信が戻ってきたとき，どんな感情になりましたか。 ・なんで今さら（怒り）。 ・うまくいかないよ（呆れ）。 ○上人に訴えたとき，どんな表情をしていたと思いますか。 ・怒り狂った表情。 ・なんともいやな顔。	・事前に読んでおき，ポイントをおさえて確認して話し合う時間を確保する。 ・「うまくいかないと思っているなら別にいいのでは」などの問い返しをして揺さぶる。
	3. 弱さや醜さを克服することについて考える。	○どうして最後に涙を流していたのですか。 ・自分の心の汚さを目の当たりにしたから。 ○この涙のあと，どんな生き方をするんだろう。 ・弱い部分と向き合える生き方。	・自分の弱さや醜さを突きつけられたときに出た涙であることに気づくことができるように対話を深める。
終末	4. 学習を振り返る。	○今日の学習を振り返って書きましょう。	・クラスメイトの振り返りを匿名で見られるようにする。

板書

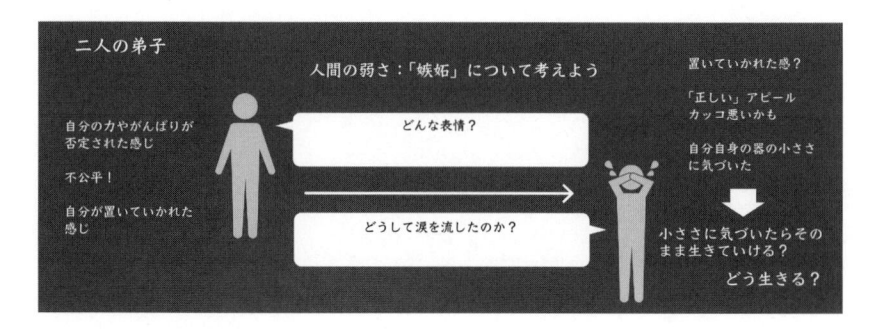

子どもの姿

いきなり自分の嫉妬について語ることはむずかしいので，生徒もイメージしやすい『SLUM DUNK』の登場人物で考えました。「部活をやめていたのに，いきなり試合に出ることについては」という場面について「自分のチームだったらいやかも」「自分のがんばりが報われない」という声も出てきたので，そういう嫉妬について考えることを伝えて展開に進みました。

導入で考えた場面が，道信の状況と重なったので，生徒はすんなりと考えることができていました。智行の表情について理由をたずねると，「道信を認めたくないから」と答えました。さらに問うと「誘惑に負けたから」という道信のほうに理由を見いだす答えと，「自分はずっと修行に耐えてきたのに」という智行のほうに理由を見いだす答えが出てきました。最後の涙の部分については，悩みながら考えをめぐらせていました。「さっきのいやな顔を考えると，自分は正しいってアピールしてるみたいでカッコ悪い」，涙との関係について掘り下げると，「自分は正しいって思ってやってたけど，道信のことを受け入れられない自分の狭さに気づかされて泣いた」と答えていました。さらに，その涙のあとで，智行の生き方は変わりそうか聞いてみると，「道信のことをすぐには許したり，受け入れたりはできないかもしれないけど，理解しようとはするんじゃないかな」と答えていました。カッコ悪い部分を克服したほうがいい生き方になりそうなことを感じ取っていたようです。

おわりに

道徳的諸価値の深い理解を生かした授業づくりに向けて

道徳の教科化にともない，道徳科の目標は「人間としてよりよく生きるための道徳性を養うため，道徳的諸価値の理解を基に，自己を見つめ，物事を広い視野から多面的・多角的に考え，人間としての生き方についての考えを深める学習を通して，道徳的な判断力，心情，実践意欲と態度を育てる」（中学校）こととされています。

「はじめに」でも述べたように，道徳科の授業において，子どもたちに多面的・多角的に考えさせるためには，授業を構想する教師自身が，内容項目について多面的・多角的に理解をしておく必要があります。内容項目は児童生徒が人間として他者とよりよく生きていくうえで学ぶ必要があると考えられる道徳的価値を含む内容を短い文章でやさしく表したものですが，内容項目に含まれる道徳的価値には哲学的・倫理学的に理解がむずかしいものがあります。また，それらは抽象的に表現されているため，実際の授業でそれらの内容をふまえて子どもたちに考えさせることは容易なことではありません。本書では，そのような先生方の悩みに応えるべく，内容項目に含まれる道徳的諸価値の学問的背景などをふまえつつ，それが実際の授業でどのように関連するかがわかるよう，理論編・実践編を構成するよう試みました。

本書を作成するにあたり，理論編を担当する，倫理学・哲学・日本思想・東洋思想・教育方法学・教育史といった専門が異なる研究者と，実践編を担当する現職の学校教員・大学教員や指導教諭の先生方と継続的に研究会を実施し，議論を重ねてきました。研究分野や活動領域を越境した議論では，互いに新たな視点や知見を得る機会となり，毎回刺激の多い，実りある会となりました。そのような議論の成果に加え，全国の道徳教育・道徳授業研究の分野で，第一線で活躍されている先生方に実践編の執筆をお願いし，先生方の実践に基づく指導案や子どもの姿などをご提供いただきました。それらの点で本書は，道徳的諸価値の専門的な解説に基づき，内容項目と教育実践を関連させた，他に類を見ない書籍となっていることを自負しております。

その一方で，紙幅の関係で，理論編で割愛せざるをえない論点があったり，詳

細な説明を断念した部分もあります。また，実践編に関しても，理論編との関連を意識していただいたために，授業づくりに関する記載内容の省略を余儀なくされたり，書式の統一やレイアウト上の制限により，実践された先生方の実践の意図や指導案の内容などを十分に記載できなかったりしたところもあります。また，理論編に関しては，当初は内容項目同士の関連や教材との関連についても，もっと整理したものを提案したいと考えておりました。また，次期学習指導要領の改訂を見据えて，現代的課題の取り扱いやコンピテンシー育成の観点からの提案も想定していましたが，今回は十分に議論できませんでした。執筆内容に関する不行き届きの責任はすべて編者の力量不足によるものです。これらについては今後の課題としたいと考えています。

　最後になりましたが，限られた時間と執筆上のさまざまな制限のなか，ご寄稿いただいた先生方に深く感謝申し上げます。また，実践をご提供いただいた各学校，そして子どもたちにもこの場を借りてお礼申し上げます。

　本書が日々学校で道徳授業に取り組まれている先生方の一助となれば幸いです。

2025 年 2 月 29 日

椋木香子

※本研究は JSPS 科研費 JP 21 K 02475 の助成を受けたものです。

◇文 献

安彦一恵（2006）　義務　大庭 健（編集代表）　現代倫理学事典　弘文堂, pp.169-171.

赤堀博行（2021）　道徳的価値の見方・考え方：「道徳的価値」の正しい理解が道徳授業を一歩先へ　東洋館出版社

天野貞祐（1944）　人生と勤労　信念と実践　岩波書店, p.78.

天野貞祐（1964）　正しく働いて正しく生きる　人生読本　春潮社, p.97.

荒木寿友（2021）　いちばんわかりやすい道徳の授業づくり：対話する道徳をデザインする　明治図書出版

荒木紀幸（編著）（2017）　新モラルジレンマ教材と授業展開：考える道徳を創る 中学校　明治図書出版

アリストテレス／高田三郎訳（1971）　ニコマコス倫理学（上）　岩波書店

アリストテレス／渡辺邦夫・立花幸司（訳）（2015）　ニコマコス倫理学（上）　光文社

アリストテレス／渡辺邦夫・立花幸司（訳）（2016）　ニコマコス倫理学（下）　光文社

アリストテレス／三浦 洋（訳）（2023）　政治学（上）　光文社

ボルノー, O. F.／岡本英明（訳）（2011）　畏敬　玉川大学出版部

バーク, E.／大河内昌（訳）（2024）　崇高と美の起原　平凡社

カーソン, L.／上遠恵子（訳）河内倫子（写真）（2021）　センス・オブ・ワンダー　新潮社

ダン, R.／今西康子（訳）（2023）　ヒトという種の未来について生物界の法則が教えてくれること　白揚社

デューイ, J.／河村望（訳）（2002）　倫理学　人間の科学新社

デューイ, J.／阿部齊（訳）（2014）　公衆とその諸問題：現代政治の基礎　筑摩書房

エリクソン, H. L.・ラニング, L. A.・フレンチ, R.／遠藤みゆき・ベアード真理子（訳）（2020）　思考する教室をつくる概念型カリキュラムの理論と実践：不確実な時代を生き抜く力　北大路書房

江島顕一（2016）　日本道徳教育の歴史：近代から現代まで　ミネルヴァ書房

藤井基貴・中村美智太郎（2014）　道徳教育における内容項目「畏敬の念」に関する基礎的研究　教科開発学論集, 2, 173-183.

藤野 寛（2018）　友情の哲学：緩いつながりの思想　作品社

福澤諭吉（1959）　童蒙教草　慶應義塾（編）　福澤諭吉全集（第3巻）　岩波書店

福澤諭吉（1963）　中津留別の書　慶應義塾（編）　福澤諭吉全集（第20巻）　岩波書店

ギデンズ, A.／松尾精文・小幡正敏・叶堂隆三（訳）（1997）　ポスト伝統社会に生きること　ベック, U.・ギデンズ, A.・ラッシュ, S. 再帰的近代化：近現代の社会秩序における政治, 伝統, 美的原理　而立書房, pp.105-204.

ギリガン, C.／川本隆史・山辺恵理子・米 典子（訳）（2022）　もうひとつの声で：心理学の理論とケアの倫理　風行社

羽仁五郎（1967）　歴史理論・歴史教育 a（羽仁五郎歴史論著作集 第1巻）　青木書店

長谷川瑞（校注・訳）（1994）　太平記①（新編日本古典文学全集54）　小学館

ハゾニー, J.／庭田よう子（訳）（2021）　ナショナリズムの美徳　東洋経済新報社

ヘーゲル, G. W. F.／長谷川宏（訳）（1998）　精神現象学　作品社

平石直昭（1991）　近世日本の〈職業〉観　東京大学社会科学研究所（編）　歴史的前提（現代日本社会第4巻）　東京大学出版会

廣松渉他（編）（1998）　哲学・思想辞典　岩波書店

ホネット, A.／水上英徳・大河内泰樹・宮本真也・日暮雅夫（訳）（2023）　自由の権利：民主的人倫の要綱　法政大学出版局

保呂篤彦（2010）　「根本悪」の普遍性：カントによるその「論証」　哲学・思想論集, 35, 37-71.

ヘッフェ, O.／品川哲彦・竹山重光・平出喜代恵（訳）（2020）　自由の哲学：カントの実践理性批判　法政大学出版局

ヒューム, D.／伊勢俊彦・石川 徹・中釜浩一（訳）（2019）　道徳について（人間本性論第3巻〈普及版〉）　法政大学出版局

市川秀之（2014）　グローバル化の中の道徳教育　松下良平（編）　道徳教育論（新・教職課程シリーズ）　一藝社,

pp.107-119.

市川秀之（2021） 寄りかかり，寄りかかられる：友達という存在 道徳教育, *754*, 80-81.

池田 喬・堀田義太郎（2021） 差別の哲学入門 アルパカ合同会社

今村仁司（2008） 共同体 今村仁司・三島憲一・川崎 修（編） 岩波社会思想事典 岩波書店, pp.50-52.

石田梅岩／足立栗園（校訂）（1935） 都鄙問答 岩波書店

石川伤男（1980） 規則の尊重 青木孝頼他（編） 新道徳教育事典 第一法規出版, p.228.

岩井謙太郎（2018） シュヴァイツァーの倫理思想：哲学・宗教・実践をつなぐ「生への畏敬」の倫理 三恵社

岩佐信道（2000） アメリカにおけるキャラクター・エデュケーションの動向 比較教育学研究, *26*, 18-28.

生澤繁樹（2017） 共同体 教育思想史学会（編） 教育思想事典［増補改訂版］ 勁草書房, pp.222-223.

鹿児島県小学校教育研究会道徳部会（2021） かごしまの「道徳的価値分析本」 青葉印刷

貝原益軒／益軒会（編）（1911） 自娯集（益軒全集 巻之二） 益軒全集刊行部

貝塚茂樹（2017） 天野貞祐：道理を信じ，道理に生きる ミネルヴァ書房

垣内景子（2015） 朱子学入門 ミネルヴァ書房

金谷 治（訳注）（1963） 論語 岩波書店

金谷 治（訳注）（1998） 大学・中庸 岩波書店

カント, I.／宇都宮芳明（訳）（1985） 永遠平和のために 岩波書店

カント, I.／坂部 恵・久保光志（訳）（2000a） 美と崇高の感情に関する観察 前批判期論集（2）（カント全集2） 岩波書店

カント, I.／坂部 恵・伊古田理（訳）（2000b） 実践理性批判（カント全集7） 岩波書店

カント, I.／北岡武司（訳）（2000c） たんなる理性の限界内の宗教（カント全集10） 岩波書店

カント, I.／福谷 茂（訳）（2002） 弁神論の哲学的試みの失敗（カント全集13） 岩波書店

カント, I.／熊野純彦（訳）（2015） 判断力批判 作品社

カント, I.／熊野純彦（訳）（2024a） 法論の形而上学的原理（人倫の形而上学 第一部） 岩波書店

カント, I.／宮村悠介（訳）（2024b） 徳論の形而上学的原理（人倫の形而上学 第二部） 岩波書店

カント, I.／大橋容一郎（訳）（2024c） 道徳形而上学の基礎づけ 岩波書店

加藤尚武（2020） 環境倫理学のすすめ［増補新版］ 丸善出版

川本隆史（2006a） 公正 大庭 健（編集代表） 現代倫理学事典 弘文堂, p.269.

川本隆史（2006b） 公平 大庭 健（編集代表） 現代倫理学事典 弘文堂, p.279.

川崎 修（2006） 政治：権力と公共性 川崎 修・杉田 敦（編） 現代政治理論 有斐閣, pp.1-19.

金 慧（2016） 植民地主義と不正義：カント：世界市民法の構想 姜尚中・齊藤純一（編） 逆光の政治哲学：不正義から問い返す 法律文化社, pp.35-48.

キムリッカ, W.／千葉 眞・岡﨑晴輝（訳）（2005） 現代政治理論［新版］ 日本経済評論社

キムリッカ, W.／岡﨑晴輝・施 光恒・竹島博之・栗田佳泰・森 敦嗣・白川俊介（訳）（2012） 土着語の政治：ナショナリズム・多文化主義・シティズンシップ 法政大学出版局

小林秀雄（1934） 故郷を失った文学 文芸評論 続々 芝書店, pp.49-60.

小林勝人（訳注）（1968） 孟子（上） 岩波書店

教育思想史学会（編）（2000） 教育思想辞典 勁草書房

教育出版株式会社編集局（2021） 中学道徳2 とびだそう未来へ：教師用指導書 解説・展開編 教育出版

マッキンタイア, A.／篠﨑 榮（訳）（2021） 美徳なき時代［新装版］ みすず書房

前田 勉（2016） 江戸教育思想史研究 思文閣出版

松元雅和（2015） 応用政治哲学：方法論の探究 風行社

松下良平（2015） 道徳教科化と国民国家をめぐる政治学：いずれのシナリオを選ぶのか 現代思想, *43*(8), 169-183.

ミル, J.S.／松本 啓（訳）（2010） ベンサムとコウルリッジ［オンデマンド版］ みすず書房

ミル, J.S.／関口正司（訳）（2019） 代議制統治論 岩波書店

ミル, J.S.／関口正司（訳）（2020） 自由論 岩波書店

ミル, J.S.／関口正司（訳）（2021） 功利主義 岩波書店

ミラー, D.／富沢 克・長谷川一年・施 光恒・竹島博之（訳）（2007） ナショナリティについて　風行社

水野雄司（2022）「自律」は，自律することができるのか？　倫理研究所紀要, *31*, 242-275.

文部科学省　性的マイノリティに関する施策〈https://www.mext.go.jp/a_menu/shotou/jinken/sankosiryo/1415166_00004.htm〉（2024年2月15日参照）

森田洋司（2010）　いじめとは何か：教室の問題，社会の問題　中央公論新社

本居宣長（1972）　くず花　大久保正（編）　本居宣長全集（第8巻）　筑摩書房

椋木香子（2023）　道徳教育はキャリア教育にどう応えるか：課題と可能性　道徳と教育, *68*(342), 113-122.

村上敏治（1973）　道徳教育の構造　明治図書出版

村上敏治（1983）　小学校道徳内容の研究と展開　明治図書出版

中江藤樹／城島明彦（訳）（2017）　中江藤樹『翁問答』　致知出版社

中畑正志（2021）　はじめてのプラトン：批判と変革の哲学　講談社

中島義道（2018）　カントの「悪」論　講談社

中村惕斎（1909）　詩経：中村惕斎講述　早稲田大学編輯部（編）　漢籍国字解全書：先哲遺著（第5巻）　早稲田大学出版部

中村幸彦・中村博保・高田 衛（校注・訳）（1995）　英草紙・西山物語・雨月物語・春雨物語（新編日本古典文学全集78）　小学館

奈須正裕（2020）　次代の学びを創る知恵とワザ　ぎょうせい

日本学術会議哲学委員会哲学・倫理・宗教教育分科会（2020）報告　道徳科において「考え，議論する」教育を推進するために〈https://www.scj.go.jp/ja/info/kohyo/pdf/kohyo-24-h200609.pdf〉（2024年1月28日参照）

ノディングズ, N.／立山善康・清水重樹・新 茂之・林 泰成・宮崎宏志（訳）（1997）　ケアリング：倫理と道徳の教育：女性の観点から　晃洋書房

ヌスバウム, M. C.／池本幸生・田口さつき・坪井ひろみ（訳）（2016）女性と人間開発：潜在能力アプローチ［オンデマンド版］　岩波書店

ヌスバウム, M. C.／辰巳伸知・能川元一（訳）（2000）　愛国主義とコスモポリタニズム　ヌスバウム, M. C.(他)　国を愛するということ：愛国主義の限界をめぐる論争　人文書院, pp.19-44.

岡野八代（2024）　ケアの倫理：フェミニズムの政治思想　岩波書店

オニール, O.／神島裕子（訳）（2016）　正義の境界　みすず書房

オニール, O.／髙宮正貴・鈴木 宏・櫛桁祐哉（訳）（2024）　正義と徳を求めて：実践理性の構成主義的説明　法政大学出版局

プラトン／久保 勉（訳）（1964）　ソクラテスの弁明・クリトン　岩波書店

プラトン／藤沢令夫（訳）（1979a）　国家（上）　岩波書店

プラトン／藤沢令夫（訳）（1979b）　国家（下）　岩波書店

プラトン／三島輝夫（訳）（1997）　ラケス　講談社

ロールズ, J.／川本隆史・福間 聡・神島裕子（訳）（2010）　正義論［改訂版］　紀伊國屋書店

相良 亨　（1989）　日本の思想：理・自然・道・天・心・伝統　ぺりかん社

齋藤純一（2000）　公共性　岩波書店

齋藤純一（2006a）　公共性　大庭 健（編集代表）　現代倫理学事典　弘文堂, pp.264-265.

齋藤純一（2006b）　共通善　大庭 健（編集代表）　現代倫理学事典　弘文堂, pp.187-188.

酒井健太朗（2022）　友情と道徳的発達：『ニコマコス倫理学』におけるアリストテレスの友愛論を手がかりとして　道徳教育学フロンティア研究会（編）　続・道徳教育はいかにあるべきか：歴史・理論・実践・展望　ミネルヴァ書房, pp.141-155.

佐久間淳子（2020）　自然の権利：生き物が人間を訴えた裁判が目指すもの　吉永明弘・寺本 剛（編）　環境倫理学　昭和堂, pp.87-99.

桜井哲夫（2008）　連帯　今村仁司・三島憲一・川崎 修（編）　岩波社会思想事典　岩波書店, p.337.

サンデル, M.／鬼澤 忍（訳）（2011）　公共哲学：政治における道徳を考える　筑摩書房

澤田浩一（2020）　道徳的諸価値の探究：「考え，議論する」道徳のために　学事出版

シェーラー, M.／浜田義文（訳）（1978）　羞恥と羞恥心（シェーラー著作集15）　白水社

柴原弘志・荊木 聡（2018） 中学校 新学習指導要領 道徳の授業づくり 明治図書出版

島 恒生（2020） 小学校・中学校 納得と発見のある道徳科：「深い学び」をつくる内容項目のポイント 日本文教出版

島田燁子（1990） 日本人の職業倫理 有斐閣

品川哲彦（2020） 倫理学入門：アリストテレスから生殖技術，AIまで 中央公論新社

白川 静（1996） 字通 平凡社

白木みどり（2021） 中学校道徳教育におけるキャリア形成 日本道徳教育学会全集編集委員会・柴原弘志・七條正典・澤田浩一・吉本恒幸（編著） 中学校，高等学校，特別支援教育における新しい道徳教育（第4巻） 学文社，pp.37-44.

将基面貴巳（2022） 愛国の起源：パトリオティズムはなぜ保守思想となったのか 筑摩書房

スロート，M.／早川正祐・松田一郎（訳）（2021） ケアの倫理と共感 勁草書房

鈴木由美子（1992） ペスタロッチー教育学の研究：幼児教育思想の成立 玉川大学出版部

高橋文博（2001） 誠 子安宣邦（監修） 日本思想史辞典 ぺりかん社，p.290.

高宮正貴（2020） 価値観を広げる道徳授業づくり：教材の価値分析で発問力を高める 北大路書房

高宮正貴（2023a） 教材研究を変える「内容項目」の押さえどころ「希望と勇気，努力と強い意志」（小），「希望と勇気，克己と強い意志」（中） 道徳教育，780, 84-85.

高宮正貴（2023b） 教材研究を変える「内容項目」の押さえどころ「真理の探究」（小），「真理の探究，創造」（中） 道徳教育，781, 84-85.

高宮正貴（2023c） 教材研究を変える「内容項目」の押さえどころ「礼儀」（小），「礼儀」（中） 道徳教育，784, 84-85.

高宮正貴（2023d） 教材研究を変える「内容項目」の押さえどころ「友情，信頼」（小），「友情，信頼」（中） 道徳教育，785, 84-85.

高宮正貴（2023e） 教材研究を変える「内容項目」の押さえどころ「相互理解，寛容」（小），「相互理解，寛容」（中） 道徳教育，786, 84-85.

高宮正貴（2023f） 道徳科の学習内容構成に関する倫理学的探究：内容項目私案（その1） 道徳科教育学研究 第2巻 パブファンセルフ，pp.36-48.

高宮正貴（2024a） 教材研究を変える「内容項目」の押さえどころ「家族愛，家庭生活の充実」（小），「家族愛，家庭生活の充実」（中） 道徳教育，791, 82-83.

高宮正貴（2024b） 第8章 倫理学の知見に基づく道徳科の単元開発 道徳教育学フロンティア研究会（編） 新・道徳教育はいかにあるべきか：道徳教育学の構築／次期学習指導要領への提言 ミネルヴァ書房，pp.121-135.

高山智樹（2010） レイモンド・ウィリアムズ：希望への手がかり 彩流社

武川正吾（2007） 連帯と承認：グローバル化と個人化のなかの福祉国家 東京大学出版会

竹内整一（2006） 誠実 大庭 健（編集代表） 現代倫理学事典 弘文堂，pp.505-506.

テイラー，C.／佐々木毅・辻 康夫・向山恭一（訳）（1996） 承認をめぐる政治 テイラー，C.他（著）／ガットマン，A.（編） マルチカルチュラリズム 岩波書店，pp.37-110.

テイラー，C.／辰巳伸知・能川元一（訳）（2000） なぜ民主主義は愛国主義を必要とするのか ヌスバウム，M. C.他 国を愛するということ：愛国主義の限界をめぐる論争 人文書院，pp.200-203.

寺本 剛（2018） 世代間倫理の正当化をめぐって 人文研紀要，89, 309-332.

豊澤 一（2001） 誠 子安宣邦（監修） 日本思想史辞典 ぺりかん社，pp.501-502.

土橋茂樹（1990） アリストテレスのフィリア論：自己愛と友愛 哲学，40, 97-107.

上野千鶴子（2011） 「家族」という神話 哲学，62, 11-34.

渡辺 浩（2010） 日本政治思想史：17〜19世紀 東京大学出版会

和辻哲郎（2007a） 倫理学（二） 岩波書店

和辻哲郎（2007b） 倫理学（三） 岩波書店

ウォルツァー，M.／大川正彦（訳）（2003） 寛容について みすず書房

ウォーノック，M.／髙屋景一訳（2022） 考えるあなたのための倫理入門 春秋社

ヴェーバー，M.／大塚久雄（訳）（1989） プロテスタンティズムの倫理と資本主義の精神 岩波書店

ウィリアムズ,R.／椎名美智・武田ちあき・越智博美・松井優子（訳）（2002）　完訳キーワード辞典　平凡社

八木 緑（2018）　カント倫理学における「人間の目的」の意義について　倫理学研究, *48*, 79–89.

山本芳久（2022）　「愛」の思想史（宗教のきほん）　NHK出版

山本有三（1943）　米百俵　新潮社

柳 治男（2005）　〈学級〉の歴史学：自明視された空間を疑う　講談社

吉田熊次（1904）　現今の教育及倫理問題　金港堂

行安 茂（2009）　道徳教育の理論と実践：新学習指導要領の内容研究　教育開発研究所

全国教育研究所連盟（編）（1967）　現代の子ども：その生活と意識　東洋館出版社

朱 熹／垣内景子（訳注）（2010）　朱子語類　訳注（巻7・12・13）　汲古書院

◇事項索引

◇「特別の教科 道徳（道徳科）」の内容項目一覧

キーワード	小学校第1学年及び第2学年（19）	小学校第3学年及び第4学年（20）
A 主として自分自身に関すること		
善悪の判断，自律，自由と責任	(1) よいことと悪いこととの区別をし，よいと思うことを進んで行うこと。	(1) 正しいと判断したことは，自信をもって行うこと。
正直，誠実	(2) うそをついたりごまかしをしたりしないで，素直に伸び伸びと生活すること。	(2) 過ちは素直に改め，正直に明るい心で生活すること。
節度，節制	(3) 健康や安全に気を付け，物や金銭を大切にし，身の回りを整え，わがままをしないで，規則正しい生活をすること。	(3) 自分でできることは自分でやり，安全に気を付け，よく考えて行動し，節度のある生活をすること。
個性の伸長	(4) 自分の特徴に気付くこと。	(4) 自分の特徴に気付き，長所を伸ばすこと。
希望と勇気，努力と強い意志	(5) 自分のやるべき勉強や仕事をしっかりと行うこと。	(5) 自分でやろうと決めた目標に向かって，強い意志をもち，粘り強くやり抜くこと。
真理の探究		
B 主として人との関わりに関すること		
親切，思いやり	(6) 身近にいる人に温かい心で接し，親切にすること。	(6) 相手のことを思いやり，進んで親切にすること。
感謝	(7) 家族など日頃世話になっている人々に感謝すること。	(7) 家族など生活を支えてくれている人々や現在の生活を築いてくれた高齢者に，尊敬と感謝の気持ちをもって接すること。
礼儀	(8) 気持ちのよい挨拶，言葉遣い，動作などに心掛けて，明るく接すること。	(8) 礼儀の大切さを知り，誰に対しても真心をもって接すること。
友情，信頼	(9) 友達と仲よくし，助け合うこと。	(9) 友達と互いに理解し，信頼し，助け合うこと。
相互理解，寛容		(10) 自分の考えや意見を相手に伝えるとともに，相手のことを理解し，自分と異なる意見も大切にすること。
C 主として集団や社会との関わりに関すること		
規則の尊重	(10) 約束やきまりを守り，みんなが使う物を大切にすること。	(11) 約束や社会のきまりの意義を理解し，それらを守ること。
公正，公平，社会正義	(11) 自分の好き嫌いにとらわれないで接すること。	(12) 誰に対しても分け隔てをせず，公正，公平な態度で接すること。
勤労，公共の精神	(12) 働くことのよさを知り，みんなのために働くこと。	(13) 働くことの大切さを知り，進んでみんなのために働くこと。
家族愛，家庭生活の充実	(13) 父母，祖父母を敬愛し，進んで家の手伝いなどをして，家族の役に立つこと。	(14) 父母，祖父母を敬愛し，家族みんなで協力し合って楽しい家庭をつくること。
よりよい学校生活，集団生活の充実	(14) 先生を敬愛し，学校の人々に親しんで，学級や学校の生活を楽しくすること。	(15) 先生や学校の人々を敬愛し，みんなで協力し合って楽しい学級や学校をつくること。
伝統と文化の尊重，国や郷土を愛する態度	(15) 我が国や郷土の文化と生活に親しみ，愛着をもつこと。	(16) 我が国や郷土の伝統と文化を大切にし，国や郷土を愛する心をもつこと。
国際理解，国際親善	(16) 他国の人々や文化に親しむこと。	(17) 他国の人々や文化に親しみ，関心をもつこと。
D 主として生命や自然，崇高なものとの関わりに関すること		
生命の尊さ	(17) 生きることのすばらしさを知り，生命を大切にすること。	(18) 生命の尊さを知り，生命あるものを大切にすること。
自然愛護	(18) 身近な自然に親しみ，動植物に優しい心で接すること。	(19) 自然のすばらしさや不思議さを感じ取り，自然や動植物を大切にすること。
感動，畏敬の念	(19) 美しいものに触れ，すがすがしい心をもつこと。	(20) 美しいものや気高いものに感動する心をもつこと。
よりよく生きる喜び		

A　主として自分自身に関すること

小学校第5学年及び第6学年	中学校	キーワード
(1) 自由を大切にし、自律的に判断し、責任のある行動をすること。	(1) 自律の精神を重んじ、自主的に考え、判断し、誠実に実行してその結果に責任をもつこと。	自主、自律、自由と責任
(2) 誠実に、明るい心で生活すること。		
(3) 安全に気を付けることや、生活習慣の大切さについて理解し、自分の生活を見直し、節度を守り節制に心掛けること。	(2) 望ましい生活習慣を身に付け、心身の健康の増進を図り、節度を守り節制に心掛け、安全で調和のある生活をすること。	節度、節制
(4) 自分の特徴を知って、短所を改め長所を伸ばすこと。	(3) 自己を見つめ、自己の向上を図るとともに、個性を伸ばして充実した生き方を追求すること。	向上心、個性の伸長
(5) より高い目標を立て、希望と勇気をもち、困難があってもくじけずに努力して物事をやり抜くこと。	(4) より高い目標を設定し、その達成を目指し、希望と勇気をもち、困難や失敗を乗り越えて着実にやり遂げること。	希望と勇気、克己と強い意志
(6) 真理を大切にし、物事を探究しようとする心をもつこと。	(5) 真実を大切にし、真理を探究して新しいものを生み出そうと努めること。	真理の探究、創造

B　主として人との関わりに関すること

小学校第5学年及び第6学年	中学校	キーワード
(7) 誰に対しても思いやりの心をもち、相手の立場に立って親切にすること。	(6) 思いやりの心をもって人と接するとともに、家族などの支えや多くの人々の善意により日々の生活や現在の自分があることに感謝し、進んでそれに応え、人間愛の精神を深めること。	思いやり、感謝
(8) 日々の生活が家族や過去からの多くの人々の支え合いや助け合いで成り立っていることに感謝し、それに応えること。		
(9) 時と場をわきまえて、礼儀正しく真心をもって接すること。	(7) 礼儀の意義を理解し、時と場に応じた適切な言動をとること。	礼儀
(10) 友達と互いに信頼し、学び合って友情を深め、異性についても理解しながら、人間関係を築いていくこと。	(8) 友情の尊さを理解して心から信頼できる友達をもち、互いに励まし合い、高め合うとともに、異性についての理解を深め、悩みや葛藤も経験しながら人間関係を深めていくこと。	友情、信頼
(11) 自分の考えや意見を相手に伝えるとともに、謙虚な心をもち、広い心で自分と異なる意見や立場を尊重すること。	(9) 自分の考えや意見を相手に伝えるともに、それぞれの個性や立場を尊重し、いろいろなものの見方や考え方があることを理解し、寛容の心をもって謙虚に他に学び、自らを高めていくこと。	相互理解、寛容

C　主として集団や社会との関わりに関すること

小学校第5学年及び第6学年	中学校	キーワード
(12) 法やきまりの意義を理解した上で進んでそれらを守り、自他の権利を大切にし、義務を果たすこと。	(10) 法やきまりの意義を理解し、それらを進んで守るとともに、そのよりよい在り方について考え、自他の権利を大切にし、義務を果たして、規律ある安定した社会の実現に努めること。	遵法精神、公徳心
(13) 誰に対しても差別をすることや偏見をもつことなく、公正、公平な態度で接し、正義の実現に努めること。	(11) 正義と公正さを重んじ、誰に対しても公平に接し、差別や偏見のない社会の実現に努めること。	公正、公平、社会正義
(14) 働くことや社会に奉仕することの充実感を味わうとともに、その意義を理解し、公共のために役に立つことをすること。	(12) 社会参画の意識と社会連帯の自覚を高め、公共の精神をもってよりよい社会の実現に努めること。	社会参画、公共の精神
	(13) 勤労の尊さや意義を理解し、将来の生き方について考えを深め、勤労を通じて社会に貢献すること。	勤労
(15) 父母、祖父母を敬愛し、家族の幸せを求めて、進んで役に立つことをすること。	(14) 父母、祖父母を敬愛し、家族の一員としての自覚をもって充実した家庭生活を築くこと。	家族愛、家庭生活の充実
(16) 先生や学校の人々を敬愛し、みんなで協力し合ってよりよい学校をつくるとともに、様々な集団の中での自分の役割を自覚して集団生活の充実に努めること。	(15) 教師や学校の人々を敬愛し、学級や学校の一員としての自覚をもってよりよい校風をつくるとともに、様々な集団の意義や集団の中での自分の役割と責任を自覚して集団生活の充実に努めること。	よりよい学校生活、集団生活の充実
(17) 我が国や郷土の伝統と文化を大切にし、先人の努力を知り、国や郷土を愛する心をもつこと。	(16) 郷土の伝統と文化を大切にし、社会に尽くした先人や高齢者に尊敬の念を深め、地域社会の一員としての自覚をもって郷土を愛し、進んで郷土の発展に努めること。	郷土の伝統と文化の尊重、郷土を愛する態度
	(17) 優れた伝統の継承と新しい文化の創造に貢献するとともに、日本人としての自覚をもって国を愛し、国家及び社会の形成者として、その発展に努めること。	我が国の伝統と文化の尊重、国を愛する態度
(18) 他国の人々や文化について理解し、日本人としての自覚をもって国際親善に努めること。	(18) 世界の中の日本人としての自覚をもち、他国を尊重し、国際的視野に立って、世界の平和と人類の発展に寄与すること。	国際理解、国際貢献

D　主として生命や自然、崇高なものとの関わりに関すること

小学校第5学年及び第6学年	中学校	キーワード
(19) 生命が多くの生命のつながりの中にあるかけがえのないものであることを理解し、生命を尊重すること。	(19) 生命の尊さについて、その連続性や有限性なども含めて理解し、かけがえのない生命を尊重すること。	生命の尊さ
(20) 自然の偉大さを知り、自然環境を大切にすること。	(20) 自然の崇高さを知り、自然環境を大切にすることの意義を理解し、進んで自然の愛護に努めること。	自然愛護
(21) 美しいものや気高いものに感動する心や人間の力を超えたものに対する畏敬の念をもつこと。	(21) 美しいものや気高いものに感動する心をもち、人間の力を超えたものに対する畏敬の念を深めること。	感動、畏敬の念
(22) よりよく生きようとする人間の強さや気高さを理解し、人間として生きる喜びを感じること。	(22) 人間には自らの弱さや醜さを克服する強さや気高く生きようとする心があることを理解し、人間として生きることに喜びを見いだすこと。	よりよく生きる喜び

編著者紹介

〰〰〰〰

◇髙宮正貴（たかみや・まさき）

2014年　上智大学大学院総合人間科学研究科教育学専攻博士後期課程修了
現　　在　大阪体育大学教育学部教授（博士（教育学））

［主著・論文］
・価値観を広げる道徳授業づくり：教材の価値分析で発問力を高める（北大路書房，2020年）
・J. S. ミルの教育思想：自由と平等はいかに両立するのか（世織書房，2021年）
・道徳的判断力を育む授業づくり：多面的・多角的な教材の読み方と発問（共著）（北大路書房，2022年）
・小学校道徳：発問組み立て事典（共著）（明治図書出版，2024年）

◇椋木香子（むくぎ・きょうこ）

2008年　広島大学大学院教育学研究科博士課程（後期）修了（博士（教育学））
現　　在　宮崎大学大学院教育学研究科教授

［主著・論文］
・やさしい道徳授業のつくり方［改訂版］（心をひらく道徳授業実践講座1）（共著）（溪水社，2019年）
・教育原理（最新保育士養成講座 第2巻）（共著）（全国社会福祉協議会，2019年）
・『幼児教育の書簡』におけるペスタロッチーの道徳教育論　人間教育の探究, 29, 23－43.（2017年）
・道徳教育はキャリア教育にどう応えるか：課題と可能性　道徳と教育, 68(342), 113－122.（2023年）

◇鈴木　宏（すずき・ひろし）

2012年　上智大学大学院総合人間科学研究科教育学専攻博士後期課程単位取得満期退学
現　　在　上智大学総合人間科学部准教授（博士（教育学））

［主著・論文］
・カントの批判哲学の教育哲学的意義に関する研究（風間書房，2017年）
・教育原理（よくわかる！　教職エクササイズ）（共著）（ミネルヴァ書房，2018年）
・平和という理念の実現に向けた道徳教育の哲学的基礎づけ：カントの平和論を手がかりに　道徳と教育, 338, 3－13.（2020年）

執筆者一覧（執筆順，＊は編著者）

〰〰〰〰〰〰〰〰〰〰〰〰

高宮正貴＊　はじめに，I-1（西洋倫理学），コラム1，I-2-B①，I-2-C②，I-2-D③，PART II「理論編との関連」のすべて

水野雄司　（一般社団法人倫理研究所倫理文化研究センター専門研究員）：I-1（東洋・日本思想），I-2-B②，I-2-B④，I-2-C④，I-2-C⑦，I-2-D①

鈴木宏＊　I-2-A①〜⑤，I-2-C①，I-2-D④

市川秀之　（千葉大学教育学部准教授）：I-2-B③，I-2-C③，I-2-C⑥，I-2-C⑧，I-2-C⑨，I-2-D②

江島顕一　（麗澤大学大学院学校教育研究科教授）：コラム2

椋木香子＊　I-2-C⑤，II-C②，おわりに

荒木寿友　（立命館大学大学院教職研究科教授）：コラム3

岡島幸恵　（杉並区立杉並第九小学校主任教諭）：II-A①

宮崎貴耶　（枚方市立五常小学校教諭）：II-A②

荊木聡　（園田学園女子大学人間教育学部准教授）：II-A③，II-B⑤，II-B⑦，II-C⑨，II-C⑰，II-D④，II-D⑥

武田眞昂　（延岡市立岡富小学校教諭）：II-A④

藤永啓吾　（山口県教育委員会指導主事）：II-A⑤，II-A⑨，II-C④，II-C⑯

山平恵太　（熊本大学教育学部附属小学校教諭）：II-A⑥

佐々木篤史　（弘前大学教育学部附属中学校教諭）：II-A⑦，II-C⑭，II-D⑧

後藤和之　（延岡市教育委員会学校教育課指導主事）：II-A⑧，II-C⑥

杉本遼　（足立区立足小学校教諭）：II-A⑩，II-B④

瀬戸山千穂　（前橋市立粕川中学校教諭）：II-A⑪，II-B⑨，II-C⑤，II-C⑪，II-D②

由良健一　（尼崎市立わかば西小学校教頭）：II-B①，II-B⑥，II-D①

彦阪聖子　（堺市立市小学校指導教諭）：II-B②

星美由紀　（郡山市立郡山第三中学校教諭）：II-B③，II-C⑦

中野浩瑞　（兵庫教育大学附属小学校教諭）：II-B⑧

山本孔輝　（尼崎市立明城小学校教諭）：II-C①

清友啓介　（真庭市立落合小学校教諭）：II-C③

中村優輝　（大和郡山市立平和小学校教諭）：II-C⑧

戸村拓麦　（千葉大学教育学部附属小学校教諭）：II-C⑩

町田晃大　（足立区立古千谷小学校教諭）：II-C⑬

鈴木賢一　（弥富市立十四山東部小学校教諭）：II-C⑮

礒部光泰　（富津市立富津小学校教諭）：II-D③

梅澤正輝　（杉並区立桃井第三小学校主任教諭）：II-D⑤

木原一彰　（鳥取市立大正小学校教諭）：II-D⑦

■執筆協力（II-D⑥）

小林美術館　〒592-0002　大阪府高石市羽衣2-2-30　☎072-262-2600

道徳科「内容項目」を問い直す！
道徳授業づくりハンドブック

2025 年 3 月 31 日　初版第 1 刷発行

編著者	髙椋 貴子　宮木 正香　正香 貴子　鈴木 宏

編著者　髙椋　宮木　正香　貴子
　　　　鈴木　木　香　宏

発　行　所　㈱ 北 大 路 書 房

〒 603-8303　京都市北区紫野十二坊町 12-8
　　　　　　電話代表　　（075）431-0361
　　　　　　Ｆ Ａ Ｘ　　（075）431-9393
　　　　　　振替口座　　01050-4-2083

ⓒ 2025
編集・制作／（株）灯光舎
装丁／上瀬奈緒子（綴水社）
印刷・製本／亜細亜印刷（株）
落丁・乱丁本はお取り替えいたします。
定価はカバーに表示してあります。

Printed in Japan
ISBN978-4-7628-3277-2

価値観を広げる道徳授業づくり
教材の価値分析で発問力を高める

高宮正貴（著）

B5 判・260 頁・本体 2,500 円＋税
ISBN978-4-7628-3128-7　C3037

教育哲学・倫理学に基づく理論と実践の両輪で「道徳的価値」の理解を深める授業づくりを提案する。「忖度道徳」「読み取り道徳」回避のために、教材の内容項目を分析するワークシートと効果的な発問パターンを紹介。

道徳的判断力を育む授業づくり
多面的・多角的な教材の読み方と発問

高宮正貴，杉本 遼（著）

A5 判・196 頁・本体 2,200 円＋税
ISBN978-4-7628-3211-6　C3037

児童生徒が「自分事」として深く学ぶ道徳の授業づくりとは。深い学びに繋がる教材の読み方や学習指導過程を指導案と共に解説。発問の効果的な積み重ねで、一般的な価値理解と個別状況に対応できる〈思慮深さ〉を養う。

道徳教育はこうすれば〈もっと〉おもしろい
未来を拓く教育学と
心理学のコラボレーション

荒木寿友，藤澤 文（編著）

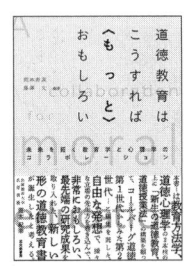

A5 判・288 頁・本体 2,600 円＋税
ISBN978-4-7628-3089-1　C3037

道徳科を中心に据え，教育学，心理学，教育実践学の立場から，教室場面において何が実践できるかについて詳説。道徳教育のさらなる発展を目指す。具体例として計 15 本の学習指導案を掲載。

モラルを育む〈理想〉の力
人はいかにして道徳的に生きられるのか

ウィリアム・デイモン，アン・コルビー（著）
渡辺弥生，山岸明子，渡邉晶子（訳）

四六判・284 頁・本体 2,700 円＋税
ISBN978-4-7628-3134-8　C3011

ネルソン・マンデラやダグ・ハマーショルドら 6 人の「モラル・リーダー」の生き様を 3 つの美徳（誠実，謙虚，信仰）から検証し，ゲーム理論や進化論，脳科学が捨象してきた道徳的選択という人間の能力に光を当てる。

（税抜き価格で表示しています。）